U0139011

著作權法逐條釋義

2023最新版

章忠信———著

五南圖書出版公司 印行

劉 序

斯人也,而有斯行也: 為忠信的著作權信念為序

章忠信先生在著作權法上的造詣是不需要介紹的。因為一位長年在網路上揭露與指導有關著作權知識的志工,同時也在大學任教的學者,已經獲得了專家與公眾在專業上的確信。不過我們可以由忠信現在出版的「著作權法逐條釋義」這本書來觀察,作為一個著作權法的專家,他的著作權理念與作為。

這樣的書能賣幾本?

忠信這本書是將多年來刊載在網路的創作,應出版公司的邀約加以印製。一方面將已經在網路上公開的資訊編輯成冊銷售;另一方面網路的知識分享依然持續。甚而過之的,就是網路版的資訊會有經常性的更新,而書本一旦發行,除非改版,否則就是比較舊的資料。

既然在網路上無償提供讀者完全相同的內容,又發行紙本,這樣的書究竟能賣幾本?這是每個人都可能有的好奇。我們在討論現在最流行的商業模式(business model)概念時,應該會合理懷疑出版人的腦筋不清楚。不過我們有可能會碰上不太會賺錢經營的書局,應該不至於輕易找到一個明知會虧錢還要做的生意人,除非背後有一些原因。這個原因我們不太需要費神揣測,這其中必然包含了作者的堅持,而出版者覺得還是值得發行書本,因為作者的名氣與學識,可以增進出版者的品牌與聲譽。

這樣的智慧財產權對社會的影響為何？

近半世紀來，智慧財產權的制度與實施，在急速發展之中；這一套新的規範，突破了人類在歷史進程中，對於財產權的界定與利用的基本觀念，自然在施行之時，產生了不少的疑慮、困惑，甚而引發知識社群與之的對抗衝突。

我們對於智慧財產權發展保護的必要性，以及這個制度可能造成權利過度保護的疑慮，其實是並存的。其中對於社會大眾影響較為密切的，當屬著作權。在通念中，除了過往對於知識的利用認為為公共財外，知識的傳播似乎也應當以無償方式最有利於社會發展。近三十年來的反著作權運動（counter copyright campaign）中，我們可以見到理念迥異的狀況。其中較為知名的如1980年代中期的自由軟體（free software）、1990年代後期的開放原始碼（open source code），以及近年來Lawrence Lessig所帶領的Creative Commons等，都是在權利過度發展下的反思與反制。

隨著社會不斷發展的同時，我們會有許多制約與妥協，影響著法律的制訂與施行。然而對於無形的創意與資產，除了以法律手段外，我們似乎不容易找到其他有效的保護方式。

權利消長的長期對抗，會形成動態的均衡、破壞、再均衡、再破壞的循環與發展。智慧財產權的法律規範，究竟是知識競爭與社會進化的基石，還是箝制後進社會進步的絆腳石，我們都還在觀察中，有待實證的分析研究提供較為客觀的資訊。不過有一點我們是肯定的，徒法不足以自行，社會的進步需要觀念的提升與文化的生根，其中無私與奉獻常常是向上提升與往下扎根的動力。

這樣的人才會有這般的作為

觀察事物與人物，不同的角度會有不同的詮釋。我們可以把群體現象以一個平均數作為定值，也可以把人性的差異視同光譜般的多元，從而對於現象的理解可以較為貼切。

忠信長期在著作權上的投入，加上無數網友的諮詢與意見交流，已經讓他自成一家。假如我們把著作權保護的程度分成兩個極端，其中一個端點是完全支持著作權人；另一個極端則是完全偏向社會大眾（或是要利用

著作的非權利人）。我們藉此對忠信的著作權理念做個歸類，我認為他是屬於中間偏權利保護的。權利的發展縱有缺失，權利的保護則是必要而且要加強的。

　　然而，忠信人如其名，這點從他的知識分享與推廣的作為得以窺見。他的做法是倡導權利保護與伸張之際，更選擇無私奉獻一己的知識才能。這是我們社會的楷模，不過不是社會的常態。因為在芸芸眾生之中，有一些作為是極少數人才做得到的，忠信就是這樣將知識理念與社會價值融合，而自有一番成就的。

　　這本「著作權法逐條釋義」是作者將多年的知識總集而成。逐條釋義從來不是在單一條文上解說即可，必須先能夠掌握法制發展與體系，對於個別法條的詮釋才能克盡其功；就如同一個組織的領導人對細節與基層有充分理解，才能大處著眼，小處著手。忠信出書已經不是頭一回，之前他的著作如「著作權法的第一堂課」、「著作權博識500問」，以及網路版的「認識著作權」，都兼具專業與暢銷的特色。至於這本新著作所彰顯的，除了法律知識之外，更是一個社會脈動的良知與奉獻。

劉尚志

交通大學科技法律研究所所長／臺灣科技法學會理事長

六版序

　　著作權專責機關經濟部智慧財產局自2010年啟動著作權整體法制檢討與修法規劃，希望能「從解決問題導向全面、整體性檢討著作權法制」。經過多次修法諮詢會議及公聽會，行政院版著作權法修正草案於2017年11月提請立法院審議，惟因內容複雜，難以達成共識，基於立法院「屆期不續審」之原則，行政院於第九屆委員任期結束，第十屆委員就任後之2021年4月，退而求其次，提出簡易版修正草案，再送立法院審議，惟迄今尚未完成審議。

　　即使如此，著作權法仍於2022年上半年前後二次修正。5月4日修正公布者，僅係為推動爭取加入「跨太平洋夥伴全面進步協定」（Comprehensive and Progressive Agreement for Trans-Pacific Partnership, CPTPP），重點集中於數位侵害之非告訴乃論罪之調整，並授權行政院配合我國加入CPTPP之進度，決定施行日期；6月15日修正公布部分條文，修正幅度亦相對有限，包括修正第46條、第47條及第48條，並增訂第46條之1，其重點集中於教育目的及圖書館經營之著作財產權之限制或法定授權。

　　在此同時，我國第一期智慧財產權戰略綱領（102-105年）曾將著作權法制之全面調整列入重點工作，但政府施政後繼無力，第二期「智慧財產戰略方案」毫無進展，甚為可惜。相對地，對岸於2008年「國家知識產權戰略綱要」之後，於2021年繼續推動「知識產權強國建設綱要（2021-2035）」，展望未來十五年以知識產權作為強國建設基礎之戰略綱要，並於2020年底完成著作權法之全面修正，自2021年6月1日起施行。放眼歐洲大陸，歐盟2019年4月新通過「數位化單一市場著作權指令」（European Parliament legislative resolution of 26 March 2019 on the proposal for a directive of the European Parliament and of the Council on copyright in the Digital Single Market (COM(2016)0593 – C8-0383/2016 – 2016/0280(COD))），針對數位網

路科技環境下之著作權法制關於私權與公益保障之失衡，建立重新均衡矯正之新規範，包括搜尋引擎或社群平台鏈結他人著作，利益重分配；網路分享平台對於內容之使用應取得授權；著作權人應充分運用著作權集體管理制度及延伸授權，以促進著作合法利用，否則應擴大合理使用之空間，以促進著作被合法接觸利用。上開指令新規定，均對於著作權法制所欲建立之私權與公益之均衡，於科技不斷發展後之法制調整，影響重大。

　　從前述國際著作權法制發展現況觀察，國家應有整體智慧財產權戰略計畫，行政部門始有明確目標及作法，立法部門乃有急迫感，公私部門力量與目標集中，智慧財產權法制之建置，方得有重大成效。我國應思考是否要重新檢討當年「智慧財產權戰略綱領」之內容及成效，推出更具前瞻明確且具體可行之新階段「智慧財產權戰略綱領」。

　　「著作權法逐條釋義」第六版之修訂，一方面修正逐條說明之內容，增列著作權專責機關之新函釋及司法機關近期判決摘要，另方面針對2022年兩次著作權法之修正，進行逐條解說。雖然，臺灣加入CPTPP之機會，未必樂觀，但著作權法既已完成配合修正而尚未施行，此一部分亦先做完整之解析，供各方理解。

　　最後，還是要感謝五南圖書在2月新學期開學前，發行第六版，讓同學及各界人士早日掌握最新著作權法逐條內容。

章忠信
2023年元月於東吳大學

五版序

「著作權法逐條釋義」自2003年在我所經營的「著作權筆記」公益網站（www.copyrightnote.org）推出以來，迄今倏忽已經歷十六年。在五南圖書同仁的協助之下，2007年發行紙本初版，並同意讓網路版持續更新，如今紙本也來到第五版。

十六年來，我的工作自經濟部智慧財產局轉任教育部，2011年離開公職後，2014年任職大葉大學智慧財產權碩士在職學位學程主任，2016年任職東吳大學法學院科技暨智慧財產權法研究中心主任，同時也在2012年國立交通大學管理學院科技管理研究所完成學業，取得博士學位。

自1986年進入著作權法主管機關迄今，人生重要的歷程，不管是工作、學習、教學或研究，始終堅持在智慧財產權專業領域內，時間已經過三十三年，「著作權筆記」公益網站也已經營達二十一年。用熱情投入一份工作、以生命經營一項事業，逐步理解到，智慧財產權制度是一種促進分享，也是一種強調利益公平合理分配的制度。也因此，更加堅定地將自己的專業與經驗，透過「著作權筆記」公益網站、臉書粉絲頁及紙本，還有東吳大學之磨課師（MOOCs）線上開放課程……「大家來練著作拳（權）」，廣泛地與大家分享。

「著作權法逐條釋義」第五版與過去四版最大的不同，是全部逐條更新即時內容，而不僅是增修歷次著作權法修正條文而已。原本，擬等待立法院通過行政院於2017年11月函請審議之著作權法修正草案之後，再來修正發行第五版，惟因第四版內容已經落後網路版許多，感謝五南圖書同意在9月新學期開學前，不計成本，先行發行第五版，讓同學及各界人士早日接觸2019年5月修正公布之最新著作權法逐條內容。

最後，要特別感謝元華法律事務所黃雅筑律師及吳珠鳳律師，其高品質之細心協助校對，更正不少存在多年之舛誤，讓網路版及第五版內容，

更臻精確，是此次更新版之重要助力。

章忠信

2019年8月於東吳大學

四版序

　　創作發明之產生，不是如孫悟空般，忽然地從石頭裡蹦出來，必須透過長期的傳承、學習及相互影響而來。智慧財產權制度之建立，從來不是以保護智慧財產權為唯一目的，而是在均衡創作發明者之私權保護及大眾利用創作發明之公共利益。如何讓創作發明能被普遍接觸利用，而創作發明者在人格上獲得尊重，經濟上獲得適當報酬，乃是智慧財產權制度最重要的目標。著作權法制與每一個人的生活、學習及工作，密不可分，更應該關注這項均衡的維護及目標的達成。

　　智慧財產權產業已經成為社會經濟活動之主力，在國際間及各國國內之政治、經濟領域，舉足輕重，對於自身權益之爭取不遺餘力，在立法與執行方面，也獲得鉅大效益。相對於此，由於個別公眾對於創作發明之利用障礙，缺乏迫切感，容易產生事不關己之錯覺，以致代表公共利益的聲音，顯然較為薄弱，甚至沉默。

　　近年來，國際間及各國均有重新檢討著作權法制的聲浪，也有一些具體的做法與成就。2012年6月「世界智慧財產權組織」（World Intellectual Property Organization, WIPO）在北京通過「視聽表演北京條約」（Beijing Treaty on Audiovisual Performances, BTAP），使得表演人的權益，在國際公約層次上，突破向來的弱勢地位，獲得更進一步的保障；接續在2013年6月，WIPO又通過了「關於有助於盲人、視覺機能障礙者或其他對印刷物閱讀有障礙者接觸已公開發行著作之馬拉喀什條約」（The Marrakesh Treaty to Facilitate Access to Published Works for Persons who are Blind, Visually Impaired, or otherwise Print Disabled），促使各國關注視障者接觸資訊之利益，擴大合理使用之範圍；2012年10月，歐盟也通過「孤兒著作指令」（Directive 2012/28/EU of the European Parliament and of the Council of 25 October 2012 on certain permitted uses of orphan works），使得那些仍

在著作權保護期間，但不知誰是著作權人，或著作權人所在不明，難以聯繫洽商授權利用的孤兒著作，有機會在經過一定程序後，被歐洲圖書館、檔案機構、電影圖書館、公立廣播機構或其他公共利益團體，合法地加以利用，方便公眾接觸，不致於構成侵害著作權。

此外，美國加州柏克萊大學Pamela Samuelson教授在2007年發起「著作權原則計畫－改革的方向」（The Copyright Principles Project：Directions For Reform）；多位著名歐洲智慧財產法學者所組成的「Wittem Group」，經過八年討論，也在2010年4月提出「歐洲著作權法典」（The European Copyright Code）草案，主張以歐洲法的核心原則與價值，建立更具彈性的權利及限制，以因應技術快速的發展；瑞典斯德哥爾摩大學（University of Stockholm）智慧財產法與市場法研究所、德國馬普智慧財產權與競爭法研究所、哥本哈根大學（the Institute for Civil Law at the University of Copenhagen）以及赫爾辛基大學（IPR University Center in Helsinki）所推動的「過渡中的智慧財產權」（Intellectual Property in Transition, IPT）計畫，也在2010年提出「WTO/TRIPs協定修正建議」（Proposals for Amendment of WTO/TRIPs）。

以上種種發展，都特別關注私權與公益之均衡，尤其是公眾對於創作發明之方便、合理及合法利用，不再特別傾向於智慧財產權產業之私權保護，這毋寧是回歸智慧財產權制度之本質之可喜現象。

海峽兩岸近年也同時展開著作權法修正工作，臺灣起步於2010年6月，雖早於大陸的2011年7月，但步調較審慎緩慢，目前尚未見完整而具體之草案，倒是由中央研究院劉孔中教授，結合國內著作權領域之十餘位學者自2011年下半年開始進行之學界版著作權法修正工作，已於2014年元月提出草案具體條文。大陸方面則於2012年12月由國家版權局將著作權法修訂草案提交國務院法制辦，待國務院常務會議討論通過後，就會提交全國人大常委會審議。

本人忝為經濟部智慧財產局著作權修法諮詢小組成員，同時獲邀參與學界版著作權法修正草案之討論，並對大陸著作權法修正工作有長期密切觀察，2012年元月中旬亦曾獲邀出席中國人民大學知識產權學院所舉辦該學院受國家版權局委託專家建議稿之研討會，2013年7月及11月並分別出席台灣政治大學主辦之兩岸著作權重要爭議研討及中國人民大學主辦之第

一屆亞太知識產權論壇，針對大陸將參考台灣智慧財產法院成立專門審理知識產權案件之專業法院一事有所建言，自然對於兩岸著作權法制之健全發展，有所參與及期待。

在著作權法因應國際新情勢及科技發展進行全盤檢討修正之前，台灣著作權法針對2013年6月WIPO通過的馬拉喀什條約，於2014年元月先局部修正第53條等規定，強化保障視障者接觸資訊利益的合理使用規定，此為本次再版之增修重點。

2011年離開公職，並於2012年取得國立交通大學科技法律研究所博士學位後，更專注於著作權法之政策參與、教學、研究與諮詢工作，2014年2月獲聘專任大葉大學教職，負責智慧財產權在職碩士學位學程之建置及規劃，期待能對國內著作權法制健全發展及教育工作，盡更大之努力。

章忠信

2014年2月於彰化大葉大學

三版序

　　我國著作權法制規範近年來變動頻繁，自民國90年以來，竟已有10次之更張。其中，著作權法修正八次，與著作利用授權機制之運作關係密切之著作權仲介團體條例，於99年2月大幅修正為著作權集體管理團體條例，而99年2月新制定公布，8月底施行之文化創意產業發展法，於第23條及第24條增訂與著作權有關之條文。

　　這些頻繁的修正動態，讓從事著作權法教學研究之學者教授與實務工作者，面臨最大的挑戰，就是找不到與時俱進、同步更新的著作權法教科書或參考書。87年成立以來的「著作權筆記」公益網站，正好可以解決這些問題。每一次的修法或制定新法，從草案階段就開始在網站上進行紀錄、追蹤與分析評論，希望引起關切及參與，讓各方的聲音都能被考量，不致只偏向積極遊說立法之一方，也讓立法過程中之所有提案與發言者，留下紀錄，向歷史負責。法案通過後，一方面撰擬新法簡析與評論，在法學期刊與網站之「著作權法相關論文」專欄同步發表，另方面也在網站「著作權法相關法律逐條釋義」專欄進行逐條解說，並編附著作權專責機關相關函釋與司法判決，以提供各界瞭解每一個條文之立法原由與實務適用情形。

　　我國著作權法制於99年2月有幾項重大修、制定，一併簡述如下：

　　一、增訂著作權法第37條第6項第2款至第4款，將公開播送之二次利用著作及廣告利用著作之侵權行為除罪化。前者使旅館、醫療院所、餐廳、咖啡店、百貨公司、賣場、便利商店、客運車、遊覽車等供不特定人進出之場所或於公眾使用之交通工具，播放電視或廣播節目而利用著作者，免除刑事責任；後者使廣告播送人就廣告合法使用著作後之公開播送或同步公開傳輸，免除刑事責任。這項修正純是為避免少數著作權人不加入著作權集體管理團體，納入合法授權收費機制，反以刑事訴訟求取不合

理之使用報酬，造成利用人之不便與困擾。

二、於著作權法第53條增訂有關學習障礙學生之合理使用條款，以保障學習障礙學生之學習權利。

三、將著作權仲介團體條例正名為著作權集體管理團體條例，並將使用報酬率由事前審議修正改採協議陳報制，必要時得申請審議；允許不同類別著作之著作財產權人跨類共組單一之集體管理團體；增訂共同使用報酬率、指定統一窗口及開放會員平行授權，期使著作權集體管理制度運作更加順暢，有利著作利用。

四、新制定公布文化創意產業發展法，於第23條及第24條增訂著作財產權設質登記及申請孤兒著作強制授權利用機制，以利文化創意產業發展。

前述關於著作權法及文化創意產業發展法之修正及制定，是本次三版之修正重點。將新制定公布文化創意產業發展法第23條及第24條之逐條釋義納入著作權法逐條釋義，係因為此二條文原本就屬著作權議題，應於著作權法中規範，不該列於文化創意產業發展法中，致誤導民眾於著作權法中錯失該二條文規定。目前著作權專責機關已決定未來將該二條文移列回歸著作權法，故先予收編本書第三版。至於著作權集體管理團體條例逐條釋義部分，將逐步於網站公開中文及日譯本，未來則視情形於適當時機發行中文版及日文版紙本。

網站的好處是即時更新，但紙本仍有必要因應一般人的閱讀習慣而發行。「著作權法逐條釋義」中文網路版持續由我更新補充，中文紙本自96年3月第一版經98年8月第二版，來到99年9月的第三版，這都要感謝五南圖書同仁們的協助；日文網路版部分仍由中國社會科學院知識產權博士，目前任職北京市天達律師事務所顧問之萩原有里女士同步翻譯，日文紙本於97年8月下旬由日本財團法人經濟產業調查會在東京初版發行後，目前尚未再版。

著作權與日常生活及工作有密切之關聯，一般人通常不會正視其重要性，必須等到權利被侵害或是侵害他人權利時，才會瞭解其嚴重性而尋求諮詢。「著作權筆記」希望在網路上與大家分享個人在著作權領域學習、工作與教學之心得。自98年起，在選修國立交通大學科技法律研究所著作權專題研究課程之同學協助下，開始逐年撰擬「著作權白皮書」，就當年

度國際、兩岸著作權法制及實務動態，進行觀察、紀錄與評析，次年1月底前於網站發行。99年8月初至10月底，適逢於美國西雅圖華盛頓大學法學院擔任傅爾布萊特獎學金之訪問學者，深入瞭解美國大學校園著作權相關議題與因應，必須暫停著作權專題研究課程，惟仍將獨力完成「2010年著作權白皮書」，以為延續，特此立志。

章忠信

2010年8月於美國西雅圖華盛頓大學法學院

再版序

　　「著作權法逐條釋義」中文網路版於2004年10月自第1條開始，逐條於「著作權筆記」（http://www.copyrightnote.org/）問世，起初並不是很積極地撰擬，直到2006年初，當時素昧平生，在對岸中國社會科學院攻讀知識產權法博士學位的萩原有里女士，透過網路聯絡，雙方達成合作協議，在沒有任何營利目的基礎上，由她將逐條釋義內容翻譯為日文，同時上載於網路中文版之後，以及她自己的專業網站中（http://tw.commentaries.asia/），擴大資訊散布效果。

　　在萩原有里女士的日譯本努力追趕之下，「著作權法逐條釋義」全部中、日文釋義終於在2006年底完成。更感謝五南圖書出版集團的義助與雅量，「著作權法逐條釋義」中文紙本於2007年3月在台發行，而中、日文網路版則繼續於網站上公開，並隨時更新。

　　從中文版紙本的初版，到此次的再版，短短二年半，著作權法已歷經二次修正，包括96年7月11日增訂第87條第1項第7款，將提供網路非法交換軟體或重製技術視為侵害著作權行為、第93條第4款之處罰規定及第97條之1對經法院判定侵權或違法業者的命令停業或勒令歇業條文，以及98年5月13日為網路服務提供者建立安全港（Safe Harbor）條款，新增第六章之一「網路服務提供者之民事免責事由」專章。這些增修規定，處處充滿爭議，過於偏向著作權人，影響科技發展與公眾接觸資訊權益，也未必有利著作之合法利用。不過，其既已完成立法程序，必須普遍適用，是必須面對的事實，故仍在逐條釋義中詳述立法原意及其適用情形，而對這些條文的進一步批判，則已在其他專論中展現，不宜於逐條釋義中多所著墨。至於各界研議討論中之其他修正條文草案，尚非定論，其討論過程，讀者們可在「著作權筆記」之「討論園地」觀察掌握，並參與討論，未來完成立法後，在逐條釋義紙本三版增訂前，亦得在「著作權筆記」先睹為快。

　　值得一提的是，由於萩原有里女士對於逐條釋義詳盡且精確地日譯，引起日本實務界與學界之關注與興趣，日文版於2008年8月下旬由屬於半官方性質的日本財團法人經濟產業調查會在日本東京初版發行，此係台灣著作權法相關論著首次在日本以日文版發行，有助日本學界與實務界對台灣著作權法制之瞭解。日文版發行之日，適逢本人在東京參訪，特前往經濟產業調查會拜會，並表達致謝之意。

　　從逐條釋義中文網路版的推出，偶然間穿越海峽的跨國無償互惠日譯授權，造就了中、日文網路版併列，隨後演變到中文紙本的在台發行，最後更有日文版紙本於日本東京發行。戲劇化發展之中，包含了參與各方智慧的投入與無私的奉獻，這也該算是美事一樁。

章忠信

2009年8月5日

作者（右二）2008年8月24日於本書日文版初版之日偕同日文版譯者萩原有里女士（右一）拜會位於東京之出版單位日本財團法人經濟產業調查會，與調查會同仁合影

序

　　1986年10月，純屬偶然的機會，投身政府部門的著作權主管機關──內政部著作權委員會。工作一段時間後，獲得當時主任委員王全錄先生三次的強力推薦，終於在1995年獲得行政院一年帶職帶薪及全額公費獎學金，前往美國華府西北區的American University，在該校的Washington College of Law，追隨著作權法權威Pro. Peter Jaszi研習著作權法制，並取得LL.M.學位。1996年12月，在當時主任委員林美珠女士及組長陳淑美的支持下，獨自於瑞士日內瓦世界智慧財產權組織（WIPO）總部停留十餘日，親身經歷國際著作權法制的世紀大事，亦即世所矚目、影響深遠，一般通稱「網路著作權公約」的「智慧財產權組織著作權條約」及「智慧財產權組織表演及錄音物條約」的外交會議討論。

　　從基層的實務工作，經歷美國著作權法制的洗禮，見證數位網路科技發展下，國際著作權法制的神速蛻化，這一切過程，讓我開始思索，要如何將所學習到的著作權專業知識，以簡易近人的方式，向國內作廣泛地傳達。

　　1998年底，在好友陳錦全女士（目前為中原財經法律系助理教授）的引薦之下，獲得當年的中原大學財經法律系馮震宇主任支持，指派高足錢世傑兄協助，在該校主機之下，為我建立了「著作權筆記」公益網站架構，開始著作權專業知識的網路傳播。2000年初，基於長遠經營與系統穩定的考量，「著作權筆記」脫離中原大學主機，有了自己專屬的網址（www.copyrightnote.org），持續運作至今。

　　永續經營一個專業而公益性質的網站，並不容易，需要專業的累積、幾近宗教狂熱般，無私地奉獻與投入，還要有堅毅無比的持續力。由於工作、教學與研究的需要，也基於「一生中至少要找一件有意義的事來做」的簡單想法，「著作權筆記」就這樣營運下去──有生之年，應該是不會

間斷了。

　　作為一個著作權實務工作者，「著作權筆記」的內容沒有太多的理論，純為散布正確的著作權觀念，解決實務疑難與爭議。在經營的過程中，接觸到各層面的來訪者，包括權利被侵害的著作權人、侵害著作權的行為人、司法界的律師、檢察官與法官、企業經營者、學界的教授與同學。除了本地的，也有對岸的，偶爾也有必須以英文溝通的外國朋友。對於他們，與其說是我提供著作權專業資訊給他們，不如說是他們協助我對於著作權相關爭議，有更開闊的思考與認知。

　　時常遇到的情形是，原告、被告與司法人員對於同一案件，在一段時間內，均前來尋求諮詢。本於專業道德，「著作權筆記」對於所有的徵詢，並不會透露各方曾經諮詢的事實與立場，但在著作權法的規定與適用上，提供的專業意見只會有一個，至於原告、被告與司法人員各自的因應，則任由他們自己從不同的立場去考量，這樣才有其客觀性與說服力。

　　曾有人好奇，對於律師界朋友的諮詢，「著作權筆記」是不是也免費提供專業資訊，對於他們藉此再向客戶收費服務，是不是也都無所謂？作為一個公益網站，各界提出的問題，經過轉化處理，提出著作權法相關規定與適用的回應後，都會在「著作權筆記」中公開呈現，廣為各界接觸。既然提出問題的律師們，對於他所整理的精彩問題，沒有向我收費，我以他們的提問為素材，轉化成專業的問題與解答，再公開與各界分享，增長了自身的專業能力，充實了「著作權筆記」的內容，實在也沒有理由拒絕任何人的提問。從深遠的角度看，也沒有必要因為他人的任何經營型態，而阻礙了自己推動公益的理想初衷。

　　自助才能獲得人助，在「著作權筆記」的經營過程中，一再地獲得驗證。雖然在著作權專業領域中，可以說已經是成精了，但對於網路程式設計，我可就完全束手無策。Rossana是在2000年年初，出手義助當時正處於混亂階段中的我，並協助我將網站脫離中原大學主機而改為獨立經營的好心人。我從未見過本人，也不知其姓名。重要的是，透過電子郵件的密集溝通，Rossana無償地在「著作權筆記」資料庫中，設計相關程式，重新架設網頁結構，開闢「討論園地」，並增添「著作權筆記電子報」系統，讓「著作權筆記」具有互動討論與主動傳遞新知的功能，這些都是網站經營很重要的機制。這一切都可以說是網路社群活動中，高度互信的體現。

　　我國智慧財產權專責機關——經濟部智慧財產局於1999年元月成立，我也隨著作權業務的移撥，由內政部著作權委員會，轉任至經濟部智慧財產局著作權組，開始擔任著作權法制調整與對外諮商談判的第一線工作。這當中包括著作權法配合「智慧財產權組織著作權條約」及「智慧財產權組織表演及錄音物條約」進行重大修正，中華民國以「臺澎金馬獨立關稅領域」名義，與對岸的中華人民共和國，同時加入世界貿易組織（WTO），對美國關於我國著作權保護及法律修正的諮商談判，以及WTO與貿易有關的智慧財產權協定理事會（WTO/TRIPs Council）對我國著作權法制的檢視等，對於個人的著作權專業，有更進一步的養成與提昇。

　　投身著作權領域，純粹是工作上的偶然，何其幸運能見證我國著作權法制，由簡陋進步到與國際趨勢合流。作為公務部門的一員，能悠遊於專業領域，參與法制現代化的建制與決策的研擬，是一件令人愉快的事。很多人都因此認定，著作權業務應該是我終身不會離棄的工作。2002年下半年，持續性的與美國經貿諮商，對於我國著作權法制的走向有很大的影響，隨著專責機關的人事變遷，也讓我開始體會到，著作權業務不僅是單純的著作權議題而已，還牽涉到政治、國防、外交與國際經貿事務，而行政與專業其實是有差距的。在行政體系中，行政必須重於專業，組織才能順暢運作，政策才能貫徹落實，國家整體利益才能兼顧，但行政人才易得，專業養成不易；為了有利行政的繼續運作，我選擇確保在專業領域的獨立自由，冀望在長遠上，能有助於我國著作權法制的健全發展，這是2003年10月轉換職務至教育部，協助相關業務單位解決有關著作權疑議，並持續關切國內著作權法制發展的主要原因。

　　從事著作權實務工作，重要的是對於國際著作權法制的掌握、著作權相關法律條文的熟稔及國內外實務運作的瞭解，未必需要有太高的學位。很多熟識的先進們，先前就曾強烈地鼓勵，應繼續到博士班進修，以強化學術理論；然我總認為修讀博士學位，對於個人的專業經營，會產生時間上的排擠，故並無太大的關注。隨著工作性質的改變與環境的變化，逐漸感受到應該讓自己有更寬廣的可能，只要能力所及，沒有必要自我設限。經過一番努力，2005年乃進入國立交通大學科技管理研究所科技法律組博士班修業。作為最年長的博士生，與年輕的碩博士班同學共同學習，時常

會有「後生可畏」之嘆，也更加惕勵自己其實僅是以「先行者」的優勢，暫時取得學習上的領先而已。博士班的課程難免會分散專業研究的時間，不過，除了從同學們不同觀點的討論中獲得很多啟發之外，劉尚志所長所力倡的法學實證研究與經濟分析，對於著作權領域相關議題的觀察與思考，也帶來另一股活水，這是博士班課程所獲得最大的實益。

　　「著作權筆記」的網路經營模式，固然可以有助於網路使用者獲得資訊的，然而，不是所有的人都透過網路獲取資訊，而紙本仍是資訊流通很重要的管道。雖然醉心於網路傳輸的方便、快速、易於修正與精確檢索的好處，卻也不得不承認將資訊轉化為紙本的必要性。承蒙五南文化事業機構的書泉出版社同仁們的協助，並同意讓資訊繼續於網路上流傳的合作條件下，開始逐步進行紙本發行工作。2001年發行的「著作權大哉問」一書（2004年再版為「著作權博識500問」），是源自於「著作權筆記」的「著作權大哉問」單元，該單元是將各界透過網站的相關提問，以一問一答的方式，整理呈現在網路上；2004年的「著作權法的第一堂課」，是將「著作權筆記」中的「著作權觀念漫談」各篇短文，重新整理，以案例為導引，由淺入深，作觀念性的闡釋。

　　本次的「著作權法逐條釋義」，也是循此一模式，先花了約莫兩年時間，逐一地思考與整理，以簡明易懂的文字，說明每一條文的立法原意與適用情形，並附上著作權專責機關的重要解釋及司法機關的相關判決要旨，可讓希望瞭解現行條文規範意義的讀者，有足夠參考的資訊。紙本的好處是易於閱讀與攜帶，它的缺點是不利更新或修正。本書的好處，則是可以隨時上網，參閱網路版更新、修正的內容，掌握著作權法最新動態。

　　值得一提的是，「著作權法逐條釋義」網路版撰寫過程中，透過網路結識在對岸中國社會科學院法學系就讀博士學位的日本友人萩原有里女士，雙方協議合作，在沒有任何營利目的基礎上，由她將逐條釋義內容翻譯為日文，同時上載於中文版之後及她的專業網站中（http://legalio.com/index.html），以擴大資訊散布效果。在她的日譯過程中，提出很多中文版誤植之處或較艱澀之文句，對於逐條釋義力求簡單易懂的目的，有很大的助益。

　　回首來時路，一切的努力與堅持，固然需親力為之，無可假手他人；但對於所有給予專業成長機會的前輩，衷心地感念；對於協助「著作權筆

記」的建立與發展的各路英雄好漢，也要致上最誠摯的謝意。當然，家庭支持更是「著作權筆記」能持續運作的主要原因，雖然每天都努力回家吃晚餐，不過，公餘之暇都已全力投注於網站經營；至於為夫為父的工作，大概也就都是身教多於言教了，這樣不囉唆的父親，不知是不是兒子們到目前都表現良好的原因。

章忠信

2007年2月

目　錄

Contents

劉　序　　　　　　　　　　　　　　　　　　　　　　i

六版序　　　　　　　　　　　　　　　　　　　　　　v

五版序　　　　　　　　　　　　　　　　　　　　　　vii

四版序　　　　　　　　　　　　　　　　　　　　　　ix

三版序　　　　　　　　　　　　　　　　　　　　　　xiii

再版序　　　　　　　　　　　　　　　　　　　　　　xvii

序　　　　　　　　　　　　　　　　　　　　　　　　xix

第一章　總　則　　　　　　　　　　　　　　　　　　1

第二章　著　作　　　　　　　　　　　　　　　　　　27

第三章　著作人及著作權　　　　　　　　　　　　　　47

第四章　製版權　　　　　　　　　　　　　　　　　　209

第四章之一　權利管理電子資訊及防盜拷措施　　　　215

第五章　著作權集體管理團體與著作權審議及調解委員會　223

第六章　權利侵害之救濟　　　　　　　　　　　　　　231

第六章之一　網路服務提供者之民事免責事由　　　　265

第七章　罰　則　　　　　　　　　　　　　　　　　　277

第八章　附　則　　　　　　　　　　　　　　　　　　311

第一章

總　則

第1條（立法目的）

為保障著作人著作權益，調和社會公共利益，促進國家文化發展，特制定本法。本法未規定者，適用其他法律之規定。

解說

　　本條在說明我國著作權法的立法目的，主要可分為保障著作人著作權益，調和社會公共利益及促進國家文化發展等三方面。

　　關於保障著作人著作權益方面，本法規定了著作人格權（§15～21）與著作財產權（§22～29）的內容和期間，侵害者的民刑事責任（第六章及第七章），以確保著作人的著作權益不致被侵害；在調和社會公共利益方面，本法規定了不得為著作權之標的（§9）、著作權法保護「表達」，不保護「觀念」（§10-1）、著作財產權之限制（合理使用）（§44～65）、強制授權（§69～71）等。藉由「保障著作人著作權益」與「調和社會公共利益」，以達到本法的終極目標——促進國家文化發展。

　　簡單的說，著作權法的真正目的，是希望透過以法律保護著作人權利的手段，讓有能力創作的人，願意創作出更多更好的著作，同時又以法律限制著作人的權利，使創作不致被壟斷，讓公眾可以普遍分享人類智慧結晶，以提昇國家文化。

　　本法是民、刑法的特別法，著作權法沒有規定的，適用民法與刑法的規定，著作權法有特別規定的事項，應依本法規定，排除其他法律之適用，例如關於期間之終止，雖然民法第121條已有規定，要以「最後之年與起算日相當日之前一日為期間之末日」，但本法第35條特別規定著作財

產權的存續期間,「以該期間屆滿當年之末日為期間之終止」,二者顯然不同。至於本法未規定的,則適用其他法律之規定,例如本法既沒有規定著作人僅限於自然人,則依民法規定,就包括自然人與法人。

內政部77年10月11日台(77)內著字第637635號函釋

　　著作權法第3條第3款規定:「著作人:指創作著作之人」,此處之「人」究僅指自然人或兼指自然人與法人?參照同法第1條後段規定「本法未規定者,適用其他法律之規定」,而依民法之規定,「人」係包括自然人與法人;且著作權法第3條第3款所稱著作人並無明文排除法人之規定,職此,似難謂法人不得為著作人。

第2條(主管機關)
本法主管機關為經濟部。
著作權業務,由經濟部指定專責機關辦理。

解說

　　本法的主管機關,自著作權法於民國17年制定時起,原為內政部,由該部設著作權委員會負責實際業務,但自民國88年1月26日起,已改為經濟部,並由該部成立專責機關智慧財產局(台北市大安區辛亥路二段185號4樓,電話:02-2738-0007,網址:www.tipo.gov.tw)實際執行著作權業務。

　　在民國81年到90年以前的著作權法,本條曾規定為「本法所稱主管機關」的文字,而不像其他法律或現行著作權法規定「本法主管機關」,主要是因為著作權所涉及的主管機關很多,包括當時主管廣播、電視及電影事業的行政院新聞局(現已改由文化部主管)、主管文化事業的行政院文化建設委員會(現已改組為文化部)、主管教育行政的教育部、主管著作相關產品貿易業務的經濟部國際貿易局、主管著作相關製品生產工廠的經濟部商業司、主管著作相關產品進出口的財政部海關,甚至包括執行取締侵害的檢警調及職司審判侵害案件的司法院各及法院,並非全屬著作權法

主管機關之權責，只有在本法明文稱「主管機關」時，才係指著作權法主管機關之內政部或經濟部，惟90年修正之本法，一方面於第2項確認經濟部得設置專責機關「智慧財產局」辦理著作權業務，另方面則回復一般通例，於第一項明定「經濟部」為「本法主管機關」。

　　目前著作權法的主管機關雖是經濟部，實際業務則由經濟部指定之專責機關經濟部智慧財產局辦理。

　　依據現行著作權法及文化創意產業發展法，由經濟部負責的著作權業務包括：

　　一、訂定著作權法第5條第1項各款著作內容例示（§5Ⅱ）。

　　二、訂定教科書合理使用他人著作之報酬率（著作權法§47Ⅳ之使用報酬率）（§47Ⅳ）。

　　三、訂定音樂著作強制授權許可及使用報酬計算辦法（§69Ⅱ）。

　　四、訂定製版權登記辦法（§79Ⅴ）。

　　五、訂定防盜拷措施之特定例外規定及各種例外之內容（著作權法§80-2Ⅲ各款內容認定要點）（§80-2Ⅲ⑨、Ⅳ）。

　　六、訂定經濟部智慧財產局著作權審議及調解委員會組織規程（§83）。

　　七、訂定著作權爭議調解辦法（§83）。

　　八、訂定禁止平行輸入之例外之輸入一定數量（著作權法§87-1Ⅰ②、③之一定數量）（§87-1Ⅱ）。

　　九、訂定海關查扣著作權或製版權侵害物實施辦法（§90-2）。

　　十、核可著作權人或製版權人提供為保護著作權或製版權之通用辨識或保護技術措施以供網路服務提供者配合執行（§90-4Ⅲ）。

　　十一、訂定網路服務提供者民事免責事由實施辦法（§90-12）。

　　十二、邀集專家學者及相關業者認定業者以公開傳輸方法侵害著作權情節重大並為限期改正、停業或勒令歇業命令（§97-1）。

　　十三、訂定著作權相關申請案件收費基準（§105Ⅱ）。

　　十四、訂定著作財產權質權登記及查閱辦法（文化創意產業發展法§23Ⅲ）。

　　十五、訂定著作財產權人不明著作利用之許可授權及使用報酬辦法（文化創意產業發展法§24Ⅴ）。

至於屬於專責機關經濟部智慧財產局辦理之業務，則包括如下：

一、指定廣播或電視暫時性錄製物之保存處所（§56Ⅱ）。

二、合理使用範圍協議之諮詢（§65Ⅳ）。

三、許可、撤銷或廢止音樂著作強制授權之申請（§69Ⅰ、71）。

四、許可著作權集體管理團體之成立（§81Ⅰ）。

五、設置著作權審議及調解委員會辦理審議及調解事項（§82Ⅰ～）。

六、收受法院有關著作權訴訟案件判決書等（§115-2）。

七、受理著作財產權質權登記、查閱或委託民間機構或團體辦理該項業務（文化創意產業發展法§23Ⅰ、Ⅱ、Ⅳ）。

八、受理孤兒著作之強制許可利用及其撤銷、廢止（文化創意產業發展法§24Ⅰ、Ⅱ、Ⅵ、Ⅶ）。

相關條文：第5條第2項、第47條第4項、第56條第2項、第65條第4項、第69條、第71條、第79條第5項、第80條之2第3、4項、第81條第1項、第82條第1項以下、第83條、第87條之1第2項、第90條之2、第90條之4第3項、第90條之12、第97條之1、第105條第2項、第115條之2、文化創意產業發展法第22條及第24條

第3條（定義）

本法用詞定義如下：

一、著作：指屬於文學、科學、藝術或其他學術範圍之創作。

二、著作人：指創作著作之人。

三、著作權：指因著作完成所生之著作人格權及著作財產權。

四、公眾：指不特定人或特定之多數人。但家庭及其正常社交之多數人，不在此限。

五、重製：指以印刷、複印、錄音、錄影、攝影、筆錄或其他方法直接、間接、永久或暫時之重複製作。於劇本、音樂著作或其他類似著作演出或播送時予以錄音或錄影；或依建築設計圖或建築模型建造建築物者，亦屬之。

六、公開口述：指以言詞或其他方法向公眾傳達著作內容。

七、公開播送：指基於公眾直接收聽或收視為目的，以有線電、無線電或其他器材之廣播系統傳送訊息之方法，藉聲音或影像，向公眾傳達著作內容。由原播送人以外之人，以有線電、無線電或其他器材之廣播系統傳送訊息之方法，將原播送之聲音或影像向公眾傳達者，亦屬之。

八、公開上映：指以單一或多數視聽機或其他傳送影像之方法於同一時間向現場或現場以外一定場所之公眾傳達著作內容。

九、公開演出：指以演技、舞蹈、歌唱、彈奏樂器或其他方法向現場之公眾傳達著作內容。以擴音器或其他器材，將原播送之聲音或影像向公眾傳達者，亦屬之。

十、公開傳輸：指以有線電、無線電之網路或其他通訊方法，藉聲音或影像向公眾提供或傳達著作內容，包括使公眾得於其各自選定之時間或地點，以上述方法接收著作內容。

十一、改作：指以翻譯、編曲、改寫、拍攝影片或其他方法就原著作另為創作。

十二、散布：指不問有償或無償，將著作之原件或重製物提供公眾交易或流通。

十三、公開展示：指向公眾展示著作內容。

十四、發行：指權利人散布能滿足公眾合理需要之重製物。

十五、公開發表：指權利人以發行、播送、上映、口述、演出、展示或其他方法向公眾公開提示著作內容。

十六、原件：指著作首次附著之物。

十七、權利管理電子資訊：指於著作原件或其重製物，或於著作向公眾傳達時，所表示足以確認著作、著作名稱、著作人、著作財產權人或其授權之人及利用期間或條件之相關電子資訊；以數字、符號表示此類資訊者，亦屬之。

十八、防盜拷措施：指著作權人所採取有效禁止或限制他人擅自進入或利用著作之設備、器材、零件、技術或其他科技方法。

十九、網路服務提供者，指提供下列服務者：

（一）連線服務提供者：透過所控制或營運之系統或網路，以有線或無線方式，提供資訊傳輸、發送、接收，或於前開過程中之中介及短暫儲存之服務者。

（二）快速存取服務提供者：應使用者之要求傳輸資訊後，透過所控制或營運之系統或網路，將該資訊為中介及暫時儲存，以供其後要求傳輸該資訊之使用者加速進入該資訊之服務者。

（三）資訊儲存服務提供者：透過所控制或營運之系統或網路，應使用者之要求提供資訊儲存之服務者。

（四）搜尋服務提供者：提供使用者有關網路資訊之索引、參考或連結之搜尋或連結之服務者。

前項第8款所定之現場或現場以外一定場所，包含電影院、俱樂部、錄影帶或碟影片播映場所、旅館房間、供公眾使用之交通工具或其他供不特定人進出之場所。

解說

　　本條是關於本法條文中用詞的定義說明。

　　關於「著作」，雖然定義中規定「指屬於文學、科學、藝術或其他學術範圍之創作」，其實，除了「文學、科學、藝術」之創作，其他的創作都可以歸類於「其他學術範圍」的創作而稱為「著作」，所以，是不是本法所稱的「著作」，重點應在於是不是「創作」，而不在於是不是具有「文學、科學、藝術」的性質。又關於「創作」的門檻其實也不高，只要有智慧的投入就足夠了，至於品質好不好，內容豐不豐富，就由市場去決定了。

　　關於「著作人」，是實際創作著作的人，可以是如你我一般有血有肉的「自然人」，也可以是依法律所創設的公司、財團法人或社團法人等「法人」。歐洲有些國家，例如德國及法國等，認為只有「自然人」有思考能智慧，才有創作能力而可成為著作人，至於「法人」則不得為著作人，只可受讓著作財產權。本法既未明文限制，則「自然人」與「法人」都可以成為「著作人」。

　　關於「著作權」，明文規定包括「著作人格權」及「著作財產權」。

又「著作人格權」包括「公開發表權」（§15）、「姓名表示權」（§16）及「禁止不當修改權」（§17）；「著作財產權」則包括「重製權」（§22）、「公開口述權」（§23）、「公開播送權」（§24）、「公開上映權」（§25）、「公開演出權」（§26）、「公開傳輸權」（§26-1）、「公開展示權」（§27）、「改作權」、「編輯權」（§28）、「散布權」（§28-1）及「出租權」（§29）。

　　關於「公眾」，依條文既指「不特定人或特定之多數人」又不包括「家庭及其正常社交之多數人」，就只有個人、「家庭及其正常社交之多數人」不是屬於「公眾」，其他的多數人都是「公眾」，例如，街上行人或公共場所聚集的群眾固然是「公眾」，辦公室同仁、工廠員工、軍營袍澤、醫院病患、養老院老人、坐月子中心產婦、校園內同學等等，都是本法所稱的「公眾」。

　　關於「重製」，條文明定幾種方法，在一般的著作類別方面，包括「印刷、複印、錄音、錄影、攝影、筆錄」，並另以概括文字「或其他方法直接、間接、永久或暫時之重複製作」包括之，最後的結果一定要達到「重複製作」，也就是再現其著作內容，又不管是「直接、間接、永久或暫時的」重製，都屬於重製的行為。所謂「間接的重製」，例如從廣播中將CD內容錄製下來，而非直接從CD錄製。關於「暫時性重製」，雖然屬於重製的行為，但第22條第3項及第4項，對於特定的「暫時性重製」，即「電腦程式著作」以外之著作，「專為網路合法中繼性傳輸，或合法使用著作，屬技術操作過程中必要之過渡性、附帶性而不具獨立經濟意義之暫時性重製」，則不屬於著作財產權人重製權的範圍。又在特別的著作類別方面，當「劇本、音樂著作或其他類似著作」「演出或播送」時的「錄音或錄影」，或「依建築設計圖或建築模型建造建築物」，都是屬於「重製」的行為。此外，在美術著作或圖形著作，雖然於二度空間與三度空間之間的轉換，例如將卡通圖作成玩偶，將雕塑畫成圖樣，係屬「重製」之範圍，惟以按圖施工之方法，將著作所表達之概念，製作成立體物或實用物品者，應屬於「實施」之行為，不屬於「重製」之行為，如欲保護按圖施工之權利，僅能尋求是否符合專利法或相關法律之規定。

　　關於「公開口述」，簡單的說，就是公開地以言詞朗讀著作內容。從本法第23條特別規定：「著作人專有公開口述其語文著作之權利」觀察可

以瞭解，只有「語文著作」才有「公開口述權」，其他類別的著作是沒有「公開口述權」的。

關於「公開播送」，僅限於供公眾接收的有線或無線廣播或電視，或衛星播送著作內容，並不包括私人間的傳送接收。公開播送是廣播或電視的播送（broadcast），由原播送人以外之人，透過接收器接收他人的廣播或電視節目，再以廣播或電視的方式轉播，不問同時或異時，都是rebroadcast，也是屬於「公開播送」。有線電視接收無線電視節目後再轉播，或旅館或工廠接收有線或無線廣播或電視或衛星節目後，再透過自己的有線或無線系統轉播給房客或員工欣賞，不管是同步還是非同步的播送，都是屬於rebroadcast，在著作權法中都是著作權人的「公開播送權」，應該獲得授權，否則會侵害公開播送權。

關於「公開上映」，連同本條第2項關於「現場或現場以外一定場所」的定義說明，主要是針對在「電影院、俱樂部、錄影帶或碟影片播映場所、旅館房間、供公眾使用之交通工具或其他供不特定人進出之場所」中，在同時以一部或多部放映機播映影片的情形。從本法第25條特別規定：「著作人專有公開上映其視聽著作之權利」觀察可以瞭解，只有「視聽著作」才有「公開上映權」，其他類別的著作是沒有「公開上映權」的。

關於「公開演出」，除了「以演技、舞蹈、歌唱、彈奏樂器向現場之公眾傳達著作內容」外，以「其他方法向現場之公眾傳達著作內容」則包括藉由錄音設備播出音樂著作的情形。所以，在公眾面前的肢體表演、唱歌、跳舞、彈奏樂器固然是「公開演出」，在人來人往的唱片行、餐廳、旅館或賣場等等公眾所在的地方，打開錄音機播出錄音帶或CD上的音樂，也是對音樂著作的「公開演出」。又因為本款後段規定「以擴音器或其他器材，將原播送之聲音或影像向公眾傳達」也是「公開演出」的行為，因此，前面所提的唱片行、餐廳、旅館或賣場等等公眾所在的地方，打開收音機或電視機播出廣播電台或電視台所播出的音樂，讓公眾可以收聽，也是對音樂著作的「公開演出」。又從本法第26條特別規定：「著作人除本法另有規定外，專有公開演出其語文、音樂或戲劇、舞蹈著作之權利。表演人專有以擴音器或其他器材公開演出其表演之權利。但將表演重製後或公開播送後再以擴音器或其他器材公開演出者，不在此限。錄音著作經公

開演出者，著作人得請求公開演出之人支付使用報酬。」可以瞭解，只有「語文、音樂或戲劇、舞蹈著作及表演」才有「公開演出權」，其他類別的著作是沒有「公開演出權」的，而「錄音著作」的著作人，他的「公開演出權」已弱化為「使用報酬請求權」。

關於「公開傳輸」，主要是指網路或其他不屬於公開播送的傳播，其方式仍是以聲音或影像，向公眾提供或傳達著作內容，而且更包括使公眾得於其各自選定之時間或地點，以上述方法接收著作內容的點選方式的互動傳播（on-demand）。這是網路科技發達後，新的著作利用方法，「公開傳輸」一方面透過網路，無遠弗屆，打破空間限制，另方面將著作置於網路上，可以讓利用人隨時點選，接收利用，突破了廣播電視時代，播完就消失的時間限制，是著作權人重要的權限。

關於「改作」的方法，包括「翻譯、編曲、改寫、拍攝影片或其他方法」。將20萬字長篇中文小說翻譯成英文、改寫為2萬字短篇小說或拍成電影或電視劇，或將曲調抒情的情歌簡譜編為交響樂、合奏曲或爵士樂等等，都是「改作」的行為。「改作」必須是「就原著作另為創作」，所以改作者要有智慧的投入，而他所改作的創作成果就成為另一個獨立受本法保護的新「著作」，至於改作的人所使用的「原著作」不一定是要仍受本法保護，但如是仍受本法保護的著作，就必須獲得著作財產權人的同意，否則會構成侵害著作財產權。不過，如果沒有經過原著作的著作財產權人授權，就將人家的著作加以改作，雖然是構成侵害原著作的著作財產權，但改作者所改作完成的新著作仍是受本法保護的，因為，只要改作者有智慧創作的投入，本法就要保護他的心血，至於他的改作行為侵害原著作的著作財產權，則是另外一回事，兩者應作不同的區別。

關於「散布」，本法依循國際著作權法制有特別的定義，和一般人所通常認知的「散布」並不一致，本法所說的「散布」要透過「原件或重製物」來進行，也不管是「有償或無償」，只要能達到「提供公眾交易或流通」的效果就是「散布」。所以，將文章、圖片、電腦程式、MP3音樂等等創作作品放在網路上傳播，是屬於「公開傳輸」，不屬於本法所說的「散布」，必須是以書本、畫紙、卡片、磁片、錄音帶、錄影帶、光碟等形式進行流通，才是本法所說的「散布」。這裡所說的「有償或無償」，包括買賣、出租、出借或贈品。又既然「提供公眾交易或流通」就算本法

所說的「散布」，則只要是有「提供公眾交易或流通」的行為即可，至於是不是真的有人願意買進或租借，則並不重要。應注意的是，第28條之1的「散布權」，其權利的範圍比此處的「散布」要狹窄，「散布權」必須是著作原件或其重製物所有權的移轉，如買賣、贈與或互易，若所有權未移轉，僅是占有的移轉，如出租或出借，雖屬於「散布」的行為，仍不是「散布權」的範圍。

關於「公開展示」，是指向公眾展示著作內容，如展示畫作或文字原稿等。

關於「發行」，本法也是依循國際著作權法制有特別的定義，和一般人所通常認知的「發行」也不一致，本法所說的「發行」，要求是要「重製物」的「散布」，如果僅是電影院的上映電影或是電視台的播送影片，或是在網路上的傳播，都不能構成著作的「發行」，一定要有錄影帶或CD的流通才算符合本法「發行」的要求。「發行」的行為在本法有重要的意義，從第4條第1款的規定，它可以決定一個外國人的著作能不能在我國受本法保護，所以要嚴格的加以定義及認定。

關於「公開發表」，是著作人格權的一項權利，他的方法包括「發行、播送、上映、口述、演出、展示或其他方法」，而在效果上一定要能夠達到「向公眾公開提示著作內容」之結果。

關於「原件」，「指著作首次附著之物」。「著作」、「著作原件」及「著作重製物」是三種不同的東西。「著作」是人類的智慧創作結晶，屬於本法保護的對象；「著作原件」及「著作重製物」是「著作物」，涉及「物的所有權」問題，應適用民法「物權篇」而與本法無重大關聯。「著作」是一種表達，有時固然有附著的物體，稱為「著作原件」，例如原畫、手稿、底片或錄音母帶等。在原畫的例子裡，「著作」是指畫紙上的畫作表現，而非畫作所附著的畫紙。至於沒有附著物的「著作」，例如演說、表演、舞蹈等，創作表達完畢，「著作」就完成，雖然沒有附著的物體，卻仍受本法保護。「著作重製物」是從「著作」或「著作原件」所重製而成的東西，例如依原畫所複製的複製畫、將手稿印刷成書籍、將底片沖洗為照片、將錄音及電影母帶重製為銷售用之錄音帶或錄影帶等，又即使是演說、表演、舞蹈等沒有「著作原件」的「著作」，將他加以錄音、錄影或筆記，這些錄音、錄影或筆記，也是「著作重製物」。很多

人將「著作」和「著作物」混為一談，「著作」純粹是創作者的智慧表達，不一定有「物」的存在。「著作物」是指「著作原件」和「著作重製物」，和「著作」不能畫等號，所以買到一幅真跡原畫或複製畫，只取得「著作原件」或「著作重製物」的「物的所有權」，並沒有取得「著作財產權」，不可以任意複製，否則會構成侵害著作財產權中的重製權。

　　關於「權利管理電子資訊」，限於足以確認著作、著作名稱、著作人、著作財產權人或其授權之人及利用期間或條件之相關電子資訊，這些關於權利管理方面資訊，被附記於著作原件或其重製物上，或於著作向公眾傳達時，所作相關的表示，而其型態可以是文字、標記，顯性或隱性的浮水印，所以不一定是文字，任何以數字、符號表示此類資訊者，都屬之。

　　關於「防盜拷措施」，是國際間所稱的「科技保護措施」（Technological Protection Measures），為1996年「世界智慧財產權組織著作權條約」（The WIPO Copyright Treaty, WCT）第11條及「世界智慧財產權組織表演及錄音物條約」（The WIPO Performances and Phonograms Treaty, WPPT）第18條所新增的規定，在使著作權人對於其著作之接觸與利用，享有控制的能力，當著作權人以科技保護措施進行控制時，法律必須保護這些技術不被規避或破解。本法使用「防盜拷措施」一詞，雖與「科技保護措施」所欲規範之真正目的，仍有差距，但實質規定則相近，不僅限於禁止或限制「重製」著作行為之「防盜拷」（copy control），尚包括禁止或限制「使用、收聽、收看、閱覽」著作行為之「限制接觸」（access control），其條件必須是著作權人所採者，而且必須「有效」的，否則不應該被保護。

　　關於「網路服務提供者」，係98年5月修正本法時所新增，主要目的在配合修正增訂第六章之一「網路服務提供者之民事免責事由」專章，賦予網路服務提供者「避風港」之機制，將「網路服務提供者」再區分為四款，包括「連線服務提供者」、「快速存取服務提供者」、「資訊儲存服務提供者」及「搜尋服務提供者」等四種類型的「網路服務提供者」。

　　一、連線服務提供者，指「透過所控制或營運之系統或網路，以有線或無線方式，提供資訊傳輸、發送、接收，或於前開過程中之中介及短暫儲存之服務者」，此係參考美國DMCA第512條第a項所定之「短暫性的數

位網路傳輸」（Transitory Digital Network Communications），屬於網路運作所需之基礎服務，例如透過網路所為之資訊「傳輸」（transmission）、「發送」（routing）、「連線」（providing connections）或過程中之「中介及短暫儲存」（intermediate and transieNT storage）等服務。在我國，類似提供撥接上網服務之中華電信Hinet、So-net及Seednet等，都屬於本款所稱「連線服務提供者」。

二、快速存取服務提供者，指「應使用者之要求傳輸資訊後，透過所控制或營運之系統或網路，將該資訊為中介及暫時儲存，以供其後要求傳輸該資訊之使用者加速進入該資訊之服務者」，此係參考美國DMCA第512條第b項所定之「系統快取」（System Caching），指藉由系統或網路進行資料之「中介及暫時儲存」（intermediate and temporary storage）服務者。在我國，中華電信Hinet、So-net及Seednet也屬於本款所稱「快速存取服務提供者」。

三、資訊儲存服務提供者，指「透過所控制或營運之系統或網路，應使用者之要求提供資訊儲存之服務者」，此係參考美國DMCA第512條第c項所定之「使用者要求資訊之系統或儲存」（Information Residing on Systems or Networks at Direction of Users），係依使用者之指示，將資訊儲存於系統或網路之情形。在我國，提供部落格、網路拍賣等服務之Yahoo！奇摩、PCHome及露天拍賣等，都屬於本款所稱「資訊儲存服務提供者」。

四、搜尋服務提供者，指「提供使用者有關網路資訊之索引、參考或連結之搜尋或連結之服務者，此係參考美國DMCA第512條第d項之「資訊搜尋工具」（Information Location Tools），包括使用「目錄、指引、參考、指標或超連結」（directory, index, reference, pointer, or hypertext link）等，將使用者連結到其所搜尋之網站。在我國，提供搜尋服務之Google、百度等搜尋引擎等，都屬於本款所稱「搜尋服務提供者」。

由於前述四種網路服務提供者，均以提供網際網路服務為主，對於目前諸多企業基於資訊系統機房安全性、空間、電力不足、維運人力、頻寬限制等，業界應運而生之「主機代管」（Internet Data Center, IDC）服務，則非本款所稱之「網路服務提供者」。

最高法院88年度台上字第250號刑事判決

　　著作權法第3條第1項第1款所稱著作，係指屬於文學、科學、藝術或其他學術範圍之創作而言，色情光碟片不屬之。蓋著作權法之立法目的除在保障個人或法人智慧之著作，使著作物為大眾公正利用外，並注重文化之健全發展，故有礙維持社會秩序或違背公共利益之著述，既無由促進國家社會發展，且與著作權法之立法目的有違，基於既得權之保障仍需受公序良俗限制之原則，是色情光碟片非屬著作權法所稱之著作，自不受著作權法不得製造或販賣等之保障。

最高法院89年度台上字第7233號判決

　　本件系爭機械手臂操作手冊之內容，僅係為該機械手臂產品操作程序及方式之說明，因欠缺原創性，致非屬著作權法保護之範疇，……

最高法院97年度台上字第1214號判決

　　著作權法所保護之著作，係指著作人所創作之精神上作品，而所謂精神上作品，除須為思想或感情上之表現，且有一定表現形式等要件外，尚須具有原創性，而此所謂原創性之程度，固不如專利法中所舉之發明、新型、新式樣等專利所要求之原創性程度（即新穎性）較高，亦即不必達到完全獨創之地步。即使與他人作品酷似或雷同，如其間並無模仿或盜用之關係，且其精神作用達到相當之程度，足以表現出作者之個性及獨特性，即可認為具有原創性；惟如其精神作用的程度很低，不足以讓人認識作者的個性，則無保護之必要。

臺灣高等法院91年度2342號判決

　　此所謂原創性程度，固不如專利法所舉發明、新型、新式樣等專利所要求之原創性程度要高，但其精神作用仍須達到相當之程度，足以表現出作者之個性及獨特性，方可認為具有原創性，如其精神作用的程度甚低，不足以讓人認識作者的個性，則無保護之必要，此乃我國著作權法第1條規定該法制定目的係為「保障著作人著作權益，調和社會公共利益，促進國家文化發展」之故，是為調和社會公共利益，若精神作用程度甚低之作品，因不具有原創性，即非著作權法所稱之著作，不應受該法之保護，以

避免使著作權法之保護範圍過於浮濫，致社會上一般人民於從事文化有關之活動時動輒得咎。

臺灣高等法院92年度上易字第2916號判決

　　本案系爭產品說明書之主要內容，主要在說明告訴人公司產品電腦切換器之說明用途、操作程序及使用方法，……因欠缺原創性，致非屬著作權法保護之範疇……。

函釋

法務部民國83年08月02日（83）法檢字第16531號函釋，法務部公報第171期73頁

　　按旅館房間於出租予旅客時，該旅客對於該房間即取得使用與監督之權，此時該房間於客觀上即不失為住宅之性質。惟該房間究否屬於公共場所或公眾得出入之場所，仍應就具體個案衡酌案發當時該房間之實際使用情形而定。如旅客將其租用之旅館房間供多數人公同使用或聚集，例如供作開會之場所或以之供作不特定多數人隨時得出入之場所，則仍應視為公共場所或公眾得入之場所。

內政部著作權委員會87年08月11日台（87）內著字第8705023號函釋

　　「如公共場所單純打開電視機接收前述有線播送系統業者所傳達之節目內容供人觀賞，則該電視機為接收節目之必然設備，上述公共場所僅為單純接收訊息者，並未有『公開上映』之行為。」

內政部著作權委員會87年08月13日台（87）內著會發字第8705222號函釋

　　「旅館業者如果由有線電視播送系統安裝線纜至旅館房間內，其中並無加裝任何接收器材，則即無前述『公開播送』的行為，同時上述傳送節目的型態與『公開上映』的行為也不相同，並沒有公開上映的行為。……旅館業者自行裝設碟形天線接收國內外無線或衛星電視節目，由於上述行為旅館需先裝置接收器材接收信號，而後藉線纜傳送信號至各房間，如其係基於公眾接收訊息為目的，則屬著作權法所定『公開播送』（同步播送）之行為，應徵得該等節目著作著作財產權人之同意或授權後，始得為之。……旅館業者如果自行購買影碟或影帶利用錄影機放映給客人觀賞，

即屬『公開上映』的行為，自應徵得該等影碟或影帶著作著作財產權人之同意或授權。又如旅館業者所購買的影帶或影碟標示有『營業用』等字樣，依常理推斷，似可於公共場所放映，惟究否有此授權為慎重起見，最好仍應向所購買的廠商查證其是否確已取得著作財產權人之授權以及授權範圍如何？授權期間是否已到期？等事項為妥。」

經濟部智慧財產局95年12月18日電子郵件951218函釋

一、按攝影著作包括照片、幻燈片及其他以攝影之製作方法所創作之著作（請參照著作權法第5條第1項各款著作內容例示第2項第5款）。著作人指創作著作之人（請參照著作權法第3條第1項第2款規定）。因此，原則上，凡完成攝影行為之人即為攝影著作之著作人。而所謂「攝影行為」則包括觀景窗之選景、光線之決取、焦距之調整、速度之掌控、快門使用之技巧等，凡使光影附著於底片上之一系列行為均屬之。

經濟部智慧財產局97年01月24日電子郵件970124a函釋

一、著作權法（下稱本法）第3條第1項第1款規定，著作：指屬於文學、科學、藝術或其他學術範圍之創作，且非屬本法第9條第1項各款所列之標的，始得為本法保護之著作。又著作權之保護僅及於該著作之表達，而不及於其所表達之思想、程序、製程、系統、操作方法、概念、原理及發現。所詢針對著作之可著作性，端視其表達方式是否屬文學、科學、藝術或其他學術範圍之創作而定，但不包括所蘊含之功能性（實用性）。二、本法第5條所稱之「美術著作」係以描繪、著色、書寫、雕刻、塑形等平面或立體之美術技巧表達線條、明暗或形狀等，以美感為特徵而表現思想感情之創作，包括繪畫、版畫、漫畫、連環圖（卡通）、素描、法書（書法）、字型繪畫、雕塑、美術工藝品及其他之美術著作；「圖形著作」則係利用圖之形狀，線條等製圖技巧，以學術或技術之表現為特徵而表現思想或感情之創作，包括地圖、圖表、科技或工程設計圖及其他之圖形著作。惟「實施」：係指「依著作標示之尺寸、規格或器械結構圖…等以按圖施工之方法將著作表現之概念製作成立體物，其外形在客觀上已使一般人無法認知係同一者」，此則非著作權保護之標的。所詢義大利之法拉利實體物汽車之外型以及展場設計（實景）等，均為前述所稱「實施」之結果，該等結果尚非著作權法保護之對象。然該等汽車外型及展場設計

之設計圖，則可能構成上述之「圖形著作」，而受著作權法之保護。如未經同意擅自「重製」、「改作」圖形著作者，除有本法第44條至第65條之合理使用外，有可能構成侵害著作權而須負民、刑事責任。

經濟部智慧財產局99年04月15日智著字第09900032610號函釋

（一）按本法所稱之「圖形著作」係指利用圖之形狀，線條等製圖技巧，以學術或技術之表現為特徵而表現思想或感情之創作，包括地圖、圖表、科技或工程設計圖及其他之圖形著作。又受本法保護之「科技設計圖」，不包括顯示半導體晶片（或積體電路）電路布局之圖形。至依圖形著作標示之尺寸、規格或器械結構圖等以按圖施工之方法將著作表現之概念製成立體物者，係屬「實施」之行為，該立體物上如未顯示器械結構圖之著作內容（即圖形）者，自不屬本法保護之著作。

經濟部智慧財產局99年12月27日電子郵件991227c號函釋

一、按「科技設計圖」是著作權法〈下稱本法〉所保護「圖形著作」，您來文附件所例述之電路圖，如符合本法第3條對於著作之定義者，則屬受本法保護之「科技設計圖」範疇。又受本法保護之「科技設計圖」，並不包括顯示半導體晶片（或積體電路）電路布局之圖形，合先敘明。二、有關您所詢之「將平面設計圖轉為立體形式，究屬實施行為或本法之重製、改作」一節，如係依圖形著作所標示之尺寸、比例、規格或器械結構圖，以按圖施工方法將著作表現之概念製作成立體物，係屬「實施」，尚無涉及本法之「重製」或「改作」。另如係在立體物上以立體形式單純性質「再現」平面美術或圖形著作之著作內容，則屬「重製」行為；如該立體物上除表現原平面美術或圖形著作之著作內容外，尚另有新的創意表現，且此有創意之立體物復為本法第5條第1項所例示保護之「著作」，即屬「改作」行為。三、所詢將電路圖製成電路板之疑義，究屬上述何種情形，涉及具體個案之認定，如發生相關爭議，仍由司法機關調查具體事實認定之，本局歉難就個案予以評論。

第4條（外國人著作之保護）
外國人之著作合於下列情形之一者，得依本法享有著作權。但條約或協定另有約定，經立法院議決通過者，從其約定：
一、於中華民國管轄區域內首次發行，或於中華民國管轄區域外首次發行後三十日內在中華民國管轄區域內發行者。但以該外國人之本國，對中華民國之著作，在相同之情形下，亦予保護且經查證屬實者為限。
二、依條約、協定或其本國法令、慣例，中華民國人之著作得在該國享有著作權者。

解說

　　基於著作權法是國內法以及屬地主義之原則，著作權法之適用，原僅限於在中華民國境內對於中華民國人著作之保護。為了使所有著作在世界各地都能獲得保護，各國都依國際著作權法制所建立的互惠保護原則，於其著作權法規定對於外國人著作之保護。

　　對於外國人著作之保護，通常是建立在「互惠保護原則」，以及「首次發行原則」。所謂「互惠保護原則」，是指國與國間，雙方相互保護對方國民的著作，通常都是透過雙邊或多邊的著作權保護公約或協定；所謂「首次發行原則」，則是指著作人所屬的國家，雖然與本國沒有著作權互惠保護關係，但因為該著作在本國境內首次發行，表示著作人重視本國市場，為了鼓勵外國著作都能到本國來首次發行，所以也在本國加以保護。

　　除了「互惠保護原則」，以及「首次發行原則」之外，外國人著作之保護尚須適用「國民待遇原則」，亦即本條所謂「得依本法享有著作權」，其真意乃是一旦依「互惠保護原則」或「首次發行原則」決定保護外國人著作，這些外國人著作在我國享有國民待遇，也就是說和我國國民一樣，適用我國著作權法而受保護。

　　「國民待遇原則」不僅是指享有和本國國民一樣的保護，偶爾也會有「不低於」本國國民的保護標準，所以第4條本文但書又規定，但如「條約或協定另有約定，經立法院議決通過者，從其約定」，亦即對於外國人著作之保護，得優於我國國民之待遇。例如，目前俄羅斯與我國沒有著作

權互惠保護關係，某一特定的俄羅斯國民的著作也沒有在中華民國管轄區域內首次發行，原本並不受我國著作權法保護，然而，由於「北美事務協調委員會與美國在台協會著作權保護協定」第1條第4項規定，若其在日本首次發行一年內，以書面專屬授權給我國國民，且已在我國境內流通者，就可以受我國著作權法保護。

外國人著作得受中華民國著作權法保護之管道有三：

一、合於著作權法第4條第1款「首次發行」情形者，其情形又可分為三類：

（一）從未在中華民國管轄區域外發行，首次發行即在中華民國管轄區域內之著作。

（二）在中華民國管轄區域外及中華民國管轄區域內作同步首次發行之著作。

（三）在中華民國管轄區域外首次發行後，三十日內在中華民國管轄區域內發行之著作。

上開外國人著作首次發行之保護條件，以該外國人之本國，對中華民國人之著作，在相同之情形下，亦予保護者為限。迄今經外交部往返查證有此相同保護之國家或地區，計有模里西斯、瑞典、日本、挪威、巴西、奧地利、哥斯大黎加、芬蘭、馬拉威、厄瓜多、荷蘭、阿根廷、比利時、薩爾瓦多、玻利維亞、馬達加斯加、澳洲、馬來西亞、菲律賓、多明尼加、秘魯、德國、東加王國、丹麥、新加波、波蘭。此外，千里達、土耳其、約旦僅保護我國人於該國首次發行之情形，不包括於該國以外首次發行後三十日內於該國發行之情形，因此，該國國民必須在中華民國管轄區域內首次發行始受中華民國著作權法保護，如於中華民國管轄區域以外首次發行後三十日內始於中華民國管轄區域內發行，並不受中華民國著作權法保護。

二、合於著作權法第4條第2款「互惠原則」之情形者：

依條約、協定或其本國法令、慣例，中華民國人之著作得在該國享有著作權者。在我國加入世界貿易組織前，與我國有著作權互惠關係國家國民之著作，有美國人、英國人、瑞士人與紐西蘭人等完成之著作，及住在台灣地區之西班牙及韓國僑民完成之著作，其互惠關係之原因互有不同，說明如下：

（一）依條約或協定建立著作權互惠關係的國家：

　　1.美國：1946年簽署之「中美友好通商航海條約」第9條規定，「美國
　　　人之著作」在中華民國享有國民待遇之著作權保護，1993年7月16日
　　　簽署之「北美事務協調委員會與美國在台協會著作權保護協定」更
　　　增加保護「美國人之著作權」。

　　2.紐西蘭：1998年6月15日簽署，2000年12月18日生效之「駐紐西蘭台
　　　北經濟文化辦事處與紐西蘭商工辦事處關於著作權保護暨執行互惠
　　　辦法」，中紐雙方相互保護對方國民之著作。

（二）依外國之本國法令建立著作權互惠關係的國家：

　　1.英國：英國國會單方通過之「1985年保護臺灣著作權令」（The
　　　copyright (Taiwan) Order 1985）於1985年12月17日生效，保護中華民
　　　國人之著作，故英國人之著作自1985年12月17日起亦受中華民國著
　　　作權法之保護。

　　2.瑞士：依據1992年瑞士「著作權及鄰接權法」，瑞士已於1993年7月
　　　1日全面性保護各國人著作，故瑞士人之著作自1993年7月1日起亦受
　　　中華民國著作權法之保護。

　　3.西班牙及韓國：均是因其本國著作權法令單方面開放式地保護居住
　　　於該國之外國人民之著作，致中華民國人之著作亦得受保護，因而
　　　中華民國保護該國在華僑民之著作。

　　三、合於著作權法第4條但書「經立法院議決通過之條約或協定特別
約定」之情形者：

　　依據北美事務協調委員會與美國在台協會於1993年7月16日簽署之
「北美事務協調委員會與美國在台協會著作權保護協定」（以下簡稱中美
著作權保護協定）之規定，除了中華民國與美國國民之著作受中華民國著
作權法之保護外（中美著作權保護協定第1條第3項甲款），下列著作亦受
中華民國著作權法之保護：

（一）在美國首次發行之著作或在美國領域外首次發行後三十日內在美國
　　　發行之著作（中美著作權保護協定第1條第3項乙款），但如該外國
　　　人之本國，對中華民國人在該外國首次發行之著作不予保護時，中
　　　華民國得對於該外國人著作之保護予以限制（中美著作權保護協定
　　　第1條第7項）。

（二）在伯恩公約或世界著作權公約會員國境內首次發行之著作，於首次
　　　發行一年內由左列之人以書面協議取得著作財產權或專屬授權，且
　　　該著作已在中華民國或美國對公眾流通者（中美著作權保護協定第
　　　1條第4項）：

　　1.美國人或中華民國人。

　　2.美國人或中華民國人擁有50%以上股份或其他專有利益之不論位於
　　　何處之法人。

　　3.美國人或中華民國人直接控制之不論位於何處之法人。

　　4.美國法人或中華民國法人之分公司或子公司所控制之不論位於何處
　　　之法人。

（三）在美國有住所之人之著作（中美著作權保護協定第1條第6項），但
　　　如該外國人之本國，對在該外國有住所之中華民國人之著作不予保
　　　護時，中華民國得對於該外國人著作之保護予以限制（中美著作權
　　　保護協定第1條第7項）。

（四）在中華民國有住所之人之著作（中美著作權保護協定第1條第6
　　　項），但如該外國人之本國，對在該外國有住所之中華民國人之著
　　　作不予保護時，中華民國得對於該外國人著作之保護予以限制（中
　　　美著作權保護協定第1條第7項）。

　　　依「中美著作權保護協定」適用之結果，將導致諸多與中華民國無互
惠關係之外國人著作在中華民國獲得保護，其主要原因如下：

　　1.「中美著作權保護協定」依中華民國著作權法第4條但書規定，係著
　　　作權法之特別法，其既經立法院議決通過，當然可以優先中華民國
　　　著作權法之適用。

　　2.由於政治因素，中華民國無法加入國際性著作權公約，與世界大多
　　　數國家建立著作權互惠關係，導致絕大部分外國人之著作在中華民
　　　國無法受保護，影響「美國人之著作權」，故「中美著作權保護協
　　　定」之目的在保護「美國人之著作權」，而不僅是保護「美國人之
　　　著作」，因此其適用結果希望達到使中華民國之著作權法得以保護
　　　與美國有關之世界上大多數國家國民之著作，從而確保「美國人之
　　　著作權」。

　　3.基於平等原則，「中美著作權保護協定」除了保護「美國人之著作

權」，對於「中華民國人之著作權」亦不得有所歧視，故「中美著作權保護協定」之「受保護人」亦包括於「中華民國人」，則任何與「中華民國人」有關之美國以外之「外國人之著作」，亦得在中華民國管轄區域內由「中華民國人」主張保護。但由於「中美著作權保護協定」僅保護其所定之「受保護人」，故「外國人之著作」得依「中美著作權保護協定」受保護者，其得主張保護之人僅限於「中美著作權保護協定」所定之「受保護人」，如獲得專屬授權的我國國民，至於不屬該協定所稱之「受保護人」，如已為專屬授權之著作權人，則仍不得在中華民國管轄區域內主張受保護。

為避免「中美著作權保護協定」之適用造成中華民國單方保護外國人著作，而該外國不保護中華民國人著作之不公平結果，協定第1條第7項爰規定：「雖有上述第3項乙款及第6項之規定，倘非本協定一造之領域不保護北美事務協調委員會所代表之領域之受保護人在該非本協定一方領域首次發行之著作時，北美事務協調委員會所代表之領域得以對等之方式，對該非本協定一方領域公民、國民或法人之著作之保護，予以限制。」

有關中國大陸、香港及澳門等地的自然人，從國籍法認定，仍是我國國民，依各該地區法律設立的法人，也不能稱為「外國人」，其著作權之保護則分別依「台灣地區與大陸地區人民關係條例」第78條及「香港澳門關係條例」第36條規定定之。

1.中國大陸：中華民國早於民國77年8月間即已宣示，大陸人民亦為中華民國國民，其著作於台灣地區與台灣地區人民同受中華民國著作權法之保護。質言之，大陸地區人民之著作在台灣地區受著作權保護，其保護係比照台灣地區人民之標準。惟基於平衡原則，「台灣地區與大陸地區人民關係條例」第78條規定：「大陸地區人民之著作權……在臺灣地區受侵害者，其告訴或自訴之權利，以臺灣地區人民得在大陸地區享有同等訴訟權利者為限」，對大陸地區人民之著作權於台灣地區遭受侵害時之告訴權或自訴權加以限制。依中華人民共和國1997年3月10日修正，10月1日施行之刑法第217條規定，僅於以營利為目的，未經著作權人同意之複製行為，且違法所得數額較大或有其他嚴重情節時，始課以刑事責任，與我方著作權法不論營利與否均設有周延之刑事處罰規定仍有差異。依法務部87年3月

19日87年度法檢字第7288號函釋認為「如大陸地區人民之著作權在台灣地區遭受非營利目的之重製,依『台灣地區與大陸地區人民關係條例』第78條規定意旨,則大陸地區人民不得為告訴或自訴。」因此,中國大陸人民著作權目前於台灣地區之保護,尚不足與台灣地區人民相等,其原因則在於中國大陸刑法對於著作權侵害之保護不足。

2.香港:關於香港人之著作權互惠,「香港澳門關係條例」第36條規定:「香港或澳門居民或法人之著作,合於下列情形之一者,在臺灣地區得依著作權法享有著作權:一、於臺灣地區首次發行,或於臺灣地區外首次發行後三十日內在臺灣地區發行者。但以香港或澳門對臺灣地區人民或法人之著作,在相同情形下,亦予保護且經查證屬實者為限。二、依條約、協定、協議或香港、澳門之法令或慣例,台灣地區人民或法人之著作得在香港或澳門享有著作權者。」在1997年7月1日前,香港法人係依據「香港1990年著作權台灣法令」,於1991年2月12日起,下列著作受我國著作權法保護:(1)1990年8月1日以後完成之香港法人著作;(2)1990年8月1日之前未發行之香港法人著作。至於香港地區之自然人,如具有我國國籍者,則其著作受著作權法之保護;如其具有英國國籍者,因中英之間有著作權互惠關係,因此,其著作亦受我國著作權法的保護。在1997年7月1日後,依據行政院大陸委員會香港事務局1997年11月4日港局字第8670091號函查證結果,肯定我國人著作於香港主權移轉後依「香港版權條例」仍受香港著作權保護,則依「香港澳門關係條例」第36條第2款之規定,予以香港法人及香港居民(自然人)著作繼續保護,保護範圍如下:(1)1990年8月1日以後完成之香港特區居民或法人著作;(2)1990年8月1日之前未發行之香港居民或法人著作。又香港居民於1997年7月1日之前已依我國籍之身分取得著作權保護之著作,仍繼續受我國著作權法之保護。至於1997年7月1日後香港特區居民或法人著作依「香港澳門關係條例」第36條第1款規定,於台灣地區首次發行,或於台灣地區外首次發行後三十日內在台灣地區發行者,亦得受著作權法保護。

3.澳門:「香港澳門關係條例」涉及澳門部分,於1999年12月20日施

行，依「香港澳門關係條例」第36條第2款規定，中澳雙方於2000年9月14日起相互保護雙方國民之著作權。

不管是依本條規定受保護的外國人著作，或依「台灣地區與大陸地區人民關係條例」第78條規定受保護的中國大陸人民著作，或依「香港澳門關係條例」受保護的港、澳人民著作，均依本法規定，而非分別依其本國或中國大陸及港、澳之著作權法保護其著作權。

在我國自91年1月1日加入世界貿易組織後，與該組織所有會員體建立著作權互惠關係，各會員體的國民包括自然人及法人的著作，均可以依第4條第2款之條約或協定，在我國享有國民待遇。

又關於各該外國人著作合於第4條所定情形，就得依我國著作權法享有著作權，其著作財產權期間之起算、權利歸屬等，固依我國著作權法之適用，惟其著作權必須自合於該條文之日起始受保護，並無溯及效果。在該外國人著作受我國著作權法保護之日前，既不受保護，則任何人利用之，並不致構成著作權侵害。但若在該外國人著作開始受保護後仍繼續利用，則除非著作權法有特別規定，例如第106條之2或第106條之3，否則會有著作權侵害之情事。89年11月15日完成之日本人著作，於90年1月1日時在台灣首次發行，則該著作是從90年1月1日首次發行日起依我國著作權法受保護，而非自89年11月15日完成之日起受保護。行為人未經同意，在89年11月25日進行印製，並不會構成著作權侵害，因行為時該日本人著作在我國仍不受我國著作權法之保護；但若在90年1月1日受保護後繼續印製，就會侵害重製權。至於在89年11月25日未經授權印製完成之重製物，在92年7月11日前販售，並不會構成侵害著作權，因為在這段期間著作財產權人並無散布權，而92年7月12日起生效施行之新著作權法第28條之1新賦予著作財產權人散布權，則該等重製物在該日後之散布，就會侵害散布權。

同理，合於第4條第2款有互惠協定的國家國民的著作，應也是從簽協定之日起受保護，而不是自創作完成日起受保護。

 函釋

81年11月30日台（81）內著字第8122021號函

著作之國別係以著作人之國別為準；……政府間之國際組織，為一法人，該法人之著作並無國別可言，是以其著作無法依著作權法第4條規定

享有著作權。……惟尊重著作權乃國際社會的潮流，且保護著作權為政府明白揭示之政策，似宜事先徵得同意為妥。

法務部82年8月5日（82）法律決字第16337號函釋

所謂「中華民國人」，參照「臺灣地區與大陸地區人民關係條例」第2條第2款、第4款規定之意旨，大陸地區人民亦為中華民國人民，……。

經濟部智慧財產局95年12月13日智著字第0950000533-0號函釋

二、「臺灣地區與大陸地區人民關係條例」主要是規範台灣地區與大陸地區人民之往來，並處理衍生之法律問題。台灣人民著作在大陸地區受保護，須適用大陸著作權法，據了解大陸在2001年修正公布之著作權法（如附件1），對侵害著作權者，依第46條根據情況，承擔民事責任；損害公共利益者，依第47條，進行沒收等行政處罰行為，而情節嚴重者，沒收重製之設備；構成犯罪者，依法追究其刑事責任。另依其刑法（如附件2）第217、218及222條亦規定侵犯著作權之處罰規定（「以營利為目的」、「違法所得數額較大或有其他嚴重情節的」為要件，為與我方判刑相異之處）。此外，可參酌「最高人民法院、最高人民檢察院關於辦理侵犯知識產權刑事案件具體適用法律若干問題的解釋」（附件3）第5、6條條文對於刑法第217、218條要件之詳細定義。

三、關於大陸對台灣地區人民著作權保護之文件，最主要的是1988年3月1日生效的「國家版權局關於出版臺灣同胞作品版權問題的暫行規定」（如附件4），依此規定第6項，當大陸出版者或其他人如侵犯臺灣同胞的著作權，著作權所有者可請求侵權者所在地的著作權管理機關進行處理，亦可向當地人民法院提起訴訟。

四、至於兩岸人民之著作權相關案例，據了解行政院大陸委員會於民國85年1月出版的「兩岸著作權糾紛案例研析」，其中第4章為著作權爭議案例分析，包括台灣地區人民及廠商著作於大陸地區及大陸地區人民及廠商著作於台灣地區發生爭議之相關案例，請逕洽該會了解。

五、另有關大陸地區人民著作在台灣地區受侵害，得否提起刑事告訴或自訴一節，依法務部民國87年3月19日法檢字第0007288號函釋（如附件5），略以「大陸地區自86年10月1日新刑法施行後，配合繼續適用之「全國人大常委會『關於懲治侵犯著作權的犯罪的決定』若干問題的解釋」，

有關著作權侵害行為仍以營利為目的且情節重大者，始予刑事處罰，與我著作權法不問是否營利，對侵害行為予以處罰之規定不同。如大陸地區人民之著作權在臺灣地區遭受非營利的之重製，依「臺灣地區與大陸地區人民關係條例」第78條規定意旨，則大陸地區人民不得為告訴或自訴」，該解釋迄今是否繼續適用，請洽法務部了解，併予敘明。

最高法院93年度台非字第206號非常上訴刑事判決

　　次查北美事務協調委員會與美國在台協會著作權保護協定第1條第4項後段規定：「第4項所規定之人或組織在締約雙方領域內，於下開兩款條件下，經由有關各造簽訂任何書面協議取得文學或藝術著作之專有權利者，應被認為係受『保護人』：甲、該專有權利係該著作於任一方領域參加之多邊著作權公約會員國內首次發行後一年內經由有關各造簽署協議取得者。乙、該著作須已可在任一方領域內對公眾流通。」而所謂取得「專有權利」不以受讓著作財產權為限，尚包括「專屬授權」之情形。又日本國已於1899年加入伯恩公約，為伯恩公約會員國。是外國人（包括日本人）之著作於日本國首次發行後一年內由美國人或我國人民以書面協議取得專有權利，並已可在中華民國管轄區域內對公眾流通者，該取得專有權利之人得主張為「受保護人」。原判決上開論述，已調查說明「貞子迷咒」視聽著作，係日本公司角川書店株式會社在日本首次發行後一年內由告訴人好朋友公司書面取得專有權利，自符合上述規定，而得受我國著作權法之保護，於法亦無違誤。非常上訴意旨執其他不同之見解，指摘原判決有不適用法則之違法，亦非有理由。

相關條文：第102條、第106條至第106條之3

|第二章|
著 作

第5條（著作類別）

本法所稱著作，例示如下：

一、語文著作。

二、音樂著作。

三、戲劇、舞蹈著作。

四、美術著作。

五、攝影著作。

六、圖形著作。

七、視聽著作。

八、錄音著作。

九、建築著作。

十、電腦程式著作。

前項各款著作例示內容，由主管機關訂定之。

解說

著作權法保護的著作類別，從第5條第1項各款和第7條之1的規定分類，至少有11類，依著作權法主管機關所發布的「著作權法第5條第1項各款著作內容例示」，分類如下：

一、語文著作：包括詩、詞、散文、小說、劇本、學術論述、演講及其他之語文著作。

二、音樂著作：包括曲譜、歌詞及其他之音樂著作。

三、戲劇、舞蹈著作：包括舞蹈、默劇、歌劇、話劇及其他之戲劇、舞蹈著作。

四、美術著作：包括繪畫、版畫、漫畫、連環圖（卡通）、素描、法書（書法）、字型繪畫、雕塑、美術工藝品及其他之美術著作。

五、攝影著作：包括照片、幻燈片及其他以攝影之製作方法所創作之著作。

六、圖形著作：包括地圖、圖表、科技或工程設計圖及其他之圖形著作。

七、視聽著作：包括電影、錄影、碟影、電腦螢幕上顯示之影像及其他藉機械或設備表現系列影像，不論有無附隨聲音而能附著於任何媒介物上之著作。

八、錄音著作：包括任何藉機械或設備表現系列聲音而能附著於任何媒介物上之著作。但附隨於視聽著作之聲音不屬之。

九、建築著作：包括建築設計圖、建築模型、建築物及其他之建築著作。

十、電腦程式著作：包括直接或間接使電腦產生一定結果為目的所組成指令組合之著作。

此外，第7條之1第1項規定：「表演人對既有著作或民俗創作之表演，以獨立之著作保護之。」所以「表演」也是著作類別之一種。這裡所稱的「表演」，限於「對既有著作或民俗創作之表演」，如果不是「對既有著作或民俗創作之表演」而是即興表演，其具有創作性者，就屬於「戲劇、舞蹈著作」。

第1項規定「本法所稱著作，例示如下」，既然是「例示」，理論上顯然其保護的著作類別並不僅限於前面所指的11類，還可以有其他的類別，只是迄今尚未見有其他著作類別。近年來有人認為應有所謂的「多媒體著作」，但目前仍沒有國家肯定這種分類，現階段看來，或許只能認為這是一種「將各類著作附著於多媒體媒介上的結果」，還不能成為獨立的著作類別。

此外，電視所播出的內容，可能是視聽著作，例如影片，也可能不是任何著作，例如比賽轉播，如果是視聽著作，可以受著作權法保護，如果不是著作，並不受著作權法保護，但即使是受著作權法保護的內容，電視台也不一定是影片的著作財產人，由於我國並不似歐陸國家建立有鄰接權制度，使電視台對於所播出的節目享有一定權利，電視台僅能以契約或公平交易法來保護自身權利。

函釋

經濟部智慧財產局94年03月08日電子郵件940308函釋

　　一、按我國著作權法（下稱本法）所稱之攝影著作，係指包括照片、幻燈片及其他以攝影之製作方法所創作之著作。因此，您在信函中所提到的商品照片，如符合本法第3條第1項第1款之定義而具有原創性時，該照片即屬本法所稱之攝影著作而受本法之保護。依通常情形，商品照片主要係為彰顯商品之特色、優點，故或多或少均含有攝影技巧在內，其仍有構成著作從而受著作權保護。此外，實務上也有判決認為「攝影著作固屬著作權法之著作，然著作權法之精神，在於保護具『原創性』之著作應係指由『主題之選擇』、『光影之處理』、『修飾』、『組合』或其他藝術上之賦形方法，以攝影機產生之著作，始受保護。通常一般以攝影機對實物拍攝之照片，尚難認係著作權法所指之著作。」（最高法院92年度台上字第1424號判決）併請參考。

　　二、若將他人享有著作財產權之攝影著作置於網路上，涉及本法所稱之「重製」及「公開傳輸」等利用型態（相關定義請參考本法第3條第1項第5款及第10款之規定），而「重製」及「公開傳輸」係著作財產權人之專屬權利。換言之，任何人欲於網路環境中「重製」、「公開傳輸」他人享有著作財產權之攝影著作，除有本法第44條至第65條合理使用之情形外，應事先徵得該攝影著作之著作財產權人或經其授權之人之同意，始得為之。否則，即構成侵害他人著作財產權之行為，而須依本法第6章、第7章之規定負擔民、刑事責任。

　　三、復按本法第37條第1項規定：「著作財產權人得授權他人利用著作，其授權利用之地域、時間、內容、利用方法或其他事項，依當事人之約定；其約定不明之部分，推定為未授權。」依上述規定可知，縱使該攝影著作之著作財產權人並未申明不得轉載，仍應事先徵得授權，始得為之，與您是否因此而獲有利益無涉。

經濟部智慧財產局95年05月29日智著字第09500048510號函釋

　　二、圖形著作係指利用圖之形狀，線條等製圖技巧，以學術或技術之表現為特徵而表現思想或感情之創作，產品設計圖與工程設計圖均屬圖形著作，於創作完成時，即受著作權法保護，不需鑑定，亦無需經任何人宣告。

三、專利申請書內之產品設計圖形有可能是圖形著作，其是否為圖形著作並受著作權保護，應依著作權法規定認定之。

四、專利申請書中所有的文字及圖形是否為著作權法保護之語文著作或圖形著作而受著作權法保護，應依著作權法認定之，與專利權之有無無關，若無法取得專利權，亦不影響著作人依著作權法所享有之著作權。

經濟部智慧財產局95年07月25日智著字第09500070250號函釋

三、又衛星廣播電視業者就其訊號之播送本身，並不享有著作權法上的權利。（與部分歐陸法系國家就廣播機構訊號之傳送，賦予一特別之權利，屬於「鄰接權制度」的一種，有所不同。）僅在所播送之「節目」屬於受著作權法保護的「視聽著作」時，該視聽著作享有著作權法上之公開播送權等權利。又該等視聽著作之著作權人可能為播送之衛星廣播電視業者（即其自製節目），亦可能為他人（即播送他人的節目），應依具體個案情況而定。因此，衛星廣播電視業者就其所播送之頻道內容，可以為公開播送之授權者，僅在其享有著作財產權之「視聽著作」，非「頻道」本身，併予說明。

經濟部智慧財產局96年11月02日智著字第09600096120號函釋

二、著作權法（下稱本法）所稱之「著作」係指屬於文學、科學、藝術或其他學術範圍之創作，除該標的屬本法第5條所例示之著作外，並需符合「原創性」及「創作性」二項要件。所謂「原創性」，係指為著作人自己之創作（非抄襲他人之創作）；所謂「創作性」，係指須符合一定之「創作高度」。至於所需之創作高度究竟為何，目前司法實務上，相關見解之闡述及判斷相當分歧，本局則認為應係採最低創作性、最起碼創作（minimal requirement of creativity）之創意高度（或稱美學不歧視原則），並於個案中認定之。又「圖形著作」為本法第5條例示之著作的一種，係利用圖之形狀，線條等製圖技巧，以學術或技術之表現為特徵而表現思想感情之創作，包括地圖、圖表、科技或工程設計圖及其他之圖形著作。至於依圖形著作標示之尺寸、規格或結構圖等以按圖施工之方法將著作表現之概念製作成立體物者，應屬於「實施」之行為，並非著作權法保護之標的。

三、所詢攝影機之「電路圖」，如係前述之科技或工程設計圖，且具

有原創性及創作性，則屬於受本法所保護之圖形著作，自著作完成時起，即受著作權法之保護。又該電路圖上之字樣，若僅為各種名稱，並無內心思想、情感之表現，則與本法所述著作之定義未合，無法受本法之保護。至於該攝影機產品係屬工業產品，不屬著作，非屬本法所保護之範圍。

經濟部智慧財產局98年02月05日智著字第09800008560號函釋

（一）本局就攝影、語文或其他類型著作，並無提供創作高度鑑定之服務，惟本局可提供1份攝影及語文著作著作權專家學者名單，　貴署若有需要，可向名單上之專家學者洽詢鑑定。

（二）「攝影著作」包括照片、幻燈片及其他以攝影之製作方法所創作之著作，而所謂「攝影」，包括觀景窗之選景、光線之決取、焦距之調整、速度之掌控、快門使用之技巧等，凡使光影附著於底片上之一系列行為均屬之。因此攝影著作需具有「原創性」及「創作性」兩要件，足以表達作者之情感或思想，方得受著作權保護。而所謂原創性，係指為著作人自己之創作，而非抄襲他人者；至所謂創作性，則指作品須符合一定之「創作高度」，惟所需創作高度究竟為何，本局認為應採最低創作性、最起碼創作之創意高度（或稱美學不歧視原則），但目前司法實務上相關意見則相當分歧，並無一致之判斷標準。是以，就所詢單純將實物放大後拍攝之圖片有無創作性一節，應依具體個案情形認定之，尚難一概而論。

第6條（衍生著作）
就原著作改作之創作為衍生著作，以獨立之著作保護之。
衍生著作之保護，對原著作之著作權不生影響。

解說

　　創作，有時是自己獨立構思完成，也有時並不是自始完全由自己所創新的智慧結晶，而是根據原有的著作再去進行創作的，例如將金庸的武俠小說拍成電影，將高行健的中文小說翻譯成英文，金庸的武俠小說或高行健的中文小說都是「原著作」，依據這些「原著作」拍成電影或翻譯成的

英文，因為也有創作力的投入，是「改作之創作」，都是「衍生著作」，可以成為獨立的著作，而享有著作權的保護。所謂「改作」，依第3條第1項第11款定義，「指以翻譯、編曲、改寫、拍攝影片或其他方法就原著作另為創作」。

衍生著作不是「著作類別」，而是「創作方法」，意思是說，「衍生著作」是就原著作「改作」的創作，是透過改作「原著作」的方法完成的著作，至於它的著作類別，就要看最後完成的型態是甚麼來決定。所以，將金庸的武俠小說拍成電影或翻譯成英文，「原著作」都是「語文著作」，所完成的「衍生著作」，若是電影，屬於「視聽著作」，若是英文翻譯，是則「語文著作」。

「衍生著作」以獨立的著作保護，享有獨立的著作權，但這並不影響「原著作」的著作權，因為這時「原著作」與「衍生著作」是兩個不同的各自獨立著作，個別依法受保護，「原著作」不會因為被改作而影響其權利完整性。例如，依高行健中文小說的英文翻譯要再拍成電影，仍是中文原著的改作，除了要經英文本的著作財產權人同意，也要經「原著作」中文本的著作財產權人同意才可以。又所謂「衍生著作之保護，對原著作之著作權不生影響」，有時也會指原已不受保護的原著作，不會因為衍生著作之保護，導致對原著作重新加以保護。例如，英譯曹雪芹的「紅樓夢」，英譯版的「紅樓夢」可以受保護，但已經公共所有的「紅樓夢」，並不會再受保護。

依第28條規定，改作權屬於著作財產權人，任何人要就「原著作」進行改作，應經過著作財產權人的授權，如果沒有獲得授權就進行改作，會構成侵害著作財產權人的改作權，那麼這項「衍生著作」還能不能受到著作權法的保護呢？有些檢察官不起訴書或法院判決認為，侵害著作權的創作不能受著作權法保護，否則不是鼓勵侵害？例如台北地方法院檢察署第84年偵字第25578號不起訴處分書、台灣高等法院83年度上訴字第5996號刑事判決及最高法院87年度臺上字第1413號民事判決，就採此見解。但如果從著作權法保護創作的立場看，只要有智慧的投入，就應該受到著作權法的保護，至於侵害原著作的改作權，則是另一回事，除非著作權法對於侵害他人著作權之改作行為，明文規範其所新產生之衍生著作不得享有著作權，否則就不應混為一談，智慧財產法院105年度刑智上訴字第7號刑事

判決及最高法院106年度台上字第290號民事判決，就採此見解，應較為妥適。

內政部84年1月27日台（84）內著字第8401635號函

　　語文著作之翻譯人未經原著作之著作財產權人之授權而逕予翻譯，不論原著作是否受我國著作權法保護，翻譯人就其翻譯之著作亦得依著作權法受保護。

經濟部智慧財產局89年05月12日（89）智著字第89003641號

　　二、按著作權法（以下稱本法）第6條規定：「就原著作改作之創作為衍生著作，以獨立之著作保護之。衍生著作之保護，對原著作之著作權不生影響。」復按本法第37條第1項規定：「著作財產權人得授權他人利用著作，其授權利用之地域、時間、內容、利用方法或其他事項，依當事人之約定；其約定不明之部分，推定為未授權。」，先予敘明。三、所詢著作權疑義說明如下：（一）關於語文著作之著作權人將其著作授權他人改作成劇本，及將該劇本拍攝成影片，如未約定改作後之劇本及影片之著作權歸屬，則其著作權應歸何人享有一節：依上述本法第6條第1項規定，該改作之劇本及影片係以獨立之衍生著作保護之，如無約定（本法第36條）或無本法其他規定情形者（如本法第11條及第12條），應由實際完成改作之人享有著作權。（二）前述被授權改作者有無於未經語文著作著作權人同意之情形下，將改作之劇本及影片之著作權讓與其他第三人之權利？該語文著作之著作權人，有無向該改作人及第三人主張侵害其語文著作著作權之相關權利等情：按衍生著作既以獨立之著作保護之，其著作權人自得將衍生著作之著作財產權讓與其他第三人而不必經原著作之著作權人同意，亦無因此而侵害原著作之著作權問題。又因「衍生著作之保護，對原著作之著作權不生影響。」該改作人及受讓著作財產權之第三人如有其他侵害原著作著作權之情事，亦不因衍生著作之保護而影響原著作著作權之保護。（三）關於前述語文著作之著作權人嗣後終止改作權之授與，則改作人或其他未經語文著作著作權人同意之受讓著作財產權之第三人，有無繼續使用於改作權終止前業已改作完成之劇本及影片著作權之權利一

節：按衍生著作之著作人，經原著作之著作財產權人授權完成衍生著作後，依著作權法第六條第一項規定，該衍生著作即以獨立之著作保護之，其著作權之存在並不因原著作之著作財產權人嗣後終止授權而受影響，惟因衍生著作之保護，對原著作之著作權亦不生影響，從而，衍生著作之著作權人或其所授權之人，於行使衍生著作之著作財產權時，如涉及原著作之著作財產權時，仍應經原著作之著作財產權人同意始可。

經濟部智慧財產局100年03月01日電子郵件1000301c函釋

一、按著作權法（下稱本法）第6條第1項規定，就原著作改作之創作為衍生著作，以獨立之著作保護之。指利用已存在之著作予以改作並加入原創性所產生的另一個新的衍生著作，與原著作係各自獨立，另外享有著作權，衍生著作之著作人得將該衍生著作自由轉讓、授權他人利用；又同條第2項規定，衍生著作之保護，對原著作之著作權不生影響，亦即原著作權利人就原著作享有各項專有權利，不因原著作經他人改作而受影響，且因衍生著作之利用通常包含原著作之成分在內，故若欲利用他人改作完成之衍生著作，除須取得該衍生著作財產權人之授權外，亦需一併取得原著作之著作財產權人之同意，始得為之。又著作人專有將其著作改作成衍生著作之權利，因此任何人如欲改作他人著作，除有本法第44條至第65條合理使用之規定外，應事先徵得該著作之著作財產權人之同意，始得為之。二、所詢問題一、二，衍生著作之著作財產權人，於網路上販售該衍生著作，雖係衍生著作之著作財產權人之正當權利行使，但衍生著作之著作財產權人是否因此侵害改作前原著作之散布權，尚難一概而論，仍須視衍生著作人與原著作人間是否訂立授權契約、及其授權利用之範圍而定，此即前述本法第6條第2項「衍生著作之保護，對原著作之著作權不生影響」之意旨。蓋因衍生著作人僅就其自行創作之部分，享有著作權，但衍生著作之利用通常包含原著作之成分在內，故衍生著作人自行利用該衍生著作時，仍必須向原著作權人取得相關之授權。三、所詢問題三，所謂「改作」，指以翻譯、編曲、改寫、拍攝影片或其他方法就原著作另為創作，且改作之衍生著作享有獨立之著作，在著作權法之評價上，自與單純重製他人情形有別，惟就衍生著作之利用仍包含原著作之成分在內，固仍須徵得原著作著作財產權人之同意。至就原著作之改作行為方式及程度，

是否已經達到加入新創意的「改作」程度？即改作行為新加入的創意是否具有原創性、創作性而產生新的獨立創作？涉及「改作」後之作品究係衍生著作或僅係單純之重製物，因已涉及具體個案之認定問題，應於發生爭執時，由司法機關依事實調查認定之，似尚難因衍生著作之後續利用行為未獲得授權，即行推論衍生著作之整體係原著作之原件或重製物。四、　所詢問題四、五及六，如前述，本法第6條規定，就原著作改作之創作為衍生著作，以獨立之著作保護之。衍生著作之保護，對原著作之著作權不生影響。又「改作」係著作人專有之權利，因此改作他人著作（包括已成為獨立著作之衍生著作）仍須獲得衍生著作及原著作之著作財產權人之授權。至於已經層層改作而與原著作毫無任何實質相似處之多次衍生著作，若該衍生著作已無原著作之成分，似應認為該多次衍生著作與原著作已無關聯，二者係各自獨立之著作，惟該衍生著作究竟與原著作有無實質相似，仍屬個案事實認定問題。

經濟部智慧財產局105年04月01日智著字第10500019220號函釋

　　改寫電腦程式使用者介面、調整參數或更改程式內容之行為，不論有無取得權利人之授權，如達有別於原著作另為創作之「改作」程度，仍得構成一新的電腦程式著作（衍生著作），獨立受著作權法保護，但原著作之著作財產權人仍得向未經授權之改作者主張著作權侵害。

最高法院87年度台上字第1413號民事判決

　　查現今各國對於著作權之取得，多採創作保護主義，我著作權法第13條規定亦同，即著作人於著作完成時即享有著作權，應受法律之保護，不以登記或註冊完成為必要，亦不因登記或註冊而推定著作權存在。又著作人專有將其著作改作成衍生著作之權利，為著作權法第28條所明定，北美事務協調委員會與美國在台協會著作權保護協定第11條亦規定：「受本協定保護之文學或藝術著作之著作人，享有授權改作、改編及其他改變其著作之專有權利。」，故倘未經原著作人或著作財產權人同意，就原著作擅予改作，即係不法侵害原著作人或著作財產權人之改作權，其改作之衍生著作自不能取得著作權。原審既認系爭畢卡索畫作之衍生著作，係美國人

尼爾諾曼未經取得畢卡索畫作之著作財產權人即畢卡索繼承人之同意,而予改作成衍生著作,侵害原著作財產權人之改作權;則如畢卡索畫作之著作權於美國得受法律之保護,依該國法律,系爭畢卡索畫作之衍生著作,是否可因於美國著作權局辦理登記,即取得著作權,尚非無疑。原審就此未詳加調查審認,遽謂系爭畢卡索畫作之衍生著作雖侵害原著作財產權人之改作權,惟於未經撤銷登記前,在我國仍享有著作權,而為上訴人不利之判決,殊嫌速斷。

智慧財產法院105年度刑智上訴字第7號刑事判決

我國著作權法採創作保護主義,著作人於著作完成時即享有著作權,著作權法所保護者為具有原創性之表達(著作權法第10條、第10之1條),就原著作加以改作,是否取得著作權之保護,應以其是否具有原創性為斷,至於有無獲原著作權人之授權,對衍生著作取得著作權保護不生影響,此乃因此要件並非條文明定取得衍生著作之要件,自不應加諸法條所無之限制,致衍生著作取得著作權之要件與其他著作有所不同,況若謂具原創性之衍生著作因未得原著作權人之同意而不受著作權法之保護,則任何人均得任意侵害該等具原創性之衍生著作,而無須對衍生著作人負侵權責任,實與著作權法之立法目的在保護具原創性著作之立法精神不符。

最高法院106年度台上字第290號民事判決

按著作人於著作完成時享有著作權,固專有將其著作改作成衍生著作之權利,惟就該衍生著作,係以獨立之著作保護之,對原著作之著作權不生影響。此觀著作權法第10條、第28條前段、第6條等規定即明。且特定之表達能否享有著作權,係以其有無智慧之投入為依據,而非以有無獲得授權為判斷。是就他人著作改作之衍生著作,不問是否取得授權,均於著作完成時享有獨立之著作權。至於其利用他人著作,是否構成侵害著作權而應負侵害他人著作權之責,要屬別一問題,與其享有著作權者無關。

相關條文:第28條、第92條

第7條（編輯著作）
就資料之選擇及編排具有創作性者為編輯著作，以獨立之著作保護之。
編輯著作之保護，對其所收編著作之著作權不生影響。

解說

　　編輯著作不是「著作類別」，而是「創作方法」，意思是說「編輯著作」是以「將資料加以選擇及編排」作為「創作方法」所完成的著作，通常它的著作類別都與所選擇的著作的著作類別相同，例如將一年之間最受歡迎的10首歌曲匯集成年度精華金曲，10首歌是錄音著作，所編輯完成的年度精華金曲也是錄音著作。

　　有些國家，如美國著作權法第101條、日本著作權法第12條及韓國著作權法第6條規定，只要是對於資料的「選擇」或「編排」「具有創作性」，就可以成為編輯著作。本條對於編輯著作的形成，則明定必須同時兼具資料的「選擇」及「編排」，而且不論是「選擇」或「編排」，二者都要「具有創作性」，才能成為編輯著作。所以，沒有「選擇」，當然無從「編排」，不能成為「編輯著作」。若只有「選擇」而沒有「編排」，或雖有「選擇」及「編排」，但其中的「選擇」或「編排」，有一項沒有「具有創作性」，都不能成為編輯著作。

　　選擇及編排之成果要受到著作權法保護，一定要有智慧的投入。因此，資料的選擇及編排要具有創作性，才會成為編輯著作，如果只是蒐集得很辛苦，但不具有創作性，仍不能成為編輯著作而受保護。例如電話號碼簿，其編排都是按照姓名筆畫順序，任何人來編排都會獲致一樣的結果，沒有創作性投入，不能以編輯著作保護。

　　關於「編輯著作」之保護，是保護就「資料」之「選擇及編排具有創作性」之「表達」部分，並不是保護其中的「資料」。若「編輯著作」所收編之「資料」是「著作」，此一被收編之「著作」與「編輯著作」本身，係不同的各別獨立著作，相互不生影響。著作財產權保護期間已屆滿，屬「公共所有」之「著作」，不會因為被收編成為「編輯著作」之內容，重新受保護；仍在著作財產權保護期間內之「著作」，其著作財產權也不會因為被收編成為「編輯著作」之內容，轉而歸「編輯著作」之著

作財產權人享有。於利用該「編輯著作」時，同時使用到其中被收編成為「編輯著作」一部分之各別「著作」，除有合理使用之情形，還是應取得該「著作」之著作財產權人之授權。

依第28條規定，編輯權屬於著作財產權人，任何人要就著作加以編輯，應經過著作財產權人的授權，如果沒有獲得授權就進行編輯，會構成侵害著作財產權人的編輯權，同樣的，未經同意將他人享有著作財產權的著作收編成為編輯著作，縱使構成侵害個別著作的編輯權，也仍可以受著作權法之保護。

經濟部智慧財產局94年04月15日電子郵件940415函釋

二、「資料庫」，如其就資料之選擇及編排具有創作性者，不論其所收編之資料是否為「著作」，得依著作權法規定以「編輯著作」保護之。如僅係蒐集大量資料而未就資料加以選擇編排之電子資料庫，則不屬於著作權法保護之標的。

經濟部智慧財產局94年09月27日智著字第09400079470號函釋

將新聞微縮資料重新登打、編輯、整理作成數位化資料庫，如其就資料之選擇及編排具有創作性者，不論其所收編之資料是否為「著作」，得依本法規定以「編輯著作」保護之。但如僅係蒐集大量資料重新登打、整理，但其選擇或編排不具創作性者，則不屬於編輯著作。

臺灣高等法院95年度上更（一）字第24號判決

所謂編輯著作，依著作權法第7條第1項規定，必須就資料之選擇及編排具有創作性者，始能成為獨立之編輯，我國對於資料庫之保護，乃採原創性標準，而非「辛勤原則」（sweat of the brow）或「勤勞彙集準則」（industrious collection），如欲符合編輯著作之要件，除應將資料加以選擇編排外，且須其選擇及編排均具有創作性，始足當之；如就資料之選擇及編排毫無創意可言，即便該資料庫之完成，係耗費極大之勞力與時間，因其未具備原創性，仍無法成為受保護之編輯著作。

最高法院97年度台上字第2488號刑事判決

　　著作權法第7條第1項規定，就資料之選擇及編排具有創作性者，為編輯著作，以獨立之著作保護之。故編輯著作，必須就資料之選擇及編排，能表現一定程度之創意及作者之個性者，始足當之，若僅有收集資料之事實，而就資料之選擇、編排欠缺創作性時，即令投入相當時間、費用，亦難謂係編輯著作而得享有著作權。

相關條文：第28條、第92條

第7條之1（表演之保護）
表演人對既有著作或民俗創作之表演，以獨立之著作保護之。
表演之保護，對原著作之著作權不生影響。

解說

　　在採鄰接權制度（neighboring rights）的國家，認為表演是就他人的著作加以詮釋，創作度較低，不認為表演是著作，所以在著作權之外，另以鄰接權制度保護之。

　　在我國現行著作權制下，因不採鄰接權制度，將表演以獨立之著作保護之，所以，表演仍不是著作，不能稱「表演著作」，只是以獨立之著作保護之而已。這裡所稱的「表演」，限於「對既有著作或民俗創作之表演」，如果不是「對既有著作或民俗創作之表演」而是即興表演，就屬於「戲劇、舞蹈著作」。既然僅強調「對既有著作或民俗創作之表演」，未特別規定「受著作權保護之著作或民俗創作」，則所稱「既有著作或民俗創作」，只要是著作權法所規定的「著作或民俗創作」，應包括目前受著作權保護之著作、著作財產權存續期間屆滿之著作，以及自始未受著作權保護之著作或民俗創作。尤其第2項規定：「表演之保護，對原著作之著作權不生影響。」不僅在說明原著作不因著作權法對表演以獨立之著作保護之而受影響致不受保護，更在說明原著作之保護是與表演分別獨立的。同理，既有著作亦不會因表演受著作權保護而必然亦須是受保護之著作，或由不受保護的著作變成一併保護。

「表演」與「衍生著作」一樣，都是一種「創作方法」，而與「衍生著作」不同的是，「表演」另外也是一種「著作類別」。所以，演奏他人音樂，是一種「改作」的「衍生著作」，其演奏成果，也是一種「表演」。

「表演」和「戲劇、舞蹈著作」並不相同，「戲劇、舞蹈著作」是戲碼或舞碼，「表演」是就這些戲碼或舞碼所作的詮釋，同一個表演者可以對於同一個戲碼或舞碼，作不同的「表演」。例如林懷民編的「白蛇傳」是一個「戲劇、舞蹈著作」，雲門舞集在台北、高雄及花蓮的每一次「白蛇傳」演出，都是「白蛇傳」這一齣「戲劇、舞蹈著作」的不同「表演」，個別的「表演」都可以個別獨立受著作權法保護。

第8條（共同著作）
二人以上共同完成之著作，其各人之創作，不能分離利用者，為共同著作。

解說

著作大部分是由一人獨力完成，有時則必須集合多人之力始能完成。但並不是所有由二人以上所共同完成之著作就可稱為共同著作，必須在主觀上著作人間要有一同創作之合意，客觀上還要各著作人之創作不能分離利用，才是共同著作，例如三人共同執筆完成一篇論文，彼此相互修改再修改，最後混合成一體，無法分出那一部分由何人完成，固然是共同著作；即使是一人寫前言、一人寫中心部分，一人寫結論，但因個別分離部分則無法獨立，也可以被認為是共同著作。

一首歌分別由不同的人填詞譜曲，作詞及作曲者可不可以說是這首歌的共同著作人呢？詞與曲可以分別利用，應該是兩個著作，而不是共同著作，也許可以說是學理上的「結合著作」。即使是二人共同作曲，又一起填詞，而不是一人作曲而另一人填詞之情形，他們所作的詞無法分離，是共同著作，曲也是無法分離利，是共同著作，但詞與曲仍是二個著作。

共同著作的權利歸屬與行使，和個人獨立完成的著作有非常大的不同，將於第40條及第41條討論。

40

##

最高法院92年度台上字第514號刑事判決意旨參照

按二人以上共同完成之著作，其各人之創作，不能分離利用者，為共同著作，著作權法第8條定有明文。申言之，該項「共同著作」之成立要件有三，即一、須二人以上共同創作。二、須於創作之際有共同關係。三、須著作為單一之形態，而無法將各人之創作部分予以分割而為個別利用者，始足當之。若二人以上為共同利用之目的，將其著作互相結合，該結合之多數著作於創作之際並無共同關係，各著作間復可為獨立分離而個別利用者，應屬「結合著作」，而非「共同著作」。

最高法院92年度台上字第1681號判決

張〇〇於廣告攝影時，尚偕一位助理為之，惟助理係受張〇〇之指揮，從事輔助工作，並非共同著作人，其著作財產權之讓與，不須該助理之同意。

智慧財產法院100年度刑智上訴字第39號刑事判決

可否獨立分離為單一著作，應視其共同關係之約定、著作型態之表現、著作分離後可否獨立使用、社會之通常觀念等情綜合判斷。

智慧財產法院103年度刑智上訴字第13號刑事判決

著作權法所保護之音樂著作，包括曲譜、歌詞及其他之音樂著作（著作權法第5條第1項各款著作內容例示第2條），一首歌曲如包含「曲」及「詞」二個部分，「曲」及「詞」分別為獨立之音樂著作而受保護，各自享有著作財產權。本件告訴人就上開五首日本歌，僅主張「詞」之著作財產權，且無證據認定告訴人主張之「詞」音樂著作係翻譯自日本歌詞，自無重製或改作他人著作之情形，被告辯稱告訴人非法重製、改作之他人著作，依「毒樹果實理論」，告訴人不得主張被告侵害其著作權云云，自非可採。

智慧財產法院104年度刑智上易字第62號刑事判決

按著作權法第8條所稱之「共同著作」，係指二人以上共同完成之著作，其各人之創作，不能分離利用者而言。申言之，該項「共同著作」之成立要件有三，即一、須二人以上共同創作；二、須於創作之際有共同關

係；三、須著作為單一之形態，而無法將各人之創作部分予以分割而為個別利用者，始足當之。如僅提供意見或需求，而是由創作者將前開意見內容予以表現完成，則由該創作者依法享有著作人格權及著作財產權；反之，如不僅給予提供意見或需求，而是更進一步參與前開著作內容之製作，此情形因雙方各自創作之部分不能分離利用，始屬於著作權法所稱之「共同著作」。

智慧財產法院105年度刑智上訴字第7號刑事判決

告訴人於該等照片拍攝過程僅提供概念，實際執行拍攝行為及調整光線、角度者為○○○等情，業據證人○○○證述明確，告訴人既僅提供「概念」而與著作權法保護「表達」之要件不符，則告訴人稱其為照片共同著作人而享有著作財產權云云，自無足採。

相關條文：第40條及第41條

第9條（不得為著作權標的之客體）
下列各款不得為著作權之標的：
一、憲法、法律、命令或公文。
二、中央或地方機關就前款著作作成之翻譯物或編輯物。
三、標語及通用之符號、名詞、公式、數表、表格、簿冊或時曆。
四、單純為傳達事實之新聞報導所作成之語文著作。
五、依法令舉行之各類考試試題及其備用試題。
前項第1款所稱公文，包括公務員於職務上草擬之文告、講稿、新聞稿及其他文書。

解說

雖然依照著作權法第3條第1項第1款規定：「屬於文學、科學、藝術或其他學術範圍之創作」都可以被認為是著作而受著作權法保護，但有時基於某些立法政策，為了要讓公眾自由利用，必須將特定的著作排除在著作權之標的，本條所定的五款「不得為著作權之標的」就是這樣產生。

　　「憲法、法律、命令或公文」以及「中央或地方機關就憲法、法律、命令或公文作成之翻譯物或編輯物」不能為著作權之標的，是因為政府所完成的「憲法、法律、命令或公文」及其翻譯物或編輯物原本就是要廣為周知，並據以奉行，如果受著作權法保護，會造成流通與散布的限制，所以不能成為著作權之標的，例如政府機關編印翻譯的「著作權法及其法令彙編」或「著作權法及其相關子法英文本」，不受著作權法保護。但如果是一般民間所編印或翻譯的「著作權法及其法令彙編」或「著作權法及其相關子法英文本」，因為不在規定範圍內，仍可以受著作權法保護。又關於這裡所稱的公文，依第2項規定：「包括公務員於職務上草擬之文告、講稿、新聞稿及其他文書」，並不以公文程式條例所定者為限。又法律、命令或公文，不得為著作權之標的，其目的既在廣為一般民眾所周知，故解釋上應從廣義，除國家之法令外，各種地方自治團體之法規亦包含在內。

　　「標語及通用之符號、名詞、公式、數表、表格、簿冊或時曆」是要供公眾流傳、運用，所以不能成為著作權之標的。不過，「符號、名詞、公式、數表、表格、簿冊或時曆」必須是具「通用」性質，才會不受著作權法保護，若不是「通用」者，而是具有特殊範圍之使用者，例如針對特殊管理行為所設計專供特別人員使用的「表格、簿冊」，仍可受著作權法保護。

　　「單純為傳達事實之新聞報導所作成之語文著作」必須符合新聞學上的「六個W一個H」之標準，即what, where, when, who, why, which及how等，且限於語文著作，不及於其他著作類別。所以，報章雜誌上的圖片或照片，並不是「語文著作」，仍可以受著作權法保護。事實上，目前報章雜誌上的新聞報導都具多樣與複雜性，完全符合「單純為傳達事實之新聞報導所作成之語文著作」者，已非常少，又縱使「單純為傳達事實之新聞報導所作成之語文著作」不能成為著作權之標的，其利用仍要注意不可違反公平交易法。

　　「依法令舉行之各類考試試題及其備用試題」其範圍很廣，除國家舉行的高普考外，由於各級學校校內之各種考試也是依相關教育法規進行之成績考查，也被認為屬於不能成為著作權之標的，使公眾均得利用這些試題準備考試。

函釋

經濟部智慧財產局88年07月09日（88）智著字第88005412號函釋

二、按著作權法（下稱本法）第9條第1項第1款規定，憲法、法律、命令或公文，不得為著作權之標的，並無因本國或外國而有不同，是不論係本國或外國之憲法、法律、命令或公文均不得為著作權之標的。又本法同條項第2款規定中央或地方機關就憲法、法律、命令或公文作成之翻譯物或編輯物亦不得為著作權標的，故依本條文之反面解釋，非由中央或地方機關作成之憲法、法律、命令或公文之翻譯作品無本條文之適用，即該翻譯作品得依著作權法受保護。

三、復按國際條約及協定與憲法、法律、命令或公文之性質相當，均有廣佈於眾，使公眾使用瞭解之必要，是亦有本法第9條第1項第1款、第2款之適用。又本法第9條第1項第2款規定中央或地方機關就憲法、法律、命令或公文作成之翻譯物或編輯物不得為著作權標的，條文所稱之「中央或地方機關」並無區分係本國政府機關或外國政府機關，自不限於本國，應包括外國政府；又非屬前揭政府機關翻譯之條約或協定，則無本條文之適用，是仍得依法主張為著作權之標的，是如欲利用他人受著作權法保護之著作，除合於本法第44條至第65條著作財產權之限制（合理使用）之規定外，仍應徵得該等著作著作財產權人之同意或授權後始得為之。

經濟部智慧財產局89年05月15日（89）智著字第89004016號函釋

按「依法令舉行之各類考試試題及其備用試題」不得為著作權之標的，著作權法第9條第1項第5款著有明文。復按依教育部前揭函旨（教育部89年4月29日台（89）中（一）字第89046426號），關於各公私立高中舉行之模擬考、複習考、隨堂測驗，係依據高級中學學生成績考查辦法第四條規定辦理之考試。準此，該等考試試題，依首揭著作權法規定，即不得為著作權之標的。

經濟部智慧財產局93年09月29日電子郵件930929函釋

三、另本法為保護著作人之創作，並同時兼顧眾多應考者普遍使用試題的必需性，爰於第9條第1項第5款規定，依法令舉行之各類考試試題（題庫），不得為著作權之標的，相對的，倘為非依法令舉行之各類考試試題，仍受本法保護。因此，台端編寫並委託他人出版專供學生專用之測

驗卷，應屬著作權之標的。

　　四、所詢第二個問題，前亦經93年4月18日提本局著作權審議及調解委員會會議專案討論，認「著作無論係出於授權利用、被合理使用或被侵權，而成為第9條第1項第5款之試題者，該著作本身仍維持為受著作權保護之標的，只有在成為第9條第1項第5款所規定之試題整體呈現時，始為不受著作權保護之標的」，故各級學校舉行月考、期中或期末考等試題，雖屬本法第9條第1項第5款「依法令舉行之各類考試試題」，而不得為著作權之標的（即一般人皆可利用之）。惟該等試題所使用其他出版社或教科書業者已公開發表之「著作」，並不因著作內容被利用成為「依法令舉行之各類考試試題」，而喪失該著作本身之著作財產權，亦即一般人如非直接利用各校考試試題之整體內容，而係另有利用該著作內容本身之行為時，仍應取得該著作之著作財產權人的同意或授權。

經濟部智慧財產局95年03月17日950317b號電子郵件解釋

　　一、按大學校院之期中、期末考試試題，是否屬著作權之標的，依教育部85年12月6日台（85）高一字第85102334號函表示，大學校院之期中、期末考係依「大學法施行細則」由各大學自訂於學則辦理。前內政部著作權委員會遂依該函意旨，作成台（85）內著會發字第8520076號函表示此等考試應屬著作權法第9條第1項第5款所稱「依法令舉行之各類考試試題及其備用試題」，不得為著作權之標的，先予敘明。

　　二、另查原大學法施行細則第29條有關學生成績考核之規定目前已予刪除，並納入於其母法即大學法第28條中予以規定，經教育部於95年2月14日台高（一）字第0950008784號函復本局表示，「大學法第28條規定，學生成績考核由大學列入學則，報本部備查。爰大學辦理期中、期末考試仍屬學校依大學法及學則所為之成績考核事項，與大學法修正前之規定並無二致。」，嗣復經本局於95年3月2日邀請教育部、考選部及多位學者專家召開「研討各級學校之考試試題是否屬著作權法第9條第1項第5款之試題」機關會商會議，會議決議認大學學則既係依大學法第28條所訂定，則大學期中、期末考試本依大學法及各大學學則所辦理，故其試題仍屬著作權法第9條第1項第5款「依法令舉行之各類考試試題及其備用試題」。

經濟部智慧財產局96年03月06日智著字第09600077550號函釋

　　二、憲法、法律、命令或公文，不得為著作權之標的，為著作權法第9條第1項第1款所明定，又法律或命令，其目的在廣為一般民眾所周知，故解釋上應從廣義，除國家之法令外，各種地方自治團體之法規亦包含在內。來函所詢之「○○縣（市）村里幹事服務（勤）要點」，為行政程序法第159條所稱之行政規則，係屬上述法條所稱之法律或命令，不得為著作權之標的。

判決

臺灣高等法院民事判決91年度勞上字第27號判決

　　PowerDVD測試報告，既係表現被上訴人公司人員辛苦收集測試之結果，若未經測試即不會有此結果產生，故PowerDVD測試報告為一種研究成果，自非無創作性程度在內，非屬簡單之表格，蓋著作權法第9條第1項第3款所謂表格，係指久已流傳或日常習見者而言（著作權法修正理由參照），本件PowerDVD測試報告，雖屬以表格式為研究成果之表現方式，但非著作權法第9條第1項第3款所謂表格，是故，其應屬著作權法第5條第1項內容例示語文著作中之其他之語文著作，至為顯然。

臺灣高等法院94年度智上字第17號判決

　　另藥品仿單編寫後，一般均需隨藥品查檢登記送經衛生主管機關審核修改後始核定之，但其目的係在讓消費大眾簡易瞭解，具有行政上之公法目的，而其增刪修改內容之程度，通常均未達與原著作完全相異之精神創作程度，並不影響原著作為著作之認定，且此僅屬於行政管理程序，藥品仿單並不因之而成為著作權法第9條第1款所定之「公文」，原非不得為著作權之標的，至臻灼明。

第三章
著作人及著作權

第一節　通則

第10條（創作保護主義）
著作人於著作完成時享有著作權。但本法另有規定者，從其規定。

解說

本條在揭示著作權法的「創作保護主義」，亦即原則上「著作人於著作完成時享有著作權」，不必作任何註冊或登記程序，這是伯恩公約第5條第2項前段的特別規定——「著作權的享有與行使，不得有形式要件之要求」。

本條但書所謂「本法另有規定」，係指符合第11條至第13條之特別規定，實際完成著作之人是否能享有著作權，就必須依各該條文的規定。

74年7月10日以前的舊著作權法，對於著作權的取得，是採「註冊保護主義」，亦即未經當時的著作權主管機關內政部核准著作權註冊，取得著作權註冊執照，不得享有著作權；74年7月10日修正的著作權法，依國際著作權法制發展趨勢，改採「創作保護主義」，著作人不必經政府核准著作權註冊，自著作完成時即取得著作權，但仍保留有著作權註冊制度，主要是一般大眾仍希望有一套公示制度，可以查詢著作權的歸屬。

由於「註冊」一詞，字面上有強烈的「核准」意涵，例如「註冊商標」、「專利註冊」等，非經獲准註冊，不得享有商標權或專利權，又因為74年7月10日以後的著作權註冊，也仍繼續發給非常正式的「著作權註冊證書」，易使人誤認為仍是非經辦理著作權註冊，不得享有著作權。

為了降低著作權註冊的強度，81年6月10日修正的著作權法再改為著作權登記制度，獲准登記者不再發給著作權註冊證書，如同戶籍登記一般，只依主管機關的著作權登記簿所載內容，發給登記者「著作權登記簿謄本」，任何人查閱登記簿，亦發給同樣的「著作權登記簿謄本」。

雖然在74年7月10日以後，無論是著作權註冊制度或著作權登記制度，其註冊或登記都僅具存證之性質，並不是取得著作權之要件。可是，還是有少數人或司法機關誤認著作權登記是取得權利的效果，主管機關花費了很多人力，在受理著作權登記，無法專心於著作權政策或法令之努力，更由於過去的著作權註冊或登記是否真實，常常成為司法爭訟的重要依據，主管機關必須受理民眾關於申報虛偽之檢舉，卻因為行政機關沒有司法調查權，司法機關又期待著作權專責機關能透過檢舉案之決定，為其確認著作權之歸屬，使得主管機關處理檢舉案處處動輒得咎，87年1月21日修正之著作權法，乃一勞永逸，完全取消著作權登記制度。

著作權法之主管機關，於民國88年1月從內政部改隸到經濟部，經濟部特別設立智慧財產局作為專責機關，執行包括著作權在內的智慧財產權相關業務，原本對於所有著作權註冊或登記申報虛偽之檢舉案，於自行或經司法機關確認虛偽不實後，均會撤銷原有註冊或登記，惟自95年1月1日起，縱使確認有虛偽不實，也僅是在著作權註冊簿或登記簿上作註記，供民眾查閱參考，不再撤銷原有註冊或登記。

著作權法採創作主義之後，著作人於著作完成時即享有著作權，但因為著作權仍屬私權，著作權人與其他一般私權之權利人相同，對其享有著作權之事實，負有舉證責任，故著作人為證明其享有著作權，應保留其著作之創作過程、發行及其他與權利有關事項之資料，作為證明自身權利之方法，如日後發生著作權爭執時，俾提出相關資料由法院認定之。此外，著作權法為便利著作權人之舉證，特於第13條明定，在著作之原件或其已發行之重製物上，或將著作公開發表時，以通常之方法表示著作人、著作財產權人之本名或眾所周知之別名，或著作之發行日期及地點者，推定為該著作之著作人或著作權人。

所謂保留創作過程所需之一切文件，作為證明自身權利之方法，例如美術著作創作過程中所繪製之各階段草圖。因此，著作權人之舉證責任，在訴訟上至少必須證明下列事項：一、證明著作人身分，藉以證明該著作

確係主張權利人所創作，此涉及著作人是否有創作能力、是否有充裕或合理而足以完成該著作之時間及支援人力、是否能提出創作過程文件等。二、證明著作完成時間：以著作之起始點，決定法律適用準據，確定是否受著作權法保護。三、證明係獨立創作，非抄襲，藉以審認著作人為創作時，未接觸參考他人先前之著作。

 函釋

內政部83年04月19日台（83）內著字第8307182號函釋

(1)按本部依著作權法所為之登記，悉依申請人自行陳報之事實，就其有無著作權法第77條所定不受理登記之情形作形式上審核，依法准駁登記，並未就其所陳報之事實實際調查其是否為真正，已如前述。因此，本部核准著作權登記之函件及登記簿謄本內均載明「本項登記悉依申請人之申報，如有權利爭執，應自負舉證責任。」準此，對著作權登記之事項發生爭議時，即應由當事人自行提出證據證明之，並由司法機關依具體個案調查事實認定之，不應以著作權登記簿謄本之核發，作為認定著作權有無之唯一證據。(2)又司法機關函查有關違反著作權法事項之案件，除該案件之訴訟事由與本部受理檢舉撤銷著作權登記（註冊）案之檢舉事由相同，為免行政、司法間生歧異，本部向採俟司法機關偵查終結或判決確定後，再依司法機關認定之事實處理為原則外，（此項原則本部曾於77年3月5日台（77）內著字第570736號函請貴院及法務部配合辦理，法務部並曾於77年4月6日法77檢5762號函各級法院檢察署，請參考辦理，如附件一、二。惟嗣後仍有司法機關對本部上述處理原則未能知悉瞭解，而以系爭著作檢舉撤銷著作權登記（註冊）案正由本部處理而停止偵查或審判，本部爰於83年2月28日台（83）內著字第8376603號函請貴院及法務部再轉所屬各級法院推事及檢舉署檢察官配合辦理在案，如附件三。）

經濟部智慧財產局94年05月24日智著字第09400017690號函釋

主旨：貴公司申請經前著作權業務主管機關內政部核准著作權登記之「貓世界鐘面圖」、「狗世界鐘面圖」、「鳥世界鐘面圖」、「蔬菜世界鐘面圖」及「水果世界鐘面圖」（登記號碼：51063、51064、51065、51066、51067號）美術著作著作權登記五案，經核系爭著

作申請有虛偽之情事，依行為時著作權法第77條第5款及第78條第1款規定，撤銷著作權登記，請查照。

說明：一、依據謝顯榮君代理李文榮君89年5月10日檢舉函辦理。

二、查主旨所示美術著作著作權登記等5案，據申報貴公司為著作人及著作財產權人，著作完成日期均為83年9月1日，申請登記日期為84年1月17日，並前經內政部於84年1月25日核准著作權登記在案。

三、復查本案涉及台灣高等法院89年上訴字第1353號刑事案件，檢舉人於該案中亦主張系爭著作之圖案為其所完成，是該案之訴訟事由與本案檢舉事由相同，為免司法、行政機關各就同一事實認定歧異，致影響人民之權益，本局前於89年7月14日以（89）智著字第89005786號函台灣高等法院並副知雙方當事人，俟司法機關判決確定後，依法院認定之結果辦理。本案經上訴，並經最高法院發回更審，業於93年10月22日經台灣高等法院判決確定。依據該確定判決（92年度上更（1）字第653號）認定：被告（即檢舉人）與告訴人（即貴公司）之著作平面圖之形狀、方向、種類完全相同，又被告創作之時間早於告訴人，而認定被告並無抄襲告訴人著作之犯意及行為。

四、據前揭法院認定之事實，貴公司與檢舉人之著作完全相同，檢舉人創作時間亦早於貴公司，且檢舉人於82年間就系爭著作已有公開發表之事實，則足堪認定貴公司之系爭著作不具原創性，顯非貴公司之創作，所申請登記之著作人及著作財產權人均屬不實，則貴公司申請登記時有虛偽情事，應依行為時著作權法第77條第5款及第78條第1款之規定，撤銷前揭著作權登記。

五、本案如有不服，得於收受本處分之次日起30日內，備具訴願書正、副本（均含附件），並檢附本處分書影本，經由本局向經濟部提起訴願。

經濟部智慧財產局95年05月25日智著字第09500044420號函釋

三、按著作權業務主管機關自87年1月23日起，已不再受理著作權登

記業務，原登記或註冊事項如有變更亦無從辦理更新。因此，本局自95年1月1日起就著作權登記（註冊）檢舉案改採註記於原登記（註冊）簿及電腦系統之方式辦理，又本局相關登記（註冊）資料與前揭法院判決認定之事實不符者，為第（一）、（二）筆，爰於前揭二登記（註冊）資料中註記本件法院判決之案號及著作財產權歸屬認定之結果，供民眾查閱時參考。

最高法院87年度台上字第2366號刑事判決

　　內政部受理著作權登記，係依申請人之申報，不作實質審查，登記事項如發生司法爭執，應由當事人自負舉證責任，並由司法機關依著作權法及具體個案調查事實認定之，有內政部85年6月3日台（85）內著字第8509615號函可稽。原審本此原則，就告訴人及上訴人爭執之雕塑品是否具有原創性調查結果，既以上訴人辯稱其著作之雕塑品係參考各種書籍而自行創作一節，並未能提出其參考何種書籍以創作之證據來證實其說，因認其係空言辯解，無可採取。但查告訴人蔣自學主張之本件著作權係受讓於原創者黃建銘，該證人黃建銘於第一審亦證稱：本件雕塑品係參考韓國及大陸書籍之別人作品……，有大陸石灣陶藝，書籍在藏悟閣裡云云。證人即為上開雕塑品彩繪者陳毓麒復證謂：其為上開雕塑品色，是參考佛光山師父拿過來的小沙彌陶瓷品及一些書籍等語，原審竟未命其提出所參考之韓國及大陸書籍暨佛光山師父帶來之小沙彌陶瓷品，以審查本件作品有無抄襲或重製他人著作之情事，即查明本件告訴人所提出之著作是否具有原創性，而應受著作權法之保護，遽行論斷。其採證尺度，顯失衡平，而難昭折服。上訴意旨執以指摘，非無理由，應認原判決仍有撤銷發回之原因。

臺灣高等法院91年度上訴字第1610號刑事判決

　　按原則上著作人於著作完成時享有著作權（著作權法第10條前段規定參照），而所謂著作完成，並不以全部完成為必要，雖屬部分完成，但如在客觀上已有保護之價值，亦屬著作權法所稱之著作而產生著作權。

最高法院92年度台上字第1664號刑事判決

　　按我國著作權法係採創作主義，著作人於著作完成時即享有著作權，然著作權人所享著作權，仍屬私權，與其他一般私權之權利人相同，對其著作權利之存在，自應負舉證之責任，故著作權人為證明著作權，應保留其著作之創作過程、發行及其他與權利有關事項之資料作為證明自身權利之方法，如日後發生著作權爭執時，俾提出相關資料由法院認定之。此外著作權法為便利著作人或著作財產權人之舉證，特於第13條明定，在著作之原件或其已發行之重製物上，或將著作公開發表時，以通常之方法表示著作人、著作財產權人之本名或眾所週知之別名，或著作之發行日期及地點者，推定為該著作之著作人或著作權人。所謂保留創作過程所需之一切文件，作為訴訟上之證據方法，例如美術著作創作過程中所繪製之各階段草圖。因此，著作權人之舉證責任，在訴訟上至少必須證明下列事項：（一）證明著作人身分，藉以證明該著作確係主張權利人所創作，此涉及著作人是否有創作能力、是否有充裕或合理而足以完成該著作之時間及支援人力、是否能提出創作過程文件等。（二）證明著作完成時間：以著作之起始點，決定法律適用準據，確定是否受著作權法保護。（三）證明係獨立創作，非抄襲，藉以審認著作人為創作時，未接觸參考他人先前之著作。

臺灣高等法院93年度上易字第179號刑事判決

　　著作權採取創作保護主義，並非採取登記主義。向民間之財團法人台灣經濟發展研究院登記著作權，並無法律依據。被告何宗榮之企鵝圖應否受著作權之保護，應以有無原創性作為認定標準。核被告何宗榮所謂之企鵝圖樣，除企鵝頭部方向外，其餘部分均與東洋紡織公司之企鵝圖樣相似。東洋紡織公司之企鵝圖樣商標商品在市面行銷多年，有相當之聲譽，為業者及一般社會大眾所熟知；被告何宗榮又以服飾之販售為業，自承經營服飾業多年，對於該商品之市場售價及真偽辨識方法應知之甚稔，注意義務亦較一般消費者為高。參諸如附表一所示之商標圖樣，為相關大眾所知之著名商標，其企鵝圖顯然抄襲東洋紡織公司之企鵝商標，以圖魚目混珠，不具原創性。

最高法院99年度台上字第50號刑事判決

　　有關著作權註冊及登記之制度於74年7月10日著作權法修正施行後，已改採創作保護主義及著作權註冊任意制度。亦即依照現行著作權法之規定，就本國人而言，著作人於著作完成時即享有著作權（同法第10條前段參照）。又為回歸創作保護之原則，導正「有登記始有權利」之錯誤觀念，87年1月21日修正公布之著作權法，並刪除有關著作權登記之規定，亦即自斯時起，主管機關已全面廢止著作權自願登記制度。至於依修正前著作權法之規定申請著作權登記，主管機關係僅依申請之事項為登記，不為實質審查，登記僅為行政管理之手段及存證之性質，而非原創性著作之證明。故著作權之取得，不以登記或註冊完成為必要，登記或註冊亦不具有推定之效果。惟著作權人所享有之著作權，仍屬私權，與其他一般私權之權利人相同，對其著作權利之存在，應負舉證責任。是為解決著作權人舉證上之困難，著作權法第13條第1項規定：「在著作之原件或其已發行之重製物上，或將著作公開發表時，以通常之方法表示著作人之本名或眾所周知之別名者，推定為該著作之著作人。」於同條第2項並明定，前開規定於著作發行日期、地點及著作財產權人之推定，準用之。而賦予著作人或著作財產權人之推定效果。是倘在著作之原件或其已發行之重製物上印有著作人之本名或眾所周知之別名者，即推定其為著作人，與之發生爭議之相對人欲為與該等表示內容不同之主張時，自應負舉證責任。此與著作權登記或註冊不具有推定之效果者迥不相同。

第10條之1（保護表達不保護觀念）
依本法取得之著作權，其保護僅及於該著作之表達，而不及於其所表達之思想、程序、製程、系統、操作方法、概念、原理、發現。

解說

　　本條文在揭示著作權法中之「觀念／表達」（Idea/Expression）二元論，即著作權法僅保護表達，不保護表達所含之觀念，以避免造成壟斷，危害創作與文化之發展，至於觀念或方法之保護，則必須視其是否符合專利法、營業秘密法或不公平競爭法等途徑為之。例如，比照他人電視節目

方式另行製作節目，祇是觀念構想之抄襲，尚不是著作權法之侵害，若是重製或改作他人之錄影著作，才可能是侵害著作權。又如攝影固然有技術要求，但此非著作權法要保護的對象，著作權法保護的是其技術的表達，即照片是也，任何人未經攝影者的同意，不得將其照片作著作權方面的利用，但攝影者不可禁止別人在同一個景點、用同樣的技術，如角度、光線，布景，拍出相似的照片，否則著作人的壟斷權利未免太大。就他人的畫「臨摩」，畫得像的是重製，畫不像的是改作，但如果真的依一定的景物畫作，不管畫得像不像，既是獨立創作，應無侵害著作權之虞。不過，有時著作權方面不構成侵害，在學術界方面是否可被認為不是抄襲，不必然會認定相同，這應交由學界去處理。亦即學術歸學術，法律歸法律，學術上可能要求較嚴格，法律上則未必違反著作權法。

經濟部智慧財產局91年10月08日智著字第0916000717函釋

　　三、關於編製教科書之書商不肯授權他人編寫參考書而造成壟斷參考書市場，以致參考書價格偏高問題之解決，按本法第10條之1規定：「依本法取得之著作權，其保護僅及於該著作之表達，而不及於其所表達之思想、程序、製程、系統、操作方法、概念、原理、發現。」如編製教科書之書商以外之人，依據教科書教學內容傳達之觀念及教學進度，自行研究編寫不同於教科書表達方法之參考書，而未以重製或改作之方式利用教科書之表達者，即無需獲得教科書著作財產權人之同意，亦不涉及侵害他人著作權之問題。

經濟部智慧財產局92年05月14日智著字第0920004297-0號函釋

　　三、復按本法所稱「創作」係指人將其內心思想、情感藉語言、文字、符號、繪畫、聲音、影像、肢體動作……等表現方法，以個別獨具之創意表現於外者，又本法第10條之1規定「依法取得之著作權，其保護僅及於該著作之表達，而不及於其所表達之思想、程序、製程、系統、操作方法、概念、原理、發現。」此為著作權法理論中之「概念／表達二元論」規定，其精義為著作權保護者乃著作之表達，非其表達所隱含之概念（包含思想、程序、製程、系統……等）；是著作如出於相同之概念（不

論此「相同之概念」是出於巧合或承襲），只要確係出於著作人獨立之表達，其間並無抄襲表達之情事，縱其表達因概念相同而相（雷）同，各人就其著作均享有著作權，並不生著作權侵權問題，先予敘明。

經濟部智慧財產局93年03月16日930316a號電子郵件

一、關於點子或思考能否成為智慧財產權或著作權的一部分一節，按依著作權法（以下稱本法）取得的著作權，其保護僅及於該著作的表達，而不及於其所表達的思想、程序、製程、系統、操作方法、概念、原理、發現。因此，點子或思考，一般來說，屬於不受本法保護的「思想」或「概念」，如果將點子或思考告訴他人，而被他人拿去使用，或以他自己的方式加以表達，並沒有構成侵犯著作權的問題。

經濟部智慧財產局93年07月26日智著字第0930006205-0號函釋

著作權法的保護，僅及於著作的表達，而不及於所表達的思想、程序、製程、系統、操作方法、概念、原理、發現（請參考本法第10條之1）。因此，他人如僅抄襲著作所包含之的概念後，出於自己的表達，並未構成侵犯著作權。惟若他人未經著作權人之同意，亦無著作權法規定之合理使用的情形，而抄襲著作之表達者，則構成著作權侵害，併予敘明。

經濟部智慧財產局100年04月13日1000413b號電子郵件

一、按著作權法（下稱本法）第10條之1規定，著作權之保護僅及於該著作之表達，而不及於其所表達之思想、程序、製程、系統、操作方法、概念、原理、發現，本條說明的是「概念與表達區分之原則」，即著作權所保護者為著作之表達形式（例如：以具體文字所表達的小說、論文等語文著作），而不是表達所隱含之概念（包含思想、程序、製程、系統、概念……等），也就是說「概念」不具獨占性，非屬本法保護之對象。因此著作權人固得禁止他人以重製、改作等方式利用其著作，但不能壟斷其創作所運用之概念，亦即不能禁止他人以相同概念，另為獨立表達。二、承上，由於「概念」不受本法之保護，因此縱使他人之創作，係運用相似或相同概念，但如係以不同之方式「表達」，則該「表達」仍可另成為一新著作而受本法之保護，故來函所詢若依照專利說明書的內文所表達之概念做出一具有藝術價值的物品，如確係以自己之表達方式完成之

著作（獨立創作之結果），即使功能原理相同，仍得視為獨立之著作，而受本法保護，至於是否有涉及到「專利說明書」之語文著作而須徵得該「專利說明書」之著作財產權人之同意？按專利說明固為語文著作，至依該語文著作闡釋之方法或概念製造物品（東西），該物品並非屬語文之作品，並不涉及重現語文著作內容之問題，縱依其文字闡述之概念，創作藝術價值之作品（例如美術著作），仍屬利用語文著作闡釋之方法或概念，並未利用語文著作本身文字之表達，仍不會涉及重現著作內容之行為，與著作權之侵害無關。

判決

臺灣高等法院87年度上訴字第3249號刑事判決

所謂表現形式即作品內構想與事實、所用之言語、闡發（development）、處理、安排及其順序，構想及事實本身則非著作權法所保護之對象。

臺灣高等法院92年度上易字第399號民事判決

上訴人雖否認抄襲，惟著作權法所保護者係思想之表達，並非思想本身，以食譜言，相同菜色作法，於文字圖樣存有多種表達方式，菜色作法雖同，如以不同文字圖樣表達，即無侵害著作權之可言，如以相同文字或圖樣表達相同之菜色作法，客觀上足認已達與他人著作實質近似而失創意，即難謂非抄襲或重製。

最高法院99年度台上字第2314號民事判決

著作權法第10條之1規定：依本法取得之著作權，其保護僅及於該著作之表達，而不及於其所表達之思想、程序、製程、系統、操作方法、概念、原理、發現。是以著作權之保護標的僅及於表達，而不及於思想，此即思想與表達二分法。然思想如僅有一種或有限之表達方式，此時因其他著作人無他種方式或僅可以極有限方式表達該思想，如著作權法限制該等有限表達方式之使用，將使思想為原著作人所壟斷，該有限之表達即因與思想合併而非著作權保護之標的，因此，就同一思想僅具有限表達方式之情形，縱他人表達方式有所相同或近似，此為同一思想表達有限之必然結果，亦不構成著作權之侵害。

最高法院103年度台上字第1544號民事判決

所謂思想與表達合併原則，係指思想與概念如僅有一種或有限之表達方式，此時因其他著作人無他種方式，或僅可以極有限方式表達該思想，如著作權法限制該等有限表達方式之使用，將使思想為原著作人所壟斷，該有限之表達即因與思想、概念合併而非著作權保護之標的。惟倘創作者源於相同之觀念，各自使用不同之表達方式，其表達方式並非唯一或極少數，並無有限性表達之情形，在無重製或改作他人著作之情形下，得各自享有原創性及著作權。

智慧財產法院106年度民著訴字第48號民事判決

按法院於認定有無侵害著作權之事實時，應審酌一切相關情狀，就認定著作權侵害的兩個要件，即所謂「接觸」及「實質相似」為審慎調查，其中「實質相似」不僅指量之相似，亦兼指質之相似。在判斷圖形、攝影、美術、視聽等具有藝術性或美感性之著作是否涉及抄襲時，如使用與文字著作相同之分析解構方法為細節比對，往往有其困難度或可能失其公平，因此在為質之考量時，應特加注意著作間之「整體觀念與感覺」（最高法院97年度台上字第6499號刑事判決、94年度台上字第6398號刑事判決、103年度台上字第1544號民事判決參見）。所稱「整體觀念與感覺」，即不應對二著作以割裂之方式，抽離解構各細節詳予比對，二著作間是否近似，應以一般理性閱聽大眾之反應或印象為判定基準。

第二節　著作人

第11條（受雇人之職務著作）
受雇人於職務上完成之著作，以該受雇人為著作人。但契約約定以雇用人為著作人者，從其約定。
依前項規定，以受雇人為著作人者，其著作財產權歸雇用人享有。但契約約定其著作財產權歸受雇人享有者，從其約定。
前二項所稱受雇人，包括公務員。

解說

本條是在規範受雇人職務上著作之著作權關係。「受雇人」主要係指公司員工、公務員、獨資或合夥之受雇用之人,或其他任何具有雇傭關係之受雇用之人,學校老師應該也是受雇人。此一雇傭關係,不以有書面契約、有無辦理健保為要件,也不問是正式或非正式員工、工讀生,只要在實質上有雇傭關係者,均屬之。

本條之適用以受雇人「職務上完成之著作」為客體,若非受雇人「職務上完成之著作」,則不適用。

原則上,「受雇人於職務上完成之著作」,「以該受雇人為著作人」,「著作財產權歸雇用人享有」,一方面尊重實際完成著作之員工之著作人格權,另方面讓雇用人享有經濟上之利益——著作財產權。在例外之情形,雙方可以約定,由雇用人為著作人,享有著作人格權及著作財產權,在極少數情形下,也可以透過約定,由重要之受雇人為著作人,並享有著作財產權。

受雇人職務上完成的著作,除了依本條之原則,以受雇人為著作人,享有著作人格權,而其著作財產權歸雇用人外,如要作特別約定,僅可約定由雇用人為著作人,享有著作人格權及著作財產權,或在以受雇人為著作人情形下,依第2項但書,約定著作財產權歸受雇人外,不可以約定由雇用人以外的他人為著作人,或由他人享有著作財產權。此外,依此約定僅得為著作人之約定,以及整個著作財產權的歸屬作約定,不得約定不同的著作人格權或著作財產權分別由受雇人及雇用人享有。例如,不可約定姓名表示權由受雇人享有,而公開發表權及禁止不當修改權由雇用人享有,或是改作權歸受雇人享有,其他著作財產權歸雇用人享有。如作此約定,其約定應為無效。

關於「職務上完成之著作」,若員工為了提昇工作效能,自動地在工作過程中所完成的創作,雖然不是雇用人交辦,而是自動自發的努力,但如果所完成的成果構成著作權法保護的著作,仍屬「職務上完成之著作」,應以員工為著作人,但著作財產權歸雇用人享有,所以員工離職後應該不能自行重製轉作他用。也許有人會認為這樣並不公平,能者多勞而無穫,但這不是靠著作權法來解決,而是老板要想其他方法來鼓勵員工創意與積極主動,否則人才就留不住,造成公司機關損失。而失去工作上創

作著作財產權的員工，卻有在到處都能發揮的創新能力。

　　受雇人工作中必須完成許多職務上的著作，如果希望對於這些著作的著作權關係作特別約定，就應特別提出，另作安排，這樣也許受雇人對於創作會更全力以赴，而不會僅是例行公式地虛應故事；當然，雇用人如果為激勵士氣，或是基於特別專案之考量，也可以對於著作權關係作特別約定。

　　又依本條規定，由實際創作人以外之雇用人取得著作人地位或取得著作財產權，都不是繼受取得，而是原始取得，既不違背第21條有關著作人格權不得轉讓或繼承之規定，也不是第36條的著作財產權之讓與。

經濟部智慧財產局94年10月21日941021號電子郵件

　　二、原則上創作著作之人為著作人，除有本法第11條所稱「受雇人於職務上完成之著作」及第12條所稱「出資聘人完成之著作」等兩種情形以外。因此，市政府與市府員工間、市政府與非市府員工間有關著作權歸屬的問題，應視雙方係屬上述何種情形而定：（一）如該作者係屬市府員工，且該插圖是職務上完成之著作，則雙方未約定著作權歸屬時，以員工為著作人，市政府為著作財產權人，則市政府身為著作權人自得行使權利（包括著作的重製、上網，及授權他人使用等等），無須再徵得原著作人的同意。如該插圖是市府員工非職務上完成之著作，則應視雙方是否有出資聘人關係存在，其情形與非市府員工完成著作時相同，請參見下述說明。（二）如為出資聘人完成之著作，雙方未約定著作權歸屬時，以實際創作著作之受聘人為著作人及著作財產權人，但市政府可以在出資的目的和範圍內利用該著作，惟並不包括授權第三人利用。（三）如既非職務上完成之著作，亦非出資聘人完成之著作，則以實際創作著作之人享有著作財產權，此時市政府並無利用之權限。

經濟部智慧財產局95年04月12日智著字第09500022370號函釋

　　（四）有關受雇人（包括公務員）之創作，其著作財產權歸屬問題，應視該著作於何時完成，決定應適用何時之著作權法（以下稱本法），茲分別說明如下：1.著作於81年6月11日以前完成者：依81年6月10日修正施

行前歷次本法之相關規定：「出資聘人完成之著作，其著作權歸出資人享有之。但當事人間另有約定者，從其約定。」故受雇人如未與雇用人另外約定著作權之歸屬時，雇用人（包括機關、部隊）對該著作享有著作財產權。2.著作於81年6月12日以後至87年1月22日以前完成者：依81年6月10日修正施行之本法第11條規定：「法人之受雇人，在法人之企劃下，完成其職務上之著作，以該受雇人為著作人。但契約約定以法人或其代表人為著作人者，從其約定。」則受雇人完成之職務上著作，如無約定，則以受雇人為著作人，享有著作人格權及著作財產權；如有約定法人為著作人，則由法人享有著作人格權及著作財產權。3.著作於87年1月23日以後完成者：依87年1月21日修正施行之本法第11條（即現行本法第11條）規定，受雇人於職務上完成之著作，如無約定，則以受雇人為著作人，著作財產權則歸雇用人享有，如有約定則從其約定。

經濟部智慧財產局95年07月18日950718b號電子郵件

一、依著作權法（以下稱本法）規定，除職務上完成之著作或出資聘人完成之著作外，著作人於著作完成時享有著作權。於職務上完成之著作及出資聘人完成之著作，當事人亦得約定著作人，如無約定，則以受雇人或受聘人為著作人，如有約定著作人之情形，亦限於約定以當事人為著作人，例如約定以雇用人或出資人為著作人，不得約定當事人以外之第三人為著作人。又出資聘人關係之「受聘人」，如為自然人，固可依本法第12條規定，定其著作人及著作財產權人之歸屬，如為法人，則該法人與其內部之員工係屬雇用關係，其完成之著作應依本法第11條規定（有關職務上完成之著作），定其著作人及著作財產權人之歸屬，至出資人得依著作財產權之讓與或授權關係而利用該著作，合先敘明。

經濟部智慧財產局105年10月04日1050922號電子郵件

依著作權法第11條規定，職務上著作經約定著作權歸屬者，依契約之約定；未約定時，以受雇人為著作人，雇用人則享有著作財產權。所謂「於職務上完成之著作」，是指基於僱傭關係下，受雇人為任職單位業務或經指定完成之工作，屬事實認定問題，須以工作性質作實質判斷（例如是否在雇用人指示、企劃下所完成？是否利用雇用人之經費、資源所完成之著作等），與工作時間、地點並無必然關係。

相關條文：第15條第1項、第16條第2項、第111條

第12條（出資聘人完成著作）
出資聘請他人完成之著作，除前條情形外，以該受聘人為著作人。但契約約定以出資人為著作人者，從其約定。
依前項規定，以受聘人為著作人者，其著作財產權依契約約定歸受聘人或出資人享有。未約定著作財產權之歸屬者，其著作財產權歸受聘人享有。
依前項規定著作財產權歸受聘人享有者，出資人得利用該著作。

解說

本條規定出資聘人所完成著作之著作權關係。原則上，出資聘人所完成之著作，以受聘人為著作人，享有著作人格權及著作財產權。在例外情形下，也可以透過約定，由出資人享有著作財產權，或由出資人為著作人，享有著作人格權及著作財產權。

所謂「除前條情形外」，係指若出資聘人完成之著作，實際是由受聘人之受雇人所完成，則受聘人與其受雇人間依第11條確認其著作人及著作財產權之著作權關係後，則不再適用本條規定，在該等情形，若出資人欲取得著作財產權，僅能透過第36條受讓著作財產權。

若是依本條之原則，以受聘人為著作人，享有著作人格權及著作財產權，此時，基於公平合理之考量，為保護出資人之利益，第3項特別規定「出資人得利用該著作」，此之「利用」應是非專屬授權之利用，包括所有涉及著作財產權之行為。

出資聘人完成的著作，除了依本條之原則，以受聘人為著作人，享有著作人格權及著作財產權，如要作特別約定，僅可約定由出資人為著作人或享有著作財產權，不可以約定由出資人以外的他人為著作人，或由他人享有著作財產權。此外，依此約定僅得為著作人之約定，以及整個著作財產權的歸屬作約定，不得約定不同的著作人格權或著作財產權分別由受聘人及出資人享有。例如，不可約定姓名表示權由受聘人享有，而公開發表權及禁止不當修改權由出資人享有，或是改作權歸受聘人享有，其他著作

財產權歸出資人享有。如作此約定，其約定應為無效。

依前述說明，得適用本條者，應只有類似獨立工作室之作者自行創作。以獨立工作室之作者與外部之特約作者及出版社間之契約為例，應視不同需求作約定，主要在於著作人之確認，可以分別如下：

一、如最後之創作成果要以獨立工作室之作者為著作人，由出版社為著作財產權人，則獨立工作室之作者與外部之特約作者間，先要依第12條規定約定由獨立工作室之作者為著作人，取得著作人格權與著作財產權後，再依第36條規定將著作財產權讓與出版社。

二、如最後之創作成果要以出版社為著作人，則應由出版社跳過獨立工作室之作者，直接與外部之特約作者，依第12條規定約定由出版社為著作人，取得著作人格權與著作財產權。

三、如最後之創作成果要以實際完成著作之人為著作人，出版社僅要取得著作財產權，則：

（一）可由獨立工作室之作者與外部之特約作者依第12條規定約定，由外部之特約作者為著作人，獨立工作室之作者以出資人地位取得著作財產權後，再依第36條規定將著作財產權讓與出版社。

（二）外部之特約作者完成著作取得著作人格權與著作財產權後，依第36條規定將著作財產權讓與獨立工作室之作者，獨立工作室之作者，再依第36條規定將著作財產權讓與出版社。

（三）外部之特約作者完成著作取得著作人格權與著作財產權後，跳過獨立工作室之作者，直接依第36條規定將著作財產權讓與出版社。

由上可知，對於著作人之確定或著作財產權之歸屬，並無一定之方式，全視各方需求、條件與不同考量而定。同理，關於給付版酬方面，亦得由雙方約定之，如有不確定之疑義，亦得隨時重新洽談，總以公平合理及日後合作愉快為重點，又由於各方條件不同，獨立工作室之作者與外部之特約作者及出版社間之契約關於給付版酬之約定，並不一定要相同。不過，本條既規定為「出資聘人完成著作」，其完成著作必須要有對價，如是免費、義務的為他人完成著作，並不適用本條規定，只能依第10條規定，由創作者為著作人，取得著作人格權與著作財產權，該他人則是第37條的被授權人，而可利用著作。

關於本條第2項之著作財產權歸屬約定，必須約定著作財產權全部歸

受聘人享有，或全部歸出資人享有，並不包括將全部之著作財產權約定「一部分歸受聘人享有，其餘部分歸出資人享有」之情形，故出資聘人所完成之著作，如約定「由受聘人取得公開上映權及改作權以外之著作財產權，其餘權利歸出資人」，應屬無效之約定，而應回歸適用第1項及第3項之原則，由受聘人為著作人，取得著作人格權與著作財產權，出資人得利用該著作。

又依本條由實際創作人以外之出資人取得著作人地位或取得著作財產權，都不是繼受取得，而是原始取得，既不違背第22條有關著作人格權不得轉讓或繼承之規定，也不是第36條的著作財產權之讓與。

關於第3項之「出資人得利用該著作」，此屬於「法定授權」，與第37條的著作財產權合意授權不同，惟其「利用」之範圍如何，容有爭議。實務上有採較限縮之解釋者，認定上開法條所稱「利用」之範圍，法無明文，解釋上應依德國之「目的讓與理論」，依據出資人出資之目的及其他情形綜合判斷，以決定出資人得利用該著作之範圍。惟此一見解應可再作擴張，包括著作人依第22條至第29條所定得行使之各項著作財產權行為，理由如下：

一、出資人雖未取得著作人地位，且未取得著作財產權，惟由於其終究係出資之人，現行法已由81年以前之舊法，使出資人取得著作權之規定，退而轉使受聘人取得著作人地位並享有著作財產權，並不宜再過度限制出資人利用著作之機會。

二、又著作權法既未明文限制出資人之利用範圍，若不允許出資人得行使第22條至第29條所定各項著作財產權行為，將使出資人之利用構成侵害著作財產權，須負擔侵權之刑責，有違刑法「罪刑法定主義」原則。

三、中國大陸著作權法第17條規定：「受委託創作的作品，著作權的歸屬由委託人和受託人通過合同約定。合同未作明確約定或者沒有訂立合同的，著作權屬於受託人。」而其「最高人民法院關於審理著作權民事糾紛案件適用法律若干問題的解釋」則於第12條規定：「按照著作權法第17條規定委託作品著作權屬於受託人的情形，委託人在約定的使用範圍內享有使用作品的權利；雙方沒有約定使用作品範圍的，委託人可以在委託創作的『特定目的範圍內』免費使用該作品。」台灣現行著作權法既未明文作「特定目的範圍內」之限制，亦不宜以解釋限制之。

四、從比較法觀察,依據美國著作權法出資聘人完成之著作(Works-made-for-hire),其係以出資人為著作人並享有著作權,我國在出資聘人著作的法律地位上,固使受聘人為著作人並享有著作權,並不宜過於限制出資人之利用範圍。

另一問題是,出資人的利用可否包括再授權他人利用。如前所述,出資人既是法定授權得利用他人著作,不是第37條的合意授權利用,應無該條第3項所定非經著作財產權人同意,不得再授權第三人利用之限制,不過,出資人畢竟不是著作財產權人,若其授權利用嚴重影響著作財產權人權利,究非適當,故其不得進行與自己利用無關之再授權,該第三人仍應依第37條第1項規定再獲得著作財產權人之同意始可,例如出資人請獨立工作室完成一圖案,作為自己多媒體內容之一部分,雙方未作任何約定,當其授權頻道業者將該多媒體作公開播送,或在自己的行銷活動中,授權廣告公司印製該圖案時,不必再經獨立工作室同意,但若其他公司要使用該圖案作為產品型錄之一部分,出資人不得作此一再授權。

實務上易發生爭議的是,受聘人與出資人達成出資聘人完成著作之約定,受聘人完成著作交出著作後,出資人藉各種理由未支付出資對價,卻已開始使用著作,此時,出資人縱未取得著作財產權,然依本條第3項規定,出資人仍可利用該著作,至於出資人未依約支付簽約金,則屬於民事上契約責任之問題,尚不構成侵害著作權。

經濟部智慧財產局93年03月29日電子郵件930329函釋

一、著作人於著作完成時即享有著作權,在出資關係下所完成之著作因新舊法規定之不同,其著作人及著作財產權之歸屬亦有不同,茲分別說明如下:1.著作在民國81年6月11日之前完成者:依據民國74年7月10日修正公布之著作權法第10條規定:「出資聘人完成之著作,其著作權歸出資人享有之,但當事人間另有約定者,從其約定。」亦即在未以契約特別約定之情況下,原則上是以出資人為著作人,享有著作權。2.著作在民國81年6月12日至87年1月22日之前完成者:依據民國81年6月10日修正公布之著作權法第12條規定:「受聘人在出資人之企劃下完成之著作,除前條情形外,以該受聘人為著作人。但契約約定以出資人或其代表人為著作人

者，從其約定。」亦即原則上以受聘人為著作人，享有著作權。3.著作在民國87年1月23日以後完成者：依據民國87年1月21日修正公布之著作權法第12條規定：「出資聘請他人完成之著作，除前條情形外，以該受聘人為著作人。但契約約定以出資人為著作人者，從其約定。依前項規定，以受聘人為著作人者，其著作財產權依契約約定歸受聘人或出資人享有。未約定著作財產權之歸屬者，其著作財產權歸受聘人享有。依前項規定著作財產權歸受聘人享有者，出資人得利用該著作。」職是，出資人與受聘人如未有契約約定以何人為著作人，原則上以受聘人為著作人。至於著作財產權未約定歸屬何人時，亦以受聘人為著作財產權人，但出資人享有著作之利用權。

二、於81年3月之前出資委託他人進行專案研究，且並未就著作權歸屬之問題進行約定，該研究報告如為著作，其創作完成之時間牽涉著作人及著作權歸屬之認定，亦即應依實際創作完成之日期，決定適用81年6月11日以前或以後之著作權法，而定其著作權之歸屬，請參照上述法律規定逕行認定。

經濟部智慧財產局94年02月14日電子郵件940214函釋

一、依著作權法第12條規定，出資聘請他人完成之著作，若無約定著作人及著作財產權之歸屬，則該受聘人為著作人，並享有該著作之著作財產權，而出資人則可利用該項著作。而如雙方當事人欲就著作財產權之歸屬加以約定，依著作權法第12條第2項「著作財產權依契約約定歸受聘人或出資人享有」之文字及87年著作權法修正增訂該文字之立法原意，確係指「全部之著作財產權可約定全部歸受聘人享有，或全部歸出資人享有」，並不包括「全部之著作財產權可約定一部分歸受聘人享有，其餘部分歸出資人享有」之情形。因此您來函所稱之「出資聘人所完成之著作約定由出資人取得公開上映權及改作權以外之著作財產權，其餘權利歸出資人」，似已超出立法原意及法條文義。

二、出資聘人完成之著作，依上述規定決定其著作財產權之歸屬（全部歸受聘人享有，或全部歸出資人享有）後，雙方當事人自得依著作權法第36條規定，透過轉讓部分權利，達到雙方所希望「一部分歸受聘人享有，其餘部分歸出資人享有」之目的。

三、以上一、二、之安排可在同一契約中加以約定，確保雙方權益。

經濟部智慧財產局95年08月25日電子郵件950825函釋

依著作權法第12條規定，得為著作人或著作財產權之人，以出資人或受聘人為限。因此，依本法第12條約定著作財產權之歸屬時，並無約定以出資人及受聘人以外之第三人為著作財產權人之空間。

經濟部智慧財產局95年12月12日電子郵件951212a函釋

二、台端所稱之設計圖面、電腦圖檔及企劃資料若屬上述所稱之著作，著作人依本法可享有著作權，來函所稱業主在簽約後取走上述資料，並未依約支付簽約金云云，倘若上述設計圖等係業主出資完成之著作，業主縱未取得著作財產權，然依本法第12條第3項規定，業主（即出資人）可在出資之目的範圍內利用該著作，業主未依約支付簽約金，則屬於民事上契約責任之問題，尚不構成侵害著作權。倘若上述設計圖等非屬業主出資完成之著作，則業主未經授權或同意，擅自依據設計圖興建渡假民宿建築物，是否構成侵害著作財產權，因屬私權爭執，須由法院就具體個案調查證據認定事實後，依法審判之，著作權主管機關為行政機關，並無責令停止侵權行為或處罰侵權行為之權限，故仍請參酌本法第六章「權利侵害之救濟」、第七章「罰則」等相關規定處理。

經濟部智慧財產局95年12月18日電子郵件951218函釋

針對出資聘請他人完成之著作之著作權歸屬，依本法第12條規定，出資聘請他人完成之著作，若有約定著作人或著作財產權之歸屬時，從其約定；若未約定著作人及著作財產權之歸屬，則以該受聘人為著作人，並享有該著作之著作財產權（此時受聘人享有著作人格權與著作財產權），而出資人可在出資之目的範圍內利用該著作。「利用」之方式與範圍，本法並無特別規定，應依出資當時之目的及雙方原定之利用範圍來決定。

經濟部智慧財產局97年04月08日智著字第09716001070號函釋

二、有關出資聘請他人完成著作，其著作財產權之歸屬，依著作權法（下稱本法）第12條規定，出資聘人完成之著作，其著作人及著作財產權之歸屬，原則上當事人得透過契約約定予以認定。如雙方未約定時，則由受聘人為著作人並享有著作財產權，而出資人得在出資的目的及範圍內利用該

著作。但受聘人為法人時，應適用本法第11條雇用著作之規定，定其著作人及著作財產權之歸屬，出資人無從依本法第12條取得該著作之權利。

　　三、所詢若當事人簽立合約後於著作未完成前，發生終止合約且未給付價金等情事，是否影響著作權歸屬一節，由於未完成之著作，並無著作權，不生著作權歸屬之問題。

　　四、惟若當事人簽立合約後，著作已完成，出資者未給付價金，是否會影響著作權歸屬？則應視出資聘請之合約狀態而定，如果出資聘請之合約已合法終止，即無所謂之出資聘人完成著作之情形存在；反之，如果出資聘請合約仍存在，只是出資者未給付價金，則不影響著作財產權之歸屬，只是受聘人得循民事契約關係，請求相對人依約履行對待給付之問題。然由於著作權係屬私權，因此就上述情形（合約終止後，著作權如何歸屬、利用等）均涉及私契約之認定，發生爭議時，亦需依個案事實，由司法機關予以審認。

經濟部智慧財產局105年10月04日1050922號電子郵件

　　出資聘請他人完成之著作，經約定著作權歸屬者，依契約之約定；若未約定著作人及著作財產權之歸屬，則以受聘人為著作人（此時享有著作人格權與著作財產權），而出資人可在出資目的範圍內利用該著作。本條所稱之「利用」，如雙方於出資聘用契約中有約定利用之方式、內容及範圍，則出資人得依其約定利用；如未約定，出資人得於出資目的範圍內利用該著作，亦即依其契約締結之目的範圍內利用，須視實際個案約定情形而定（請參照智慧財產法院99年度民著訴字第86號民事判決及台灣高等法院高雄分院91年度上訴字第411號刑事判決）。至於著作人格權因有一身專屬性及不可讓渡性，除非雙方於創作前即約定由出資人為著作人，否則出資人無法行使著作人格權。

臺灣士林地方法院91年度訴字第727號民事判決

　　著作權法第12條第1項固規定，出資聘請他人完成之著作，如無其他約定，以受聘人為著作人；然法律為保障出資人之權益，同條第三項復規定，出資人得「利用」該著作。上開法條所稱「利用」之範圍，法無明

文，解釋上應依德國之「目的讓與理論」，依據出資人出資之目的及其他情形綜合判斷，以決定出資人得利用該著作之範圍。

台灣高等法院96年度抗字第853號民事裁定

兩造就系爭建築設計著作權之歸屬並未約定，依著作權法第12條規定：「出資聘請他人完成之著作，除前條情形外，以該受聘人為著作人。但契約約定以出資人為著作人者，從其約定。依前項規定，以受聘人為著作人者，其著作財產權依契約約定歸受聘人或出資人享有。未約定著作財產權之歸屬者，其著作財產權歸受聘人享有。依前項規定著作財產權歸受聘人享有者，出資人得利用該著作。」抗告人雖享有系爭建築著作之著作權，然相對人亦得依兩造間之委任契約利用該著作。至相對人是否依約履行對待給付，應屬金錢債務不履行問題。

最高法院100年度台上字第1895號民事判決

按著作權法第12條第3項所指出資聘請他人完成之著作，出資人得利用該著作之範圍，應依出資人出資或契約之目的定之，在此範圍內所為之重製、改作自為法之所許。又出資人之利用權乃係本於法律之規定，並非基於當事人之約定，與著作完成之報酬給付，並非立於互為對待給付之關係，自無同時履行抗辯之可言。

智慧財產法院104年度刑智上易字第3號刑事判決

出資人之利用權係本於法律之規定，並非基於當事人之約定，其與著作完成之報酬給付，並非立於互為對待給付之關係，自無同時履行抗辯之可言（參照最高法院100年度台上字第1895號民事判決）。縱使被告未先徵得告訴人同意，或未先依契約之約定給付費用予告訴人，僅屬民事債務不履行之損害賠償責任範疇，然揆諸前揭說明，被告得依約定內容使用系爭攝影著作。職是，不能遽認被告有擅自違法重製告訴人著作之故意，即不成立著作權法第91條第1項之罪。

智慧財產法院105年度刑智上訴字第7號刑事判決

依著作權法第12條第3項規定，告訴人得利用該著作，而該條所謂之「利用」，係指行使著作權財產權之權能之行為，例如重製權、公開播送權、公開傳輸權等等著作權法上各種權能而言，蓋因出資人出資目的通常

係欲利用受聘人完成之著作，因此著作財產權縱歸受聘人所有，出資人仍可享有該著作之利用權。

相關條文：第11條、第15條第1項、第16條第2項、第111條

> **第13條**（推定著作人）
> 在著作之原件或其已發行之重製物上，或將著作公開發表時，以通常之方法表示著作人之本名或眾所周知之別名者，推定為該著作之著作人。
> 前項規定，於著作發行日期、地點及著作財產權人之推定，準用之。

解說

　　著作權既無登記制度，如何證明自己是著作相關權利之人？最簡單的方式就是作「權利管理資訊」之註記，也就是說，在著作之原件或其已發行之重製物上，或將著作公開發表時，以通常之方法表示著作人之本名或眾所周知之別名、著作發行日期、地點及著作財產權人，著作權法會賦予一項推定為真正的效果，除非有積極證據可以推翻，否則祇能依法推定其記載為真正，此所以著作權人要盡可能做著作權標示，以保障自身權益之原因。事實上，這些註記還有二方面的好處，一方面利用人不能推說不知道這是受著作權法保護的著作，在著作權侵害之訴訟中，被告的故意犯行很容易成立，另一方面，既然作了著作權人聯繫管道之註記，利用人也不能推說是因為找不到權利人才擅自使用。

　　又本條的註記，參照第3條第1項第17款「電子化的權利管理資訊」之保護，在電子化著作重製物上的「電子化的權利管理資訊」，亦可以獲得資料完整的法律保護，自不待言。

 函釋

經濟部智慧財產局92年08月27日智著字第0920007990-0號函釋

　　四、關於著作權人如何舉證證明其著作權一節，建議可保留創作過程、發行及其他與權利有關事項之資料，作為證明自身權利之依據。此外，著作權法為便利著作人或著作財產權人之舉證，特於第13條明定，凡於著作原件或其已發行之著作重製物上或將著作公開發表時，以通常之方

法表示著作人或著作財產權人之本名或眾所週知之別名，或著作之發行日期及地點者，該等表示即發生推定之效果，如發生爭議時，相對人欲為與該等表示內容不同之主張時，應承擔舉證責任。因此建議善用該第13條規定，享受法律賦予推定之利益，併予敘明。

判決

智慧財產法院106年度民著上易字第2號民事判決

上訴人雖提出「豐年祭的由來」、「貓公豐年祭看板ILISIN」電子檔，惟該電子檔僅為文字檔案，無法證明電子檔之內容為上訴人所創作，及創作完成之時間即為檔案存檔之時間，上訴人雖於原審提出其曾將該文字內容，作成展板公開展示之照片，惟該等照片並無日期，展板上亦未標示作者姓名，無法證明上訴人為該展板文字內容之著作人，及著作完成之時間，……自無法證明其為系爭語文著作之著作權人，故不能單憑被上訴人之系爭文宣的文字內容，與上訴人提出之「豐年祭的由來」、「貓公豐年祭看板ILISIN」電子檔內容大部分相同，而認定被上訴人有侵害系爭語文著作的著作權之行為。

相關條文：第110條

第14條（刪除）

第三節　著作人格權

第15條（公開發表權）

著作人就其著作享有公開發表之權利。但公務員，依第11條及第12條規定為著作人，而著作財產權歸該公務員隸屬之法人享有者，不適用之。

有下列情形之一者，推定著作人同意公開發表其著作：

一、著作人將其尚未公開發表著作之著作財產權讓與他人或授權他人利

用時，因著作財產權之行使或利用而公開發表者。

二、著作人將其尚未公開發表之美術著作或攝影著作之著作原件或其重
　　製物讓與他人，受讓人以其著作原件或其重製物公開展示者。

三、依學位授予法撰寫之碩士、博士論文，著作人已取得學位者。

依第11條第2項及第12條第2項規定，由雇用人或出資人自始取得尚未公
開發表著作之著作財產權者，因其著作財產權之讓與、行使或利用而公
開發表者，視為著作人同意公開發表其著作。

前項規定，於第12條第3項準用之。

解說

　　著作人所享有「著作人格權」包括「公開發表權」、「姓名表示權」
及「禁止不當修改權」。

　　「公開發表權」是指著作人有權決定要不要發表、何時發表、在哪裡
發表、以何種方式發表他的著作。有時著作人完成他的著作，基於某些原
因，還不想發表他的著作，或希望在某一特定時間發表他的著作，或希望
交給某一特定媒體，或不同意交給那一個媒體發表，這都必須尊重作者的
意願，不可違背作者的本意。至於「公開發表」，依第3條第1項第15款，
係「指權利人以發行、播送、上映、口述、演出、展示或其他方法向公眾
公開提示著作內容」的行為。

　　一般情形下，著作人雖享有「公開發表權」，本條則有一些特別例外
規定情形如下：

　　一、公務員著作之除外：依第11條受雇人職務上完成著作，及第12條
出資聘人所完成著作，公務員為著作人，而著作財產權歸該公務員隸屬之
法人享有時，該公務員不得主張「公開發表權」，蓋此時公務員雖為著作
人，但其著作財產權歸該公務員隸屬之法人，基於公務之推動，該著作是
否發表，如何發表，應由機關決定，所以第1項但書規定，此種情形之公
務員，並不享有「公開發表權」。

　　二、著作財產權優先：對於還沒有公開發表的著作，著作人把他的著
作財產權讓與他人或授權他人利用時，著作財產權人或利用人為行使著作
財產權，或利用著作而公開發表時，除有其他反對之證據，否則為利著作

財產權人或利用人行使權利，法律「推定」著作人同意公開發表其著作。

三、物權優先：對於還沒有公開發表的美術著作或攝影著作，著作人把他的著作原件或重製物讓與他人，受讓人要把該著作原件或重製物公開展示時，除有其他反對之證據，否則為利著作原件或重製物行使其物權，法律「推定」著作人同意公開發表其著作。

四、學術流通：依學位授予法撰寫的碩士、博士論文，如著作人已取得學位，為使公眾易於參考其著作內容，除有其他反對之證據，否則為利其論文對公眾流通公開，法律「推定」著作人同意公開發表其著作。所以，目前碩士、博士生在辦理離校手續時，基於學術資訊流通，學校都會要求學生簽署一份文件，表明是否同意將其論文授權國家圖書館，置於全國碩、博士論文資料庫中，供各界無償利用。若碩士、博士生認為其論文尚不成熟，有待來日充實，除了不簽署該項授權文件，更應該在論文明顯處，註明論文僅供典藏，不得公開發表，才能推翻該「推定」，獲得保障。

應特別注意，依據107年11月28日修正公布之學位授予法第16條規定，碩博士生應將其學位論文送交國家圖書館及所屬學校保存，而國家圖書館對於其所保存之學位論文，除經學校認定涉及機密、專利事項或依法不得提供者，得不予提供或於一定期間內不為提供外，應提供公眾於館內閱覽紙本，或透過獨立設備讀取電子資料檔。則碩博士生事實上已無從依據著作權法第15條第2項第3款規定限制公眾接觸其學位論文。

五、雇用人或出資人依第11條第2項及第12條第2項規定，自始取得尚未公開發表著作之著作財產權時，為利雇用人或出資人對於著作財產權之讓與、行使或利用，著作人就著作的公開發表不可以有反對的意見，所以法律規定「視為」著作人同意公開發表其著作。這裡的「視為」，與「推定」不同，是法律擬制的規定，無法以其他方法推翻。

六、出資聘人完成之著作，依第12條第2項規定受雇人為著作人並取得著作財產權，若該著作尚未公開發表，而出資人依第12條第3項欲利用時，本條第3項亦規定，「視為」受雇人即著作人同意公開發表其著作，以利出資人利用該尚未公開發表之著作。

著作人的「公開發表權」，事實上僅有「第一次公開發表」其著作的權利，一旦著作經著作人第一次公開發表後，對於他人的第二次公開發

表，就不能再主張「公開發表權」，只能尋求著作財產權方面的保障，處理第二次的公開發表行為。

內政部著作權委員會87年07月24日台（87）內著字第8705108號函釋

（三）本法第15條第1項限定公務員本於同法第11條雇用關係或同法第12條出資聘人關係所完成之著作，該公務員雖為著作人，但無著作人格權中之公開發表權，是以該公務員必須是基於雇用關係，且本於職務上完成者或依出資聘人關係所完成之著作，始有其適用。

經濟部智慧財產局97年07月25日電子郵件970725a函釋

一、按著作人享有著作人格權，著作人格權具一身專屬性（屬著作人本身），不得讓與或繼承。公開發表權是著作人格權之一，只有著作人才能決定要不要向公眾公開提示該著作之內容，同時著作人僅有「第一次公開發表」其著作的權利，一旦著作經著作人第一次公開發表後，對於他人的第二次公開發表，就不能再主張「公開發表權」。此外，為調和著作之利用，著作權法第15條並規定著作財產權人、被授權人、著作原件或重製物所有人行使權利時，推定或視為著作人同意公開發表的情形，合先敘明。

二、所詢文物捐贈人「同意將著作權暨所有一切權益一併轉讓予文教機構」時，在著作人格權部分是否算明確約定得公開發表？還是可推定或視為同意公開發表等節：（一）由於著作人格權不得讓與，因而來函所詢文物捐贈人在捐贈同意書載明「將文物之著作權暨所有權益一併轉讓」，非屬讓與公開發表權，亦難認係同意公開發表。（二）文物捐贈人未同意對受捐贈文教機構不行使其著作人格權時，就著作之公開發表而言，如果該文物（著作）未經公開發表者，依著作權法第15條第2項第1款、第2款規定，推定著作人同意公開發表；換言之，在無反證之情形下，受捐贈之文教機（關）構可公開發表該著作，亦得以公開展示之方法公開發表美術著作或攝影著作。而該文物（著作）如經公開發表者，即屬已公開發表之著作，而不生是否同意公開發表之問題。

判決

智慧財產法院105年度附民上字第9號刑事附帶民事訴訟判決

　　所謂公開發表權,係指「第一次公開發表」其著作之權利,則本件余○○係自○○公司官方網站上擅自重製轉載已第一次公開發表之系爭圖文著作,自無侵害艾絲公司對於系爭圖文著作之公開發表權。

智慧財產法院108年度民著更(一)字第1號民事判決

　　查系爭電子書均係系爭著作公開發表後之電子書版本,並均註明出版年,故未侵害原告之第一次公開發表權。

相關條文: 第11條、第12條、第20條、第93條

第16條 (姓名表示權)

著作人於著作之原件或其重製物上或於著作公開發表時,有表示其本名、別名或不具名之權利。著作人就其著作所生之衍生著作,亦有相同之權利。

前條第1項但書規定,於前項準用之。

利用著作之人,得使用自己之封面設計,並加冠設計人或主編之姓名或名稱。但著作人有特別表示或違反社會使用慣例者,不在此限。

依著作利用之目的及方法,於著作人之利益無損害之虞,且不違反社會使用慣例者,得省略著作人之姓名或名稱。

解說

　　本條在規範著作人的「姓名表示權」,亦即著作人在著作原件或重製物上,或於著作公開發表時,有表示其本名、別名或不具名的權利,同時,對於其著作所生的衍生著作,也有相同的「姓名表示權」。同一著作人有時針對不同性質的創作會用不同的筆名,甚至有時會有特殊考量而不願具名,任何人都不能違背其本意而揭示他的本名或替換筆名。又著作人對於原著作的「姓名表示權」亦會延伸到其衍生著作,如小說原著用筆名,改編的電影也要用同一筆名,或著作人同意的其他名字,才能落實「姓名表示權」的保護。

　　關於將著作人之姓名或名稱誤植或漏植，仍屬「姓名表示權」的侵害，惟若無故意，因著作權法不處罰過失犯，行為人僅不負擔第93條之刑責，仍應負民事上之責任。

　　一般情形下，著作人雖享有「姓名表示權」，本條則有一些特別例外規定情形如下：

　　一、公務員著作之除外：依第11條受雇人職務上完成著作，及第12條出資聘人所完成著作，公務員為著作人，而著作財產權歸該公務員隸屬之法人享有時，該公務員不得主張「姓名表示權」，蓋此時公務員雖為著作人，但其著作財產權歸該公務員隸屬之法人，基於公務之推動，該著作多以機關名義發表，所以第2項規定準用第15條但書，使此種情形之公務員不享有「姓名表示權」。

　　二、利用人之標示：除著作人有特別表示或違反社會使用慣例外，利用著作之人可以將著作作封面設計，並加冠設計人或主編之姓名或名稱。例如將他人著作收編後，於封面加註自己為主編。

　　三、社會使用慣例：依著作利用之目的及方法，對於著作人之利益無損害之虞，且不違反社會使用慣例，得省略著作人之姓名或名稱。例如編輯百科全書，不必於每一則解說事例後註明所有著作人。

　　關於著作權侵害之構成，必先有一著作存在，進而由行為人對該著作為不合法之利用。在姓名表示權侵害之構成方面，亦必須係著作人完成著作後，利用人未依著作人關於姓名表示權之行使而利用，或未依著作人所為姓名之表示而省略著作人之姓名或名稱，依著作利用之目的及方法，將損害著作人之利益，或違反社會使用慣例者。至於自己之著作冒用他人姓名，例如在自己之作品上簽註大師姓名，以使人誤為是大師鉅著，此一行為與大師已完成之著作無關，並未侵害大師著作人格權中之姓名表示權，而是涉及侵害大師在民法第19條之人格權中姓名權議題。

內政部著作權委員會88年08月23日台（88）智著字第88006895號函釋

　　（四）著作人將著作之著作權全部讓與出版單位，出版者是否具有該著作人之姓名權部分：按依著作權法第16條規定，姓名表示權係屬著作人格權之一，依同法第21條規定，著作人格權專屬於著作人本身，不得讓與

或繼承，是出版者如係受讓取得著作財產權，應不得取得著作人之姓名表示權，惟出版者仍得於著作重製物上標明自己為出版者之文字。

判決

臺灣臺北地方法院89年度訴字第416號民事判決

然查，如被告確欲使社會大眾瞭解台灣菸價對吸菸人口之影響，盡可以被告自己名義投書，並引原告之研究報告佐證自己的意見，非必以原告名義投書方可達成此一目的，被告冒用原告姓名為系爭投書與公共利益無關，原告並無忍受被告未經同意即以原告名義投書之義務，更與所謂人格社會化無關。況被告所為之投書內容與原告研究報告內容並不符合。從而，原告以其名譽權及姓名權受到侵害請求非財產上損害賠償，自有理由，應予准許。

智慧財產法院108年度民著上易字第2號民事判決

按「著作人於著作之原件或其重製物上或於著作公開發表時，有表示其本名、別名或不具名之權利。著作人就其著作所生之衍生著作，亦有相同之權利。」著作權法第16條第1項定有明文。次按「侵害著作人格權者，負損害賠償責任。雖非財產上之損害，被害人亦得請求賠償相當之金額。」著作權法第85條第1項規定甚明。然查，若著作人選擇於其著作上不具名，致使第三人無法得知其本名或別名，而於使用該著作人之著作時未註明其本名或別名，不能認定該第三人有故意或過失，則不能認為侵害著作人之著作人格權。

相關條文：第11條、第12條、第93條

第17條（禁止不當修改權）
著作人享有禁止他人以歪曲、割裂、竄改或其他方法改變其著作之內容、形式或名目致損害其名譽之權利。

解說

本條在規範著作人的「禁止不當修改權」。著作人對於其著作應有保

持其內容、形式或名目完整之權利，81年舊著作權法第17條原規定：「著作人有保持其著作之內容、形式及名目同一性之權利。」亦即非經著作人同意，對於著作內容、形式或名目，不得作任何改變，一般稱為「同一性保持權」。然而，此一規定在經濟工商時代之著作利用甚為不便，對於著作利用時之稍作改變，即會構成侵害著作人格權。現行法為符應現實，略作修改，只有在其改變會損害著作人名譽時，即對於著作內容、形式或名目造成不當修改時，著作人始有禁止之權利。

　　「禁止不當修改權」與著作財產權之行使與利用會產生關聯，縱使是對著作合法進行「改作」，若其改作結果會造成歪曲、割裂、竄改或其他改變其著作之內容、形式或名目致損害著作人名譽者，仍會侵害著作人之「禁止不當修改權」。

　　到底何種情形會造成損害著作人名譽之情形，見仁見智，雖然也許會有一些客觀標準，遇有爭議最後仍是要由法院判決決定，但如果在利用著作會作重大變動時，讓作者也來參與，就可以避免事後著作人任意主張「禁止不當修改權」之風險。

內政部著作權委員會87年08月15日台（87）內著會發字第8705268號函釋
　　二、按「著作人享有禁止他人以歪曲、割裂、竄改或其他方法改變其著作之內容、形式或名目致損害其名譽之權利。」「著作人死亡或消滅者，關於其著作人格權之保護，視同生存或存續，任何人不得侵害。但依利用行為之性質及程度、社會之變動或其他情事可認為不違反該著作人之意思者，不構成侵害。」87年1月21日修正施行之著作權法第17條及第18條定有明文，又本法第17條之修法意旨，係由於伯恩公約第6條之1第1項之規定，著作人所享有之同一性保持權係禁止他人以損害其名譽之方式利用其著作；又隨科技之進步，著作之利用型態增加，利用之結果變更著作內容者，在所難免，爰參酌修正如上，以免同一性保持權之保護過當，阻礙著作之流通。

　　三、是貴所所詢有關著作人之法定繼承人可否將作品放大做為公共藝術品乙節，如其行為並非以歪曲、割裂、竄改或其他方法改變其著作之內容、形式或名目致損害著作人名譽，尚不違反上述規定之立法意旨。

經濟智慧財產局92年03月27日智著字第0920002757-0號函釋

　　三、台端所詢將蒐集之廣告DM加以剪貼而製作而成之廣告藝術圖卡，是否侵犯著作權一節，茲分下列情形說明：（一）僅單純將廣告DM加以剪貼，另製成單一之廣告藝術圖卡，而未再就廣告藝術卡加以重製之行為：按本法第17條規定：「著作人享有禁止他人以歪曲、割裂、竄改或其他方法改變其著作之內容、形式或名目至損害其名譽之權利。」此屬著作人格權中之禁止不當修改權。因此，將廣告DM加以剪貼，而另製成廣告藝術圖卡之行為，可能涉及侵害他人著作人格權。若未經著作人同意而擅自修改他人著作之內容、形式或名目以致侵害著作人名譽者，即須負擔本法第六章、第七章所定之民、刑事責任。如製成廣告藝術圖卡時，並無割裂、竄改等改變之行為，或縱有該項改變行為，但未損及著作人之名譽者，即不生違反著作權之問題。

判決

臺灣臺北地方法院92年度自更（一）字第20號刑事判決

　　按著作權法第17條固規定：「著作人享有禁止他人以歪曲、割裂、竄改或其他方法改變其著作之內容、形式或名目致損害其名譽之權利」，惟利用他人著作常因利用方式難免須做部分形式的改變，故該改變是否構成侵害著作人之「同一性保持權」，端視改變結果是否影響著作人之名譽為斷，並非謂任何改變行為即侵害著作人之同一性保持權，而阻礙利用著作之文化發展，換言之，以歪曲、割裂、竄改或其他方法改變他人著作之內容、形式或名目，仍須害及著作人之名譽，始有同法第93條第1款之侵害著作人格權刑事規定之適用。

相關條文：第28條、第93條

第18條（著作人格權的期限）
著作人死亡或消滅者，關於其著作人格權之保護，視同生存或存續，任何人不得侵害。但依利用行為之性質及程度、社會之變動或其他情事可認為不違反該著作人之意思者，不構成侵害。

解說

　　伯恩公約第6條之1第2項規定，著作人格權的保護期間，至少要與著作財產權一樣長。理論上，著作人格權應隨著著作人的死亡或消滅而屆滿，但著作人格權與著作內容的完整性及誰是著作人之確認，有重大關聯，此對於公眾接觸完整著作與確認誰是著作人，亦有相當利益，因此不應因著作財產權保護期間是否屆滿，或自然人之著作人是否死亡，或法人著作人是否消滅，而受影響。本條乃規定著作人死亡或消滅後，關於其著作人格權之保護，仍視同生存或存續，任何人不得侵害。但又為考慮到著作人之意願，若依利用行為之性質及程度、社會之變動或其他情事可認為不違反該著作人之意思者，仍可被認為不構成侵害著作人格權。

　　著作人死亡後，將他生前未公開的著作加以公開，到底會不會涉及著作人格權中公開發表權的侵害，就要依本條但書所定「依利用行為之性質及程度、社會之變動或其他情事」，來認定是否會違反該著作人之意思，進而決定是否會構成侵害。

 函釋

內政部著作權委員會87年08月15日台（87）內著會發字第8705268號函釋

　　二、按「著作人享有禁止他人以歪曲、割裂、竄改或其他方法改變其著作之內容、形式或名目致損害其名譽之權利。」「著作人死亡或消滅者，關於其著作人格權之保護，視同生存或存續，任何人不得侵害。但依利用行為之性質及程度、社會之變動或其他情事可認為不違反該著作人之意思者，不構成侵害。」87年1月21日修正施行之著作權法第17條及第18條定有明文，又本法第17條之修法意旨，係由於伯恩公約第6條之1第1項之規定，著作人所享有之同一性保持權係禁止他人以損害其名譽之方式利用其著作；又隨科技之進步，著作之利用型態增加，利用之結果變更著作內容者，在所難免，爰參酌修正如上，以免同一性保持權之保護過當，阻礙著作之流通。

　　三、是貴所所詢有關著作人之法定繼承人可否將作品放大做為公共藝術品乙節，如其行為並非以歪曲、割裂、竄改或其他方法改變其著作之內容、形式或名目致損害著作人名譽，尚不違反上述規定之立法意旨。

相關條文：第15條至第17條、第93條

第19條（共同著作之著作人格權）
共同著作之著作人格權，非經著作人全體同意，不得行使之。各著作人無正當理由者，不得拒絕同意。
共同著作之著作人，得於著作人中選定代表人行使著作人格權。
對於前項代表人之代表權所加限制，不得對抗善意第三人。

解說

關於共有財產權之行使，民法第831條規定：「本節規定，於所有權以外之財產權，由數人共有或公同共有者準用之。」然而，著作人格權不同於著作財產權，並不是財產權的一種，共同著作的著作人格權因此無法依民法第831條準用民法共有之規定，而是個別享有。共同著作之著作人格權，涉及每一位著作人，因此應經全體著作人一致同意，才能行使。但若其中有一人拒絕同意，將造成著作利用之不便，法律乃規定沒有正當理由，各著作人不得拒絕同意。所謂「正當理由」，例如文章涉及個人隱私，一時不便公開發表，或是不便具名等。至於共同著作人之「事前允許」或「事後承認」，都算是「同意」，蓋事前允許而行使著作人格權之行為原即符合本條規定；而未經允許之行使行為，如經全體共同著作人之事後追認，亦屬有效之權利行使行為。

又由於共同著作之著作人若很多，在行使著作人格權時，要一一獲得同意，將非常不便，於是允許可以從這些共同著作人中選定代表人行使著作人格權，這一代表人並不以一人為限，多人亦可。既然是選定為代表人，其他著作人對於選定的代表人若有限制其代表權之約定，第三人未必知悉，所以若該第三人是善意不知情者，這種限制不能對該善意第三人有效，即使該代表人之行為逾越其所獲得的授權，仍不影響善意第三人信賴其行為所產生的法律效果。

經濟部智慧財產局96年03月05日智著字第09600017780號

二、著作權法第19條第1項規定：「共同著作之著作人格權，非經著作人全體同意，不得行使之。各著作人，無正當理由者，不得拒絕同意。」及觀諸著作權法於81年6月10日修訂該條之立法意旨，係以共同著作人之著作人格權因非屬財產權，而無由依民法第831條而準用民法共有之規定，且原係個別享有，因共同著作之著作人格權與著作存有密不可分的聯繫關係，故就各自獨立之著作人格權，明文規定須本於全體著作人之同意，始得行使，惟此處所稱之「同意」仍應適用民法之規定及法理。

三、因此，共同著作之著作人在著作人格權行使上，依上述規定需經全體共同著作人之同意始得為之。至於共同著作人之「事前允許」或「事後承認」，均屬此處「同意」之範疇，蓋事前允許而行使著作人格權之行為原即符合本條規定；而未經允許之行使行為，如經全體共同著作人之事後追認，亦屬有效之權利行使行為。

相關條文：第15條、第16條、第17條

第20條（未公開發表著作之強制執行限制）
未公開發表之著作原件及其著作財產權，除作為買賣之標的或經本人允諾者外，不得作為強制執行之標的。

解說

本條之目的在保護著作人的公開發表權。

著作原件及著作財產權，既然都是屬於財產權，如果著作人成為債務人時，債權人原本就可以將其著作原件及著作財產權作為強制執行之標的，但對於尚未公開發表的著作，為保護著作人的公開發表權，避免因強制執行之結果，造成其著作的公開發表，本條乃在原則上明定，未公開發表的著作原件及其著作財產權，不得作為強制執行之標的。

將著作原件或著作財產權作為買賣的標的，著作人可以預期買賣結果，可能會造成著作的公開發表，竟而為之，故不再保護其公開發表權。

將著作原件所有權或著作財產權讓與，依第15條第2項第1款或第2款會產生「『推定』著作人同意公開發表其著作」的情形，雖然此一「推定」可以由著作人以明示方式推翻，不准公開發表其著作，但在本條是由於已將著作原件或著作財產權作為買賣標的，進而引起強制執行之發生。為了保護買受人，乃明文規定可以進行強制執行，不得由著作人反對之。又若著作人本人允諾可以作為強制執行的標的，自無再予保護之必要，此為但書規定的原因。

相關條文：第15條

第21條（著作人格權之專屬性）
著作人格權專屬於著作人本身，不得讓與或繼承。

解說

　　著作人格權與著作人之間，有很強烈的關聯性，除了著作人藉著著作人格權，和他的著作產生連繫，一般公眾也藉著著作人格權，確認著作與著作人的關係，以及著作的內容。為了保護著作人此一具有身分性質的著作人格權，避免被強勢者剝奪，也為兼顧公眾對於著作的著作人及完整內容認知的公益性，不管著作人是自然人還是法人，本條乃規定都不可以將著作人格權讓與，或於死亡後由繼承人繼承。

　　著作人格權雖不得讓與或繼承，但可以約定不行使，例如約定利用人利用著作時，可以不要標示著作人的姓名，或可以作任何修改等，只是這種約定僅有債權的效果，在約定的雙方之間有效，對於約定以外的人，就沒有效果。所以，若有其他人在利用著作時，未標示著作人的姓名，或作任何修改而損害到著作人名譽等，著作人仍得主張著作人格權。至於著作人格權可否拋棄，由於著作人格權屬著作權法所賦予之特殊人格權，而民法第16條規定：「權利能力及行為能力，不得拋棄。」第17條第1項規定：「自由不得拋棄。」從而，一般人格權不得拋棄，如著作人約定放棄著作人格權，該約定應屬無效。

　　著作人可以是自然人或法人，而本條並未區分自然人或法人之不同，

故即使是法人，沒有人格權，基於公益之考量，仍使其著作人格權專屬於該法人本身，不得讓與。又若法人解散而消滅後，法律上不會發生如自然人的繼承問題，但也沒有人可以出面為其行使著作人格權。在法人解散並消滅前，縱使對於著作財產權作處理，因為法人已消滅，自無從主張著作人格權。即使法人因為吸收合併或新設合併，對於續存或新設法人，因為已不是原來的法人，當然也不能再行使被吸收或消滅的法人的著作人格權。

關於雇用人或出資人，可以依第11條及第12條之約定，取得著作人地位，此是否會與本條所定「著作人格權屬於著作人本身，不得讓與或繼承」，相互矛盾？由於第11條及第12條的約定，是關於原始取得著作人地位的約定，與第21條所定「著作人格權屬於著作人本身，不得讓與或繼承」，是禁止在確定著作人地位後的著作人格權之讓與，二者不同，並不相矛盾。亦即雇用人或出資人可以依第11條及第12條規定，與實際創作的受雇人或受聘人約定誰是著作人，一旦依約約定而取得著作人地位後，該著作人仍不得將著作人格權加以讓與，否則將會因為違反第21條強制禁止規定而無效。

內政部81年10月02日台（81）內著字第8118200號函釋

　　二、按著作權法第21條規定：「著作人格權專屬於著作人本身，不得讓與或繼承」，依該規定著作人格權具一身專屬性，屬於著作人本身，固不得讓與或繼承，惟著作人格權為權利之一種，但不具如民法第16條：「權利能力及行為能力，不得拋棄。」及第17條：「自由不得拋棄。」等規定之強制性，故著作人自得約定不行使其著作人格權。

經濟部智慧財產局100年03月22日電子郵件1000322c函釋

　　二、復依本法第21條規定，著作人格權專屬於著作人本身，不得讓與或繼承，惟得約定不行使。另民法規定，權利能力、行為能力及自由均不得拋棄。如約定著作人放棄著作人格權者，是否有效，則另依民法相關規定予以判斷，併予敘明。

第四節　著作財產權

第一款　著作財產權之種類

第22條（重製權）
著作人除本法另有規定外，專有重製其著作之權利。

表演人專有以錄音、錄影或攝影重製其表演之權利。

前二項規定，於專為網路合法中繼性傳輸，或合法使用著作，屬技術操作過程中必要之過渡性、附帶性而不具獨立經濟意義之暫時性重製，不適用之。但電腦程式著作，不在此限。

前項網路合法中繼性傳輸之暫時性重製情形，包括網路瀏覽、快速存取或其他為達成傳輸功能之電腦或機械本身技術上所不可避免之現象。

解說

　　「重製權」是著作人最基本的著作財產權，各類著作的著作人都享有「重製權」，但表演人就其表演所享有之重製權僅限於以「錄音、錄影或攝影」之方式重製其表演，從而，對於表演以「錄音、錄影或攝影」以外的方式加以重製，例如，素描為重製方式之一，然對表演進行素描，並不須經表演之著作財產權人之同意。

　　92年7月修正的著作權法第3條第1項第5款「重製」之定義中，明列包括「直接、間接、永久或暫時之重複製作」，惟另於第22條第3項及第4項就特定之「暫時性重製」，作「重製權」之除外規定，包括「於專為網路中繼性傳輸，或使用合法著作，屬技術操作過程中必要之過渡性、附帶性而不具獨立經濟意義之暫時性重製，不適用之。但電腦程式不在此限。」亦即除電腦程式著作以外，其他著作「於專為網路中繼性傳輸，或使用合法著作，屬技術操作過程中必要之過渡性、附帶性而不具獨立經濟意義之暫時性重製」，不在著作財產權人之重製權範圍內，而此所謂「網路中繼性傳輸之暫時性重製情形，包括網路瀏覽、快速存取或其他為達成傳輸功能之電腦或機械本身技術上所不可避免之現象。」原本92年行

政院版草案參考歐盟著作權指令第5條第1項，對於「專為網路中繼性傳輸」並未要求必須是「『合法』中繼性傳輸」，其後來係在美方要求下，增訂限於「『合法』中繼性傳輸」始得排除於「重製權」之外，惟在黨團協商時，「數位匯流立法推動聯盟」之委員強力要求下予以刪除。又依歐盟著作權指令第5條第1項規定，必須限於「合法使用著作」之「暫時性重製」，始得被排除於「重製權」之外，惟「數位匯流立法推動聯盟」之委員將其修正為「使用合法著作」。

93年9月修法，就第22條第3項的暫時性重製於重製權中排除規定，對於「網路中繼性傳輸」之暫時性重製於重製權之排除，增列「合法」二字，修正為「網路合法中繼性傳輸」，將導致人人無意間即觸法之可怕後果，蓋「網路中繼性傳輸」為數位網路環境中，資訊傳輸之重要運行，提供「網路中繼性傳輸」服務之業者，如同電訊業者，事實上無從判斷每一傳輸是否合法，基於技術中立之原則，為降低網路服務業者之負擔，有利數位內容產業之蓬勃，不宜僅將「網路合法中繼性傳輸」列為重製權之所不及，而應將任何「網路中繼性傳輸」中之暫時性重製，均排除於重製權範圍，否則將不利數位網路傳輸。

又新法將第22條第3項原本「使用合法著作」之文字，修正為「合法使用著作」，較符合歐盟著作權指令規定，將足以確保著作財產權人得對於「非法使用合法著作」之人之暫時性重製，得主張重製權。

依前述說明，於電腦程式著作以外，專為網路合法中繼性傳輸，或合法使用著作，屬技術操作過程中必要之過渡性、附帶性而不具獨立經濟意義之暫時性重製，不屬於著作人的重製權範圍，著作人不能對於這些行為主張重製權，即使是不在這些範圍的暫時性重製，會屬於著作人的重製權範圍，利用人在個案中也可能會有合理使用空間，著作人也不一定就能對於這些行為主張重製權。

相關條文：第3條第1項第5款、第91條

第23條（公開口述權）
著作人專有公開口述其語文著作之權利。

解說

　　「公開口述權」是只有語文著作的著作人才享有的著作財產權，其他著作類別的著作人都沒有此種「公開口述權」。所謂「公開口述權」，例如將他人文章公開地以言詞朗讀，是對於著作的無形利用。

　　依他人的著作上課，應該僅是將他人的「表達」，加以消化後，作「觀念」的傳答，除非是一字不漏地照本宣科，否則應該不致於構成侵害公開口述權。

相關條文：第3條第1項第6款、第92條

第24條（公開播送權）
著作人除本法另有規定外，專有公開播送其著作之權利。
表演人就其經重製或公開播送後之表演，再公開播送者，不適用前項規定。

解說

　　「公開播送權」是著作人重要的著作財產權，各類著作的著作人都享有「公開播送權」，但表演人的公開播送權不及於表演被重製後或公開播送後再公開播送的行為，亦即對於現場表演作實況轉播，固然要獲得表演的著作財產權人授權，一旦表演經其著作財產權人授權錄音或錄影，或作現場轉播後，對於該表演的錄音或錄影的播送，或現場轉播後之再播出或轉播，則不必再經表演之著作財產權人的授權。

　　在公眾場合打開電視，是單純的接收行為，不是公開播送，除非是接收訊息以後，再作同步或異時轉播，才會構成公開播送。又公開播送是Broadcast，包括廣播與電視，若是網路傳輸，即使是網路廣播或電視的Webcast，都是第26條之1的公開傳輸行為，不是公開播送。

　　實務上常見的是，廣播電視台播送錄有音樂著作的錄音著作，由於音樂及錄音各自享有重製與公開播送等權利，灌錄他人之音樂著作錄製成錄音著作，係屬重製利用音樂著作之行為，應取得授權，至該音樂著作人之其他權利，並不因其音樂被灌錄利用此而受影響，廣播電視台播送錄有音樂著作的錄音著作，亦會公開播送該錄音著作內所重製之音樂著作，故仍應向音樂著作之著作財產權人取得公開播送之授權，不能因為錄音著作之著作人已獲得音樂著作權人之重製授權，而主張得無庸再取得公開播送之授權。

 函釋

經濟部智慧財產局94年12月09日智著字第09416005630號函釋
主旨：有關貴院函詢錄音著作等相關著作權疑義一案，請查照。
說明：一、依據貴院94年11月17日刑平字第094001330函及劉景星庭長94年12月6日電話辦理。
　　　二、有關本案本局業以94年12月5日09400104870號函復在案。惟貴院對於94年11月17日前揭函所提之問題中關於「錄音著作人本人就其錄音著作從事公開播送時是否須徵得音樂著作之著作著作財產權人同意或授權？」一節，仍有疑義，茲再補充說明如下：因音樂著作、錄音著作均屬著作權法所稱之著作，其著作人就自己創作之音樂及錄音各自並享有重製與公開播送等權利，本法第5條第1項第2款、第8款、第22條及第24條定有明文。是以，灌錄他人之音樂著作錄製成錄音著作，係屬重製利用音樂著作之行為，應取得授權，至該音樂著作人之其他權利，並不因其音樂被灌錄利用此而受影響。因此，錄音著作人本人如公開播送其錄有音樂著作之錄音著作，因公開播送錄音著作之同時，亦會公開播送該錄音著作內所重製之音樂著作，故仍應向音樂著作之著作財產權人取得公開播送之授權，該錄音著作之著作人不得以已獲得重製之授權，而主張得無庸再取得公開播送之授權，其依據之法條為著作權法第24條及第37條。
　　　三、公開播送須有廣播設備器材，故實際上，應由電視電台或廣播

電台始能為之，故應由電視電台或廣播電台向音樂著作權人徵
求授權。由於電視電台、廣播電台公開播送音樂著作，為大量
利用的性質，不可能逐一授權，故世界各國（包括我國）行之
多年的作法，均係由音樂著作財產權人將公開播送權利交予
「音樂著作權仲介團體」，透過與電視電台或廣播電台一年或
一年以上之長期「概括授權」契約，達到落實權利保護及方便
利用人利用雙贏之目的，此在實務上已運作成熟，不致於對利
用音樂著作之錄音著作造成不便，併予敘明。

相關條文：第3條第1項第7款、第92條

第25條（公開上映權）
著作人專有公開上映其視聽著作之權利。

解說

「公開上映權」是只有視聽著作的著作人才享有的著作財產權，其他
著作類別的著作人都沒有此種「公開上映權」。在此一權利下，任何人要
在電影院、KTV、MTV包廂、旅館房間、遊覽車、餐廳、賣場、髮廊或其
他公開場合播放電影片或錄影帶，都要經過視聽著作的著作財產權人同意
才可以。

實務上認為，若是以電視機接收電視台播出的影片內容，提供給公眾
欣賞，是單純地接收節目，不會另外構成視聽著作的公開上映，視聽著作
的著作財產權人不能再主張公開上映權。

函釋

內政部著作權委員會85年07月02日台（85）內著會發字第8510668號函釋

公共場所用電視機傳達前述有線播送系統業者所傳達之節目，是否另
構成「公開上映」之行為？(1)如公共場所單純打開電視機接收前述有線
播送系統業者所傳達之節目內容供人觀賞，則該電視機為接收節目之必然
設備，上述公共場所僅為單純接收訊息者，並未有「公開上映」之行為。

(2)如公共場所將前述有線播送系統業者所傳達之節目予以「轉錄」後再以單一或多數視聽機或其他傳送影像之方法向公眾傳達節目之內容，則涉及「重製」及「公開上映」之行為；原則上應徵得該等著作著作財產權人之同意或授權後，始得為之。

判決

最高法院88年度台非字第269號刑事判決

如公共場所電視機所接收之節目係來自有線播送系統業者（俗稱第四台）藉其播送系統自行播送之節目或該系統業者藉其播送系統所播送無線或衛星電視台之節目，而公共場所於有線播送系統業者傳送途中並未再設接收器材（例如接收器）接收其訊號予以傳達者，縱其設有加強傳送訊號之器材或設備（例如放大器、混波器，……），但由於公共場所電視機之節目係有線播送系統業者播送之結果，則該等公共場所並無「公開播送」之行為。再如公共場所單純打開電視機接收有線播送系統業者所傳達之節目內容供人觀賞，則該電視機為接收節目之必然設備，上述公共場所僅為單純接收訊息者，並未有「公開上映」之行為。但如公共場所將前述有線播送系統業者所傳達之節目予以「轉錄」後再以單一或多數視聽機或其他傳送影像之方法向公眾傳達節目之內容，則涉及「重製」及「公開上映」之行為，原則上應徵得該等著作著作財產權人之同意或授權後，始得為之。

相關條文：第3條第1項第8款、第92條

第26條（公開演出權）
著作人除本法另有規定外，專有公開演出其語文、音樂或戲劇、舞蹈著作之權利。
表演人專有以擴音器或其他器材公開演出其表演之權利。但將表演重製後或公開播送後再以擴音器或其他器材公開演出者，不在此限。
錄音著作經公開演出者，著作人得請求公開演出之人支付使用報酬。

解說

　　「公開演出權」是語文、音樂或戲劇、舞蹈著作及表演的著作人享有的著作財產權，其他著作類別的著作人都沒有此種「公開演出權」。

　　表演人的「公開演出權」限於「以擴音器或其他器材」公開演出其表演，並不及於其他公開演出之行為，且表演被重製後或公開播送後再以擴音器或其他器材公開演出之行為，亦不在表演的「公開演出權」範圍內，亦即對於表演「以擴音器或其他器材」對公眾之演出，固應經表演之著作財產權人之授權，惟一旦表演經其著作財產權人授權錄製或進行現場轉播後，對於該表演重製物之「以擴音器或其他器材」公開演出，或現場轉播後之再「以擴音器或其他器材」公開演出，就不必再經表演之著作財產人之授權。

　　第26條第3項所稱的「著作人」，係指「錄音著作人」而不包括「音樂著作人」，蓋後者已包括於第1項「著作人專有公開演出其音樂著作之權利」中，意思是「音樂著作人」享有完整的公開演出權（著作財產權），而不僅是報酬請求權而已。也就是說，要在公開場合以CD player播出歌星演唱的錄音帶，要經過音樂著作人的同意，至於錄音著作人，只要付錢給他們就可以了，不必經過他們的同意，這是因為錄音著作人在國際著作權法制上的保護，本來就比一般著作人的保護還低。

　　92年7月9日修正的著作權法在第26條第4項原本規定，「前項錄音著作如有重製表演之情形者，由錄音著作之著作人及表演人共同請求支付使用報酬。其由一方先行請求者，應將使用報酬分配予他方。」使得表演人對於他的錄音被公開演出時，也可以和錄音著作的著作人共同分享使用報酬，但93年9月1日修正的著作權法，因為錄音業者的強力遊說，又將其刪除，使表演人喪失這項權利。

函釋

內政部82年06月11日台內著字第8213507號函釋

　　三、貴會所詢問題，茲分別說明如下：（一）按於公眾場所藉錄音機播放音樂著作之內容，係屬著作權法第3條第1項第9款所指以其他方法向現場之公眾傳達著作內容之「公開演出」行為，本部81年11月20日台（81）內著作字第8120421號函，已有釋明。又「公開播送」係指基於公

眾接收訊息為目的，以有線電、無線電或其他器材，藉聲音或影像向公眾傳達著作內容，同法第3條第1項第7款亦有規定。（二）依據前述條文，於百貨公司營業時所播放廣播電台所播送的音樂供客戶欣賞，是否有前述「公開演出」或「公開播送」之行為，茲分述如下：1.於營業場所打開收音機接收廣播電台所播放之節目供營業場所之公眾觀賞，如未再藉有線電、無線電或其他傳送電訊訊號之器材向公眾傳達著作內容，則為接收訊息者，並非屬「公開播送」及「公開演出」之行為。2.營業場所如藉錄音機以錄音帶向公眾傳達音樂著作之內容者，則為音樂著作之「公開演出」，又若接收廣播電台所播送之節目轉錄後再藉錄音機向公眾傳達著作內容，則屬「重製」及「公開演出」之行為，上述行為除合於著作權法第44條至第64條著作財產權限制之規定外，均應徵得著作財產權人之同意或授權後，始得為之。

經濟部智慧財產局89年11月30日（89）智著字第89010974號函釋

按現行著作權法（下稱本法）第3條第1項第9款關於「公開演出」之定義，於後段規定「以擴音器或其他器材，將原播送之聲音或影像向公眾傳達者，亦屬之。」其所稱「擴音器或其他器材」係指於一般家用接收之收音機或電視等器材以外所附加擴大其播送效果之器材，是於公共場所以一般家用接收設備單純接收廣播電台所播送之音樂，僅屬單純接收訊息之行為，並無公開演出之行為，惟如另外加裝擴音設備，再擴大其播送效果，已屬公開演出音樂著作之行為，除合於本法第44條至第65條（合理使用）之規定外，應徵得著作財產權人或經其授權之人之同意或授權，始得為之。三、又所謂「一般家用的接收設備」，係以該設備之效果是否與一般人所認家用設備所能達到之效果相當作為判斷的標準，如有爭議，則宜由司法機關依具體個案認定之。

相關條文：第3條第1項第9款、第92條

第26條之1（公開傳輸權）
著作人除本法另有規定外，專有公開傳輸其著作之權利。
表演人就其經重製於錄音著作之表演，專有公開傳輸之權利。

解說

　　「公開傳輸權」是網路發展後對於著作人的新權利保護。除了表演人以外，各類著作的著作人都享有「公開傳輸權」。在此一權利下，透過網路進行著作之傳輸，不問是一對多單向的「網路廣播電視傳播」（webcasting）或多對多雙向的「互動式傳輸」（Interactive transmission），或網路以外之其他非屬於「公開播送」之傳輸，都須經著作人的同意，此為92年7月9日新修正的著作權法所賦予著作人於網路傳輸或其他非屬於「公開播送」之傳輸新權利。又此處所稱的「向公眾提供」，只要使著作處於可被傳輸或接收狀態即可，不以有實際上之傳輸或接收之行為為必要。在此一權利下，要將他人的著作放在網路上流通時，不管是否可以供人下載，都必須得到著作權人的同意。此外，於網頁中設置音樂播放器，轉貼他人網站的網址，供公眾以線上串流方式收聽音樂，因未涉及「公開傳輸」他人著作，並不會造成侵害公開傳輸權。不過，若明知他人網站內的音樂係非法公開傳輸，自己仍然透過連結方式提供予公眾，有可能成為侵害公開傳輸權之共犯或幫助犯。

　　表演人的公開傳輸權則較有限制，只有對於錄在錄音著作上的表演，享有公開傳輸權，現場表演或錄影帶的公開傳輸，則不必獲得其同意。

經濟部智慧財產局92年08月12日電子郵件920812d函釋

　　如您僅係將他人網站之網址轉貼於其網頁中，藉由網站間鏈結之方式，使一般人得透過您的網站以進入其他網站之行為，因未涉及利用他人著作的行為，故不會造成對他人著作財產權之侵害。

經濟部智慧財產局95年12月13日電子郵件951213函釋

　　一、所詢「在網站上提供電影或歌曲之下載連結處，並未於伺服器內存放任何可直接下載的檔案，讓會員直接存取」一節，如果明知他人網站內的著作是盜版作品或有侵害著作權之情事，而仍然透過連結的方式，提供予公眾，則有可能成為侵害著作財產權人公開傳輸權之共犯或幫助犯，由於著作權係私權，行為有無涉及侵權？應於發生爭議時，由司法機關依具體個案事實調查認定之，併予指明。

經濟智慧財產局96年06月25日電子郵件960625號函釋

一、依著作權法規定，「公開傳輸」則是指以有線電、無線電之網路或其他通訊方法，藉聲音或影像向公眾提供或傳達著作內容，包括使公眾得於其各自選定之時間或地點，以上述方法接收著作內容。又所謂「向公眾提供」，不以利用人有實際上之傳輸或接收之行為為必要，只要處於可得傳輸或接收之狀態，就構成「向公眾提供」。

二、於個人網站上擺放網頁音樂播放器，提供歌曲音樂網址連結，供不特定人士線上串流試聽音樂之行為，如僅係將他人網站之網址轉貼於網頁上，藉由網站連結之方式，使其他人可透過該網站進入其他網站之行為，因未涉及「公開傳輸」他人著作，原則上不致於造成對他人公開傳輸權之侵害。不過仍應注意篩選連結的網站，如果明知他人網站內的著作是盜版作品或有侵害著作權之情事，而仍然透過連結的方式，提供予公眾，則有可能成為侵害公開傳輸權之共犯或幫助犯，將會有侵害著作權之危險，宜特別注意。至於個人網站提供音樂，供不特定人於線上聆聽，縱未提供他人下載，其已構成「公開傳輸」，屬於侵害他人之音樂、錄音著作之正犯，而須負著作權法第六、七章之民刑事責任。

相關條文：第3條第1項第10款、第92條

> **第27條**（公開展示權）
> **著作人專有公開展示其未發行之美術著作或攝影著作之權利。**

解說

「公開展示權」是未發行的美術著作或攝影著作的著作人享有的著作財產權，其他著作類別或已發行的美術著作或攝影著作的著作人，都沒有此種「公開展示權」。「公開展示權」與著作人格權中的「公開發表權」有一些關連，「公開展示」是「公開發表」的一種方法，當著作人與著作財產權人不同一人時，著作財產權人的「公開展示權」，會受到著作人「公開發表權」的限制，不過，第15條第2項第1款與第2款特別規定：「著作人將其尚未公開發表著作之著作財產權讓與他人或授權他人利用

時,因著作財產權之行使或利用而公開發表者」,以及「著作人將其尚未公開發表之美術著作或攝影著作之著作原件或其重製物讓與他人,受讓人以其著作原件或其重製物公開展示者。」「推定著作人同意公開發表其著作」,若是著作人在將其尚未公開發表之美術著作或攝影著作之著作財產權,或著作原件或其重製物讓與他人時,不希望該著作被公開發表,就要特別明示禁止對外公開展示,才能推翻該「推定」,讓受讓人不能任意「公開發表」該美術著作或攝影著作之著作原件或其重製物。

著作人此一著作財產權依第57條第1項亦受到限制,未發行的美術著作或攝影著作,其著作原件或合法重製物的所有人或經其同意之人,得公開展示該著作原件或合法重製物。但著作人若如前所述,於轉讓該著作原件或合法重製物的所有權時,已作明示禁止公開發表之要求,所有人仍不得任意公開展示,蓋第57條僅是對於著作財產權的限制,而非對於著作人格權之限制。

相關條文:第3條第1項第13款、第15條、第57條、第92條

第28條（改作權與編輯權）
著作人專有將其著作改作成衍生著作或編輯成編輯著作之權利。但表演不適用之。

解說

除了表演以外,各種著作類別的著作人都享有將其著作加以改作成衍生著作或編輯成編輯著作的權利。例如小說拍成電影,中文翻譯成英文是改作,論文被收編於論文集是編輯等。

相關條文:第3條第1項第11款、第92條

第28條之1（散布權）
著作人除本法另有規定外,專有以移轉所有權之方式,散布其著作之權利。

表演人就其經重製於錄音著作之表演，專有以移轉所有權之方式散布之權利。

解說

　　散布權是以實體環境中「有體的」（tangible）著作原件或著作重製物為客體，不包括有線、無線廣播或網路上「無體的」（intangible）的廣播（broadcast）或傳輸（transmission），其主要目的在彌補重製權之不足。我國著作權法在92年7月新修正時，依循WCT第6條、WPPT第8條及第12條保護標準，正式增訂著作人享有散布權，並於第59條之1作「耗盡原則」之配套規定。

　　散布權之客體為「著作物」而非「著作」，而散布權之重點也不在「移轉所有權」之實際交付行為，而在於「以移轉所有權為目的，對公眾提供著作原件或其重製物」之準備行為。同樣地，表演人散布權之客體為重製有其表演之「錄音著作原件或其重製物」，而不是重製於錄音著作之「表演」，其散布權之行為，係指「以移轉所有權為目的，對公眾提供重製有其表演之錄音著作原件或其重製物」，而非僅限於本條文所稱之「以移轉所有權之方式散布」。

　　在「散布權」之下，商品的賣出（第一次銷售），不問正版與盜版，都要經過著作權人授權，違反者要依第91條之1處罰。「第一次銷售理論」，指著作權人將合法商品賣出（第一次銷售）後，不可以禁止別人轉賣，也就是著作權人對於第一次銷售以後的銷售沒有權利。「輸入權」，指從國外進口合法商品，不管該商品被賣了幾次才到進口者手中，進口都要經過著作權人授權。「第一次銷售理論」是「散布權」的例外，「輸入權」是「散布權」的延伸。

 函釋

經濟智慧財產局93年08月26日智著字第0930007065-0號函釋

　　三、又修正前之著作權法於第87條將「明知為盜版物而仍予散布」之行為視為侵害著作權，係以擬制之方式規範盜版物之散布行為，對著作人給予實質內容的保護；修法後則於本法第28條之1規定：「著作人除本法

另有規定外，專有以移轉所有權之方式，散布其著作之權利。」正面賦予
著作權人散布權，即不論是否明知為盜版物，或所散布者為正版物，欲以
移轉所有權之方式散布著作物時，除有本法第59條之1明定之散布權耗盡
情形外，均應取得著作財產權人之授權。因此，來函所稱「明知為侵害著
作權之物而以移轉所有權之方式散布者」，其刑事責任應視個案情形該當
於91條之1各項之規定。

相關條文：第3條第1項第12款、第59條之1、第87條第4款、第91條之1

第29條（出租權）
著作人除本法另有規定外，專有出租其著作之權利。
表演人就其經重製於錄音著作之表演，專有出租之權利。

解說

　　出租權之客體為「著作物」而非「著作」，而出租權之重點也不僅限
於實際的出租行為，而是始自於將著作所附著之物，「提供供公眾出租」
之準備行為起。同樣地，表演人的出租權之客體為重製有其表演之「錄音
著作原件或其重製物」，而不是重製於錄音著作之「表演」，其出租權之
範圍，始自將該重製有其表演之「錄音著作原件或其重製物」，「提供供
出租予公眾」之準備行為起。

　　侵害「出租權」要依第92條規定處罰，但出租權依第60條規定會受到
一些限制。

相關條文：第60條、第92條

第29條之1（雇用人或出資人之著作財產權）
依第11條第2項或第12條第2項規定取得著作財產權之雇用人或出資人，
專有第22條至第29條規定之權利。

解說

　　第22條至第29條規定的各種著作財產權，依條文文意，只有「著作人」才享有，但若是著作人已不是著作財產權人，當然不能享有這些著作財產權，例如依第11條第2項或第12條第2項規定，由雇用人或出資人取得著作財產權，則應由這些雇用人或出資人專有第22條至第29條規定的各種著作財產權。至於依第36條規定受讓著作財產權之人，自得在其受讓的範圍內享有各種著作財產權。

相關條文：第11條、第12條

第二款　著作財產權之存續期間

第30條（著作財產權之一般存續期間）
著作財產權，除本法另有規定外，存續於著作人之生存期間及其死亡後五十年。
著作於著作人死亡後四十年至五十年間首次公開發表者，著作財產權之期間，自公開發表時起存續十年。

解說

　　著作財產權的存續期間，原則上，存續於著作人之生存期間及其死亡後五十年。美國與歐盟以及少數國家有採著作人之生存期間及其死亡後七十年的保護期間，但伯恩公約第7條第1項仍只要求保護至著作人之生存期間及其死亡後五十年即可。第1項所謂「除本法另有規定外」，係指第31條至第34條的特別規定。又不問著作財產權的存續期間依本法規定有多長，並不會因其轉讓而受影響，故轉讓後的著作財產權的存續期間仍應依第30條至第34條規定決定。

　　著作財產權的存續期間雖然存續於著作人之生存期間及其死亡後五十年，但若著作完成後始終未發表，直到在著作人死亡後四十年至五十年間才首次公開發表者，可能才對外公開獲得利用，保護期間就將屆滿，為使其仍有相當時間可享有著作財產權之保護，乃特別規定從公開發表時起存續十年。

相關條文：第31條、第32條、第33條、第34條

第31條（共同著作之著作財產權存續期間）
共同著作之著作財產權，存續至最後死亡之著作人死亡後五十年。

解說

　　共同著作有二人以上的著作人，其著作財產權的存續期間不能因其中個別不同的著作人而有不同長短，所以採最有利於著作人的特別規定，「存續至最後死亡之著作人死亡後五十年」。

經濟部智慧財產局89年03月13日（89）智著字第89001367號函釋

　　三、按著作權法第31條規定：「共同著作之著作財產權，存續至最後死亡之著作人死亡後五十年。」其立法原意係在使共同著作整體享有著作財產權之存續期間趨於一致，而以共同著作之著作人中所享有最長之著作財產權期間為該共同著作之著作財產權期間，所詢若共同著作之著作人為自然人及法人，其著作財產權期間如何計算一節，為避免著作財產權之存續期間因著作人為自然人或法人而長短不一，產生分歧，其著作財產權期間應依同法第30條或第33條之規定計算，並類推適用同法第31條規定，存續至最後屆滿之期間為止。另上述說明亦經法務部89年2月11日法89律字第003240號函贊同在案。

相關條文：第8條

第32條（別名著作或不具名著作之著作財產權期間）
別名著作或不具名著作之著作財產權，存續至著作公開發表後五十年。
但可證明其著作人死亡已逾五十年者，其著作財產權消滅。
前項規定，於著作人之別名為眾所周知者，不適用之。

解說

　　著作財產權的存續期間，原則上，存續於著作人之生存期間及其死亡後五十年。別名著作或不具名著作，因為無法知道著作人何時死亡，不能計算的著作財產權存續期間，乃特別規定「存續至著作公開發表後五十年」。但即使不知何人所創作而仍可證明該著作人死亡已逾五十年，為落實著作財產權保護期間最長不超過「著作人之生存期間及其死亡後五十年」之原則，法律乃規定使其著作財產權消滅。

　　所謂「別名著作」，即現實中非以著作人本名，而係以「筆名」署名的著作，此一著作人的別名，若為眾所周知即是特定著作人者，就可以從該著作人的生存期間計算出著作財產權存續期間，故應不再適用第1項的特別規定。由於第2項僅適用於「別名著作」，則「不具名著作」之著作人縱為眾所周知者，如某報紙之社論長期由某人執筆，但始終於發表時未具名，則其仍適用第1項規定「存續至著作公開發表後五十年」，而不得適用第30條存續於「著作人之生存期間及其死亡後五十年」之原則性規定。

 函釋

經濟智慧財產局102年03月12日電子郵件1020312c函釋

　　一、著作權法第32條第1項之規定，係因不是眾所周知的別名（如筆名、藝名）著作、不具名著作的著作人，一般人無從知悉作者的生存期間與死亡期間，難以適用著作權法第30條保護作者終身加死亡後五十年的著作財產權保護期間的規定，因此特別規定此類著作以著作公開發表後五十年作為著作權保護期間。二、又著作權法第32條第2項規定著作人之別名為眾所周知者，因已可確定其身分，並無上述難以查明之情形，故不適用本條第1項規定，例如知名作家三毛（本名陳平），一般人皆可從開放之資訊（例如維基百科）中獲悉，其已於西元1991年去世，故其著作之保護期間，可逕依著作權法第30條的規定計算，存續死亡後五十年，即保護至西元2041年年底止。

相關條文：第30條

第33條（法人著作之著作財產權期間）

法人為著作人之著作，其著作財產權存續至其著作公開發表後五十年。但著作在創作完成時起算五十年內未公開發表者，其著作財產權存續至創作完成時起五十年。

解說

　　我國著作權法允許法人作為著作人，對於法人為著作人的著作，法人不像自然人有死亡日期，可能永遠存在，其著作財產權存續期間不宜適用第30條所定「著作人之生存期間及其死亡後五十年」的計算原則，乃特別規定「其著作財產權存續至其著作公開發表後五十年」。至於著作創作完成時起算五十年內未公開發表，也不宜永久保護，所以特別規定「其著作財產權存續至創作完成時起五十年」。又法人為著作人的著作，若未曾公開發表，也不知何時創作完成，應如何計算其著作財產權期間，法律並無規定，此時應可以類推適用第32條但書之法理，認為如可證明著作創作完成已逾五十年者，其著作財產權消滅。

第34條（特定著作之著作財產權存續期間）

攝影、視聽、錄音及表演之著作財產權存續至著作公開發表後五十年。前條但書規定，於前項準用之。

解說

　　特定的著作類別因為性質特殊，有的是因為創作偏重機械操作，較少腦力智慧之因素，如攝影、視聽、錄音著作，有的是因為創作是利用既有著作進行創作，如視聽、錄音及表演，所以特別縮短其著作財產權期間，規定「存續至著作公開發表後五十年」。至於著作創作完成時起算五十年內未公開發表，也不宜永久保護，所以特別準用第33條但書規定「其著作財產權存續至創作完成時起五十年」。

相關條文： 第33條

第35條（著作財產權之計算）

第30條至第34條所定存續期間，以該期間屆滿當年之末日為期間之終止。

繼續或逐次公開發表之著作，依公開發表日計算著作財產權存續期間時，如各次公開發表能獨立成一著作者，著作財產權存續期間自各別公開發表日起算。如各次公開發表不能獨立成一著作者，以能獨立成一著作時之公開發表日起算。

前項情形，如繼續部分未於前次公開發表日後三年內公開發表者，其著作財產權存續期間自前次公開發表日起算。

解說

　　關於期間終止之計算，雖然民法第121條規定，要以「最後之年與起算日相當日之前一日為期間之末日」，但本條特別規定著作財產權的存續期間，「以該期間屆滿當年之末日為期間之終止」，主要原因在於著作公開發表日或著作人死亡之日等著作財產權存續期間之確實起算點難以確定，但事實發生之年份比較容易確定，所以所有著作一律「以該期間屆滿當年之末日為期間之終止」，可以避免查證上之困擾或紛爭，此為民法之特別規定，應優先適用。

　　對於繼續或逐次公開發表的著作，若是依公開發表日計算著作財產權存續期間時，例如第32條的別名著作或不具名著作、第33條的法人為著作人之著作、第34條的攝影、視聽、錄音、電腦程式著作及表演等，如各次公開發表的部分能獨立成為一項著作，其著作財產權存續期間自各別公開發表日起算；如各次公開發表的部分不能獨立成一著作者，以能獨立成一著作時之公開發表日起算。到底繼續或逐次公開發表的著作，能不能獨立成為一項著作，雖然涉及作者主觀之意願與想法，但總有客觀的判斷標準，最後總是由法院認定。另一方面，若繼續部分始終未公開發表，或經過一段常時間才發表，將使著作財產權存續期間處於無法起算或早日確定起算日期之情況，為鼓勵其早日公開發表，第3項乃規定若繼續部分未於前次公開發表日後三年內公開發表者，其著作財產權存續期間自前次公開發表日起算。

相關條文：第30條、第31條、第32條、第33條、第34條

第三款　著作財產權之讓與、行使及消滅

第36條（著作財產權之讓與）

著作財產權得全部或部分讓與他人或與他人共有。

著作財產權之受讓人，在其受讓範圍內，取得著作財產權。

著作財產權讓與之範圍依當事人之約定；其約定不明之部分，推定為未讓與。

解說

　　著作人完成著作享有著作財產權，並不一定善於行使其權利，若將其交給專業或有需求的利用人利用，以此收取報酬，自己專心創作，反而是較有利的做法。將著作財產權交由他人處理，可以採著作財產權的授權或著作財產權的讓與等方式，但其間的差異很大，不可不慎。

　　著作財產權得全部或部分讓與他人或與他人共有，在共有方面，是取得著作財產權當時就已形成的狀態，至於讓與方面，不管是全部或部分讓與他人，都是取得著作財產權之後的行為，就該讓與部分，自己完全不再享有著作財產權，而是由受讓的人取得著作財產權。在部分讓與之情形，例如，小說家將小說的重製權讓與出版社，但自己仍保有其他著作財產權，則電視公司要將小說改拍成電影，要經過仍享有改作權的小說家的授權，而不是向出版社取得授權。另一方面，著作財產權的受讓人，在其受讓範圍內，取得著作財產權，所以若有人要印製小說，要經過出版社的授權。著作財產權的讓與，著作權法並未規定一定要以書面為之，口頭的約定，只要讓與的重要事項合致，縱使沒有簽署書面契約，讓與契約還是已經成立生效，就產生著作財產權的讓與的效果。不過，書面有利於舉證，也可以作為日後爭議之釐清依據，還是建議應以書面就著作財產權的讓與細節，一一註明，避免爭議。

　　由於著作財產權讓與的方式與範圍有很多變化，條件也不同，因此，

著作財產權讓與之範圍應完全依當事人之約定，對於約定不明的部分，為保護著作財產權人，法律乃採「權利保留」原則，推定為未讓與。

經濟部智慧財產局99年12月30日電子郵件991230c號函釋

按　貴處舉辦之攝影比賽其法律性質類似民法的懸賞廣告或優等懸賞廣告之性質，主辦單位發佈比賽辦法係要約，參賽者同意提供作品參加比賽之行為係承諾，雙方均受該比賽辦法之約束，而於錄取之條件成就時，契約即成立。故經錄取之著作，其著作權之歸屬應依比賽辦法（即契約內容）認定之。復按著作權法（下稱本法）第36條第1項規定：「著作財產權得全部或部份讓與他人或與他人共有。」亦即，在著作財產權讓與之情形，受讓人係終局的繼受取得著作之著作財產權，自得本於著作財產權人之地位，行使本法第22條至第29條之專有權利，並得自行決定是否授權他人利用。因此，參賽者（著作人）既已依照參賽規則將得獎作品之著作財產權讓與　貴處，則　貴處自得本於著作財產權人之地位，授權廠商製作商品並收取授權金。

經濟部智慧財產局105年07月05日智著字第10500043320號函釋

主旨：有關貴會函詢著作財產權讓與或授權利用之約定文件影本之效力一案，如說明，請卓參。說明：一、復貴會105年6月14日僑秘庶字第10504008782號函。二、依著作權法第36條及第37條之規定，著作財產權人得將其著作財產權讓與他人或授權他人利用，讓與或授權之範圍則依當事人之約定，約定不明部分推定為未讓與或未授權。又約定之方式得以書面，亦得以口頭為之。惟著作權係屬私權，有關著作財產權是否讓與或授權，應由當事人自負舉證責任，合先說明。三、因此，所詢著作財產權取得讓與或授權利用之約定文件僅有影本，可否作為著作財產權取得之憑證一事，涉及該等文件影本是否與正本相符及權利有無之事實認定問題，因著作權本質屬私權，如其權利發生爭議，應由司法機關就具體個案調查事實認定之。

判決

臺灣高等法院94年度上更（二）字第792號刑事判決

　　按著作權或出版權之轉讓，係指著作權或出版權終局、永久之轉讓，讓與人和受讓人如未約定將讓與之權利之有效範圍限於一定地區，依法理其讓與即屬無限制，受讓人取得之權利之有效範圍當然及於全世界，此乃各國著作權法解釋之通例。台灣地區作者將著作權或出版權轉讓予出版社時，如未限定地區範圍，自應解為大陸地區之權利亦在讓與之列，取得權利之出版社有權授權大陸地區出版，已喪失權利之作者則不能再向大陸地區有效授權。況依法理言之，一著作應只有一著作權，著作人將著作權全部讓與他人者，受讓人所取得之權利自係效力及於全世界（包含大陸）之著作權，不因兩岸由隔絕狀態轉為開放往來而受影響，焉能因政治等因素而謂在台灣「出讓一切權利」（已無任何權利）之原著作人竟在大陸仍有其權利？或謂在台灣是一個著作權人，在大陸則是另一個著作權人？其不合理甚明。

相關條文：第40條之1

第37條（著作財產權之授權與除罪化條款）
著作財產權人得授權他人利用著作，其授權利用之地域、時間、內容、利用方法或其他事項，依當事人之約定；其約定不明之部分，推定為未授權。
前項授權不因著作財產權人嗣後將其著作財產權讓與或再為授權而受影響。
非專屬授權之被授權人非經著作財產權人同意，不得將其被授與之權利再授權第三人利用。
專屬授權之被授權人在被授權範圍內，得以著作財產權人之地位行使權利，並得以自己名義為訴訟上之行為。著作財產權人在專屬授權範圍內，不得行使權利。
第2項至前項規定，於中華民國90年11月12日本法修正施行前所為之授權，不適用之。

有下列情形之一者，不適用第七章規定。但屬於著作權集體管理團體管理之著作，不在此限：
一、音樂著作經授權重製於電腦伴唱機者，利用人利用該電腦伴唱機公開演出該著作。
二、將原播送之著作再公開播送。
三、以擴音器或其他器材，將原播送之聲音或影像向公眾傳達。
四、著作經授權重製於廣告後，由廣告播送人就該廣告為公開播送或同步公開傳輸，向公眾傳達。

解說

關於著作利用的授權，著作財產權仍由著作財產權人享有，被授權之人並未取得著作財產權，只是可以依授權利用的地域、時間、內容、利用方法等，利用他人著作。著作授權利用的地域、時間、內容、利用方法等有很多變化，條件也不同，因此，著作授權利用之範圍應完全依當事人之約定，對於約定不明的部分，為保護著作財產權人，法律亦採「權利保留」原則，推定為未授權。著作利用的授權，著作權法並未規定一定要以書面為之，口頭的約定，只要授權利用的重要事項合致，縱使沒有簽署書面契約，授權契約還是已經成立生效，就產生著作利用的授權效果。不過，書面有利於舉證，也可以作為日後爭議之釐清依據，還是建議應以書面就著作利用的授權細節，一一註明，避免爭議。

著作利用的授權，是債權契約，原本僅於著作財產權人與被授權人間有效，不能拘束第三人，惟無體財產權無法以物的交付為授權的表彰，被授權人在授權後，必然對於著作的利用作各種的投資，若著作財產權人在授權後，將其著作財產權讓與或再為授權，將會影響先前取得授權之人的利益，為保障其授權，維護授權利用狀態的穩定，第2項乃特別規定，著作財產權人嗣後將其著作財產權讓與或再為授權，對於先前的授權無影響，亦即仍然有效，且效力要及於新取得著作財產權之人，或被授權之人，不能以自己非先前授權契約的當事人，不受授權契約拘束，進而要禁止被授權人利用著作。至於該等新取得著作財產權之人，或被授權之人，若因此受有不利益，若其事前不知有授權契約存在，則可向原著作財產權

人請求不完全給付之損害賠償，若該授權為其所已知，仍受讓著作財產權或接受授權，當然就不得再向原著作財產權人求償。當然，如果新取得著作財產權之人，或是後來獲得授權之人，能與原被授權人達成協議，解除先前授權利用契約，回復著作財產權的完整性，或是更擴大原被授權人利用範圍，則是在第37條第2項以外，原被授權人同意之下的新契約，與先前的授權契約無關。

又被授權之人僅取得利用著作之權，並未取得著作財產權，而著作的授權利用，著作財產權人與利用人間須存有強烈的信任關係，以確保著作的適當運用，故而被授權人沒有經過著作財產權人同意，不能將他被授與的權利再授權第三人利用。惟此僅適用於非專屬授權，蓋於專屬授權之情形，依第4項規定，被授權人在被授權範圍內，得以著作財產權人之地位行使權利，專屬授權的被授權人再授權第三人利用時，自不必再獲得著作財產權人同意。

專屬授權之被授權人在被授權範圍內，得以著作財產權人之地位行使權利。著作財產權人在專屬授權範圍內，不得行使權利。此一規定確認著作財產權之專屬授權具有準物權之效果。

在90年11月12日本法修正施行以前，授權僅具債權契約之效果，除非透過契約另有約定，否則專屬授權之被授權人僅得在被授權範圍內利用著作，並不能以著作財產權人之地位，對他人行使權利，而著作財產權人在專屬授權範圍內，既仍享有著作財產權，若再自行行使其著作財產權，似非法所不許。修正後之規定明定著作財產權人在專屬授權範圍內，不得行使權利，當可釐清此爭議。又專屬授權之被授權人在被授權範圍內，得以著作財產權人之地位行使權利，此所稱「行使權利」，係指著作財產權於私法上之行使，包括自己利用著作、授權他人利用著作、讓與著作財產權或以著作財產權為標的而設定質權等，至於著作財產權被侵害時，被授權人得否提起刑事告訴，應視其是否為被害人而依刑事訴訟法規定定之，惟最高法院86年度台非字第64號刑事判決已確認被專屬授權人即為直接被害人，得提起告訴或自訴。關於專屬授權後，著作財產權人在專屬授權範圍內，不得行使權利，由於此一規定涉及著作財產權之行使與對外之權利義務關係之安定，應屬強制規定，不得以契約排除之，縱有著作財產權人在專屬授權範圍內仍得行使權利之約定，亦因違反強制規定而無效。著作

財產權人若在專屬授權範圍內仍行使該著作財產權，是否會構成著作財產權之侵害？或僅屬違約之行為？從第37條第4項規定觀之，專屬授權之被授權人在被授權範圍內，僅係得以著作財產權人之地位行使權利，屬於代位行使，具「法定代位權」之性質，其並未取得著作財產權，而著作財產權人在專屬授權範圍內，亦僅是被限制不得行使著作財產權而已，其並未喪失著作財產權，仍是著作財產權人，而關於著作財產權之侵害，均係以「侵害『他人』之著作財產權」為構成要件，是其在專屬授權範圍內，若仍行使該著作財產權者，應僅構成違約，而不會構成著作財產權之侵害。

　　關於著作財產權之授權新制，在效果上極為不同，對著作財產權人及被授權人間之關係影響重大，為維持修正施行前所為授權法律秩序之穩定，第5項乃規定第2項至第4項規定，於本法90年11月12日修正施行前所為之授權，不適用之。

　　一般契約中常見「獨家授權」之用語，其與本條文之專屬授權，有很大不同，應予區別。「獨家授權」並非專屬授權，僅係著作財產權人於授權他人利用著作之期間，在授權範圍內，同時負有不得再行授權第三人利用著作之義務，並未排除著作財產權人得自行利用該著作之權利。至於專屬授權，係指著作財產權人於授權範圍內，不僅不得再行授權第三人利用，亦不得自行再利用該著作。

　　著作權集體管理團體乃著作財產權人為行使權利、收受及分配使用報酬，經主管機關之許可而依著作權集體管理團體條例所組成，依第4項規定，專屬授權之被授權人在被授權範圍內，得以著作財產權人之地位行使權利，而著作財產權人在專屬授權範圍內，不得行使權利，則應使專屬授權之被授權人亦得加入著作權集體管理團體，以行使權利、收受使用報酬，始為合理，第81條第2項乃增訂專屬授權之被授權人僅得「加入」著作權集體管理團體，惟其並不得個別組成著作權集體管理團體，或成為著作權集體管理團體之發起人。

　　第6項係著作利用之「除罪化條款」，對於四款著作利用情形，予以除罪化，以促使著作財產權人與利用人，立於平等談判地位，達成使用報酬之市場機制運作。

　　第6項第1款係所謂的「電腦伴唱機條款」。此條款主要目的在解決利用電腦伴唱機公開演出音樂著作之授權困難，使不屬於著作權集體管理團

體管理之電腦伴唱機中合法灌錄之音樂著作,利用人利用該電腦伴唱機進行公開演出時,不適用刑責規定,從而著作財產權人僅能透過民事程序與利用人洽談付費利用事宜,不得如目前有少數享有音樂著作公開演出權之著作財產權人,動輒以刑罰要脅,獲取不合理使用報酬之情形。此一議題起因於我國電腦伴唱機使用廣泛,而國人普遍無著作利用授權常識,致使利用人動輒觸法,少數權利人藉此以刑事訴訟獲取不當高額賠償,或作為強銷電腦伴唱機之手段,而司法機關包括檢察官或法院,為避免小本經營之餐飲小吃店經營者誤觸刑章,留下前科紀錄,亦常扭曲法律之正確適用,致使權利人民事上之權益亦受波及損害。

市售之電腦伴唱機製造業者於製造機器時,通常均取得音樂著作重製權之著作財產權人授權後,將該音樂著作以MIDI檔灌錄於電腦伴唱機中,此一電腦伴唱機若作為消費者於家庭中娛樂使用,並無問題,然而若是作為卡拉OK場所或餐飲小吃店等,供消費者於公開場合投幣點唱或計時演唱,因涉及音樂著作之公開演出行為,應再獲得音樂著作公開演出權之著作財產權人授權始可。一部電腦伴唱機中至少有近七、八千首音樂,電腦伴唱機製造業者於製造電腦伴唱機時,雖然解決了重製權之授權問題,故其重製音樂著作行為屬合法,但由於並不是每一部機器均供作公開場合營業使用,且機器使用壽命不一,若再取得全部音樂著作公開演出權之授權,成本上並不划算,同時音樂著作公開演出權與重製權之著作財產權人未必同一,也有部分音樂著作公開演出權之著作財產權人未加入著作權集體管理團體,或根本不願授權,在授權處理上有諸多困難。有些電腦伴唱機製造業者將機器區分為「家用版」與「營業用版」,分別定不同價格,對於「營業用版」亦努力獲得音樂著作公開演出權之著作財產權人授權,但仍有部分音樂無法獲得授權,而獲得授權的機器有時也僅限於第一年之公開演出,第二年之公開演出則須另獲得授權。於是市面上所流散之電腦伴唱機,在重製權上固無問題,在公開演出權之授權方面則亂無章法。

對於購得電腦伴唱機之卡拉OK場所或餐飲小吃店等之經營者,其最感到困惑之處,是為何買了合法製造的機器仍不是合法使用?其主要關鍵在於沒有著作權觀念。從著作權法之角度,買進電腦伴唱機只是買到機器的物權,並沒有取得著作財產權或授權,若欲從事涉及著作財產權之行為,就必須另外獲得授權。如同買了原版CD,只能個人私下欣賞,若要公開播

放，須另外獲得授權，故買到電腦伴唱機作為公開演出之使用，仍應再獲得公開演出之授權。由於卡拉OK場所或餐飲小吃店等之經營者缺乏著作權觀念，因此音樂著作公開演出權之著作財產權人主張其侵害音樂著作之公開演出權，在法理上並無問題，只是若以此達到不合理目的，例如以提起刑事告訴為要脅，索取數十萬元高額之賠償，或強迫必須購用其所製造之電腦伴唱機等，就不符合公平正義原則。從法律上言，刑法第16條規定：「不得因不知法律而免除刑事責任。但按其情節得減輕其刑。如自信其行為為法律所許可而有正當理由者，得免除其刑。」事業經營者對於經營事業所涉及之所有法律議題，原本就應充分掌握與瞭解，卡拉OK場所或餐飲小吃店等之經營者應有著作權觀念，必須瞭解利用電腦伴唱機供作公開場合營業使用，應獲得音樂著作公開演出之授權，未經授權的音樂應加以刪除，如此一來，則音樂著作公開演出權之著作財產權人只有一一同意授權，或加入著作權集體管理團體，才能獲得授權費用之回報，完全無法再以取締侵害方式獲得不合理對價，這才是產業之運作常態。在實務上，不僅卡拉OK場所或餐飲小吃店等之經營者沒有著作權觀念，司法實務基於社會情感，也扭曲了法律之正常適用。卡拉OK場所或餐飲小吃店等之經營者，利用電腦伴唱機供作公開場合營業使用，未經音樂著作公開演出權之著作財產權人之授權，侵害音樂著作之公開演出權，至為明顯，然諸多司法人員不忍使其負擔刑責或留有前科，以各種理由認定其無侵害之行為或故意，為不起訴或無罪判決，導致公開演出權之著作財產權人民事損害賠償亦失其依據。

　　得適用「電腦伴唱機條款」之客體，限於業經授權重製於電腦伴唱機之音樂著作，若未經合法授權而重製於電腦伴唱機，或非屬音樂著作者，如錄音著作或視聽著作，均不在本項適用範圍中；又得適用「電腦伴唱機條款」之主體，為公開演出經授權重製於電腦伴唱機之音樂著作之利用人，包括提供電腦伴唱機之卡拉OK場所或餐飲小吃店等之經營者，或實際公開演出該音樂著作之人；至於本條款免除者，僅為利用人之刑事責任，其民事上之使用報酬或損害賠償責任仍無可免責。此外，屬於著作權集體管理團體管理之音樂著作，不得適用「電腦伴唱機條款」免除刑事責任，蓋著作權集體管理團體管理之音樂著作，利用人原本即易於接洽獲得授權，如竟不為而逕為利用，並無免其刑責之必要。

第6項第2款至第4款係99年2月10日修正本法時所新增。第2款及第3款規定，係為解決廣播電視節目所公開播送著作之「二次利用」（secondary use）授權困境。廣播電視節目中包含許多著作，這些著作都是獲得授權，才被置入節目中被公開播送。當這些既有廣播電視節目被其他利用人再轉播，或以擴音器或其他器材播放，前者屬於公開播送之行為，後者屬於公開演出之行為，均屬於對這些著作的二次利用。這些二次利用著作的廣大利用人，例如餐廳、旅店、服飾店、大賣場、公車或飛機等經營者，由於是利用既有的廣播電視節目，對其中所含著作並沒有選擇之餘地，卻必須負擔未經授權而利用之法律責任，更常成為著作財產權人以刑事訴訟威脅，要求支付不合理損害賠償金之目標。為處理此一不合理現象，減輕利用人之刑責壓力，讓著作財產權人與利用人能站在平等立場，以商業機制談判出合理的使用報酬，乃於本條項將這些利用行為除罪化，使其不適用第七章規定。又因著作權集體管理團體之運作，已逐漸上軌道，故本條項排除著作權集體管理團體管理之著作，使其仍適用第七章規定，也鼓勵著作財產權人加入著作權集體管理團體，以利著作之集體管理與利用。

第6項第4款在處理廣播電視之廣告所含著作之利用授權困難。很多廣告公司於製作廣告時，使用到他人著作，由於成本考量，僅取得重製之授權，不會將廣告製作完成後之使用，一併納入授權範圍。這些廣告完成後，被透過廣播電視公開播送。廣告託播的廣告收入，是廣播電視業者生存的命脈，他們沒有能力拒絕廣告托播，但對於廣告公司已完成廣告片中所使用他人著作，不得不公開播送，常被著作財產權要求支付極高的使用報酬，否則將構成侵害著作權而會有民刑事責任。為避免被著作財產權人以刑事訴訟威脅而支付不合理之高額使用報酬，廣播電視業者於是遊說立法，將此一利用行為除罪化，只要著作經授權重製於廣告後，由廣告播送人就該廣告為公開播送或同步公開傳輸，向公眾傳達，就可以不適用第七章規定，除非是透過著作權集體管理團體來收費。

經濟部智慧財產局96年04月24日智著字第09600032670號函

三、中華民國衛星廣播電視事業商業同業公會函各廣告業公會及其所

屬會員，要求提供廣告播出帶時須取得廣告音樂公開播送權，以免其會員於播送廣告影片時，造成侵權行為。此項要求，應係為減少著作權侵權糾紛而生，於法並無不洽，至於公開播送授權之請求，應向著作財產權人或專屬授權之被授權人提出，貴會會員既將公開播送權專屬授權貴會管理，則有關公開播送之行為自應向貴會提出授權之請求，而貴會是否同意授權，仍應由雙方協商約定。四、上述著作利用人就利用著作之行為，為自己或他人為授權或再授權之請求，本屬法律許可之正當行為，貴會所請解釋公開播送權行為之主體為誰及應由公開播送權行為之主體請求公開播送之授權，查著作權法並無該項限制，亦與首揭第37條規定不符。

經濟部智慧財產局95年02月16日電子郵件950216函釋

一、電腦程式著作重製物實務上可區分為個人版、教學版、營業版或試用版等，利用人應依其授權方式利用之。台端所詢個人購買一套合法軟體，是否可以用於公司使用？應視該程式之授權範圍決定（授權的範圍，包括利用之地域、時間、內容、利用方法或其他事項等等），購買個人版之正版軟體，通常限於一台電腦上使用，如將之安裝於公司供多台電腦使用，則屬逾越授權範圍，將會構成著作權的侵害。

二、同理，公司版本可否用於個人？也應視該程式著作權人之授權範圍決定。如果是單機版，只能在一台電腦上使用，如要更換電腦，應將前一台電腦上的程式刪除。至把單機版的程式放在區域網路或安裝於多部電腦使用，因已逾越授權範圍，將構成侵害著作財產權之行為。

經濟部智慧財產局95年08月07日智著字第09500075140號函

二、按仲介團體條例第13條第2項規定：「會員在仲介團體管理之範圍內，不得自行授權或另委託第三人代其授權。」是不論仲介團體與其會員之法律關係如何，均受本條之限制，不得再自行授權給第三人，但並未禁止會員利用自己享有著作財產權之著作。因此，所詢仲介團體會員利用自己所享有著作財產權之著作時，是否須再向仲介團體取得公開演出授權一節，應視該會員與仲介團體間之法律關係而定。例如現行實務上會員多以專屬授權之方式將其權利交由仲介團體管理，會員自己即不能再行使權利，則於此種情形，不論該會員演唱自己享有全部或部分著作財產權之歌曲，均需向仲介團體取得公開演出之授權。

三、復按著作權法第40條之1第1項及第2項之規定：「共有之著作財產權，非經著作財產權人全體同意，不得行使之；各著作財產權人非經其他共有著作財產權人之同意，不得以其應有部分讓與他人或為他人設定質權。各著作財產權人，無正當理由者，不得拒絕同意。」「共有著作財產權人，得於著作財產權人中選定代表人行使著作財產權。對於代表人之代表權所加限制，不得對抗善意第三人。」如該會員所利用之著作係自己享有「部分」著作財產權之著作，其與其他共有著作財產權人間如何行使權利一節，併請參考前述規定。

經濟部智慧財產局97年10月14日第971014b號電子郵件

6.本法第37條之「非專屬授權」與「專屬授權」是何意思？所謂「專屬授權」係指在授權契約約定範圍內，著作權人不得再向第三人重複授權，甚至連著作權人自己在該範圍內亦不得自行利用。亦即專屬授權之被授權人在被授權之範圍內，得以著作財產權人之地位行使權利，並得以自己名義為訴訟上之行為。至於「非專屬授權」則指專屬授權以外的其他授權形態，最重要的特色在於同時可能有許多的被授權人存在，且被授權人不得將其被授與之權利再授權第三人利用。

經濟部智慧財產局97年10月23日第971023A號電子郵件

一、關於媒體報導「客運司機聽警廣聽路況電台自行播放音樂害得司機受罰」一事，經向「社團法人台灣音樂著作權人聯合總會」（MCAT）查證，該會表示，確實曾於97年6月間向台中汽車客運股份有限公司發函說明，若欲使用該會管理之音樂著作進行公開播送或公開演出之利用，須向該會付費取得合法授權。於發函後，因台中客運未予理會，並經該會查證有利用之事實後，該會於97年7月間寄發通知予台中客運。台中客運於接獲正式通知後，即停止利用行為，該會至今未對台中客運或其司機採取任何法律訴訟，亦即，媒體報導之新聞似與MCAT查復之事實，有所出入，合先說明。二、以基於公眾直接收聽或收視為目的，藉由無線電波或是有線電纜，以廣播系統（broadcast）傳播著作的行為，即屬「公開播送」利用著作行為。又廣播業者播送節目，通常會涉及音樂著作及錄音著作的公開播送，應向著作財產權人或著作權仲介團體付費取得授權。三、至於一般我們到餐廳、咖啡店、百貨公司、賣場、便利商店、公眾運輸交

通工具等，聽到廣播節目正在播放歌曲時，不論廣播公司是否已經取得公開播送的授權，如係營業場所接收原廣播電台所播送之音樂，另外拉線或加裝喇叭，擴大原廣播電台播送的效果，是另一個「公開演出」著作利用的行為，應向音樂的詞曲作者及唱片公司、或其組成之仲介團體取得授權。如未取得授權，即可能構成著作權之侵權。

判決

最高法院83年度台上字第2168號、臺灣高等法院87年度上易字第1057號刑事判決要旨

行政院新聞局發布之「錄影帶節目帶標示制度實施要點」，將節目帶專用標籤區分為「家用」（白色）及「播映用」（黃色）二種，應僅係行政管理上辨識之方便，並非是否有公開授權之標示。

最高法院86年度台上字第3612號刑事判決

惟查著作權之授權利用，有專屬授權與非專屬授權之分。非專屬授權，著作財產權得授權多人，不受限制；專屬授權，則係獨占之許諾，著作財產權人不得再就同一權利更授權第三人使用，甚至授權人自己亦不得使用該權利。專屬授權之被授權人於其被授權之範圍內既獨占利用著作財產權，則其權利之被侵害與原著作財產權人之權利被侵害，並無不同，自係犯罪之直接被害人，而得依法提起告訴或自訴。

臺灣高等法院89年度上易字第2659號刑事判決

本件被告於86年6月購買扣案之電腦伴唱機時認係供營業用，屬合法授權且被告對於有著作財產權之音樂著作亦請點將家公司申請公播證，惟因故未能申請到公播證等情，業經證人即幫被告申請公播證之點將家公司之法務人員葉憲明於檢察官88年9月16日訊問時證述明確，已難認被告有侵害告訴人於88年4月29日所取得之系爭四首歌曲之詞曲「音樂著作」之著作財產權之犯罪故意。況被告雖在「公開上映」電腦音樂伴唱卡「視聽著作」時，現場提供演唱器材（例如麥克風、喇叭……等）供不特定客人「公開演出」該電腦音樂伴唱卡之「視聽著作」內被授權利用之詞曲「音樂著作」。然該「點將家」電腦伴唱機內電腦音樂伴唱卡之「視聽著作」所被授權利用之詞曲「音樂著作」，依該電腦伴唱機上之標貼記載有1萬

2,000首（見偵卷第10頁第二張照片），尚難據此即推定於88年4月29日告訴人取得系爭四首歌曲之詞曲音樂著作財產權時起至88年6月23日被告為警持搜索票時止，曾有不特定客人確曾利用被告在「公開上映」電腦音樂伴唱「視聽著作」時，以被告現場提供之演唱器材（例如麥克風、喇叭……等）「公開演出」該電腦音樂伴唱「視聽著作」內被授權利用之系爭四首歌曲「音樂著作」之情事。尚不能以「點將家」電腦伴唱機內電腦音樂伴唱卡之「視聽著作」有被授權利用之系爭四首歌曲之詞曲「音樂著作」，即遽以此「擬制」「推定」之方式認定確有不特定人以被告所提供之演唱器材（例如麥克風、喇叭……等）「公開演出」系爭四首歌曲之事實。至於告訴人曾於88年5月16日指派該公司職員張永和代理前往被告經營之「紅玫瑰歌友聯誼會」點播「點將家」電腦伴唱機內系爭四首歌曲電腦音樂伴唱卡之「視聽著作」，並現場以被告提供之演唱器材（例如麥克風、喇叭……等）「公開演出」系爭四首歌曲之「音樂著作」，雖有被告名片、估價單及搜證圖影本各一紙在卷（附於偵卷第18、19頁）可稽，並有扣案電腦點唱機一台、鍵盤一台、點歌簿一本及卷附現場拍攝之照片十幀可證。然查張永和係代理告訴人前往蒐證，自無侵害告訴人之音樂著作財產權（即「公開演出權」）之可言，且張永和係告訴代理人亦非「不知情之第三人」，被告自亦無從因此而成為利用不知情而無犯罪故意之第三人犯罪之「間接正犯」。

臺灣臺北地方法院90年度易字第1327號刑事判決

查本件被告卓賢南被訴以利用點唱機點歌侵害他人著作權，惟90年11月12日修正公布之著作權法第37條第6項，明定「音樂著作經授權重製於電腦伴唱機者，利用人利用該電腦伴唱機公開演出該著作，不適用第七章規定。但屬於著作權仲介團體管理之音樂著作，不在此限。」告訴代理人陳通裕亦證稱：查獲當時，本件音樂著作之公開演出權屬於我們公司，當時尚未授予著作權仲介團體（見本院91年1月23日筆錄）。從而，依據首揭說明，本件違反著作權法行為既經法律廢止其刑罰，應不經言詞辯論，遂為免訴判決。

臺灣高等法院92年度上易字第679號民事判決

按著作財產權之授權，係指著作財產權人依著作權法第37條第1項規

定，以明示或默示之方法授權他人利用其著作，使他人得以重製、公開口述、公開播送、公開上映、公開演出、公開展示、改作、編輯或出租等方法利用其著作，而不生違反著作權法第22條至第29條之效果而言。又按我國著作權法第37條已將著作財產權人所為授權他人利用之行為，明白區分為專屬授權亦稱排他授權（exclusive license）及非專屬授權亦稱非排他授權（nonexclusive license），故如著作權人將其著作財產權授權他人利用而屬於專屬授權時，不論該授權利用之時間或地域有無限制，著作財產權人之著作財產權均於授權利用之範圍內移轉（transfer of copyright ownership）於被授權專屬利用之人，即此時專被授權人享有獨占且排他之權，因此著作財產權人在該授權之範圍內，其權利即告終止，亦不得行使其著作財產權。反之，如為非專屬授權，著作財產權人猶得自己或再授權第三人利用。是著作財產權之專屬授權既係獨占之許諾，著作財產權人不得再就同一權利更授權第三人使用，甚至授權人本身亦不得使用該權利。故專屬授權之被授權人於其被授權之範圍內既獨占利用著作財產權，所行使之權利自無異於著作財產人，其除有特別約定限制被授權人之利用者外，應解為此時著作權人所得享有之權利，於專屬被授權人亦同得享有。

臺灣高等法院93年上更（一）字第287號刑事判決

　　按著作權法第37條第1項固規定：「著作財產權人得授權他人利用著作，其授權利用之地域、時間、內容、利用方法或其他事項，依當事人之約定；其約定不明之部分，推定為未授權。」惟民法第98規定：「解釋意思表示，應探求當事人真意，不得拘泥於所用之辭句。」是以在認定著作權契約之授權範圍時，首先應檢視授權契約之約定，倘契約「無明文」或「文字漏未規定」或「文字不清」時，再探求契約之真意或目的，或推究是否有默示合意之存在；又著作權法所謂「目的讓與理論」係源自Wenzel Goldbum於1911年出版有關著作權逐條釋義一書中，就著作權契約所提出之解釋原則，並經最高法院86年台上字第763號民事判決所肯認。該原則乃指著作權人授與權利時，就該權利之利用方式約定不明或約定方式與契約目的相矛盾時，此時該權利之授權範圍，應依授權契約所欲達成之目的定之。是故，著作權之授權契約中所授與之權利及其利用方式須依授權契約之目的定之，而不應拘泥於契約所使用之文字。故若雙方當事人之真意

不明，又無默示合意存在時，應再考量契約目的讓與理論。惟有當契約真意不明，又無默示合意存在，或無法適用契約目的讓與理論，方可認係屬著作權法第37條第1項所稱之約定不明，進而推定為未授權，合先敘明。

最高法院98年度台上字第7616號刑事判決

關於本件合法告訴與否，原判決業已載述豪記公司及吳東龍分別享有系爭歌曲音樂著作之著作財產權，此有系爭歌曲之著作財產權讓與證明書影本附卷可稽，嗣豪記公司雖授予弘音公司、瑞影公司獨家重製系爭歌曲於營業用伴唱電腦MIDI產品並予以發行之權。然依豪記公司與弘音公司間之合約書第六條約定：豪記公司授權弘音公司於中華民國台、澎、金、馬地區，獨家重製及發行合約內著作之原聲原影產品及非原聲原影產品，並保證弘音公司就所有營業場所音樂著作與視聽著作之公開演出、公開上映均得到專屬授權等旨觀之，其契約條款用語不同，足見「獨家重製及發行」係有別於公開演出及公開上映之「專屬授權」。前者並非專屬授權，僅係著作財產權人於授權他人重製及發行後，同時負有不得再行授權第三人重製及發行之義務。並未排除著作財產權人自行重製及發行之權利，核與專屬授權係指著作財產權人於授權範圍內不僅不得再行授權第三人，其亦不得自行行使授權之權利有別。至豪記公司與瑞影公司間之合約書第三條則僅約定：合約期間內，豪記公司不得將已授權瑞影公司之新歌之營業用電腦MIDI伴唱相關權利授與他人等語，並無專屬授權之約定，則豪記公司及吳東龍就系爭歌曲之重製權既僅非專屬授權予弘音公司或瑞影公司，豪記公司及吳東龍就上訴人侵害其等著作財產權之行為即有告訴權，並於96年6月14日依法提出告訴。是以上訴人辯稱：本件未經有告訴權人合法告訴云云，即非有據等由甚詳。所為論述於法並無違誤，上訴意旨徒憑己見重為爭執，亦非第三審上訴之適法理由。

智慧財產法院103年刑智上訴字第13號刑事判決

惟按，著作權法第37條第1項規定：「著作財產權人得授權他人利用著作，其授權利用之地域、時間、內容、利用方法或其他事項，依當事人之約定；其約定不明之部分，推定為未授權」；民法第98條規定：「解釋意思表示，應探求當事人真意，不得拘泥於所用之辭句」。著作權法所謂「目的讓與理論」係指著作權人授與權利時，就該權利之利用方式約定不

明或約定方式與契約目的相矛盾時，此時該權利之授權範圍，應依授權契約所欲達成之目的定之。何況，被告奇○公司與八○公司簽署之授權合約書第四條已載明：「甲方（八○公司）保證擁有授權節目之合法權利，得授權予乙方（被告奇○公司）行使本合約權利。但授權節目中涉及第三人著作或權利時（包括但不限於音樂著作、錄音著作、語音著作、肖像、姓名等），其重製、公開播送、公開上映、公開演出、公開傳輸等行為，皆由乙方以其自己之費用自行取得相關權利人或仲介團體等之授權，甲方無需負責。」，明確約定「○○○歌廳秀」節目中涉及其他音樂著作、錄音著作等著作權財產權人之權利，奇○公司須另行取得授權，不在該授權合約之授權範圍內，文義已甚為明確，並無「目的讓與理論」之適用。

智慧財產法院104年度刑智上訴字第50號刑事判決

著作權法第37條第6項第2款所稱「將原播送之著作再公開播送」，其「再公開播送」之行為，參酌前揭立法理由，應係指於「旅館、醫療院所、餐廳、咖啡店、百貨公司、賣場、便利商店、客運車、遊覽車等供不特定人進出之場所或於公眾使用之交通工具，播放電視或廣播節目」或相類似之其他非以再公開播送著作為其主要營業目的之行為。此時，因利用人之主要營業目的係以提供服務或販賣商品直接獲取利益，至其再公開播送著作之二次利用行為，利用人所獲取之附隨利益有限，故著作權人採取民事救濟即足以保障其權益，而毋庸就此利用行為課以刑責相繩。反之，如再公開播送行為係利用人之主要營業目的，對著作權人之經濟利益影響甚鉅，應非屬前揭免除刑責之範疇，始符合上開規定意旨，以保障著作權人之合法權益。

相關條文：第81條

第38條（刪除）

第39條（著作財產權之質權設定）
以著作財產權為質權之標的物者，除設定時另有約定外，著作財產權人
得行使其著作財產權。

解說

　　著作的價值貴在流通與利用，原則上，若以著作財產權作為質權的標的時，著作財產權人行使其著作財產權尚不會影響質權人的權利，故乃規定著作財產權人仍可以行使其著作財產權，但為尊重質權人的權利，若設定時另有特別約定時，著作財產權人就不得行使其著作財產權。

　　「質權設定」就是一般所稱的「典當」的意思，在著作財產權方面，就是將著作財產權「押」給債權人，作為擔保，以借錢或取得相當對價。

　　「質權設定」之後，著作財產權人仍是著作財產權人，但若屆期沒有還錢，債權人就可以聲請拍賣著作財產權，以拍賣所得，清償借出去的本金及利息。

　　到當鋪當東西要交付東西，著作財產權不是「東西」，是抽象存在的法律上權利，其「質權設定」是透過向主管機關作質權登記，以確保質權。過去著作權法在87年修正前還有登記制度的時候，有一項著作財產權的質權登記，後來併同著作權登記制度取銷了。

　　質權設定只是以權利作為債權的擔保，「質權設定」後，權利人還是可以行使其權利，意思是趕快去賺錢好還債。

　　99年2月3日制定公布之文化創意產業發展法第23條，又恢復文化創意產業得以該產業產生之著作財產權為標的之質權，向著作權專責機關為質權之設定、讓與、變更、消滅或處分之限制等登記，未經登記不得對抗善意第三人。經濟部並已訂定發布「著作財產權質權登記及查閱辦法」，以供遵循。

第40條（共同著作各著作人之應有部分）
共同著作各著作人之應有部分，依共同著作人間之約定定之；無約定
者，依各著作人參與創作之程度定之。各著作人參與創作之程度不明

時，推定為均等。

共同著作之著作人拋棄其應有部分者，其應有部分由其他共同著作人依其應有部分之比例分享之。

前項規定，於共同著作之著作人死亡無繼承人或消滅後無承受人者，準用之。

解說

本條規定「共同著作」各著作人對於著作財產權的應有部分歸屬。

第8條所定的「共同著作」，有二人以上的著作人，其著作財產權的應有部分如何，原則上由共同著作人以契約定之；無約定者，則依各著作人參與創作的程度定其應有部分的比例。若各著作人參與創作之程度不明時，則推定為均等，任何人認為均等不宜時，必須舉證證明參與創作程度，才能推翻此一推定。

權利之拋棄，除法律有特別限制規定外，是權利人的自由。權利拋棄後，無人可以主張權利，任何人均得行之，著作財產權就屬於公共所有，但在共同著作之情形，任何一共同著作人拋棄其應有部分，若該拋棄部分得由他人任意行使，在在影響其他共同著作人之權利，故本條第2項乃特別規定，其應有部分由其他共同著作人依其應有部分之比例分享之，使得其他共同著作人得以共同完全掌握著作之利用。

一般著作之著作人死亡無繼承人或消滅後無承受人者，可依第42條規定，使其著作財產權消滅。然而，在共同著作之情形，若任其應有部分的著作財產權消滅，也會發生前述影響其他共同著作人之權利，本條第3項乃使其準用第2項規定，即其應有部分由其他共同著作人依其應有部分之比例分享之。

相關條文：第8條、第42條

第40條之1（共有著作財產權之行使）
共有之著作財產權，非經著作財產權人全體同意，不得行使之；各著作財產權人非經其他共有著作財產權人之同意，不得以其應有部分讓與他人或為他人設定質權。各著作財產權人，無正當理由者，不得拒絕同意。
共有著作財產權人，得於著作財產權人中選定代表人行使著作財產權。對於代表人之代表權所加限制，不得對抗善意第三人。
前條第2項及第3項規定，於共有著作財產權準用之。

解說

　　共有著作財產權之行使，影響每一個著作財產權人對於著作利用之掌控，故應經著作財產權人全體同意；著作財產權之應有部分讓與或設定質權，同樣發生前述影響結果，本條第1項乃規定，應經著作財產權人全體同意。惟著作財產權畢竟仍屬於財產權之一種，若無正當理由而拒絕同意，反有害於著作之利用，後段乃規定，其他著作財產權人，無正當理由者，不得拒絕同意。所謂「正當理由」，例如被授權人曾有嚴重違約之前例，授權履約具高度債信危機；受讓人有盜版前科，不屑與其共有著作財產權等。

　　關於著作財產權人之「同意」，不限於事前或事後同意，亦得於事前以契約概括同意，故如共有之著作財產權人間事先以契約約定，一方同意他方行使共有著作財產權時，無須事先徵得其同意即可自由行使，尚不與該條文立法意旨相違。

　　共有著作財產權人行使著作財產權，若必須全部共有人一一同意，常會造成著作利用之不便，本條第2項乃允許在著作財產權人中，選定代表人，代表所有著作財產權人行使權利。此一代表人必須於共有之著作財產權人中選定，人數則無限制，惟若過多，將無助於選定代表人之實益。又對於代表人之代表權所加限制，不得對抗善意第三人，則在公示方面若已對代表人權利作限制，例如在書籍上註明，著作財產權人中之特定人有權洽談出版事宜，其他事項該特定人無權同意，仍應經全體著作財產權人同意，則任何人因該明示即不得主張是善意第三人，要求承認該代表人之改

編電影授權。

又共有著作財產權之人拋棄其應有部分，或死亡無繼承人或消滅後無承受人，關於著作財產權之行使與著作之利用，均會產生如共同著作人所面臨之難題，本條第3項乃規定準用前條第2項及第3項規定，亦即「共有著作財產權之人拋棄其應有部分者」，或「共有著作財產權之人死亡無繼承人或消滅後無承受人者」，「其應有部分由其他共有著作財產權之人依其應有部分之比例分享之」。

本條所稱的「著作財產權之行使」，包括自己利用著作、授權他人利用著作、讓與著作財產權或以著作財產權為標的而設定質權等。關於共有著作財產權人未經其他共有著作財產權人之同意，自己利用該著作，並不構成侵害其他共有著作財產權人之著作財產權，這是因為其應有部分抽象存在整體著作中，無法個別分離，應給予較大之自己利用空間。在第37條第4項的專屬授權，專屬授權之被授權人在被授權範圍內，得以著作財產權人之地位行使權利，反而是著作財產權人在授權範圍內不得再行使著作財產權，如竟而行使，僅屬違約，尚不致構成侵害自己之著作財產權。相較之下，共有著作財產權人於本條基於著作財產權人身分，單純自己利用，對其他著作財產權人而言影響較小，更不宜認定係侵害其他共有著作財產權人之著作財產權，故不適用第六章及第七章規定。然而，共有著作財產權之各別著作財產權人，對該著作財產權既然存在共有關係，其他著作財產權人應可以依民法對逕行使用的著作財產權人，按其應有部分請求侵害共有權之損害賠償。

 函釋

內政部85年11月28日台（85）內著會發字第8519043號函釋

復按改作權為著作財產權能之一種，所詢共同著作中之一人欲自行將該著作加以改作一節，依上開著作權法第40條第1項規定，原則上應徵得其他共同著作人之同意或授權，始得為之。而其他共同著作人，如無正當理由者，不得拒絕同意。

經濟部智慧財產局92年04月01日智著字第0920002642-0號函釋

二、按著作權法（下稱本法）第40條之1前段規定：「共有之著作財

產權，非經著作財產權人全體同意，不得行使之。」條文所稱之「行使」乃係指著作財產權本身之行使而言，包括著作財產權之讓與、授權及設質等。而本法第90條則為本法第六章「權利侵害之救濟」規定，指共同著作或共有著作權之各著作權人，對於侵害其著作權者，得各依本章之規定請求民事上之救濟，並得按其應有部分，請求損害賠償，與前開本法第40條之1之規範意旨尚有不同。至於共有人得否單獨對侵害其著作財產權之人提起刑事告訴，仍應依刑事訴訟法之規定辦理，與前開本法第40條之1及第90條之規定尚屬有間。

經濟部智慧財產局94年05月26日智著字第09400040350號函釋

　　二、按著作權法（下稱本法）第28條規定：「著作人專有將其著作改作成衍生著作或編輯成編輯著作之權利。但表演不適用之。」所謂「改作」，係指以翻譯、編曲、改寫、拍攝影片或其他方法就原著作另為創作（請參考本法第3條第1項第11款之規定）。復按本法第40條之1第1項規定：「共有之著作財產權，非經著作財產權人全體同意，不得行使之；各著作財產權人非經其他共有著作財產權人之同意，不得以其應有部分讓與他人或為他人設定質權。各著作財產權人，無正當理由者，不得拒絕同意。」因此，依　貴校前揭函所示，若共同著作人C已取得其他共有人A、B之同意，就A、B、C共同著作予以「翻譯」者，則C之翻譯（即改作）行為，自屬合法。反之，如C並未取得其他共同著作人之授權而翻譯該共同著作，即屬侵害改作權之行為，須依本法第6章、第7章之規定，負擔民、刑事責任。所詢C是否涉嫌抄襲一節，視A、B當初同意C「使用」共同著作之範圍，是否包含「翻譯」在內，以判斷C之行為是否合法。

相關條文： 第8條、第40條

第41條（投稿之著作財產權）
著作財產權人投稿於新聞紙、雜誌或授權公開播送著作者，除另有約定外，推定僅授與刊載或公開播送一次之權利，對著作財產權人之其他權利不生影響。

解說

　　「投稿」作品的著作財產權，如作者與刊載單位無特別約定，原則上仍歸投稿的作者所有，作者不必經刊載單位同意，就可以將此著作收錄在其個人出版的專書或轉貼在其個人或其他網站上，甚至授權其他人利用，刊載單位不得主張任何權利；至於刊載單位方面，如未與作者有另外約定，都不可再就該著作另作利用，例如將該著作置於報社之電子報，或另行收編出版專輯，或轉授權他人利用，如果有需要作這些原出刊以外的利用，都應再行洽談授權利用條件。

　　目前常見平面媒體與電子報合作徵文，言明投稿於平面媒體之文章將同時刊登於電子報，或網站上的討論區註記「凡於本討論區發表之文章，著作權均屬於公司所有，非經本公司書面同意，不得將全部或部分內容，轉載或使用於任何形式媒體。」並說明得有刪改之權利，其實這些都僅是單方面之聲明，法律上屬於民法的「要約之引誘」，不能拘束投稿的著作財產權人。由於投稿是「要約」，刊載單位之使用是「承諾」，「要約之引誘」的內容並不在「要約」範圍內，「承諾」之範圍不能超越「要約」範圍內，及於「要約之引誘」的內容，從而各別網站或平面媒體若希望在其電子報中轉載，或欲再授權轉載或其他利用，如作成電子資料庫，或就內容進行刪改，都應再經雙方約定始為安全。

　　又關於一稿兩投，由於稿件的著作財產權原本就歸作者所有，所以若有一稿兩投的情形，或許是不道德的行為，但並不違反著作權法，然而，如雙方有約定不得一稿兩投，則一稿兩投將構成違反契約，應負違約的民事損害賠償責任。報章雜誌網站雖載明「不得一稿兩投」，但不能視同契約，這只是報章雜誌的片面聲明，報章雜誌網站仍應與原作者完成雙方書面契約，報章雜誌網站的主張才算生效。

　　至於許多報章雜誌網站載明「本刊內容不得轉載」，原作者想要編集為一本新書出版，是否要再經報章雜誌網站同意？其實，這項註記是因為第61條規定：「揭載於新聞紙、雜誌或網路上有關政治、經濟或社會上時事問題之論述，得由其他新聞紙、雜誌轉載或由廣播或電視公開播送，或於網路上公開傳輸。但經註明不許轉載、公開播送或公開傳輸者，不在此限。」報章雜誌網站載明「本刊內容不得轉載」，會產生其他新聞紙、雜誌不得轉載或其他廣播或電視不得公開播送。但不影響著作權人自己的自

由利用。原作者想要編集為一本新書出版,既然自己仍是著作權人,本來就不必再經報章雜誌網站同意。

法務部71年06月21日法71律7215號函釋

按著作向報社投稿,似屬出版之要約,其經報社採用刊載者,通常可認為因承諾而成立民法上之出版契約,報社不過享有利用該著作物之權利(出版權)而已,除有特約外,難認當然包括著作權之轉讓在內,尚與著作權法第16條所定受聘而為著作之情形有別。

經濟部智慧財產局92年06月05日電子郵件920605函釋

一、關於於報紙上投稿,依著作權法規定:「著作財產權人投稿於新聞紙、雜誌或授權公開播送著作者,除另有約定外,推定僅授與刊載或公開播送一次之權利,對著作財產權人之其他權利不生影響。」,因此在報紙上投稿,如無與報社特別約定,著作權仍歸作者所有,作者將投稿之文章自行整理成冊影印販賣,無須經報社同意,亦不構成違法。

經濟部智慧財產局93年10月15日電子郵件931015函釋

一、按著作權法第10條及第41條分別規定:著作人於著作完成時享有著作權。著作財產權人投稿於新聞紙、雜誌或授權公開播送著作者,除另有約定外,推定僅授與刊載或公開播送一次之權利,對著作財產權人之其他權利不生影響。因此著作人於著作完成時,即受著作權法之保護,且著作人將其著作投稿於雜誌社,除其與雜誌社有特別約定外,該著作之著作財產權仍歸著作人享有。

二、依著作權法第61條之合理使用規定,揭載於雜誌上有關政治、經濟或社會上「時事問題之論述」,得由其他新聞紙、雜誌轉載或由廣播或電視公開播送,或於網路上公開傳輸。但經註明不許轉載、公開播送或公開傳輸者,不在此限。所以若雜誌上所刊之文章屬「時事問題之論述」,且雜誌上註明「未經本刊同意不得轉載」的字樣,其它雜誌社是不可以轉載的。

三、綜上,雜誌中註明「未經本刊同意不得轉載」的字樣,並非即表示雜誌社就一定擁有投稿者的著作財產權。

四、雜誌社支付稿費但在未簽約狀況下登載老師投稿之文章，依上述規定，雜誌社僅有刊載一次之權利，著作權仍歸老師所有，當甲機構徵得原作者同意無償使用而刊出該老師的文章，此種情形係屬著作權人直接授權利用，並非「轉載」雜誌社的文章，雜誌社當然無權主張甲機構要付費才能轉載。也就是說，甲機構只要取得原作者（老師）同意授權即可刊出。

經濟部智慧財產局96年01月24日電子郵件960124b函釋

一、著作權法規定，著作人投稿後，對著作還是享有著作財產權，除非投稿的著作人與出版單位另有約定，否則出版單位只有將著作刊登一次的權利，意思是說投稿人只授權出版單位利用一次。

二、有些出版單位在稿約上註明一稿多投的話，不付稿費，這項註明並不能算是授權契約的內容，出版單位和投稿人都不受約束。因為法律上並不禁止一稿數投，所以出版單位不能以一稿數投為理由，主張不付稿費。惟出版單位與投稿人間另有不得一稿數投之約定，則當事人自應受契約的約束。

三、出版單位也常常會在徵稿的時候，註明投稿一經錄用，著作權歸出版單位所有。這類文字同樣也不能拘束投稿人，除非投稿人另外與出版單位約定，願意把文章的著作財產權讓與出版單位，否則，絕不會因為投稿行為，造成喪失著作財產權的結果。

相關條文：第37條

第42條（著作財產權之消滅）
著作財產權因存續期間屆滿而消滅。於存續期間內，有下列情形之一者，亦同：
一、著作財產權人死亡，其著作財產權依法應歸屬國庫者。
二、著作財產權人為法人，於其消滅後，其著作財產權依法應歸屬於地方自治團體者。

解說

原則上，著作財產權因第30條至第34條所定存續期間屆滿而消滅。然而，有二種特別情形，雖然依上述條文規定，著作財產權仍在存續期間，但因原著作財產權人已死亡或消滅，又無利害關係人可承受其權利，為使公眾方便利用，法律特別規定，使該著作財產權亦歸消滅。

著作財產權人死亡，其著作財產權原本應由其繼承人繼承，惟若其無繼承人可以繼承，依民法規定應歸屬國庫，此時由國庫行使著作財產權，還不如開放讓公眾自由利用，來得實際可行，故本條第1款乃規定該著作財產權消滅。同理，著作財產權人為法人，於其消滅後，著作財產權未作處理，而依民法應歸屬於地方自治團體者，第2款亦規定使該著作財產權消滅。

著作財產權人為法人時，於著作財產權存續期間法人消滅者，若其著作財產權在法人消滅前已作處理，例如因出賣或贈與等轉讓，可能由受讓人承受其著作財產權，不必然因法人消滅，而使該著作成為公共所有。必須是著作財產權存續期間法人消滅，而法人在消滅前未作處理，才會使該著作因法人消滅，其著作財產權無人承受，依民法規定歸屬於地方自治團體時，依本條第2款規定，著作財產權消滅，成為公共所有。從而，公司為解散登記後，其所享有之著作財產權尚不因公司解散而當然消滅，必須於解散後依合併、分割、破產或清算之程序，未就著作財產權之承受或讓與而定其歸屬，致公司（法人）人格消滅後，其著作財產權依法應歸屬於地方自治團體者，其著作財產權才會消滅。

函釋

經濟部智慧財產局98年03月18日智著字第09800021820號函釋

二、按著作權法（下稱本法）第30條第1項：「著作財產權，除本法另有規定外，存續於著作人之生存期間及其死亡後五十年。」、第42條第2款：「著作財產權因存續期間屆滿而消滅。於存續期間內，有下列情形之一者，亦同：……二、著作財產權人為法人，於其消滅後，其著作財產權依法應歸屬於地方自治團體者。」所詢股份有限公司為解散登記後，其所享有之著作財產權之效力乙節，參酌公司法第24條至第26條之規定，該公司不因解散而當然消滅，倘其著作財產權尚在存續期間內，自仍應受本

法之保護，其原所享有之著作財產權，端視該公司於解散後依合併、分割、破產或清算之程序中有無著作財產權之承受或讓與而定其歸屬。又其著作財產存續期間屆滿前只有在公司（法人）人格消滅後，其著作財產權依法應歸屬於地方自治團體者，其著作財產權才會消滅，併予敘明。

相關條文：第30條、第31條、第32條、第33條、第34條

第43條（公共所有著作之利用）
著作財產權消滅之著作，除本法另有規定外，任何人均得自由利用。

解說

著作權法賦予著作人一定期間的著作財產權，該期間於屆滿或因有第42條所定原因消滅後，著作應屬「公共所有」（public domain），由公眾自由利用，此為著作權法制均衡著作人私權與公眾自由利用著作之公益的重要設計。

著作財產權雖有期間之限制，但著作人格權並不因著作財產權之消滅而受影響，依第18條之意旨，即使著作財產權消滅，任何人於利用時，仍應尊重著作人之著作人格權，不得任意侵害其第15條至第17條之公開發表權、姓名表示權或禁止不當修改權等著作人格權，此為本條所稱「除本法另有規定外」之真意。

本條所稱「著作財產權消滅之著作」，並不包括在外國仍受著作權法保護，但因不合本法第4條規定而不得依法享有著作權的外國人著作。蓋一旦該外國與我國有著作權互惠關係，該著作就可以開始受保護，故不能認為在此之前是此條文所稱「著作財產權消滅」之情形。

又本條所指任何人之自由「利用」，係指第22條至第29條以及第87條所定之行為，如非該等行為，則不在著作權法所規範之範圍。至於利用結果，若未有創作之投入，例如單純的就舊畫作的拍攝，並不會產生新著作，若係就舊雕塑攝影，或古典音樂改編，因有創作之投入，會產生新著作，新著作之著作人固不得禁止他人就舊著作的利用，如他人未經其同意而利用到其新著作，則仍應負侵害新著作著作權之責任。

　　實務上常見對於貝多芬等流傳數百年的古典音樂的利用，發生疑義。音樂著作與錄音著作是個別不同的著作，分別決定其著作財產權的有無。即使音樂著作因年代久遠，著作財產權保護期間屆滿，任何人加以利用完成錄音著作，每一件錄音著作都仍可以受到著作權法保護。對於公共所有的音樂著作，自行演奏並錄製成錄音著作，不會侵害到其他人演奏完成製的錄音著作，但如果利用他人演奏公共所有的音樂著作而錄製的錄音著作，就必須獲得錄音著作著作財產權人的授權。

經濟部智慧財產局89年11月30日88智著字第89011372號函釋

　　二、按著作權法（以下稱本法）第42條規定「著作財產權因存續期間屆滿而消滅。於存續期間內，有下列情形之一者，亦同：一、著作財產權人死亡，其著作財產權依法應歸屬國庫者。二、著作財產權人為法人，於其消滅後，其著作財產權依法應歸屬於地方自治團體者。」是本法第43條所定「著作權財產權消滅之著作」，係指曾受本法保護之著作，其著作財產權因存續期間屆滿而消滅或有本法第42條所定兩款（參照本法第30條至第35條規定）之情形之一者，至於外國人著作因不合本法第4條規定而不得依法享有著作權者，與上開「著作」並不相同，其間並無類推適用之問題。

經濟部智慧財產局91年03月18日智著字第0910002148號函釋

　　三、又著作權法（以下簡稱本法）第3條第1項第1款及同法第5條第1項對著作之定義及種類已有明定。如欲利用他人受著作權法保護之著作，除合於本法第44條至第65條著作財產權之限制（合理使用）規定外，應徵得該等著作著作財產權人之同意或授權後始得為之。又本法第30條至第35條明定著作財產權之存續期間，是如該著作之著作財產權存續期間已屆滿，其著作之著作財產權即已消滅，依本法第43條規定，除不得有侵害著作人格權（本法第15至第17條）之行為外，任何人均得自由利用。

經濟部智慧財產局93年01月06日電子郵件930106函釋

　　一、按現行著作權法明定，攝影係屬重製的方法之一，是雜誌社如以其攝影師自「羅浮宮埃及文物展」拍攝之照片，作為該社文章配圖一節，似已涉及上述重製行為。惟查前揭所稱「古文物」多屬歷史文化資產，如

單就著作權而言，因其年代久遠，有關其著作財產權期間迄今應已消滅，已屬公共財產，任何人均得自由利用，自無須徵得主辦單位同意或授權。

二、拍攝古文物之照片，如非單純性質之重製，而有攝影創作之表現者，係屬攝影著作，其著作人於著作完成時，享有著作人格權及著作財產權。雜誌刊登該照片係屬重製照片之行為，自須徵得著作人之授權，並應標示著作人之姓名，以免侵害著作權。

相關條文：第15條至第18條

第四款　著作財產權之限制

第44條（中央或地方機關之合理使用）
中央或地方機關，因立法或行政目的所需，認有必要將他人著作列為內部參考資料時，在合理範圍內，得重製他人之著作。但依該著作之種類、用途及其重製物之數量、方法，有害於著作財產權人之利益者，不在此限。

解說

本條在規範政府機關內部的合理使用。其得主張本條合理使用的主體為「中央或地方機關」，包括總統府、行政院、立法院、司法院、考試院、監察院、各部、會、行、處、局、署、省（市）政府、縣（市）政府與其所屬各機關，亦即不以一級機關為限，應包含中央或地方之各級機關在內。其利用目的在「因立法或行政所需」，且「列為內部參考資料」，例如製作公文或擬訂政策、法規命令的參考，由於其限於「內部參考」，故並不得對外散布。至於利用方法，除了本條的「重製」行為外，並得依第63條第1項規定加以「翻譯」，惟均應註明出處，以示尊重著作人格權。在利用範圍方面，必須是「在合理範圍內」，此一「合理範圍」，除了依本條但書所稱「依該著作之種類、用途及其重製物之數量、方法，有害於著作財產權人之利益者，不在此限」外，尚應依第65條第2項所定四

129

款基準認定之。

　　本條之利用目的既在「列為內部參考資料」之必要，且是為「立法或行政目的所需」，故不以「他人已公開發表之著作」為限，未發表之著作亦得為重製之合理使用。

　　在本條的適用下，機關不得使用盜版電腦程式、不得影印整本論文集，也不得每日例行性地，將報章雜誌相關文章彙整為輿情資料，透過內部資訊網路，分送全機關同仁參考。

內政部著作權委員會86年05月01日台（86）內著會發字第8606365號函釋

　　三、復按祭祀公業之各種會議紀錄及組織規約如係受著作權法保護之著作，則利用該等著作，除合於著作權法第44條至第65條著作財產權限制（合理使用）之規定外，原則上應徵得該等著作之著作財產權人同意始得為之；又著作權法第44條規定：「立法或行政機關，因立法或行政目的所需，認有必要將他人著作列為內部參考資料時，在合理範圍內，得重製他人之著作。但依該著作之種類、用途及其重製物之數量、方法，有害於著作財產權人之利益或係電腦程式著作者，不在此限。」是政府機關承辦關於祭祀公業事務之單位，因其承辦業務需要，重製祭祀公業之各種會議紀錄及組織規約以為內部之參考資料，似符合上述條文之規定。

經濟部智慧財產局92年10月20日電子郵件921020a函釋

　　一、依照著作權法的規定，中央或地方機關，因立法或行政目的所需，認有必要將他人著作列為內部參考資料時，在合理的範圍內，得重製他人之著作。但依該著作之種類、用途及其重製物之數量、方法，有害於著作財產權人之利益者，不在此限。如貴單位將網路上相關的宣導資料列印並影印數份，如係基於行政目的所需，供作內部參考資料，是可以主張合理使用。至於可合理使用的數量，須視實際個案加以認定。只要是限於供內部參考資料，且不會有害於著作財產權人的利益，影印的數量不超過十份，仍有主張著作財產權的合理使用之空間。

　　二、惟為推廣法律教育，影印上述資料供各科室同仁閱覽，似非屬上述「將他人著作列為機關內部參考之資料」，應不屬著作權法第44條之合

理使用。但依第65條概括條款來判斷，本局認為尚在合理使用之範圍。

相關條文：第63條、第65條

第45條（司法程序之合理使用）
專為司法程序使用之必要，在合理範圍內，得重製他人之著作。
前條但書規定，於前項情形準用之。

解說

本條在規定專為司法程序使用之必要的合理使用。

任何人，包括原告、被告、訴訟代理人或辯護人，甚至司法人員，只要是「專為司法程序使用之必要」，都可以用「重製」的方式利用著作，並得依第63條第1項規定加以「翻譯」，惟均應註明出處，以示尊重著作人格權。當然，其使用範圍還是要「在合理範圍內」。又因為必須在「在合理範圍內」，除了依第2項準用第44條但書所稱「依該著作之種類、用途及其重製物之數量、方法，有害於著作財產權人之利益者，不在此限」外，尚應依第65條第2項所定四款基準認定之。

本條之利用目的既在「專為司法程序使用之必要」，未對外散布發行，故不以「他人已公開發表之著作」為限，未發表之著作亦得為重製之合理使用。

在本條的適用下，訴訟當事人為證明其說為有理由，可以影印學者專家之論述為附件，呈庭以為佐證，也可以影印對方的書信、文件，作為攻擊防禦之用。若是整本影印學者專家之論述，而不購買，顯違第44條但書之規定，應不允許，又既限於「『專為』司法程序使用之必要」，若是在法庭外散布的新聞稿，或事後出版訴訟事件專書之用，都已超越合理範圍，應獲得授權始可。

相關條文：第44條、第63條、第65條

第46條（學校現場實體授課及其遠距教學之合理使用）

依法設立之各級學校及其擔任教學之人，為學校授課目的之必要範圍內，得重製、公開演出或公開上映已公開發表之著作。

前項情形，經採取合理技術措施防止未有學校學籍或未經選課之人接收者，得公開播送或公開傳輸已公開發表之著作。

第44條但書規定，於前二項情形準用之。

解說

　　本條在規定學校授課目的之合理使用，由於學校課堂教學活動，為知識傳遞之主要管道，具重大公益性質，配合學校現場教學及遠距傳送科技之發展，第1項以現場實體課程之合理使用為核心，並於第2項允許在現場實體課程之外，延伸至與該現場實體課程同步或非同步遠距教學課程之合理使用。

　　得為本條合理使用之主體，限於「依法設立之各級學校及其擔任教學之人」，故不包括各級學校以外之補習班或商業性或政治性之有「學校」之名，但非依各級學校設立法規設立之教學組織，也不包括公私機關部門之教育訓練中心。又「社區大學」依社區大學發展條例第3條規定，係指依該條例或終身學習法，「由直轄市、縣（市）主管機關於正規教育體制外自行設立或委託辦理，以提升人民現代公民素養及公共事務參與能力、協助推動地方公共事務、強化在地認同及地方創生、培育地方人才、發展地方文化、地方知識學及促進社區永續發展之終身學習機構。」亦非本條所稱「依法設立之各級學校」。此外，由於補習及進修教育法第3條規定，補習及進修教育分別區分為「國民補習教育」、「進修教育」及「短期補習教育」三種，其中，「國民補習教育」及「進修教育」，依該法第4條及第5條規定，分別由「國民小學及國民中學附設國民補習學校」及「高級中等以上學校依需要附設進修學校」實施，仍應屬本條所稱之「依法設立之各級學校」，至於「短期補習教育」，依該法第6條規定，係「由學校、機關、團體或私人辦理」，應非本條所稱「依法設立之各級學校」。前述各該非屬於本條所稱「依法設立之各級學校」，或其擔任教學之人，其教學活動之合理使用，僅得依第52條或第65條第2項之「其他合

理使用」為之。

第1項規定係針對學校之現場實體課程授課之合理使用，其所得為之利用行為，包括重製及僅適用於教學現場公開演出或公開上映。至於第2項規定，則係允許學校於現場實體課程授課之外，就該現場實體課程進一步延伸，進行同步或非同步遠距教學課程授課之合理使用，故其所得為之利用行為，乃包括將現場實體課程授課內容，對遠端學生進行遠距教學之公開播送或公開傳輸。

本條之合理使用，無論係實體現場課程或就其課程內容所延伸之同步或非同步遠距教學，於實際使用時，時間上受限於學校該學期之上課期間，接收之人數上受限於選課學生人數，與實體現場課程教學性質相似，公益性高，對著作財產權人之利益影響有限，乃允許進行合理使用。至於非與現場實體課程授課同步或非同步之遠距教學課程授課，除符合第46條之1情形外，仍應取得授權，始得為之。

本條得合理使用之範圍，限於「為學校授課目的必要之範圍」，而其得利用之標的，僅限於「已公開發表之著作」，未公開發表之著作，不得依本條加以合理使用。

由於第2項之合理使用，係第1項學校現場實體課程授課之同步或非同步遠距教學課程授課之延伸，為避免其接收者超越第1項現場實體課程授課之範圍，乃要求其利用必須採取合理技術措施，防止未有學校學籍或未經選課之人接收，以保障著作財產權人之權利。

依本條第1項規定，各級學校或學校之老師，為學校授課目的之必要範圍內，得重製已公開發表之文章、照片或圖表，或於課堂上播放音樂、錄音或上映影音內容，不問其內容來自何處，包括透過使用CD、DVD或將廣播、電視或網路內容，供現場學生接收學習。依第2項規定，並得將現場之教學內容，含第1項合理使用之結果，對於遠端選課同學，進行公開播送或公開傳輸，以達與現場教學同步或非同步遠距教學之目的。

本條之利用範圍，除必須嚴守「為學校授課目的之必要範圍內」之外，第3項並規定，尚須受第44條但書之限制，亦即依該著作之種類、用途及其重製物之數量、方法，不得有害於著作財產權人之利益。透過此二道限制條件，確保依本條所為之合理使用，不至於不合理地損害著作財產權人利益。

實務上常見，教師影印數篇文章組合成合訂本發給學生，或學校統一印製一篇文章或試卷，交學生閱讀或測驗，甚至將其掃描上傳數位教學平台，取代教科書之功能，均已超出「為學校授課目的之必要範圍內」及第44條但書之限制，應獲得授權始可。

又本條之合理使用，應依第64條規定註明出處，以示尊重著作人格權，並有助於知悉其來源。又依第63條第2項及第4項，本條之合理使用並得改作及散布，例如，教師得將外文翻譯成中文，供學生接收。

立法院經濟委員會於111年4月審議本條修正條文時，曾以附帶決議要求主管機關應針對「合理技術措施」提供指引，以利各級學校及教師遵循，並保障著作權人權益，經濟部智慧財產局隨後於同年8月研提「著作權法第46條規定之遠距教學應採取合理技術措施之指引」，由教育部函發各級學校及教師遵循。

又「依法設立之各級學校及其擔任教學之人」，「為教學目的之必要」，並不排除得依第52條規定，「在合理範圍內，引用已公開發表之著作」，惟應再受第65條第2項規定之二度檢測。

函釋

內政部81年07月15日（81）內著字第8112840號函釋

二、查著作權法第3條第1項第14款規定：「公開發表：指權利人以發行、播送、上映、口述、演出、展示或其他方法向公眾公開提示著作內容」該項定義之文字並無地域之限制之規定。

三、次查，著作權法第46條第1項、第47條、第48條第1款、第50條至第55條第1項之規定，均係以利用已公開發表之著作為著作權合理使用之要件，如就公開發表之地域予以限制，將縮小著作權合理使用之範圍。是各該條文中所定之「已公開發表之著作」既未明定限於中華民國管轄區域內，則著作於任何國家，任何地區公開發表均應屬符合上述各條文之規定。故著作權法第三章第三節第四款。「著作財產權之限制」章節中有關「公開發表」之發生地並不以中華民國管轄區域內為限。

經濟部智慧財產局106年08月02日電子郵件1060802函釋

依著作權法第46條第1項規定：「依法設立之各級學校及其擔任教

學之人，為學校授課需要，在合理範圍內，得重製他人已公開發表之著作。」所詢私人補習班是依補習及進修教育法所設立的「短期補習班」，因非屬本條所指依法設立之「學校」，故不適用該條規定。又因私人補習班以營利為目的，故著作之利用得主張合理使用之空間有限。

經濟部智慧財產局111年08月15日智著字第11100027810號函

著作權法第46條規定之遠距教學應採取合理技術措施之指引

一、第46條條文規定（111年6月15日修正施行）

依法設立之各級學校及其擔任教學之人，為學校授課目的之必要範圍內，得重製、公開演出或公開上映已公開發表之著作。

前項情形，經採取合理技術措施防止未有學校學籍或未經選課之人接收者，得公開播送或公開傳輸已公開發表之著作。

第4條但書規定，於前二項情形準用之。

二、修法之目的及適用

為因應當前數位科技發展、教育政策及疫情需求，上述條文第2項規定已允許依法設立之各級學校及老師在進行遠距教學時，可如同現場課堂一樣，為了授課目的之必要範圍內，在採取了「合理技術措施」後，可以將他人已公開發表的著作，透過公開播送或公開傳輸之方式，傳達給來上課的學生（如：在遠距教學時播放電影小片段做解說或利用網路素材作為範例等）。

三、所謂合理技術措施之指引

由於前述規定所允許的遠距教學是現場課堂的延伸，僅限有得於現場課堂聽課資格的人，才是遠距教學的對象，因此學校及教師必須採取「合理技術措施」來防止未有學校學籍或未經選課之人（即非在校生或沒有註冊選課的人）接觸遠距教學內容，才可以主張合理使用。而所謂「合理技術措施」，必須符合下列原則：

（一）接觸學校及老師上課課程之人，應僅限於該課程有學籍的學生或經註冊選課之人。

（二）學校及老師就學生接觸該課程內容時，應於學習平台做科技措施之限制，僅可讓有學籍的學生或經註冊選課之人得在學校或老師提供之使用者個人帳號、密碼登入該學習平台，進行使用；必要時，該帳號、密碼得隨時變動，避免遭不當破解、利用。

（三）學校及老師應向學生宣導不得將使用者個人帳號、密碼提供予他人。

（四）學校及老師在技術面，仍得採取其他較帳號、密碼更能有效防止非有學籍的學生或經註冊選課之人，接觸遠距教學內容的措施。

相關條文：第44條、第63條、第64條、第65條

第46條之1（非營利遠距教學之合理使用）

依法設立之各級學校或教育機構及其擔任教學之人，為教育目的之必要範圍內，得公開播送或公開傳輸已公開發表之著作。但有營利行為者，不適用之。

前項情形，除符合前條第2項規定外，利用人應將利用情形通知著作財產權人並支付適當之使用報酬。

解說

　　本條在規定依法設立之各級學校或教育機構及其擔任教學之人，得於非營利遠距教學中利用他人著作之法定授權制度，迥異於前條第2項現場實體課程所延伸之同步或非同步遠距教學之合理使用。

　　得為本條法定授權之主體，限於「依法設立之各級學校或教育機構及其擔任教學之人」，範圍較第46條合理、使用之主體為廣，除「依法設立之各級學校及其擔任教學之人」，尚擴及於「依法設立之教育機構及其擔任教學之人」。

　　本條法定授權之利用範圍，限於「為教育目的之必要範圍內」，較舊法之「合理範圍內」更加具體明確，而其得利用之標的，僅限於「已公開發表之著作」，未公開發表之著作，不得依本條加以利用，惟並不排除得依第65條第2項之「其他合理使用」而加以利用。

　　本條除得進行公開播送之行為，亦即透過廣播、電視之遠距教學之外，為因應網路數位科技之發展，並及於同步或非同步之網路遠距教學。不過，其僅限於非營利之行為，至於營利之遠距教學，因不具公益性，仍應依一般授權機制取得授權後利用，不得適用本條規定。

　　本條之法定授權，其適用主體與第46條第2項規定有重疊之情形，符合第46條第2項規定者，即得依該條第1項公開播送或公開傳輸著作，無須適用本條規定支付使用報酬，乃於第2項明文排除第46條第2項之適用。此外，由於本條係法定授權之規定，第2項乃要求利用人應將利用情形通知著作財產權人並支付適當之使用報酬。惟其並未如原第47條第3項後段要求主管機關訂定使用報酬率，而係由雙方協商適當之使用報酬金額，如無法達成協商，僅得由雙方檢附證據，訴請法院決定之。至於著作財產權人不明或所在不明，至無從通知及支付使用報酬時，利用人得先將使用報酬留存，等待著作財產權人出現後支付之，惟本條免除非營利線上教學之利用人授權困難之立法良意，應被體會而不得濫用而損及著作財產權人權益，利用人依本條利用著作後，應盡可能查明知著作財產權人所在，主動通知著作財產權人及付費。

　　又「依法設立之各級學校或教育機構及其擔任教學之人」，不問有無營利行為，「為教學目的之必要」，並不排除得依第52條規定，「在合理範圍內，引用已公開發表之著作」，惟其利用是否「在合理範圍內」，應再受第65條第2項規定之二度檢測。

內政部88年06月10日（88）智著字第88004533號函釋

　　按本法第47條規定，係參考日本著作權法第33條及第34條、韓國著作權法第23條及德國著作權法第46條規定而成。其目的在使編製教科用書或專供教學之人教學用之輔助用品之人，得在合理範圍內重製、改作或編輯他人已公開發表之著作以供教學之用，使著作權法在保護著作權人權益下，亦能兼固教育公益目的之發展。是利用人符合該條文規定，即得合理使用他人著作，毋庸徵得所利用著作著作財產權人之同意或授權。至於該條文第4項所定「利用人應將利用情形通知著作財產權人並支付使用報酬」係屬著作財產權人之債權請求權，從而著作財產權人於此條文規範下並無行使其著作財產權之理由，僅得向利用人請求通知利用情形及支付使用報酬，至其是否同意利用，並不影響利用人利用行為之合法性。至於如已盡相當努力，仍無法通知著作財產權人並支付使用報酬者，建議該項使用報酬得予留存，俟著作財產權人提出要求後再行支付。

第47條（教科用書之法定授權）

為編製依法規應經審定或編定之教科用書，編製者得重製、改作或編輯已公開發表之著作，並得公開傳輸該教科用書。

前項規定，除公開傳輸外，於該教科用書編製者編製附隨於該教科用書且專供教學之人教學用之輔助用品，準用之。

前二項情形，利用人應將利用情形通知著作財產權人並支付使用報酬；其使用報酬率，由主管機關定之。

解說

本條是關於編製教科用書的法定授權規定。

第1項規定，任何人為了編製依法規應經審定或編定之教科用書，以供學生於課堂使用之目的，都可以重製、改作或編輯他人已公開發表之著作，並進一步透過網路公開傳輸該教科用書。

第2項規定，該教科用書編製者，為了編製附隨於該教科用書且專供教學之人教學用之輔助用品，例如教師手冊、掛圖或專供課堂中播放，協助教學使用的錄音、錄影帶等，凡是專供教學之人教學用之輔助用者，均可就同一著作，作相同的使用。但此部分畢竟不是教科用書，為避免於網路上之利用範圍過於寬廣，特別將公開傳輸之利用加以排除。

第1項既稱「『為』編製依法規應經審定或編定之教科用書」，則其使用他人著作之時間點，必然發生在其所編製之教科用書經教育行政機關審定之前。依第63條第4項，本條的利用還可以散布。

本條所稱的「教科用書」，有其嚴格的範圍，限於國民教育之高級中等以下學校所使用，且屬於須經教育部審定的教科書，不包括專科以上學校所使用的教授指定用書，或各學校自己編訂的通識性用書，也不包括所謂的「參考書」。

又本條得作為法定授權的客體，僅限於「已公開發表之著作」，未公開發表之著作不得依本條為之。又本條之利用應依第64條規定註明出處，以示尊重著作人格權。

依本條之利用，並不限於「在合理範圍內」，蓋法定授權不同於合理使用，必須依主管機關所定之使用報酬率支付適當之使用報酬，故只要係

「為編製依法規應經審定或編定之教科用書」或「為編製附隨於該教科用書且專供教學之人教學用之輔助用品」之目的，無須限制其使用範圍。

　　本條所規定編製教科用書之法定授權，只要符合規定，即得使用著作，但要通知著作財產權人並支付使用報酬，是限制著作財產權，但未剝奪其使用報酬，以均衡著作財產權人之私權與編製教科用書之公益。雖然為編製教科用書，得不必經著作財產權人授權，就可以重製、改作或編輯他人已公開發表之著作，但由於教科書的市場比一般出版品市場廣泛，其利用情形對於著作財產權人造成不小的影響，不必獲得著作財產權人之授權，固可減輕洽談授權之苦，但仍不宜使著作財產權人受到太多損失，故第3項規定，其使用情形要通知著作財產權人，並應依主管機關所定的使用報酬率，支付使用報酬。主管機關目前訂有「著作權法第47條第3項之使用報酬率」，供各方遵循。

　　著作財產權人對於利用人依本條的利用，沒有反對的權利，只有請求報酬的權利。當然，如果利用人獲得著作財產權人的授權，或願意支付更多的使用報酬，則係屬於第37條的合意授權，而不是本條的「法定授權」。有時利用人若可以依第37條獲得授權，寧可不用本條的「法定授權」。蓋依教科書編製參考書時，可能須要使用到相同的著作，而參考書並不是本條所稱之「教科用書」，為能方便更有利潤的參考書之編輯，同時獲得著作財產權人授權編製教科用書及參考書，應該更為實際。

　　實務上，利用人若不知誰是著作財產權人，或無法聯絡到著作財產權人時，如何通知及付費呢？此時只要將使用報酬留存，等到著作財產權人出面時再給付即可。又本條的使用報酬是著作財產權人對於利用人的債權，此若利用人明知著作財產權人，卻不支付使用報酬，著作財產權人僅得以民事訴訟提出請求，並不能主張利用人侵害著作權，此與第69條的音樂著作強制授權不同。在第69條特別明定「經申請著作權專責機關許可強制授權，並給付使用報酬後，得利用該音樂著作，另行錄製」，而本條係先規定得利用，再於第3項規定「利用人應將利用情形通知著作財產權人並支付使用報酬」。不過，由於法制的設計，使得實務上常有著作財產權人抱怨，出版教科書的出版商依本條利用著作後，即使明知著作財產權人的所在，根本就不通知著作財產權人及付費，都是等到有人看到利用情形，轉知著作財產權人之後，著作財產權人還必須前往理論，出版社才付

139

費，對於著作財產權人甚不尊重，出版社應體認此項制度之良善美意，積極通知著作財產權人並儘速支付法定之使用報酬。

經濟部智慧財產局89年07月07日（89）智著字第89005709號函釋

又前開條文所稱「依法令應經教育行政機關審定之教科用書，或教育行政機關編製教科用書」，依教育部89年6月17日台（89）研字第8906200號函示，係指高級中等以下學校教科用書，不包括大專校院所用圖書。來函所稱貴書局所編著之職業學校「三民主義」教科書，如係本法第47條所定之教科用書或其輔助用品，自得在合理範圍內重製、改作或編輯他人已公開發表之著作以供教學之用，毋庸徵得所利用著作著作財產權人之同意或授權。2.至於本法第47條第4項所定「利用人應將利用情形通知著作財產權人並支付使用報酬」，著作財產權人依該條文性質，僅得向利用人請求通知利用情形及支付使用報酬，屬債權之請求權，至其是否同意利用，並不影響利用人利用行為之合法性。又利用人如已盡相當努力，仍無法通知著作財產權人或支付使用報酬者，建議該項使用報酬得予留存，俟著作財產權人提出要求後再行支付。至於著作權人所要求之報酬遠超過上述之使用報酬率，如利用人同意支付，則可依本法第37條規定約定著作財產權之授權利用條件。

經濟部智慧財產局91年03月27日智著字第0910002383號函釋

依教育部91年3月5日「教科用書發行型式及應用範圍相關事宜會議」決議，認本條所稱之「教科用書」，係依規定之課程綱要編輯，其功能為滿足教學需求，並未規定其發行型式，其無論是以紙本或是電子書發行，均屬教科用書。

經濟部智慧財產局91年06月20日智著字第0910005053號函釋

二、依著作權法（下稱本法）第47條規定：「為編製依法令應經教育行政機關審定之教科用書，或教育行政機關編製教科用書者，在合理範圍內，得重製、改作或編輯他人已公開發表之著作。前項規定，於編製附隨於該教科用書且專供教學之人教學用之輔助用品，準用之。但以由該教科用書編製者編製為限。依法設立之各級學校或教育機構，為教育目的之必

要，在合理範圍內，得公開播送他人已公開發表之著作。前三項情形，利用人應將利用情形通知著作財產權人並支付使用報酬。使用報酬率，由主管機關定之。」故貴公司製作之「多媒體教學光碟片」，如確係依據各審定教科用書之內容編製而成，附隨於該教科用書且專供教師搭配教科用書教學使用，應屬本條第2項之「附隨於該教科用書且專供教學之人教學用之輔助用品」，惟如將其透過貴公司所設「龍騰全球資訊網」對公眾提供，則尚不符該項規定。

經濟部智慧財產局92年06月13日電子郵件920613a函釋

二、另外，著作權法為顧及特殊需求，針對編製教科書而利用他人著作訂定有「法定授權」，即編製教科用書，利用人在合理範圍內，得重製、改作或編輯他人已公開發表之著作，惟利用人應將利用情形通知著作財產權人並依主管機關訂定之使用報酬率支付使用報酬，毋須徵得所利用著作著作財產權人之同意或授權。

三、所詢編製教科書時，雙方約定之報酬高於主管機關所定法定報酬之數額是否有效一節，按著作權法雖有法定授權之規定，但並不禁止雙方當事人另依約定訂定較高之使用報酬或其他利用條件，基於契約自由原則，雙方既已合意訂立授權契約，似不宜再以應依法定授權給付報酬作為不履行契約之理由。至於如果僅支付法定報酬數額，而不支付約定之較高報酬時，僅會發生債務不履行之民事責任，尚不至於發生著作權侵害之民、刑事責任問題，併予敘明。

經濟部智慧財產局93年03月16日智著字第0930001509-0號函釋

二、按著作權法（下稱本法）第47條規定：「為編製依法令應經教育行政機關審定之教科用書，或教育行政機關編製教科用書者，在合理範圍內，得重製、改作或編輯他人已公開發表之著作（第1項）。前項規定，於編製附隨於該教科用書且專供教學之人教學用之輔助用品，準用之。但以由該教科用書編製者編製為限（第2項）。依法設立之各級學校或教育機構，為教育目的之必要，在合理範圍內，得公開播送他人已公開發表之著作（第3項）。前三項情形，利用人應將利用情形通知著作財產權人並支付使用報酬。使用報酬率，由主管機關定之（第4項）。」其目的係在保護著作人權益下，亦能兼顧教育公益之發展，屬法定授權，利用人如符

合該條規定，即得合理使用他人著作，毋庸徵得著作財產權人之同意或授權，從而著作財產權人於此條文規範下，僅得向利用人請求通知利用情形及支付使用報酬，至其是否同意利用，並不影響利用人利用行為之合法性，又87年1月23日公告之「著作權法第47條第4項之使用報酬率」所規定之計算標準並未限定教科用書發行之印刷版次或利用期間。

三、查本法雖有前述法定授權之規定，但並不禁止雙方當事人另依約訂定其他利用條件，因此基於契約自由原則，如雙方訂立之授權契約已就利用期間達成合意，自應受契約之拘束。至於依契約履行之結果，與前述法定報酬給付後之合理使用情形有別，不宜混為一談。南一書局函請　貴館授權重製教學影帶一節，既稱授權重製，已非本法第47條所定之合理使用，似不生該條之適用問題，應回歸授權契約，決定雙方權利義務關係。

經濟部智慧財產局94年01月06日電子郵件第940106函釋

一、按著作權法（下稱本法）第47條第1項規定：「為編製依法令應經教育行政機關審定之教科用書，或教育行政機關編製教科用書者，在合理範圍內，得重製、改作或編輯他人已公開發表之著作。」是縱利用人於編製上述規定之教科書，得合理使用他人享有著作權之著作，惟其範圍僅限於「重製」、「改作」或「編輯」等利用行為。又依本法第63條之規定，利用人亦得「散布」該重製、改作、編輯他人已公開發表之著作之教科用書，合先說明。

二、本法所稱之「公開傳輸」指以有線電、無線電之網路或其他通訊方法，藉聲音或影像向公眾提供或傳達著作內容，包括使公眾得於其各自選定之時間或地點，以上述方法接收著作內容。因此，您來信所詢將已送審教科書所有圖文內容放置在網站資料庫中，若課文中之圖文有屬於他人享有著作財產權之著作者，縱所使用之網站僅限特定之教師始能使用並採取防盜拷措施，惟其仍屬特定之多數人，而屬「公眾」之範圍，故仍涉及「公開傳輸」他人著作。而該公開傳輸行為，依上述說明，已非本法第47條第1項所規定之合理使用範圍。故　您仍須事先取得該等圖文之著作財產權人之同意，始得為之。否則，即有可能構成侵害他人著作財產權之行為而須負擔本法第六章之民事賠償責任及第七章刑事責任。

三、基本上，依照教育部教科書編訂大綱所完成之教科書是一種編輯

著作，教科書商（或相關編制單位）得為該編輯著作之著作財產權人。而編輯著作之權利與被編輯之各個別著作之權利是各自獨立的。本法第47條所容許編制教科書目的之法定授權，不包含「公開傳輸」，故此部分您一定要特別注意。至於如果教科書商所編輯而成之教科書可以獲得各個別著作人之授權而放到網際網路時，教科書商當然可以基於編輯著作著作權之身分，授權特定使用人使用該教科書。又本法第37條第1項規定：「著作財產權人得授權他人利用著作，其授權利用之地域、時間、內容、利用方法或其他事項，依當事人之約定；其約定不明之部分，推定為未授權。」著作財產權的授權，基本上是利用人與著作財產權人間之私契約行為，根據契約自由原則，應由利用人與著作財產權人依雙方的意思來訂定。惟由於著作權權能具有多樣性，其權利範圍、期間、行使方式等皆有所不同，建議上網參考本局編制之「著作財產權授權契約」之範例。惟於適用之際，仍宜考量自身利益於實際個案之具體需要，適時予以調整增刪，以訂定適當的契約。

相關條文：第63條、第64條、第65條

第48條（圖書館等典藏機構之合理使用）

供公眾使用之圖書館、博物館、歷史館、科學館、藝術館、檔案館或其他典藏機構，於下列情形之一，得就其收藏之著作重製之：

一、應閱覽人供個人研究之要求，重製已公開發表著作之一部分，或期刊或已公開發表之研討會論文集之單篇著作，每人以一份為限。但不得以數位重製物提供之。

二、基於避免遺失、毀損或其儲存形式無通用技術可資讀取，且無法於市場以合理管道取得而有保存資料之必要者。

三、就絕版或難以購得之著作，應同性質機構之要求者。

四、數位館藏合法授權期間還原著作之需要者。

國家圖書館為促進國家文化發展之目的，得以數位方式重製下列著作：

一、為避免原館藏滅失、損傷或污損，替代原館藏提供館內閱覽之館藏著作。但市場已有數位形式提供者，不適用之。

二、中央或地方機關或行政法人於網路上向公眾提供之資料。

依第1項第2款至第4款及前項第1款規定重製之著作，符合下列各款規定，或依前項第2款規定重製之著作，符合第2款規定者，得於館內公開傳輸提供閱覽：

一、同一著作同一時間提供館內使用者閱覽之數量，未超過該機構現有該著作之館藏數量。

二、提供館內閱覽之電腦或其他顯示設備，未提供使用者進行重製、傳輸。

國家圖書館依第2項第1款規定重製之著作，除前項規定情形外，不得作其他目的之利用。

解說

　　本條在規範圖書館等典藏機構或其館員之利用著作所涉及之著作財產權之限制，並規範國家圖書館利用著作所涉及之著作財產權限制特權條款，至於一般民眾至圖書館之合理使用行為，則不在本條之範圍，而係依第51條規定。

　　本條第1項在規範關於各種圖書館等之利用著作所涉及之著作財產權之限制，其利用之主體，限於「供公眾使用之圖書館、博物館、歷史館、科學館、藝術館、檔案館或其他典藏機構」，尤其強調「典藏機構」，惟由於第3條第1項第3款關於公眾的定義，「指不特定人或特定之多數人」，使得第一項適用之主體包括不對外開放之公司內部圖書館，與其他國家要求必須對一般或特定研究人員開放者始得享有此一特權，有很大不同。其雖以圖書館等典藏機構為利用之主體，惟實際從事利用行為者，仍為其所屬館員之自然人。

　　第1項得利用之客體，為圖書館等「收藏之著作」，其既未明文為「收藏之著作物」，自不限於著作原件或著作重製物等「著作物」，應及於「著作之數位檔案」，惟必須屬於「館藏」，若非其「館藏」，僅係館際交流借來之著作物，或僅係取得授權使用之線上資料庫、線上電子期刊等，並不得依本項利用。

　　關於館藏之利用，在第1款「應閱覽人供個人研究之要求」部分，

由於是對一般公眾的流通，限於已公開發表者，其餘三款基於「保存資料」、「絕版書館際交換」及「還原著作之需要」之目的方面，偏重於保存功能，則不問是否已公開發表，均得利用。

第1項所得利用之方法，限於「重製」，包括影印、錄音、錄影，甚至以數位化方式為之。但第1款「應閱覽人供個人研究之要求」部分，明文「不得以數位重製物提供之」，係為避免閱覽人取得數位檔案之可能後續流通，對著作財產權人造成重大損害。

依第1項之利用目的有四，分別說明如下：

一、應閱覽人供個人研究之要求，重製已公開發表著作之一部分，或期刊或已公開發表之研討會論文集之單篇著作，每人以一份為限。依本款重製之目的，必須符合「閱覽人供個人研究之要求」，亦即僅限於私人學習，不及於個人研究以外之組織經營或職務上需求。閱覽人得請求者，於期刊或已公開發表之研討會論文集，以單篇著作且每人一份為限，關於「已公開發表著作之一部分」，究是多少？法律無法明文規範，僅得於個案中依第65條第2項所定基準認定。絕版書或未出版之學位論文，在市面上固已不易取得，惟若仍係受著作權法保護之著作，閱覽人仍不得藉本款向圖書館要求影印取得整本或大部分內容。至於著作人要求不得公開發表之學位論文，縱使國家圖書館依學位授予法第16條第2項規定，已於館內提供公眾接觸，因其非屬著作人同意公開發表之著作，自不得依本款重製並交付閱覽人。

二、基於避免遺失、毀損或其儲存形式無通用技術可資讀取，且無法於市場以合理管道取得而有保存資料之必要者。圖書館等之經營，必然減少著作市場之銷售，但因圖書館等之經營，有助於知識傳播，翻轉社會階層，著作權法並未賦予著作財產權人「公共出借權」，只能在著作權法之外，建立補償金制度。我國自109年開始推動公共圖書館之「公共出借權補償金制度」試辦計畫。不過，圖書館等仍應於行銷市場以合理管道取得館藏，不得影響市場正常機制，故其不得就館藏任意備檔重製，而不循市場合理管道取得著作物作為館藏。只有在館藏無法於市場以合理管道取得而有保存資料之必要，基於避免遺失、毀損或其儲存形式無通用技術可資讀取之原因，才能依本款重製館藏，並非得以無所限制地重製館藏。由於第1項得利用之客體，為圖書館等「收藏之著作」，而本款係基於「有保

存資料之必要」，當行銷市場上已不再有相同內容之著作重製物，即使有線上資料庫或串流平台可提供相同內容，但因其提供方式並無法達到「保存資料」之目的，仍應得依本款規定重製之。

三、就絕版或難以購得之著作，應同性質機構之要求者。絕版書是指市面上不易買到，原出版社也不再印行的書籍，並不一定等於著作財產權期間已屆滿，對於仍受著作財產權保護的絕版書，基於「保存資料」以及「資訊提供」之目的，圖書館等機構得就其館藏之絕版或難以購得之著作，應同性質機構之要求，加以重製而交付該等機構。

四、數位館藏合法授權期間還原著作之需要者。本款適用之標的，限於「數位館藏」，此係考量圖書館等取得DVD、電子書光碟等著作重製物或數位檔案之使用授權後，因廠商倒閉、不再維護或提供技術支援，或因著作毀損、滅失或未來因應技術升級，既有數位格式之館藏須重新還原，始得繼續使用。本款重製之前提，係基於「合法授權期間還原著作之需要者」，亦即其原本即有合法使用之授權，因未逾授權期間，並不致影響著作財產權人之權利，僅在於使圖書館等得自行重製，以還原著作，供於「合法授權之期間」內，達到授權目的之使用，不待再取得著作財產權人之授權，且無侵害重製權之疑慮。

第2項係針對「數位典藏」目的之國家圖書館特權條款，其適用之主體，僅限於國家圖書館，不及於其他國家級之圖書館或一般公私立圖書館。國家圖書館除亦適用第1項之著作財產權之限制規定外，第2項又專門為國家圖書館量身訂做著作財產權之限制特權條款；其得進行之行為，特別為符應數位科技之環境，明定「以數位方式重製」；至於適用之客體，則區分「館藏」及「中央或地方機關或行政法人於網路上向公眾提供之資料」兩部分。前者基於避免影響著作之行銷市場之考量，且國家圖書館之「館藏」，具「典藏重於流通」之專責任務，且備僅「提供館內閱覽」而不外借之特殊性，明定只能係「為避免原館藏滅失、損傷或污損，替代原館藏提供館內閱覽」之目的，並將市場已有數位形式提供者，加以排除在得依本項利用之客體外。依此規定，國家圖書館將紙本著作物納入館藏後，得不受前項各種條件之限制，即可為避免其經過讀者多次翻閱之耗損，影響後來者之閱讀品質，將其館藏加以數位化重製，以替代原館藏的方式向讀者提供閱覽。其得以數位方式重製之目的，既在「替代原館

藏」，自然應將原館藏收存書庫中，僅將重製之數位版本「提供館內閱覽」。後者則係因「中央或地方機關或行政法人」為公部門，其營運經費來自人民賦稅，則其既已「於網路上向公眾提供之資料」，基於國家文化發展之目的，自應允許國家圖書館以數位方式重製，利於永久保存及後續流通。

第3項規範圖書館等典藏機構之館內公開傳輸及其限制。數位化為現代科技之主流，依前二項規定「以數位方式重製」之重製物，應使其得充分有效運用，以嘉惠公眾，但又不得使其對著作財產權人造成重大損害，第3項乃針對接觸地域、人數及設備，進行鬆緊不同面向之規範。在鬆的部分，係於重製之外，擴及於館內公開傳輸之合理使用，使圖書館等典藏機構依第1項第2款至第4款規定重製之著作，以及國家圖書館依第2項特權規定重製之著作，得於館內進一步公開傳輸提供閱覽；在緊的部分，一方面於數量上做嚴格限制，使得上開館內之公開傳輸，同一著作同一時間，使用者閱覽之數量，不得超過該機構現有該著作之館藏數量。另方面，使用者僅得單純閱覽，圖書館等典藏機構所提供之閱覽設備，不得令使用者有機會重製或對外傳輸。至於國家圖書館就「中央或地方機關或行政法人於網路上向公眾提供之資料」進行之數位重製結果，因原本即得於網路上供公眾自由接觸，乃無須限制其使用者數量。

第4項係針對第2項國家圖書館之特權條款所進行相對限制之重要宣示規定。立法者關切國家圖書館擁有全國最豐沛之館藏，依第2項賦予特權條款完成之數位化成果，如其使用竟超越第2項及第3項允許之範圍，將嚴重損害著作權人權益，例如，藉此成為可供館藏全文檢索之資料庫、論文比對系統、訓練AI生成成果之素材資料等等不可預期之外溢使用，爰明定國家圖書館依第2項第1款規定，就館藏所進行數位重製之成果，僅能依第3項規定，供公眾於館內線上閱覽，不得另作其他目的之利用。

經濟部智慧財產局93年03月03日電子郵件930303a函釋

著作權法規定，供公眾使用之圖書館、博物館、歷史館、科學館或其他文教機構，如果因為保存資料之必要，可以就其收藏之著作「重製」，但僅限於保存之目的。因此，所詢校方保存原版公播片不流通，或公播片

損毀無法使用，而以重製之「備份片」流通給學生使用，則已逾越「保存之目的」，無法主張屬合理使用，宜另行購買流通，以免造成侵害著作權之爭議。

經濟部智慧財產局93年03月25日電子郵件930325a函釋

所詢問是否可由圖書館自行將館藏書所附之光碟片複製一份，讓市民借出之疑義，按著作權法規定，供公眾使用的圖書館如果因為保存資料之必要，可以就其收藏之著作重製之，但其用途僅限於保存之目的，如提供外借即超出保存之目的，因此，應獲得著作財產權人之授權後方得利用，否則會有著作權侵權之問題。

經濟部智慧財產局93年09月07日智著字第0930007234-0號函釋

二、按著作權法第48條規定：「供公眾使用之圖書館、博物館、歷史館、科學館、藝術館或其他文教機構，於下列情形之一，得就其收藏之著作重製之：一、應閱覽人供個人研究之要求，重製已公開發表著作之一部分，或期刊或已公開發表之研討會論文集之單篇著作，每人以一份為限。二、基於保存資料之必要者。三、就絕版或難以購得之著作，應同性質機構之要求者。」本條文所稱「絕版」係指該著作不再出版發行而言；「難以購得」係指循一般正常管道仍無法購得而言。

經濟部智慧財產局93年11月18日電子郵件931118函釋

按圖書館其將館藏數位化及上載網路之行為涉及著作權法賦予著作人之「重製權」，至於透過網路對公眾提供線上瀏覽，則涉及「公開傳輸權」，除有合理使用情形外，原則上需取得著作財產權人之授權。因此，貴館「教育論文全文索引」資料庫之建置及相關服務之提供，涉及著作之重製與公開傳輸，依來信所述，似為教育相關論文之「電子影像全文」之公開傳輸，貴館主張符合著作權法第65條第2項第1款之非營利目的之合理使用，惟查非商業為教育目的之利用，並非即屬合理使用，如將所有教育相關論文之全文均加以數位化，並提供合作教育系所其學校圖書館得以網路連線方式瀏覽，雖限於擁有紙本期刊者始得瀏覽該期刊之電子全文，似已超出本法所定合理範圍，應事先取得著作財產權之授權或同意，始得為之。

經濟部智慧財產局94年01月17日電子郵件940117函釋

一、「出借」並非著作財產權之內涵，故只要是合法版本，圖書館即得將之出借，不必考慮「公播版」、「家用版」之問題。但是如果某CD光碟是盜版品，且圖書館明知該CD光碟是盜版品，而仍出借予讀者時，就會有著作權侵害的問題。

二、又著作權法本身並無規範公播版或家用版，而係廠商依其市場區隔原則，自行將其商品分類，並製訂各類商品之授權使用範圍、時間及地域等，「公播版」一般是指授權視聽著作公開上映之版本，如果圖書館不是屬上項將光碟出借給學生攜出使用，而是將光碟在圖書館內之視聽設備放映、播放，且達到特定多數人或不特定人均可收視其內容，從而已構成「公開演出」或「公開上映」之效果時，除非是屬於著作權法第55條為了舉辦特定活動之利用（合理使用），否則仍應得權利人之授權。

經濟部智慧財產局94年02月23日電子郵件940223a函釋

二、所詢教師如因教學需要，擬指定某一公播版影片作為參考教材，重製放置在圖書館的數位隨選視訊系統中，供學生於學習期間在圖書館內使用，是否合乎著作權法中合理使用之規範一節，按市場上所謂「公播版」，雖指已授權「公開上映」之視聽影片，但若將公播版的影片重製在數位隨選視訊系統中供學生使用，則涉及「重製」及「公開傳輸」之行為，此二行為並非「公開上映」，故不能認為授權「公開上映」，就可以重製於圖書館的數位隨選視訊系統中公開傳輸。又此種公開傳輸行為依本局意見，應已超出合理使用範圍，原則上應得權利人之授權。

三、另我國著作權法規定，圖書館基於保存資料之必要者，得就其收藏之著作重製，而所謂重製，指以印刷、複印、錄音、錄影、攝影、筆錄或其他方法有形之重複製作，因此，圖書館基於此目的所為之重製，屬於著作合理使用範圍，是法律所允許的。由於重製的形式並無限制，換言之，圖書館基於保留資料之必要，可將錄影帶重製為DVD、VCD，錄音帶可重製為MP3或CD。

經濟部智慧財產局95年06月02日智著字第09500049830號函釋

有關函詢貴校圖書館擬將原有錄影（音）帶館藏轉錄成光碟，俾利保留及流通，是否適法一案，復如說明，請查照。

說明：一、復貴校95年5月22日臺科大圖字第0950101441號函。

二、依著作權法第48條第2款規定，供公眾使用的圖書館如果因為保存資料之必要，可以就其收藏之著作重製之，但其用途僅限於保存之目的，如提供外借即超出保存之目的。因此，貴校圖書館如係基於保存資料之必要，是可以將原有錄影（音）帶館藏轉錄成光碟，但如提供外借似與「保存資料之必要」不符，應獲得著作財產權人之授權後方得利用，否則會有著作權侵權之問題。

經濟部智慧財產局95年11月21日電子郵件951121函釋

一、著作權法（以下簡稱本法）規定，供公眾使用之圖書館、博物館、歷史館、科學館、藝術館或其他文教機構，如果因為保存資料之必要，可以就其收藏之著作「重製」之，但其用途應僅限於保存之目的，並無僅能影印幾分之幾之限制，重製整本書亦無不可。唯該份著作僅能做為保存資料之用，不得拿去「出借」。

二、所詢影印缺頁部分可以影印書本幾分之幾一節，請參考上述說明。

三、按著作權係屬私權，是否符合合理使用，如有爭議，因牽涉具體個案之認定，須由司法機關依具體事實調查證據予以審認。

經濟部智慧財產局98年03月19日智著字第09800014860號函釋

說明：一、復　貴館98年2月20台圖期字第0980000464號函。

二、按著作權法（下稱本法）第48條第2款所謂「保存資料之必要」，係指該館藏之著作屬稀有本且已毀損或遺失或有毀損、遺失之虞，或其版本係一過時的版本，利用人於利用時已無法在市場上購得者，始有適用。有關　貴館所詢問題一所述之期刊或書藉，是否構成前述「保存資料之必要」，尚須於具體個案中加以判斷，尚無法一概而論。惟如該等館藏著作已構成「保存資料之必要」者，其重製之方式自包括以數位化式之重製，圖書館並得依本法第48條第1款之規定提供讀者，另考量如交付數位化電子檔予閱覽人，基於重製之便利性及傳播之迅速性，對著作權人權益之影響不可謂不大，依著作權法第65條第2項第4款規定，尚難認屬合理使用之情形，自不能逕行交付

重製之電子檔案，應僅限於以紙本交付予閱覽人。

三、另貴館所詢問題二，擬將「基於保存資料之目的」而數位化之重製物置於館內網域查檢利用，但限制使用者只能於館內瀏覽、列印紙本：有關置於館內網域供讀者瀏覽者，涉及「公開傳輸」之行為，本法第48條雖無規定，惟圖書館提供讀者於館內以未附重製功能之電腦終端機或其他閱覽器閱覽，利用人無法利用此類行為將館藏著作另行重製為電子檔或將該檔案另行傳輸者，對著作權人權益之影響有限，可依本法第65條第2項之規定主張合理使用，又參酌國外立法例（例如美國著作權法第108條(b)之(2)及同條(c)之(2)；澳洲著作權法第第51A條(3A)及(3B)之規定），應限制利用人於館內利用時，未將館藏著作另行重製為電子檔或無法將該檔案另行傳輸者為限。

四、貴館函詢問題三，按本法第48條第1款並未限制閱覽人提出要求之方式，故圖書館提供遠距服務，使讀者不必親自到館就可透過郵寄、電話、傳真、電子郵件或網路，申請影印著作之一部分或期刊中之單篇論文，經館員影印紙本或利用第一項重製物列印成紙本，再以郵寄、傳真傳送，仍可主張適用本法第48條第1款合理使用之規定。

五、貴館函詢問題四，圖書館以Ariel方式提供資料給讀者，如該Ariel系統係屬館對館間1對1之定址傳輸而須由圖書館向被申請館提出申請者，雖不涉及「公開傳輸」之行為，惟依本法第48條第3款之規定，仍須符合「絕版或難以購得」之要件，始得將館藏著作重製成電子檔，透過Ariel系統直接傳輸予對方圖書館。至於對方圖書館再將Ariel系統所接收之資料以紙本印出給讀者之行為，亦應符合著作權法第48條第1款之規定，始得為之。

六、貴館函詢問題五，承前述說明一，若圖書館館藏之古老黑膠唱片及傳統錄影帶，因資料載體呈現老化及脆化現象，坊間已無適當讀取機器可以購買，且無法以合理管道或價格購買相同內容之CD或DVD，則圖書館可基於保存資料之必要，依本法第48條第2款規定將其轉錄成CD或DVD，用於替換古老黑膠唱片

及傳統錄影帶之館藏。又該等重製物屬「視聽著作」或「錄音著作」，其性質上恐無法依著作權法第48條第1款之規定，供個人研究之要求，重製該等著作之一部。又如將該等重製物提供外借或供公眾使用，亦已超出保存之目的，另如置於館內網域供讀者瀏覽者，仍請參考前述說明三之說明。

七、以上為本局基於著作權專責機關所為之法律意見。如於具體個案就是否構成合理使用，當事人間發生爭時，仍應由司法機關調查事實予以認定，併予敘明。

經濟部智慧財產局100年03月28日電子郵件1000328函釋

一、依照著作權法（下稱本法）之規定，著作財產權的保護期間係存續於著作人終身加死亡後50年或著作公開發表後50年。故文教機構館藏的著作，其著作財產權期間如已經屆滿者，文教機構可以在不影響著作人格權的情形下進行數位化重製、上網提供公眾閱覽，並不會涉及侵害著作權的問題。二、惟如館藏著作之著作尚在財產權保護期間，文教機構欲將其館藏進行數位化，涉及「重製」他人著作之行為，除有本法第48條第2款基於「保存資料之必要」者，得主張合理使用外，應取得著作財產權人之授權或同意，而所謂「保存資料之必要」，係指館藏著作已毀損或遺失或客觀上有毀損、遺失之虞，且無法在市場上以合理管道取得相同或適當版本之重製物者，始屬之。三、如文教機構將數位化重製之內容，置於網路供公眾閱覽，復涉及「公開傳輸」之行為。如文教機構將符合上述本法第48條第2款為保存目的之數位化重製內容，在館內以未附重製功能之電腦終端機或其他閱覽器，公開傳輸予讀者閱覽，該公開傳輸行為可依本法第65條第2項主張合理使用。至非屬上述本法第48條第2款為保存目的之數位化重製內容，不論是否限制在館內電腦閱覽或設置帳號控管使用人數，仍應獲得著作財產權人之同意或授權始得為之。四、上述「重製」或「公開傳輸」之行為，除符合合理使用之情形外，如未取得著作財產權人之同意或授權，即屬侵害著作財產權之行為。至所滋生之法律則責任應由大學圖書館或館員負責1節，應視實際個案情形而定，惟依本法第101條第1項規定，因執行業務不法侵害他人權利時，除處罰行為人外，對該法人（大學）亦科以罰金。另目前尚無圖書館侵權類似案例可提供，尚祈見諒。

五、此外，來函所稱「書目」資訊如係指著作的名稱、著作人等資料，由於非屬「著作」，將之數位化後上網，不會有侵害著作權的問題。至於圖書館等文教機構之行為是否符合歐盟資訊社會著作權與相關權利指令，非屬本局職掌之法規，本局未便就該指令之適用表示意見，尚請諒察。

經濟部智慧財產局105年10月04日電子郵件1050930函釋

　　二、至所詢圖書館所訂購或租賃之資料庫、電子期刊或電子書是否屬於能適用前揭合理使用規定之「館藏著作」？按現今大多數之資料庫、電子期刊或電子書業者，為保有其擁有著作財產權之著作在利用上之控制權，原則上均採「授權利用」之方式提供服務，僅授權其客戶在特定期間內（不論是「年度授權」或「永久授權」均屬之）利用著作，並訂有與客戶間之授權契約條款，其中可能就客戶得利用著作之樣態加以限制，此種「授權利用」之著作即不屬於「館藏著作」，自無著作權法第48條合理使用規定之適用，而須依授權契約之約定為之。故圖書館訂購或租賃的資料庫、電子期刊或電子書，可否應其他圖書館之讀者透過館際合作服務申請（複印該資料庫、電子期刊或電子書的某一篇文獻），以紙本交付該館讀者？仍應視圖書館與各該資料庫等業者之授權契約範圍而定。

相關條文：第63條、第64條、第65條、第87條之1

第48條之1（圖書館對摘要之合理使用）
中央或地方機關、依法設立之教育機構或供公眾使用之圖書館，得重製下列已公開發表之著作所附之摘要：
一、依學位授予法撰寫之碩士、博士論文，著作人已取得學位者。
二、刊載於期刊中之學術論文。
三、已公開發表之研討會論文集或研究報告。

解說
　　本條之目的在提供建立論文摘要所必要的合理使用，是在國科會所努力推動下完成之立法。本條得為利用的主體，限於「中央或地方機關、依法設立之教育機構或供公眾使用之圖書館」，其利用的客體限於相關論

文的「摘要」，以供蒐尋者檢索，但其並不包括全文之利用，若須作全文的利用，應經過授權。至於沒有「摘要」的論文，利用者自行作成「摘要」，並非法所禁止。

又碩博士生姓名、論文名稱、指導教授、校院名稱等，僅是一般資料，不是論文內容，不受著作權法保護，而「論文目次」並沒有具體完整的創作內容，也不受著作權法保護；至於「參考文獻」，因僅有著作名稱、著作人姓名、出版單位及出版年份，與著作之定義未合，亦無法受本法之保護。從而，現行「全國博碩士論文資訊網」除了摘要，還將研究生姓名、論文名稱、指導教授、校院名稱、「論文目次」及「參考文獻」一併顯現，應該尚不致構成侵害著作權。

本條的利用方式為「重製」，惟網路環境下，透過網路的檢索蒐尋更為迫切需要，此宜再以修法擴大之，使得論文摘要亦得以「公開傳輸」的方式合理使用，目前著作權專責機關係以行政解釋方式，認定得適用第65條第2項規定而有合理使用之空間。

經濟部智慧財產局96年03月16日電子郵件960316b函釋

一、我國著作權法（下稱本法）係採創作保護主義，任何人只要出於獨立創作，各人就其創作均享有著作權。博碩士論文，只要具有獨立創作性，就受到著作權法之保護，任何人除有本法第44條至第65條合理使用外，均必須經過權利人的同意，始可以重製、公開傳輸或其他本法所定之利用，合先敘明。

二、所詢學校是否有權將博碩士論文上傳至國家圖書館之疑義，按上傳論文涉及「重製」及「公開傳輸」之行為，應依您與學校就該論文之利用範圍所作之約定定之，若您並未授權重製、公開傳輸該論文，則學校及國家圖書館均不得為之，惟本法第48條之1規定，中央或地方機關、依法設立之教育機構或供公眾使用之圖書館，就已公開發表，依學位授予法撰寫之碩士、博士論文，著作人已取得學位者，得重製該等論文所附之摘要，因此，若您的論文係屬於上述規定之碩士、博士論文，則學校及國家圖書館就可以重製該論文所附之摘要，無需獲得您的同意，但是必需註明出處。

　　三、另所詢「摘要、參考文獻是否也涵蓋在書目資料中」一節，按本法規定，著作是指指屬於文學、科學、藝術或其他學術範圍之創作，以「全國博碩士論文資訊網」網頁為例，其所顯示之各項資訊，其中研究生姓名、論文名稱、指導教授、校院名稱等項資料，因未涉及論文內容，所以不受著作權法保護；「摘要」內容係著作權法保護之標的，請參考上述二之說明；「論文目次」，由於並沒有具體完整的創作內容，所以不受著作權法保護；「參考文獻」，因為僅有著作名稱、著作人姓名、出版單位及出版年份，與上述著作之定義未合，亦無法受本法之保護。

經濟部智慧財產局智99年04月22日著字第09900034750號函釋

　　二、按著作權法（下稱本法）所稱之「著作」係指屬於文學、科學、藝術或其他學術範圍之創作，來函所指學術期刊論文之題名、作者、服務機關、關鍵詞及引用文獻（參考文獻）等資料，由於非屬「著作」，無法受本法之保護，將該等資料集中上網或做其他利用，不會有侵害著作權的問題。

　　三、至所詢資料庫收錄學術期刊論文之中、英文摘要一節，依本法第48條之1規定，中央或地方機關、依法設立之教育機構或供公眾使用之圖書館，就已公開發表，刊載於期刊中之學術論文，或已公開發表之研討會論文集或研究報告，得重製該等著作所附之摘要，故貴中心重製已公開發表之學術期刊論文之中、英文摘要，不會有侵害著作權的問題。

　　四、至於後續利用型態或與其他國際資料庫洽談國際合作事宜，如涉及於網路傳輸利用（即公開傳輸）行為，考量此等利用行為對著作權人所造成之影響尚屬有限，在符合本法第48條之1合理使用之前提下，尚可依本法第63條第3項規定予以散布，則其後續之「公開傳輸」行為似亦有依本法第65條第2項規定，認有主張合理使用之空間。至符合上述合理使用之情形，仍須依本法第64條之規定註明其出處（著作人如明示其姓名或別名者，亦須一併註明）。

　　五、以上係行政機關見解。由於著作權屬私權，在具體個案中，對於利用著作有無合理使用、有無構成侵害等，如有爭議，仍應由司法機關調查事證予以審認。

第49條（時事報導之合理使用）

以廣播、攝影、錄影、新聞紙、網路或其他方法為時事報導者，在報導之必要範圍內，得利用其報導過程中所接觸之著作。

解說

　　本條是關於時事報導的合理使用規定。在利用主體方面，並無限制，只要符合「時事報導」之目的，任何人均得為之。所謂「時事報導」，係指當日所發生之事實的單純報導，如就新聞時事另製作新聞性節目，就新聞事件做專論報導、評論等，則不屬於本條所稱之「時事報導」情形，惟可依第52條合理使用之規定，為報導之必要，在合理範圍內，「引用」已公開發表之著作。

　　在本條的合理使用方法上，包括「廣播、攝影、錄影、新聞紙、網路或其他方法」，其可能涉及第22條至第28條之1所定的各種利用方法。在利用的範圍方面，必須是「在報導之必要範圍內」，例如報導某舞團今日在歌劇院演出，可以錄播數分鐘演出內容，達到新聞傳播效果，若是作長達數十分鐘的錄播，顯然已超出「報導之必要範圍」，而不能認為是合理使用。本條所得利用的對象，係包括任何報導過程中所接觸到之著作，不問其是否發行，顯然新聞傳播「知的權利」之保護，要優於著作人之公開發表權，不過，在認定其利用是否在「報導之必要範圍」，著作的是否發行，應該列入考量。

　　依本條的利用方法，除了本條的「廣播、攝影、錄影、新聞紙、網路或其他方法」行為外，並得依第63條第1項及第3項規定加以「翻譯」及「散布」，惟均應依第64條規定註明出處，以示尊重著作人格權。

經濟部智慧財產局93年09月13日電子郵件930913函釋

　　按該條文規定之構成要件必需是為「時事」之報導者始得在報導中之必要範圍內，利用其報導過程中所接觸之著作，並非所有之報導均可適用該條而主張合理使用，除非所利用的報導屬於「時事報導」，否則，即難以適用著作權法第49條的規定。

經濟部智慧財產局93年11月24日電子郵件931124函釋
　　一、著作權法（下稱本法）第49條所稱「時事報導」，係指單純為傳達事實的「新聞報導」；至「新聞評論」，則是就單純之新聞事件加上個人意見之論述。因此，電視台新聞部之記者就當日所發生之事實的單純報導，屬於本法所稱之「時事報導」，在報導之必要範圍內，得利用其報導過程中所接觸之著作；如就新聞時事另製作新聞性節目，就新聞事件做專論報導、評論等，則不屬於本法第49條所稱之情形，惟可依本法第52條合理使用之規定，為報導之必要，在合理範圍內，得「引用」已公開發表之著作。

相關條文：第63條、第64條、第65條

第50條（政府出版品之合理使用）
以中央或地方機關或公法人名義公開發表之著作，在合理範圍內，得重製、公開播送或公開傳輸。

解說
　　本條規定對於政府出版品之合理使用。美國著作權法第105條規定，聯邦政府之著作不受著作權法保護，任何人可以自由利用。但在我國，除非是第9條第1項第1款及第2款「憲法、法律、命令或公文」，以及「中央或地方機關就憲法、法律、命令或公文作成之翻譯物或編輯物」，不得為著作權之標的外，其他「以中央或地方機關或公法人名義公開發表之著作」，仍可以受著作權法保護，其使用原則上仍應經授權。
　　「以中央或地方機關或公法人名義公開發表之著作」，包括所謂「政府出版品」以及政府出資所成立的公法人之出版品，其具有政府資訊之角色，應廣為各方利用，本條不問其著作財產權歸屬如何，既係「以中央或地方機關或公法人名義公開發表」，應允許在合理範圍內，得被重製、公開播送或公開傳輸。至於其未發表之著作，則不在本條適用範圍。
　　本條所稱「在合理範圍內」，固可能較為寬鬆，惟仍必須是在依本法第65條第2項所定四個基準中判斷。例如可以引用政府出版品中統計圖

表，卻不能整本翻印。

　　依本條的利用方法，並得依第63條第1項及第3項規定加以「翻譯」及「散布」，惟均應依第64條規定註明出處，以示尊重著作人格權。

經濟部智慧財產局89年04月13日智著字第89002617號函釋

　　（二）所詢問題二、四政府之文宣包括圖、文及政府、公法人對外銷售之出版品及地圖等是不是屬於公文？有無著作權一節：著作權法第9條第1項第1款及第2款規定，憲法、法律、命令或公文以及中央或地方機關就上述憲法、法律、命令或公文所作之翻譯物或編輯物，不得為著作權之標的。是政府或公法人之文宣或出版品如屬於前開規定或該第9條第1項其他條款之範圍者，則任何人均可利用；反之，則屬受著作權法保護之著作，則除有合於著作權法第44條至第65條著作財產權之限制（合理使用）之規定外，仍應徵得該等著作之著作財產權人之同意或授權後，始得利用之。（三）所詢公法人指那些單位，譬如內政部那些單位屬公法人一節：關於公法人之定義，著作權法並無明文，應視各該法人所成立之法律依據認定之，所詢內政部所屬有何公法人一節，請逕洽該部。（四）著作權法第50條所謂之「合理範圍」為何一節：按著作權法第65條第2項明定：「著作之利用是否合於第44條至第63條規定或其他合理使用之情形，應審酌一切情狀，尤應注意下列事項，以為判斷之標準：一、利用之目的及性質，包括係為商業目的或非營利教育目的。二、著作之性質。三、所利用之質量及其在整個著作所占之比例。四、利用結果對著作潛在市場與現在價值之影響。」是所詢著作權法第50條之「合理範圍」，請參考上述規定。

經濟部智慧財產局92年08月21日智著字第0920007038-0號函釋

主旨：貴館所詢將政府出版品影像檔提供網路瀏覽、列印等服務，是否符合著作權法之規定一事，復如說明，請查照。

說明：一、復貴館92年7月11日台圖閱字第0920001958號函。

　　　　二、按著作權法（下稱本法）第3條第1項第10款及第26條之1第1項分別規定：「公開傳輸：指以有線電、無線電之網路或其他通

訊方法，藉聲音或影像向公眾提供或傳達著作內容，包括使公眾得於其各自選定之時間或地點，以上述方法接收著作內容。」「著作人除本法另有規定外，專有公開傳輸其著作之權利。」貴臺將所蒐藏之政府出版品影像檔，提供讀者於網路上瀏覽、列印等服務，如該政府出版品依本法享有著作權者，則貴館之行為已涉及「重製」及「公開傳輸」他人受本法保護之著作，除符合本法第44條至第65條所定合理使用之情形外，應事先取得著作財產權人之授權或同意，始得為之，合先敘明。

三、按資料保存與資訊提供為圖書館之二大重要功能，惟其功能之發揮，除法律有特別規定外，仍宜注意不得對著作權人造成重大損害。本法並未針對國家圖書館為特別規定，而係就所有供公眾使用之圖書館，於第48條第2款規定，基於保存資料之必要，得就其收藏之著作重製之，另於第50條亦規定：「以中央或地方機關或公法人之名義公開發表之著作，在合理範圍內，得重製、公開播送或公開傳輸。」故貴館雖得基於保存資料之必要，以數位或掃描方式重製政府出版品，並於合理範圍內加以公開傳輸。惟所謂「合理範圍」，依本法第65條第2項規定：「著作之利用是否合於第44條至第63條規定或其他合理使用之情形，應審酌一切情狀，尤應注意下列事項，以為判斷之基準：（一）利用之目的及性質，包括係為商業目的或非營利教育目的。（二）著作之性質。（三）所利用之質量及其在整個著作所占之比例。（四）利用結果對著作潛在市場與現在價值之影響。」如所有之供公眾使用之圖書館均得將所有政府出版品另以數位化、影像化，並提供網路瀏覽、列印服務等，似已超出本法合理範圍。

四、另就比較法而論，依美國著作權法第105條規定，聯邦政府之著作不受著作權法保護，就我國而言，所謂「政府出版品」依「政府出版品管理辦法」第2條規定，係指「以政府機關及其所屬機構、學校之經費或名義出版或發行之圖書、連續性出版品、電子出版品及其他非書資料。」故如政府機關及其所屬機構、學校已取得其政府出版品之著作財產權者，則圖書館主管

機關或政府出版品相關主管機關，基於國家圖書館之特殊地位
及政府出版品之推廣，思考於「圖書館法」、「政府出版品管
理辦法」為特殊規定，許可前述利用行為，做為著作權法之特
別規定者，本局無意見。

經濟部智慧財產局93年11月22日電子郵件931122函釋

　　四、又依本法第50條之立法意旨在便利民眾合理利用政府出版品，促
進公益，基於著作性質係公益性之考量，不論著作財產權人是否為中央或
地方機關或公法人，只要著作人為中央或地方機關或公法人，且以其名義
公開發表，在合理範圍內，得重製、公開播送或公開傳輸，惟仍應明示其
出處。基本上本條合理使用之空間，一般認為較為寬廣。

相關條文：第63條、第64條、第65條

第51條（個人之合理使用）
供個人或家庭為非營利之目的，在合理範圍內，得利用圖書館及非供公
眾使用之機器重製已公開發表之著作。

解說

　　本條係供個人非營利目的之合理使用條文，是最普遍的合理使用情
形。在利用主體方面，任何人，只要是「供個人或家庭為非營利之目
的」，就得依本條合理使用，至於其是否間接有利企業之營利目的，並無
限制。從而，企業職員為解決企業之問題，在個人學習過程中，亦得依本
條作合理使用。本條既限於「供個人或家庭為非營利之目的」，自不得將
所重製之物與家庭以外之人分享，也不包括代客錄音或影印。

　　本條所得利用之客體，限於「已公開發表之著作」，不包括「未公開
發表之著作」，而其所得使用之重製機器，限於「圖書館及非供公眾使用
之機器」，例如圖書館或個人使用之影印機、掃描器、電腦或錄音、錄影
機。至於在一般便利商店或影印店之影印，雖不符合「非供公眾使用之機
器」，但仍得依第65條第2項之「其他合理使用」為之，重點在於本條或
該條之利用，是否「在合理範圍內」，亦即應依第65條第2項所定四款基

準認定之。

　　本條的合理使用情形至為廣泛，最重要的判斷標準在於是否會構成「市場替代」的效果，若使用他人著作的結果會取代消費購買，例如透過網路下載音樂，以替代唱片CD的選購，就不能認為是本條的合理使用。同理，將購買的合法CD轉成MP3，存入硬碟或使用自己的燒錄機燒錄一份備份，是否有本條合理使用之規定，不構成侵害著作權，或可否依第65條第2項的「其他合理使用」有備份之空間，也是有疑義的。

　　本條是國際間所稱的「家庭錄製」（home taping）或「私人重製」（private copy）之合理使用。在類比環境時代，私人重製的成本較高，品質較差，很多是作為「時間轉換」（time-shift）之用，即錄製下來供稍後觀賞，對於著作權人影響不大。近來數位科技發達，家庭錄製的成本低、品質佳且保存久，著作權人實際上也不易進入私人領域主張權利，歐美間乃發展出「補償金制度」（levy system），從重製機器上或空白的重製媒體上，徵收一定比率的補償金，以補償著作權人因為廣泛的私人重製所造成的損失。這種補償金制度，基本上仍是合理使用下對於著作財產權人的合理補償，並不能取代合理使用範圍外的一般利用之授權。

 函釋

經濟部智慧財產局92年05月28日電子郵件920528函釋

　　而您所詢公司員工用公司之影印機影印他人著作供個人使用，並無營利行為，因該等設備非屬「非供公眾使用之機器」，雖無法依本法第51條之規定主張合理使用，惟如該「重製」符合本法第65條（合理使用概括條文）第2項各款所列之判斷標準時，應仍有得依該條規定主張合理使用之空間。

經濟部智慧財產局92年12月18日智著字第0920011229-0號函釋

　　三、按著作權法規定：「供個人或家庭為非營利之目的，在合理範圍內，得利用圖書館及非供公眾使用之機器重製已公開發表之著作」，所詢以自助式KTV之硬體設備提供顧客於歡唱中錄製個人之音樂CD片，因不符合上述合理使用之規定，故仍需取得著作財產權人之同意或授權始得為之，否則可能侵害他人之著作財產權，而有民、刑事責任。又來函所稱國

外可允許顧客於錄製相關音樂作品時支付費用而能合法取得音樂使用權之作法，係授權利用之市場機制，如市場上利用人與權利人或著作權仲介團體洽妥以付費取得重製之授權，本屬著作權法第37條所定之情形，本局亦樂觀其成。

經濟部智慧財產局94年04月14日電子郵件940414函釋

二、所詢如錄製電視台所播放之影片，如果是供私人欣賞依本法第51條家庭錄製之規定，可有合理使用之空間，似尚不至於有侵害著作權之情事，但若將所錄製之影片重製後並提供他人使用，則應已超出合理使用範圍，原則上必須得到著作財產權人之同意或授權，始可為之。

三、至於您所詢「將出租店租來的DVD錄下來，供私人欣賞」，與歷來一般對上述第51條規定之解讀（係指因加班，無法準時收看電視節目而錄製、聽收音機、看電視、將喜歡之著作錄製再加以欣賞等），相較似已有所逾越（如果喜歡租來的DVD蝙蝠俠，可以去買家用版，或再多租一次，而用燒製方式留下來欣賞，將發生替代出租市場，或出租零售市場之效果，與第65條合理使用的原則不合），但實務上也有認為此種行為是合理使用的判決（台中高分院88年度上易字第2522號判決，如附件），亦請您一併參考。

經濟部智慧財產局95年02月09日電子郵件950209號函釋

一、依著作權法（下稱本法）規定，將黑膠唱片轉錄成CD係屬「重製」行為，將CD對公眾提供則係屬「散布」行為。重製權及散布權均屬於著作財產權人專有，任何人若欲將他人享有著作財產權的著作加以「重製」及「散布」，除有本法第44條至第65條合理使用之規定外，應事先取得該等著作之著作財產權人授權的同意，始得為之，否則即有可能構成侵害著作財產權之行為，而須負擔民、刑事責任，合先敘明。

二、有關您所稱欲將黑膠唱片轉錄成CD是否違反著作權及是否可要求集資共同轉錄並分攤費用等情，本組答覆如後：（一）有關將黑膠唱片轉錄成CD涉及本法之「重製行為」，故原則上應得著作財產權人之同意始得為之。惟台端係因科技進步，導致無法將原來合法取得之音樂著作或錄音著作，再為通常之使用或難為通常之使用，為使用該等著作所為之「重製行為」，基於科技進步導致原物品再利用之結果、轉錄之結果對著作潛

在市場與現在價值似未造成變動或影響及如果僅供個人或家庭非營利之目的考量，似有主張本法第51條「家庭錄製」（hometaping）合理使用之空間。（二）至於如果集資轉錄前開錄音著作，則似已超越上述合理使用之空間，此種重製行為可能會構成侵害重製權，又轉錄成CD後，在多數人之間再加以流通時，可能進一步會侵害「散布權」，建議應獲得著作財產權人之同意，始可採行這種型態之利用。

經濟部智慧財產局96年03月09日電子郵件960309函釋

　　將購買之正版音樂光碟片，轉錄其中一首歌曲為MP3格式下載至個人手機中聆聽一事，雖已涉及重製他人著作之行為，但基於個人為非營利目的之使用，應有本法第51條，供個人或家庭為非營利之目的，在合理範圍內，得利用圖書館及非公眾使用之機器重製已公開發表著作規定之適用。

相關條文：第63條、第64條、第65條

第52條（引用）
為報導、評論、教學、研究或其他正當目的之必要，在合理範圍內，得引用已公開發表之著作。

解說

　　本條規定「為報導、評論、教學、研究或其他正當目的之引用」。此「引用」之方式不限於重製，可以包括任何合目的性之行為，例如演講中之口述，公開播送、公開上映、公開傳輸或公開演出中，引述他人的說法或文字，重點在於是否「在合理範圍內」。

　　通常此條之「引用」，必須是自己有創作，所「引用」之他人著作僅作為自己創作的旁徵博引，若自己全無創作，純是集結他人創作成冊，並不合本條之合理使用，而應經授權始可。最常見的是論文中的上引號及下引號之「原文照錄」（quotation），再以註釋作「註明出處」（citation），以證明自己所言之真實不虛。

函釋

經濟部智慧財產局93年11月19日智著字第0930009217-0號函釋

（二）本法第52條所稱「引用」，係指利用他人著作，供自己創作之參證、註釋或評註等，亦即，必須係被引用之他人著作內容僅係自己著作之附屬部分而已，始可依據本條規定主張合理使用。台端從網站下載演奏曲以電腦製成活動實況影集並燒錄成CD光碟，涉及重製他人之音樂著作及錄音著作之行為，如僅供「個人」或「家庭」使用，在少量下載，且不至於對音樂產品市場銷售情形造成不良影響的情況下，屬於本法第51條所定之合理使用行為（與本法第52條規定無關），不會構成著作財產權的侵害。但如逾越了合理使用的範圍，縱使無營利的意圖，仍屬侵害重製權，須負擔民、刑事責任。至於台端除將該影片光碟自存外，另分贈親戚朋友或參加該等活動相關之特定人，已超越前述第51條合理使用範圍，應進一步依第65條合理使用概括條文判斷，如具體個案依該條第2項各款判斷結果，屬合理使用時，不會構成侵害。如不屬合理使用，應事先徵得該等音樂著作與錄音著作之著作財產權人或經其授權之人同意。（三）所詢本法第52條之「合理使用之數量」，如何界定、審酌一節，須依本法第65條第2項各款所列之基準，於具體個案中加以判斷。因著作權屬私權，利用人之利用（含引用）是否屬合理使用、有無構成著作權侵害，應於個案發生爭執時，由司法機關調查事實認定之。

經濟部智慧財產局93年11月24日電子郵件931124函釋

一、著作權法（下稱本法）第49條所稱「時事報導」，係指單純為傳達事實的「新聞報導」；至「新聞評論」，則是就單純之新聞事件加上個人意見之論述。因此，電視台新聞部之記者就當日所發生之事實的單純報導，屬於本法所稱之「時事報導」，在報導之必要範圍內，得利用其報導過程中所接觸之著作；如就新聞時事另製作新聞性節目，就新聞事件做專論報導、評論等，則不屬於本法第49條所稱之情形，惟可依本法第52條合理使用之規定，為報導之必要，在合理範圍內，得「引用」已公開發表之著作。

經濟部智慧財產局94年09月12日電子郵件940912號函釋

依本法第52條規定，為報導、評論、教學、研究或其他正當目的之必

要，在合理範圍內，得引用已公開發表之著作。所稱「引用」係指利用他人著作，供自己創作之參證、註釋或評註等，至於「引用」是否「在合理範圍內」，應依本法第65條第2項所定各款情形審酌，即(1)利用之目的及性質，包括係為商業目的或非營利教育目的；(2)著作之性質；(3)所利用之質量及其在整個著作所占之比例；(4)利用結果對著作潛在市場與現在價值之影響等事項。故您為報導老藝人之生平事跡，於所撰書稿中少量引用數張早期之唱片外觀圖案，不影響該唱片之潛在市場與現有價值者，依上開規定，似有合理使用之空間。

經濟部智慧財產局105年10月04日電子郵件1050920b號函釋

　　一、於網路上下載影片，涉及著作權法中的「重製」行為，後續將該影片於課堂中播出則涉及著作權法中的「公開上映」行為，「重製權」、及「公開上映權」皆為著作財產權人專有之權利，除了符合著作權法第44條至第65條合理使用的規定外，應徵得著作財產權人的同意或授權，否則即有可能侵害著作財產權。二、又依著作權法第52條規定，為報導、評論、教學、研究或其他正當目的之必要，在合理範圍內，得引用已公開發表之著作。依本條合理使用規定，您若是於課堂上為講課而播放影片，係為說明、補充或闡述自己的觀點或意見等輔助教學之目的，如在合理範圍內利用，例如僅播放一小片段，應有主張該條合理使用之空間；但如您是整堂課程播放影片，不是配合講課必要，則無從主張本條合理使用規定。

 判決

最高法院84年度台上字第419號判決

　　第52條規定所謂「為教學之目的」，應限於學校教師單純為直接供課堂上教學活動之用而言，苟係基於營利之目的，則與「為教學之目的」不合；又所謂「引用」他人著作，須所引用他人創作之部分與自己創作部分得加以區辨，如不能區辨何者為自己之創作，何者為別人之創作，亦即將他人之創作當作自己創作加以利用，則非屬引用。

相關條文：第63條、第64條、第65條

第53條（專供障礙者使用之合理使用）
中央或地方政府機關、非營利機構或團體、依法立案之各級學校，為專
供視覺障礙者、學習障礙者、聽覺障礙者或其他感知著作有困難之障礙
者使用之目的，得以翻譯、點字、錄音、數位轉換、口述影像、附加手
語或其他方式利用已公開發表之著作。
前項所定障礙者或其代理人為供該障礙者個人非營利使用，準用前項規
定。
依前二項規定製作之著作重製物，得於前二項所定障礙者、中央或地方
政府機關、非營利機構或團體、依法立案之各級學校間散布或公開傳
輸。

解說

　　本法自74年之修正，即已有關於專供盲人使用之合理使用規定，歷經
多次修正，最近一次係於103年依據世界智慧財產權組織於102年6月所通
過之「促進盲人、視障者及其他對印刷品有閱讀障礙者接觸已公開發表著
作之馬拉喀什公約」而修正。

　　本條之立法目的是為專供視覺障礙者、學習障礙者、聽覺障礙者或其
他感知著作有困難之障礙者之使用，允許不必經著作財產權人之同意，得
對於著作為合理使用之行為。

　　本條之利用對象限於「已公開發表之著作」，不包括「未公開發表之
著作」。

　　本條之利用主體，於第1項限於「中央或地方政府機關、非營利機構
或團體、依法立案之各級學校」，第2項則使第1項所定之障礙者或其代理
人為供該障礙者個人非營利使用，亦得準用第1項之合理使用規定。

　　本條之利用方法為「以翻譯、點字、錄音、數位轉換、口述影像、附
加手語或其他方式利用」。其中，「翻譯」應屬贅詞，蓋第63條第1項已
經就本法各種合理使用之進一步翻譯，統一規範為「依第44條、第45條、
第48條第1款、第48條之1至第50條、第52條至第55條、第61條及第62條規
定得利用他人著作者，得翻譯該著作。」至於「數位轉換」，係指著作所
儲存媒介之改變，例如，紙本掃描成電子檔，不同格式電子檔或儲存媒介

之轉換。又所謂「其他方式」，解釋上應限於類似「翻譯、點字、錄音、數位轉換、口述影像、附加手語」等，使視覺障礙者、學習障礙者、聽覺障礙者或其他感知著作有困難之障礙者，得以如同一般人一樣，方便接觸著作內容之情形，以使其不致因其相關障礙，而喪失接觸著作之機會，其可能之情形，例如，將一般字體改以放大10倍字體，以利弱視者閱讀，或將無字幕之視聽著作打上字幕，以供聽覺機能障礙者收視等。

又為避免符合資格之不同利用主體，重複就同一著作轉製，造成資源浪費，更為使依本條規定合理使用之成果，能對障礙者迅速而有效之提供，第3項乃允許依前二項規定製作之著作重製物，得於前二項所定障礙者、中央或地方政府機關、非營利機構或團體、依法立案之各級學校間，進一步為有體物之散布或透過網路公開傳輸。

函釋

經濟部智慧財產局94年05月11日智著字第09400033510號函釋

主旨：有關貴會函詢欲提供視障者使用數位有聲書之著作權疑義一案，復如說明，請查照。

說明：一、復貴會94年4月20日愛盲（全）字第94069號函。

二、來函所詢貴會為提供視障者下載有聲書之服務，擬由出版業者上載文字檔至貴會網站伺服器，並由視障者下載後於使用者端透過特定軟體將下載之文字檔自動轉換成語音檔，轉換完成後原文字檔即銷毀一節，按將著作上載至網站並提供下載之行為涉及著作之重製及公開傳輸，如該出版業者享有該著作之著作財產權，自得決定該著作利用之方式，故並無侵害著作權之問題；惟如該出版單位並未享有該著作之著作財產權，僅被授權出版該著作，則應視該出版單位被授權之範圍是否包括前述利用方式，如不在授權範圍內，則除有合理使用情形外，應取得授權後方得利用。

三、有關為視覺障礙者之福利而利用著作之合理使用情形，說明如下：（一）按著作權法第53條第1、2項分別規定：「已公開發表之著作，得為視覺障礙者、聽覺機能障礙者以點字、附加手語翻譯或文字重製之。」「以增進視覺障礙者、聽覺機能障礙

者福利為目的，經依法立案之非營利機構或團體，得以錄音、電腦、口述影像、附加手語翻譯或其他方式利用已公開發表之著作，專供視覺障礙者、聽覺機能障礙者使用。」就出版業者而言，其上載（含重製及公開傳輸）之行為並不符合前述第1項（按行為態樣不符）及第2項（按行為主體不符）之規定，故不能主張本條之合理使用；就貴會而言，如貴會屬以增進視覺障礙者福利為目的，經依法立案之非營利機構或團體，就上載及於網站上提供視障者下載之行為，可適用前述第2項之規定主張合理使用。又上述之利用，不適用於未公開發表之著作，請予注意。（二）又著作權法第65條第2項規定：「著作之利用是否合於第44條至第63條規定或其他合理使用之情形，應審酌一切情狀，尤應注意下列事項，以為判斷之基準：一、利用之目的及性質，包括係為商業目的或非營利教育目的。二、著作之性質。三、所利用之質量及其在整個著作所占之比例。四、利用結果對著作潛在市場與現在價值之影響。」如不符合前述第53條合理使用之規定，但係專供視覺障礙或聽覺機能障礙者使用，而將已公開發表之著作轉化為可供視覺障礙或聽覺機能障礙者利用之形式，在個案情形亦可能有本條項合理使用之空間。

經濟部智慧財產局101年01月09日智著字第10100001270號函釋

二、按著作權法（下稱本法）第53條第1項規定，主要係規範以點字、附加手語或文字「重製」著作（包括將紙本書籍製作為電子檔）之行為，因而出版社為供視覺障礙者之利用，得將他人已公開發表之著作「重製」為電子檔，並得依本法第63條規定，將電子檔「散布」供視覺障礙者之使用。又此所稱「散布」，依本法第3條第1項第12款規定，僅限於實體物之交付，不涉及網路上之公開傳輸等無形利用行為。三、至於「重製」以外之利用行為，如將電子檔置於網路之「公開傳輸」行為，除了「經依法立案之非營利機構或團體」等主體得依同法第53條第2項規定利用已公開發表之著作，專供視覺障礙者之使用外，一般出版社（非屬經依法立案之非營利機構或團體）仍需取得著作財產權人之授權，始得將所發行書報

雜誌之電子檔以網路（公開傳輸）之方式供視覺障礙者之利用。所引本局94年5月11日智著字09400033510號函，即為上述情形之說明。四、因此，所詢出版社得否將電子檔提供視覺障礙者以「盲用電腦平台」利用一節，如只將電子檔置於網路平台提供視覺障礙者之使用者，僅經著作權人授權發行紙本書籍之出版社，自無將電子檔置於網路平台之權利，仍需取得著作財產權人公開傳輸之授權後始得為之。

經濟部智慧財產局101年10月23日智著字第 10116005160號函釋

　　貴館（國立臺灣圖書館）經教育部指定為視覺功能障礙者電子化圖書資源之專責圖書館，如係「以增進視覺障礙者福利為目的」，自得主張為著作權法第53條第2項之非營利「機構或團體」，而有該項規定之適用。

經濟部智慧財產局104年08月04日電子郵件1040804b函釋

　　依據現行著作權法第53條第1項規定，「非營利機構或團體為專供視覺等障礙者使用之目的，得以數位轉換或其他方式利用已公開發表之著作（即製作無障礙版本）」。惟所詢非營利之視障福利團體如係為上開之目的，請求貴出版社提供書籍之紙本或電子檔供其利用，是涉及所有物之讓與，此與著作權法無涉，亦與出版社所取得之出版權僅限紙本書或亦包含電子書無涉；倘貴出版社與他人簽訂之出版或其他契約中未另約定者，貴出版社是否願提供，請自行斟酌。

相關條文：第63條、第64條、第65條、第80條之2、第87條、第87條之1

第54條（考試之合理使用）
中央或地方機關、依法設立之各級學校或教育機構辦理之各種考試，得重製已公開發表之著作，供為試題之用。但已公開發表之著作如為試題者，不適用之。

解說

　　本條是機關學校辦理考試合理使用他人著作的規定。得依本條合理使用的主體限於「中央或地方機關、依法設立之各級學校或教育機構」，利

用目的在於「辦理各種考試」，例如高、普考、特考或大學聯招、國中基本學力測驗、各級學校辦理的各種大小考試，都包括在內。可以合理使用的客體，限於「已公開發表之著作」，但不包括「試題」在內，例如，高中國文老師可以把余光中的新詩當作閱讀測驗的閱讀文章，再加上自己出的題目；又例如美術史老師可以將張大千的畫作重製在考卷上，要同學分析其畫風與創作意境等，但是不可以把坊間補習班或出版社所出的測驗卷，直接拿來當作學校考試之用。本條得合理使用的方法限於「重製」，而不及於其他。

　　本條的合理使用與第9條第1項第5款「依法令舉行之試題及其備用試題」的關係如何？也就是說，受著作權法保護的著作，會不會因為依本條規定被合理使用作成「依法令舉行之試題及其備用試題」後，成為不得為著作權之標的？試題以外的一般著作，有可能被中央或地方機關、依法設立之各級學校或教育機構，在辦理各種考試時，不必經著作財產權人同意，就得逕行重製供為試題之用。若說著作一旦被依第54條規定，成為「依法令舉行之考試試題」時，就喪失著作權法之保護，對著作財產權人就更不公平，因為他始終未曾就其著作被作成試題一事，表示過同意。因此，個別著作被作為試題之一部分，若是以試題整體利用而使用到該個別著作，則因試題不得為著作標的，而應可就該個別著作自由利用，但如就被作為試題一部分之個別著作單獨利用，則該著作不應因為成為試題之一部分而喪失其著作權。

經濟部智慧財產局93年09月29日電子郵件930929函釋

　　二、本法第54條規定：「中央或地方機關、依法設立之各級學校或教育機構辦理之各種考試，得重製已公開發表之著作，供為試題之用。但已公開發表之著作如為試題者，不適用之。」，得適用該條文重製已公開發表之著作供為試題之用者，僅限於中央或地方機關、依法設立之各級學校或教育機構辦理之各種考試（不論是期中或期末考試），始得為之，惟已公開發表之著作如為試題，其創作目的在供考試之用，尚不得依上述規定予以重製。台端為學校編製試題時，如利用的部分屬坊間教科書業者所編製供學生練習測驗卷或學習講義中之試題，係屬非依法令舉行之各類考試

試題，自不得依上述規定予以重製，應取得該著作著作財產權人之同意或授權，始得為之，否則，將構成侵權問題。

相關條文：第9條第1項第5款、第63條、第64條、第65條

第55條（非營利活動之合理使用）
非以營利為目的，未對觀眾或聽眾直接或間接收取任何費用，且未對表演人支付報酬者，得於活動中公開口述、公開播送、公開上映或公開演出他人已公開發表之著作。

解說

本條是關於非營利活動的合理使用，其應符合以下條件：

一、非以營利為目的：此指無任何直接或間接的營利目的之利用。關於是否「以營利為目的」的認定，不僅應視利用的目的是否經濟上利益可以立即實現的，還應看是不是屬於經濟上利益可能轉換為無形或延後發生的情形。公司為慰勞員工或感謝客戶，舉行的電影欣賞會、尾牙或春酒活動中邀請歌手的歌唱演出，應都認為與營利目的有關。此外，在有助於企業形象提升的活動中利用著作，或是在商業與公益結合的活動中利用著作，也應被認定是屬於「以營利為目的」之行為。例如，在新產品推出記者會中，不但沒有任何收費，更免費推出試用產品，會場播放市面購得的CD作為背景音樂，因該記者會是為獲取經濟上利益為目的，不能被認為是「非以營利為目的」，故應不符合本項要件。不過，若是內部聚會，由主管、員工自行粉墨登場，提供助興節目，純屬自娛娛人的演出，則可被認為是「非以營利為目的」。

二、未對觀眾或聽眾直接或間接收取任何費用：此種費用不管以任何名目收取，如會員費、場地費、清潔費、飲食費、管理費、維護費或其他任何名目收取之費用，均不符本項要件。此外，即使是需購買報刊雜誌才能憑上面刊載的印花，或購買產品才能依所附的兌換券，兌換入場券等行為，因為還是要購買報刊雜誌或產品，其入場券的取得還是應被認為是要支付費用，而不符本項要件。

三、未對表演人支付報酬：此一報酬也包括出席費或其他任何實體物等對價。關於車馬費方面，並非不可支付，但若所支付者已超越一般舟車往返實際上的必要支出時，仍應認定屬酬勞性質，不符本項要件。

四、於特定活動中：縱使符合前述三要件，仍必須是特定活動，而不可以是經常性或例行性活動。例如，機關、學校或公司、行號每日午休期間的音樂播放、每月的慶生會、每週的電影欣賞會、校園年度影展等，都不符合本項要件。

五、限於以「已公開發表」的著作為利用對象，若是未公開發表的著作，基於尊重著作人之著作人格權，不得依本條加以合理使用。

選舉活動中，常見候選人選定耳熟能詳的音樂著作，作為個人選戰宣傳工具，因為係一連串競選活動之使用，仍應經授權始可，不適用本條規定。

縱使是合於本條項的活動，但在營業場所中進行，由營業場所提供著作者，例如在餐廳或旅店房間歡唱卡拉OK或欣賞電影，因為提供者是營利目的，不得被認為是本條的合理使用，至於這些場所是自行吸收使用報酬，以吸引客戶，還是將使用報酬轉嫁客戶消費支出，則是另一問題。

本條合理使用的方法包括公開口述、公開播送、公開上映或公開演出，並不包括重製行為，或合理使用後的其他利用行為，在前者情形，例如學生校際觀摩或比賽，可依本條不經授權而演唱或演奏他人的音樂，但仍應購買合法的歌譜，不可以任意影印供學生演奏；在後者之情形，例如將上開比賽再錄製下來分送各界，或在商業電視上作播出，收取廣告費等。

關於本條合理使用規定，與第65條第2項所定的四項合理使用認定基準的關係，應該是二條文一併適用，也就是說除了要合於第55條規定，也要合於第65條第2項所定的四項基準，才能認為是合理使用。著作權專責機關經濟部智慧財產局曾在90年8月22日（90）智著字第0900007844號函釋中，單引第55條規定，認為「若係符合（一）非以營利為目的，（二）未對觀眾或聽眾直接或間接收取任何費用，（三）未對表演人支付報酬等三要件，不論是否為一般性活動或定期性活動，即得依上述規定利用他人已公開發表之著作。」這一函釋，引起著作權人團體嚴重關切，最後才再於90年11月15日（90）智著字第0906000833號函釋補充，明示「著作之利用是否合於本法第55條之適用情形，除應考量本局上揭函示所釋明之三認

定要件外，仍應以上開本法第65條第2項所列事項作為判斷之標準。」確認二條文應一併適用，以保護著作權。

　　學校課堂上播放電影的數分鐘片段後，進行某特定議題的教學或討論，可以認為是合理使用。至於老師在學期終了的自習課，播放電影片讓小學生欣賞，或是大學校園常見，上課時先看一部電影，再進行討論或解說，都應該不能認為是合理使用。

　　公司行號，甚至機關、學校，也不可以任意到錄影帶出租店租一片DVD，就在交誼聽或視聽室播放起來，因為這些行為，縱使沒有營利，卻對於著作權人造成嚴重損害，無法主張合理使用。

經濟部智慧財產局88年08月31日（88）智著字第88007631號函釋

　　貴處函詢辦理「市民藝術電影院」影展活動，將公開免費放映影片供市民觀賞，是否符合著作權法第55條規定之適用範圍一案，復請查照。

說明：一、依據貴處88年8月10日（88）高市新處一字第2445號函辦理。

　　　　二、按著作權法第55條規定：「非以營利為目的，未對觀眾或聽眾直接或間接收取任何費用，且未對表演人支付報酬者，得於活動中公開口述、公開播送、公開上映或公開演出他人已公開發表之著作。」，本條文之適用要件為（一）非以營利為目的；（二）未對觀眾或聽眾直接或間接收取任何費用；（三）未對表演人支付報酬；又上開所稱「未對觀眾或聽眾直接或間接收取任何費用」，其直接費用係指入場費而言；間接費用，係指雖非入場費，但以會員費、場地費、清潔費、飲食費、管理費、維護費或其他任何名目收取之費用，均屬之。是貴處辦理「市民藝術電影院」影展活動，並有協辦及贊助單位，是否純為非營利目的，又有無對觀眾直接或間接收取費用而符合著作權法上開規定之適用範圍，請參考上開條文之規定要件。

經濟部智慧財產局90年08月22日（90）智著字第0900007844號函釋

　　有關貴局所詢圖書館為充實視聽資料所購之影片，是否須為「公播版」始合規定供讀者借閱表示意見一案，復如說明，請查照。

說明：一、復貴局90年8月15日（90）文圖字第5415號函。

二、有關貴局函詢疑義，本局業於90年6月21日以（90）智著字第09000057330號函復在案，即在圖書館內提供讀者欣賞錄音帶、CD、CD-ROM，即可能涉及上述著作之公開上映或公開演出之行為，惟按著作權法第55條規定：「非以營利為目的，未對觀眾或聽眾直接或間接收取任何費用，且未對表演人支付報酬者，得於活動中公開口述、公開播送、公開上映或公開演出他人已公開發表之著作。」是前開行為若係符合（一）非以營利為目的，（二）未對觀眾或聽眾直接或間接收取任何費用，（三）未對表演人支付報酬等三要件，不論是否為一般性活動或定期性活動，即得依上述規定利用他人已公開發表之著作。

經濟部智慧財產局90年11月15日（90）著字第0900008550號函釋

貴會所詢著作權法相關疑義一案，復如說明，請查照。

說明：一、復貴會90年9月7日僑通訊字第090303414311號函。

二、按著作權法（下稱本法）第10條規定：「著作人於著作完成時享有著作權。但本法另有規定者，從其規定。」著作人就其著作依其類別專有本法第22條至第29條所定重製、改作、公開播送、公開上映等等之權利。因此，如欲利用他人受本法保護之著作，除合於本法第44條至第65條著作財產權之限制（合理使用）規定外，原則上應徵得該等著作著作財產權人或經其授權之人之同意或授權，始得為之，合先敘明。

三、另按本法第55條規定：「非以營利為目的，未對觀眾或聽眾直接或間接收取任何費用，且未對表演人支付報酬者，得於活動中公開口述、公開播送、公開上映或公開演出他人已公開發表之著作。」所詢貴會開播之「宏觀電視」，是否符合該條規定一節，如其行為係符合（一）非以營利為目的，（二）未對觀眾或聽眾直接或間接收取任何費用，（三）未對表演人支付報酬等三要件，即得依上述規定公開上映或公開播送他人已公開發表之著作，以上三要件之意義，茲再予說明如下：（一）「非以營利為目的」：其指稱「營利目的」並非專指經濟上利

益可以立即實現者，例如企業形象活動、商業與公益結合之活動等等，雖然經濟上利益可能轉換為無形或者延後發生，惟此均應視為以營利為目的。（二）「未對觀眾或聽眾直接或間接收取任何費用」：所指「任何費用」，在解釋上應係指入場費、會員費、清潔費、設備費、服務費、飲食費等等與利用著作行為有關之直接、間接之相關費用。（三）「未對表演人支付報酬」：所指之報酬，應係指表演人在工作上或職務上就付出勞務所取得之必然對價。此必然之對價範圍包括工資、津貼、抽紅、補助費、交通費、工作獎金（非中獎之獎金）等等具有相對價值者。

四、又著作之利用是否符合上開第55條規定之合理使用情形，仍需依本法第65條第2項所定各款事項具體判斷之，亦即（一）利用之目的及性質，包括係為商業目的或非營利教育目的。（二）著作之性質。（三）所利用之質量及其在整個著作所占之比例。（四）利用結果對著作潛在市場與現在價值之影響。

經濟部智慧財產局90年11月15日（90）著字第0906000833號函釋

貴會就本局90年8月22日（90）智著字第0900007844號函釋表示意見事，復如說明，請查照。

說明：一、復貴會90年9月13日（90）著護字第0913號函。

二、按著作權法（下稱本法）第65條規定：「著作之合理使用，不構成著作財產權之侵害。著作之利用是否合於第44條至第63條規定或其他合理使用之情形，應審酌一切情狀，尤應注意下列事項，以為判斷之標準：一、利用之目的及性質，包括係為商業目的或非營利教育目的。二、著作之性質。三、所利用之質量及其在整個著作所占之比例。四、利用結果對著作潛在市場與現在價值之影響。」故著作之利用是否合於本法第55條之適用情形，除應考量本局上揭函示所釋明之三認定要件外，仍應以上開本法第65條第2項所列事項作為判斷之標準。

經濟部智慧財產局92年08月08日智著字第0920006899-0號函釋

　　三、所詢「社區以管委會名義承租（或購買）影片於社區公共設施視聽室公開播放，供所有權人（應指社區之住戶）觀賞」，因社區公共設施視聽室係對社區住戶開放，社區住戶為「特定的多數人」，為本法所稱之「公眾」，故上述之播放影片應屬本法規定之「公開上映」行為，且並不因該影片是由何人名義（個人或管委會）及何種方式取得（承租或購買）而有所不同。

　　四、又本法雖規定：「非以營利為目的，未對觀眾或聽眾直接或間接收取任何費用，且未對表演人支付報酬者，得於活動中公開口述、公開播送、公開上映或公開演出他人已公開發表之著作。」，惟著作之利用是否合於上述規定之合理使用情形，仍須依下列事項具體判斷：（一）利用之目的及性質。（二）著作之性質。（三）所利用之質量及其在整個著作所占之比例。（四）利用結果對著作潛在市場與現在價值之影響。因此，來函所稱上述播放影片並未對觀賞影片之人收取任何費用，惟　貴社區如係經常性於社區公共設施視聽室公開播放租用或購買之影片，將發生替代市場之結果，已超越合理之範圍，為避免侵害他人之著作財產權，致生紛爭，建議購買或租用「公播版」（即已授權放映給公眾看的影片）來播放，才不會發生違法的情事。

經濟部智慧財產局97年11月27日第971127號電子郵件函釋

　　一、依著作權法（以下稱本法）第55條規定：「非以營利為目的，未對觀眾或聽眾直接或間接收取任何費用，且未對表演人支付報酬者，得於活動中公開口述、公開播送、公開上映或公開演出他人已公開發表之著作。」其中「活動」係指「特定活動」，即非經常性舉辦之活動，如您來函所述該電影欣賞之活動並非定期辦理，而是為了迎合校慶所舉辦的活動中含有電影欣賞的活動，又該活動如符合非以營利為目的、未對觀眾直接或間接收取任何費用且未對表演人支付報酬等要件之規定，自可依本法第55條之規定主張合理使用，而以一般家用影帶播放給同學觀賞，惟如不符合上述合理使用之要件者，則必須取得著作財產權人之同意或授權或是購買「公播版」來播放。

相關條文：第63條、第64條、第65條

第56條（廣播電視之暫時性錄製）

廣播或電視，為公開播送之目的，得以自己之設備錄音或錄影該著作。但以其公開播送業經著作財產權人之授權或合於本法規定者為限。

前項錄製物除經著作權專責機關核准保存於指定之處所外，應於錄音或錄影後六個月內銷燬之。

解說

　　廣播電台或電視電台，經過著作財產權人之授權或合於合理使用規定，得公開播送著作時，為了為公開播送之目的，得依本條以自己之設備錄音或錄影該著作。本規定目的，在使得公開播送權人與重製權人不同時，或因合理使用可以公開播送節目，但不能重製節目時，廣播電台或電視電台可以藉由可以公開播送，延伸至可以為播送目的而錄音或錄影該著作，不必再取得重製之授權。本條的利用既是為自己公開播送之目的，當然限於用自己的機器錄音或錄影該著作。

　　由於本條是為自己公開播送之目的而錄音或錄影該著作，播送完畢即完成目的，不該留存該錄製物，故第2項乃要求錄製物除經著作權專責機關核准保存於指定之處所外，應於錄音或錄影後六個月內銷燬之。由於本項錄製行為是合理使用，不是盜版行為，縱使未依本條規定銷燬，本法亦無刑事處罰規定，著作財產權人若得知有未銷燬之事實，僅得依本條項請求銷燬。

函釋

經濟部智慧財產局89年11月17日（89）智著字第89010833號函釋

　　三、又本法第56條規定：「廣播或電視，為播送之目的，得以自己之設備錄音或錄影該著作。但以其播送業經著作財產權人之授權或合於本法規定者為限。（第1項）前項錄製物除經主管機關核准保存於指定之處所外，應於錄音或錄影後一年內銷燬之。（第2項）」其立法理由為廣播或電視經著作財產權人之授權或依本法規定得播送他人著作時，固得播送他人著作，惟於異時播送之情形，如廣播電台或電視電台不能將該著作先予錄製（即重製），則廣播或電視公開播送之授權或合理使用，無異落空，

故於此種情形，應允許得暫時錄製。本條係參考伯恩公約第11條之2第3項（如附件）而訂定，其賦予廣播或電視得錄製他人著作之要件有三：（一）為播送之目的，（二）以自己之設備錄音或錄影該著作，（三）其播送該特定節目之行為業經著作財產權人之授權或合於本法規定。是廣播或電視須在符合前述要件時，始可依該條規定就特定著作為播送目的之暫時性錄製，且該錄製物僅得作為經著作財產權人授權或合於本法規定之播送使用，不得再為其他利用。至於前述重製物保存期間之久暫，各國著作權法規定不同，鑒於單純之保存行為對著作財產權人不生損害，乃採韓國立法例，規定為一年。

經濟部智慧財產局105年04月19日第105419號電子郵件函釋

從網路下載歌曲並供20多位員工一個月歡唱一次，因著作權法所稱之「公眾」定義為「不特定人或特定之多數人，但家庭及其正常社交之多數人，不在此限」（請參考著作權法第3條第1項第4款規定），20多位員工對於公司而言，仍為「特定多數人」而屬「公眾」的範圍，因此下載歌曲供員工點唱仍會涉及「重製」、「公開演出」的著作利用行為。又因所詢問題係每月一次的活動，並不符合著作權法第55條之合理使用規定，建議仍應取得權利人的授權，否則可能會有構成侵害著作權的疑慮，而須負民、刑事責任。

相關條文：第63條、第64條、第65條

第56條之1（社區共同天線之無線電視臺轉播）
為加強收視效能，得以依法令設立之社區共同天線同時轉播依法設立無線電視臺播送之著作，不得變更其形式或內容。

解說

本條在使社區共同天線為改善收視效能，得以同時原樣轉播依法設立無線電視臺播送之著作，其不得異時轉播，形成錄製後再重播，也不可變更其形式或內容，例如將原有廣告更換自己的廣告。本條係指有接收後再作轉播之合理使用，一般公寓大樓共同天線，若僅是單純接收後，透過強

波器傳送至各住戶，因無轉播之行為，不涉及著作權法之公開播送，並不必適用本條之合理使用。此外，依本條得轉播之客體限於合法的無線電視台，不包括有線及衛星電視節目。

92年7月9日修正前之著作權法第56條之1第2項規定：「有線電視之系統經營者得提供基本頻道，同時轉播依法設立無線電視臺播送之著作，不得變更其形式或內容。」該條是87年間，配合有線廣播電視法「必載」規定而增訂，惟因其得不經著作財產權人同意，且屬免費轉播，與伯恩公約第9條及世界貿易組織「與貿易有關的智慧財產權協定」第13條有關合理使用的規定不符，引起其他國家關切，而於92年7月9日修正之著作權法中刪除。然而有線廣播電視法第33條第1項及第2項規定：「系統經營者應同時轉播依法設立無線電視電台之節目及廣告，不得變更其形式、內容及頻道，並應列為基本頻道。但經中央主管機關許可者，得變更頻道。系統經營者為前項轉播，免付費用，不構成侵害著作權。」此一規定並未配合修正，仍未解決問題。在法理上，有線廣播電視法既為著作權法之特別法，應優先適用，故目前有線第四台依法必須傳送無線電視台的節目，不但不要經過無線電視台的同意，而且也是免費，無線電視台節目的著作財產權人並不能對於有線第四台傳送無線電視台節目的行為，主張侵害著作權，惟此一規定未來仍會遭遇著作權人的挑戰。

美國著作權法的規定可以作為立法的參考。該法第111條及第119條建立了「法定授權（statutory license）制度」，使得有線電視或衛星電視每半年向著作權局提出使用清單，並支付費用後，就可以轉播無線電視的節目。原本衛星電視轉播無線電視僅限於供家庭觀賞，但2004年12月8日所通過的「衛星家庭收視延伸及再授權法案」（The Satellite Home Viewer Extensionand Reauthorization Act, SHVERA），擴大此一法定授權制，允許付費後對營業場所作轉播。法定授權費用係由雙方協議，協議不成才由著作權局裁定，著作權局收到費用後，再依著作權人之申報轉付。

函釋

經濟部智慧財產局90年12月12日（90）智著字第0900011282號函釋

　　三、又同法第56條之1第1項規定：「為加強收視效能，得以依法令設立之社區共同天線同時轉播依法設立無線電視臺播送之著作，不得變更其形式或內容。」該條文係參考當時有線電視法第32條第2項規定其中所稱「無線電視臺」依行政院新聞局90年11月30日（90）正廣五字第15662號函示，以「有關『無線電視電臺』之定義，依廣播電視法第2條規定，係指以無線電傳播聲音、影像，藉供公眾直接之收視與收聽，且依法核准設立之電視電臺，亦即指臺灣電視事業股份有限公司、中國電視事業股份有限公司、中華電視股份有限公司、民間全民電視股份有限公司、財團法人公共電視文化事業基金會等五家公司，並不包括利用衛星進行聲音或視訊信號之播送，以供公眾收聽或收視之『衛星廣播電視』」，併予說明。

經濟部智慧財產局91年06月17日智著字第0910005322號函釋

　　二、按著作權法（下稱本法）第3條第1項第7款及第4款分別規定：「公開播送：指基於公眾接收訊息為目的，以有線電、無線電或其他器材，藉聲音或影像向公眾傳達著作內容。由原播送人以外之人，以有線電或無線電將原播送之聲音或影像向公眾傳達者，亦屬之。」、「公眾：指不特定人或特定之多數人。但家庭及其正常社交之多數人，不在此限。」故一般大樓住戶如僅係透過衛星天線接收衛星頻道節目播送之內容，因屬單純接收訊息之行為，尚不涉及「公開播送」之行為。惟如於接收衛星節目後，再透過有線電或無線電方式傳送住戶收視者，即可能涉及「公開播送」之行為。原則上應徵得著作財產權人或經其授權之人或團體之授權或同意，始得為之。又本法第56條之1第1項雖規定：「為加強收視效能，得以依法令設立之社區共同天線同時轉播依法設立無線電視臺播送之著作，不得變更其形式或內容。」該條文所允許之合理使用僅限於依法設立無線電視台播送之著作，尚不包括直播衛星播送之著作。至於「架設」衛星天線行為是否合法，非屬本法規範之範圍，惟有無觸犯其他法令規定，請逕向相關主管機關洽詢。

相關條文：第63條、第64條、第65條

第57條（美術著作或攝影著作原件或合法重製物之合理使用）
美術著作或攝影著作原件或合法重製物之所有人或經其同意之人，得公開展示該著作原件或合法重製物。
前項公開展示之人，為向參觀人解說著作，得於說明書內重製該著作。

解說

　　本條是關於美術著作或攝影著作之公開展示權的限制。未發行的美術著作或攝影著作，其著作財產權人對於該著作，依第27條規定享有公開展示權，然美術著作或攝影著作原件或合法重製物之所有人，就該原件或合法重製物享有物權，此時，必須在著作財產權與物權之間作一衡平規定，本條乃使物的所有權人基於物權，得自行或授權他人公開展示該特定的原件或合法重製物，而著作財產權人對於該特定的原件或合法重製物之公開展示權，應該受到限制。

　　此外，為便於向參觀人解說著作，該特定著作原件或合法重製物之所有人或經其同意之人，並得於說明書內重製該著作。至於若不是為向參觀人解說著作之目的，仍不可以任意重製該著作，故博物館或美術館的導覽手冊或單頁等說明書，可以印製展出之受著作權法保護美術著作或攝影著作，但不能藉此大量印製精美出版品，於參觀紀念品店或館外市面銷售或發行。同理，該等機構也不能作成學習單，供來館參觀之學生教學使用。

相關條文：第27條、第63條、第64條、第65條

第58條（公開場所美術著作或建築著作之合理使用）
於街道、公園、建築物之外壁或其他向公眾開放之戶外場所長期展示之美術著作或建築著作，除下列情形外，得以任何方法利用之：
一、以建築方式重製建築物。
二、以雕塑方式重製雕塑物。
三、為於本條規定之場所長期展示目的所為之重製。
四、專門以販賣美術著作重製物為目的所為之重製。

解說

　　本條規定對於向公眾開放之戶外場所長期展示之美術著作或建築著作之合理使用。這些場所長期展示之美術著作或建築著作，很容易會被公眾攝影或重製，若都要經過授權，必然造成不便，人人動輒得咎，故須有合理使用空間。不過，若其利用顯然會造成著作財產權人利益上之損失，仍應經著作財產權人授權始可，本條爰作負面表列，明定幾種不得為之利用型態如下：

　　一、以建築方式重製建築物。不可以蓋一座相同的建築物，但可以在建築物旁攝影、製作建築物的模型、鑰匙鍊或以建築物為畫作主體，同時，也可以「重製成建築模型」。

　　二、以雕塑方式重製雕塑物。不可以將朱銘美術公園中的太極拳雕塑，再原樣或縮小重製，但可以任意攝影或畫畫。

　　三、為於本條規定之場所長期展示目的所為之重製。從立法目的解釋，本款規定適用的客體，僅限於「於街道、公園、建築物之外壁或其他向公眾開放之戶外場所長期展示之美術著作」，不及於建築著作，因為建築著作原本就是對外公開，不得合理使用的情形僅限於第1款的「以建築方式重製建築物」，對於建築著作其他的利用，都應被允許。所以，依本款規定，不可以將原本在戶外長期開放給公眾的美術著作，加以重製後再放在向公眾開放之戶外場所長期展示，例如，不可以將教堂或寺廟外的雕塑，重製後放在戶外長期展示。至於將建築物縮小後，成為小人國樂園之戶外展示，仍在本文許可的合理使用範圍。

　　四、專門以販賣美術著作重製物為目的所為之重製。本款規定僅限「專門」以販賣「美術著作重製物」為目的所為之「重製」。其雖沒有限制如何重製該美術著作重製物，但從立法目的而言，應係指禁止將美術著作「原樣重製」後加以販售，而不包括其他「具創作性之重製」。原樣重製朱銘美術公園中的太極拳雕塑以供販售，應獲得授權，至於拍攝或寫生朱銘美術公園中的太極拳雕塑，是以「重製」之方式作為「創作」方法之一部分，其所完成之「創作」，不是「原樣重製」，而是「具創作性之重製」，故應不屬本款所稱「美術著作重製物」，而可以認為是合理使用。又本款僅適用於「美術著作」，不適用於「建築著作」，故將建築物作成鑰匙圈後販售，也不在本款禁止範圍，仍應屬合理使用之利用行為。

經濟部智慧財產局93年06月17日電子郵件930617函釋

　　一、101大樓屬於建築著作，其著作人於著作完成時即享有著作權，您來信詢問是否可放置自行拍攝之101大樓照片於自己的網站上一節，有關「拍攝」行為，屬「重製」的一種行為，但是依著作權法第58條之規定，於街道、公園、建築物之外壁或其他向公眾開放之戶外場所長期展示之建築著作，如非以建築方式重製建築物或為於本條規定之場所長期展示目的所為之重製，得以任何方法利用之，此外依著作權法第64條之規定，應以合理方式明示其出處。台端拍攝101大樓符合上述著作權法第58條合理使用之規定，原則上不致於有違法的疑慮。

　　二、另您自行拍攝之101大樓照片，如係具有創作性，足以表達創作者之情感或思想而符合本法中「著作」之定義者，係屬攝影著作而享有著作權，您就是著作權人，自得於自己的網站內重製該照片，並予以公開傳輸。

經濟部智慧財產局95年01月20日電子郵件950120函釋

　　一、按建築物是著作權法（下稱本法）所保護之「建築著作」，依建築設計圖或建築模型建造建築物是本法所定的「重製」行為，除符合合理使用之規定外，應得到該建築著作之著作財產權人同意始得為之，本法另於第58條規定，於街道、公園、建築物之外壁或其他向公眾開放之戶外場所長期展示之美術著作或建築著作，除（一）以建築方式重製建築物。（二）以雕塑方式重製雕塑物。（三）為於本條規定之場所長期展示目的所為之重製。（四）專門以販賣美術著作重製物為目的所為之重製外，得以任何方法利用之。合先敘明。

　　二、上述本法第58條第1款所定之「建築方式」，依台北市建築師公會意見，並不包括「重製成建築模型」，另第4款之適用亦僅限於「美術著作」，而不包括「建築著作」，您所詢問之利用包括101大樓等著名建築物作成紀念品，應合於上述第58條本文規定，屬合理使用之利用行為。

經濟部智慧財產局95年02月03日智著字第0950000116-0號函釋

　　所詢以紙雕方式重製捷運車站，有無著作權侵害之疑義一案，復如說明，請查照。說明：一、依貴局95年1月4日北市捷土字第09433569010號函辦理。二、按以紙雕方式製作捷運車站建築物之模型，可能屬著作權法

所稱「重製」或「改作」行為之一種，惟依著作權法第58條規定：「於街道、公園、建築物之外壁或其他向公眾開放之戶外場所長期展示之美術著作或建築著作，除下列情形外，得以任何方法利用之：一、以建築方式重製建築物。二、以雕塑方式重製雕塑物。三、為於本條規定之場所長期展示目的所為之重製。四、專門以販賣美術著作重製物為目的所為之重製。」其第1款所定之「建築方式」，依台北市建築師公會意見，並不包括「重製成建築模型」之方式，而第4款之適用亦僅限於「美術著作」部分，並不包括「建築著作」在內，是將既有之捷運車站建築物，以紙雕方式重製或改作成建築模型並公開販售，應合於上述第58條本文規定，屬著作權法上之合理使用行為。

經濟部智慧財產局96年12月03日電子郵件第961203b號函釋

（二）另本法第58條係規定「於街道、公園、建築物之外壁或其他向公眾開放之戶外場所（下略）」，街道、公園、建築物之外壁乃「向公眾開放之戶外場所」之例示，由此觀之，您所指之大型百貨公司內、捷運車站內、機場內或火車站內，尚不屬本法第58條所稱之戶外場所。至何謂「長期」，須就實際個案，依一般社會通念加以認定，並無統一標準。（三）又，於向公眾開放之戶外場所長期展示之美術著作移置戶內場所後，自該美術著作移入戶內場所之時起，即不再適用本法第58條之規定。如該戶內場所基於場所管理之目的，就該場所內著作之利用另有規定時，亦請先行洽詢該場所之管理單位；惟其管理規定與著作權無涉，併予敘明。

相關條文：第63條、第64條、第65條

第59條（電腦程式著作之合理使用）
合法電腦程式著作重製物之所有人得因配合其所使用機器之需要，修改其程式，或因備用存檔之需要重製其程式。但限於該所有人自行使用。
前項所有人因滅失以外之事由，喪失原重製物之所有權者，除經著作財產權人同意外，應將其修改或重製之程式銷燬之。

解說

本條是關於原版軟體所有人的合理使用規定。電腦程式著作價格昂貴，易受燬損，且其主要功能在使用，而不在欣賞，故應讓原版的所有權人有重製備檔及修改的機會，而此一行為也不致損害著作財產權人的權利。不過，此一規定在保護所有權人，故重製備檔及修改的成品，應僅能由所有人自行使用，否則，大家都重製後自由流通，就無異於盜版。

依第1項所完成重製的備檔，目的在於備檔，如原重製物滅失，備檔就發揮其備檔之功能，可以拿出來利用；然而，若是因滅失以外之事由，喪失原重製物之所有權者，例如出售、贈與或互易，則其喪失所有權不在備檔之目的範圍內，除經著作財產權人同意外，當然應將其修改或重製之程式銷燬之，違反本條規定未銷燬者，得依第96條規定處罰。

由本條規定得知，盜版軟體不適用本條為備檔及修改，其他類別的著作，其合法重製物也仍不得備檔，所以，不能因為買了正版CD或DVD，就主張要備檔或轉成MP3。

經濟部智慧財產局92年11月11日智著字第0920009509-0號函釋

三、將原版光碟複製一份是否違反著作權法，應視是否符合合理使用的規定。例如合法電腦著作之「所有人」為備用存檔之必要，可以重製供自己使用（不以自己之機器為限）。至於影音光碟之部分，用自己的燒錄機，燒錄一片電影光碟給自己或家人看，實務上有司法判決認為依著作權法第51條「家庭錄製」之合理使用規定，屬於合理使用，不構成侵害（台灣高等法院台中分院88年度上易字第2522號刑事判決）。至於一般消費者使用辦公室的燒錄設備、或委託店家代為燒錄、或至有擺設投幣式燒錄器的店家自行付費燒錄，與上述「家庭錄製」合理使用規定不符，原則上為侵害著作權的行為……。

四、另有關代客燒錄的情形，就代客燒錄光碟的店家而言，如果客人所委託燒錄（重製）的範圍合於合理使用，則代為燒錄之店家不構成侵害，如客人所委託燒錄（重製）之範圍已超出合理使用範圍，已構成侵害，則代為燒錄的店家，自然已構成侵害，且因具有營利的性質，所以無論代客燒錄光碟片的份數、金額為多少，均須負擔民、刑事責任。至於僅

提供投幣式燒錄器供一般消費者自行付費燒錄光碟的店家，如明知消費者所燒錄之光碟內容係侵害他人之著作財產權，則可能與消費者成立共同正犯或幫助犯，仍有民、刑事責任。

相關條文：第65條、第96條

第59條之1（散布權之耗盡）
在中華民國管轄區域內取得著作原件或其合法重製物所有權之人，得以移轉所有權之方式散布之。

解說

　　本條係規定「散布權」的「第一次銷售理論」（first sale doctrine）或「耗盡理論」（exhaustion doctrine）。著作財產權人依第28條之1規定，享有「散布權」，專有以移轉所有權之方式，散布其著作之權利，惟此一「散布權」應與著作重製物之所有權，作一均衡處理，亦即著作原件或著作重製物被散布前，應偏重著作財產權人「散布權」之保護，一旦著作原件或著作重製物，經著作財產權人同意之下，被第一次銷售或以其他方式移轉「所有權」後，就應全力保護著作重製物所有人之「所有權」，使「散布權」在第一次銷售行為後「耗盡」。

　　關於「耗盡理論」，國際著作權法制間有分為「國際耗盡原則」、「區域耗盡原則」及「國內耗盡原則」。「國際耗盡原則」係指權利耗盡的區域及於全球，著作財產權人對於經其同意而散布之著作原件或著作重製物，不問在世界各地如何散布，都不能主張權利，因此，不能禁止真品平行輸入；「區域耗盡原則」則指權利耗盡的區域限於一定區域，例如歐盟採之，所以，歐盟的著作財產權人對於經其同意而散布之著作原件或著作重製物，在歐盟內部之散布，如德國輸入法國，不能禁止真品平行輸入，但從歐盟外輸入歐盟內，如美國輸入德國，則可以禁止真品平行輸入；「國內耗盡原則」則散布權僅限於當地國內耗盡，可以禁止真品平行輸入。

　　本條係採「國內耗盡原則」，即在國內取得著作原件或其合法重製物

所有權之人，得以移轉所有權之方式散布，不必再經著作財產權人之同意或授權。此一限制，僅適用於在國內取得所有權之著作原件或其合法重製物，不包括於國外取得者，亦即此一規定並不影響第87條第4款「禁止真品平行輸入」之規定。同時，本條規定亦參採1998年美國Quality King Distrib. Inc.v. L'Anza Research Int'l一案（No.96-1470, 1998U.S.Lexis1606 (March 9, 1998)），不禁止在國內散布之著作原件或其合法重製物，輸出國境後再回銷之情形。

　　適用本條之著作重製物，必須是「合法重製物」，從「耗盡原則」之立法目的觀之，在限制著作財產權人之散布權，故應是以該重製物是在著作財產權人之同意或授權下，進入本國市場者，才有本條之適用，如果不是在其同意下進入市場，縱使不是非法的著作重製物，例如依第87條之1輸入之物，因合理使用所重製之物，或在我國加入WTO之前或二年過渡期間未經權利人授權所完成之重製物，應該也是不得自由轉讓所有權。不過，著作權專責機關對於依第87條之1輸入之物，則認為可以轉售。

　　又依本法第106條之2規定，在我國加入WTO之前或二年過渡期間未經權利人授權所完成之重製物，因並非經著作財產權人同意而進入市場，也應無本條之適用，所以，買得該重製物的消費者，不可以再作第二次的轉賣。

　　由於散布權或出租權係以著作原件或其合法重製物為客體，不包括有線、無線廣播或網路上「無體的廣播或傳輸」，著作經上網公開傳輸，並無具體之著作原件或重製物之所有權變動，當然也就沒有本條所定耗盡原則之適用。

函釋

經濟部智慧財產局92年09月19日智著字第0921600753-1號函釋

　　（二）本法針對前述受回溯保護之著作，對於我國加入WTO前，已著手利用，或為利用特定著作已進行重大投資等基於「了結現務」之目的下，設計有過渡措施規定。如非屬「了結現務」之情形，而屬於我國加入WTO之後新的利用行為者，即應回歸授權利用原則，無該第106條之2規定之適用。又新法第28條之1已增訂散布權，故以銷售之方法散布著作物之行為，屬本法第106條之2各項所稱之「利用」行為。另雖本法第59條之1之規

定，「在中華民國管轄區域內取得合法重製物之所有人，得以移轉所有權之方式散布之」（此即一般所稱「散布權耗盡原則」），但我國加入WTO之前或二年過渡期間未經權利人授權所完成之重製物，並無該條之適用。

經濟部智慧財產局92年10月28日智著字第0920008530-0號函釋

新法第28條之1已增訂散布權，故以銷售之方法散布著作物之行為，屬本法第106條之2各項所稱之「利用」行為。另雖本法第59條之1之規定，「在中華民國管轄區域內取得合法重製物之所有人，得以移轉所有權之方式散布之」（此即一般所稱「散布權耗盡原則」），但我國加入WTO之前或二年過渡期間未經權利人授權所完成之重製物，並無該條之適用。

經濟部智慧財產局93年06月11日智著字第0930003678-0號函釋

基於本法第87條之1第1項第3款規定「屬入境人員行李之一部分」之情形，並不以供入境人員個人非散布之利用為限，且因數量僅為一份，故本局認為輸入之著作原件或一份重製物，如屬入境人員行李之一部分，且已報關、繳稅，為合法輸入品，雖非本法第59條之1所規定「在中華民國管轄區域內取得」，仍得於輸入後予以出租或出售，並無侵害他人之著作財產權之問題。又該著作原件或合法重製物復經出售予第三人，則該第三人仍為合法重製物所有權之人，而得依本法第59條之1及第60條規定再行出售或出租，亦不會構成本法第91條之1散布權或第92條出租權之侵害。

經濟部智慧財產局95年09月19日電子郵件950919號函釋

一、依著作權法（下稱本法）第28條之1第1項規定：「著作人除本法另有規定外，專有以移轉所有權之方式，散布其著作之權利。」，此即著作人「散布權」之規範。「散布權」係著作權法賦予著作人，使其有授權他人對公眾出售著作原件或重製物或為其他移轉所有權之專有權利，其目的在補充重製權，使著作人權利獲得完整之保障。故除非散布人另符合本法第59條之1所規定「在中華民國管轄區域內取得著作原件或其合法重製物所有權之人，得以移轉所有權之方式散布之」之情況，或本法有關第44條至第65條「合理使用」之規定外，侵害著作人之「散布權」即應依本法第91條之1規定處罰。

二、有關台端所詢於出租店購買之「出租專用」DVD可否拿出來網拍

一事，說明如下：（一）所謂「出租專用」DVD即是實務上所稱之「出租版」光碟，係指視聽著作著作財產權人或發行商將合法視聽重製物之所有權予以保留，僅移轉「占有」予簽約出租店，授權該出租店出租之商業型態。此等光碟均標示「本產品所有權屬○○○（著作財產權人或代理商）所有，僅限○○○簽約店使用」文字或類似文字。由於「出租版」既由上游著作財產權人或發行商保留所有權，故取得視聽著作光碟之人，理論上並不會有本法59條之1「散布權耗盡原則」之適用，故除非符合本法合理使用之規範外，原則上是不能拿出來網拍的。（二）惟既屬「出租版」光碟，而所有權又保留在發行商手裡，照理說，您是不可能買到「出租版」光碟，但事實上，目前出租店（包括亞藝、百事達等）卻常發生販賣「出租版」光碟之情事，此可能是發行商未落實回收機制（按早年確實有採回收及銷燬機制），導致產生「流片」；又或簽約出租店經上游著作財產權人或發行商同意，變更「持有」為「所有」，予以賣出，但標示未予變更，此時即產生一般消費者亦買到「出租版」光碟之情況。依本法規定，如果一般消費者如能證明已取得「合法著作物」之所有權，原則上，並不會因標示為「出租版」即應負擔法律責任。但是，目前常有視聽著作著作財產權人或發行商以購得「出租版」之人未取得所有權，無本法第59條之1「散布權耗盡原則」之適用為由，針對網路上拍賣「出租版」者進行刑事告訴，使民眾常無故陷於被告之危險。（三）有關發行商等因標示不清，誤導消費者甚至使消費者不自覺陷入被告之危險之情況，本局本於主管機關立場，為保障一般之民眾，現正針對整個視聽著作出租、出售市場，要求發行商等對標示不明的地方予以更正釐清，俾保護一般民眾權益，目前發行商正進行改善中，本局亦派員加強查核，要求改正，相信不久即可建立良好視聽著作秩序。（四）故有您所購買之「出租版」DVD是否可販賣一事，原則上，如果您已合法取得所有權（即使是善意取得都一樣），依著作權法規定，當然可以販賣，但是，如上所述，在目前整個市場未完全改善前，您仍可能冒被告之危險，建議您可以至購買之出租店，要求其貼上「二手銷售版」等字樣或保存您向出租店購買的發票、收據或其他證據，如此，即可證明您以合法取得所有權，在網拍時，如遭他人主張您並未取得所有權而提出侵害著作權之訴訟時，即可俾保障您的權利並避免法律責任。

經濟部智慧財產局98年02月05日智著字第09800008560號函釋

（三）按著作權法（下稱本法）第28條之1及第29條規定，著作人專有散布權及出租權，復於本法第59條之1及第60條第1項，分別規定散布權耗盡及出租權耗盡，即著作原件或其合法重製物之所有權人，得以移轉所有權之方式散布或出租該原件或重製物。又散布權或出租權係以著作原件或其合法重製物為客體，不包括有線、無線廣播或網路上「無體的廣播或傳輸」，故有關廣播或傳輸之利用行為，自與上述耗盡之規定無涉。所詢「著作人將著作原件委託他人置放於網頁後推廣，就該著作原件有無耗盡原則之適用」，請參考上述規定認定之。

相關條文：第28條之1、第65條、第106條之2

第60條（出租權之耗盡原則）
著作原件或其合法著作重製物之所有人，得出租該原件或重製物。但錄音及電腦程式著作，不適用之。
附含於貨物、機器或設備之電腦程式著作重製物，隨同貨物、機器或設備合法出租且非該項出租之主要標的物者，不適用前項但書之規定。

解說

　　本條係規定「出租權」的「第一次銷售理論」（first sale doctrine）或「耗盡理論」（exhaustion doctrine）。著作財產權人依第29條規定，享有「出租權」，專有出租其著作之權利，惟此一「出租權」應與著作重製物之所有權，作一均衡處理，亦即著作原件或著作重製物被散布前，應偏重著作財產權人「出租權」之保護，一旦著作原件或著作重製物，經著作財產權人同意之下，被第一次銷售或以其他方式移轉「所有權」後，就應全力保護著作重製物所有人基於「所有權」而為出租之權利，使著作財產權人之「出租權」，在第一次銷售行為後「耗盡」。

　　關於「耗盡理論」，國際著作權法制間有分為「國際耗盡原則」、「區域耗盡原則」及「國內耗盡原則」。「國際耗盡原則」係指權利耗盡的區域及於全球，著作財產權人對於經其同意而散布之著作原件或著作重

製物，不問在世界各地如何散布或出租，都不能主張權利，因此，平行輸入之真品，可以自由再散布或出租；「區域耗盡原則」則指權利耗盡的區域限於一定區域，經著作財產權人同意，在一定區域內散布之著作原件或其重製物，著作財產權在該區域內耗盡，著作財產權人對於該著作原件或重製物的再次散布或出租，不得主張散布權或出租權，例如歐盟採之，所以，歐盟的著作財產權人對於經其同意而散布之著作原件或著作重製物，在歐盟內部之出租，如德國輸入法國之真品，可以自由再散布或出租，但從歐盟外輸入歐盟內，如美國輸入德國之真品，則不可自由在散布或出租；「國內耗盡原則」則出租權僅限於當地國內耗盡，國外輸入之真品，因不是經著作財產權人同意在國內散布，仍不得再出租。

本條係採「國內耗盡原則」，即在國內散布之著作原件或其合法重製物所有權之人，得出租該重製物，不必再經著作財產權人之同意或授權。適用本條之著作重製物，必須是「合法重製物」，從「耗盡原則」之立法目的觀之，在限制著作財產權人之出租權，故應是以該重製物是在著作財產權人之同意或授權下，進入本國市場者，才有本條之適用，如果不是在其同意下進入市場，縱使不是非法的著作重製物，例如依第87條之1輸入之物，因合理使用所重製之物，或在我國加入WTO之前或二年過渡期間未經權利人授權所完成之重製物，應該也是不得出租。不過，著作權專責機關對於依第87條之1輸入之物，則認為可以出租。

又因錄音及電腦程式著作重製物，容易被重製，其出租必然使著作財產權人受到嚴重損害，第1項但書乃排除「耗盡原則」之適用，惟若是附含於貨物、機器或設備之電腦程式著作重製物，隨同貨物、機器或設備合法出租且非該項出租之主要標的物者，例如出租附有電腦程式著作的飛機、汽車或電器設備，是以飛機、汽車或電器設備為出租之主要標的物，不是以電腦程式著作為出租之主要標的物，應無禁止之必要，第2項爰再排除第1項但書之規定，使其得為出租。

實務上，錄影帶發行商主張所有市面上流通影片的所有權都仍屬於其所有，其從來不銷售影片的所有權，而是透過著作權法第37條授權出租店出租。所以錄影帶出租店既然未取得影片的所有權，應該不能販賣該影片。若其賣出該影片，而影片上面標示有「此影片之所有權屬於XX公司所有，非經書面同意之買賣授權皆屬侵權行為」，買受人當然明知其所有權

仍歸錄影帶發行商，不能主張取得所有權而依第60條加以出租，頂多僅能自行觀賞。連鎖店雖不是散布盜版，但未經授權而散布錄影帶發行商享有所有權之正版，仍會構成違反第91條之1侵害散布權之情形，而其販賣沒有所有權的行為是無權處分，且買受人從影片上面標示可以知道其狀況，不能以善意第三人主張取得影片的所有權，自然也不能出租。這是錄影帶發行商要規避著作權法第60條的做法，法律上確可作如此安排。

函釋

經濟部智慧財產局93年01月08日智著字第0920011684-0號函釋

二、按「著作人專有出租其著作之權利」，「著作原件或其合法著作重製物之所有人，得出租該原件或重製物」，分別為著作權法（下稱本法）第29條及第60條所明定。換言之，在一般情形，除了擁有合法（正版）重製物之所有人，得將該重製物予以出租外，欲出租著作物，均須徵得著作財產權人之授權或同意，若未經著作財產權人之授權或同意，自不得出租，否則即會構成侵害出租權之行為。另著作財產權之專屬授權人在被授權範圍內，得以自己之名義，行使權利，著作權法第37條亦有明文。

三、著作財產權人或代理商將發行之影音產品（視聽著作）移轉占有，授權與簽約之店家出租，但仍保留該影音產品之所有權，下游簽約出租店因無所有權，其將該影音產品移轉占有予第三人之行為，尚不生所有權移轉之效果。且因該影音產品上已載明所有權人為他人，又僅限簽約店授權出租專用，是第三人似亦無從依民法「善意受讓」規定，取得所有權，其既非合法著作重製物之所有人，不得適用本法第60條規定出租該影音產品，故其將該影音產品予以出租營利之行為，似有構成侵害出租權之嫌。又得為上開主張者，以著作之著作財產權人或出租權專屬被授權人為限，影音產品發行公司，如欲為此項主張，應證明其為系爭影音產品之著作財產權人或出租權專屬被授權人。如僅為非專屬授權人，依台灣高等法院92年度上更（一）字第116號刑事判決，認其並未獨占利用著作財產權，故非犯罪被害人，依法不得提起告訴或自訴，併予敘明。

經濟部智慧財產局93年06月11日智著字第0930003678-0號函釋

基於本法第87條之1第1項第3款規定「屬入境人員行李之一部分」之

情形，並不以供入境人員個人非散布之利用為限，且因數量僅為一份，故本局認為輸入之著作原件或一份重製物，如屬入境人員行李之一部分，且已報關、繳稅，為合法輸入品，雖非本法第59條之1所規定「在中華民國管轄區域內取得」，仍得於輸入後予以出租或出售，並無侵害他人之著作財產權之問題。又該著作原件或合法重製物復經出售予第三人，則該第三人仍為合法重製物所有權之人，而得依本法第59條之1及第60條規定再行出售或出租，亦不會構成本法第91條之1散布權或第92條出租權之侵害。

經濟部智慧財產局93年06月14日智著字第0930004605-0號函釋

利用網際網路上網訂購合法之VCD影片，進而透過快遞公司郵寄至我國領域者，並不符合「屬入境人員行李之一部分」，且其輸入之VCD影片如係輸入者於輸入後再交付他人利用者，亦與「為供輸入者個人非散布之利用」之規定不符。又違反本法第87條第4款規定而輸入之物，並非本法所規定之「合法重製物」，自不得援引第59條之1或第60條規定再行轉售或出租，違者仍得依第91條之1或第92條規定處罰。

經濟部智慧財產局93年06月15日智著字第0931600520-0號函釋

一、前述函說明一稱：「本公司所發行之光碟影片分為直銷版及出租版，直銷版不得另做為營利使用；爾後發現有直銷中盤之盤商，販售直銷版予出租之營業場所，此舉有違反著作權法之虞」，因著作權法（下稱本法）第60條規定「出租權耗盡」原則，亦即錄音及電腦程式著作以外之著作原件或其合法重製物之所有人，得出租該著作原件或重製物，不必再經著作財產權人之授權。因此　貴公司上述函說明所稱之「直銷版」光碟影片，如係屬提供在市場上流通、買賣交易者，縱使光碟影片重製物上載有「禁止出租」限制文字，則購買該光碟影片之人（包括消費者個人或出租業者等），基於本身物權之行使，自可依本法第60條將所購得之光碟影片予以出租，並無侵害著作權之問題。　貴公司前述函與民法、著作權法規定不符，應予指正。

相關條文：第29條之1

第61條（時事論述之合理使用）

揭載於新聞紙、雜誌或網路上有關政治、經濟或社會上時事問題之論述，得由其他新聞紙、雜誌轉載或由廣播或電視公開播送，或於網路上公開傳輸。但經註明不許轉載、公開播送或公開傳輸者，不在此限。

解說

本條是關於時事論述之合理使用規定。任何揭載於新聞紙、雜誌或網路上有關政治、經濟或社會上時事問題之論述，除非經註明不許轉載、公開播送或公開傳輸，否則，其他新聞紙、雜誌得予轉載，廣播或電視得予公開播送，任何人得在網路上公開傳輸。關於得為轉載之主體，限於新聞紙、雜誌，得為公開播送之主體，限於廣播或電視，至於得在網路上公開傳輸者，本條則無限制，在網路如此普及之數位環境下，此一未限制主體的規定是否妥適，非無疑義。為保護自身權利，在網路上發表時事論述之人，若不希望他人依本條合理使用自己的著作，就應註明反對轉載之文字，適用本條但書之排除規定。又本條合理使用之著作，限於「有關政治、經濟或社會上時事問題之論述」，並不及於「照片」或「圖片」。

依本條但書註明不許轉載之主體，係指由有關政治、經濟或社會上時事問題之論述之著作財產權人本人或其所委託註明之人，非著作財產權人本人或其委託註明之人所為之表示，不發生本條但書禁止他人利用之效力。至於註明「不許轉載、公開播送或公開傳輸」之方法，本法未規定其方式、內容及位置，但應以客觀上已足以使利用人於利用某特定揭載於新聞紙、雜誌或網路上有關政治、經濟或社會上時事之問題論述時，能明確知悉該特定論述業經著作財產權人禁止轉載、公開播送或公開傳輸者，方符合立法意旨。

依本條所為公開傳輸之合理使用，其公開傳輸前所必須進行的重製行為，雖不包括在本條文，但得認為屬於第65條第2項的「其他合理使用」，尚不致構成侵害重製權。

經濟部智慧財產局95年05月12日智著字第09500036710號函釋

　　二、按著作權法第61條規定：「揭載於新聞紙、雜誌或網路上有關政治、經濟或社會上時事問題之論述，得由其他新聞紙、雜誌轉載或由廣播或電視公開播送，或於網路上公開傳輸。但經註明不許轉載、公開播送或公開傳輸者，不在此限。」，有關該條但書之適用，說明如下：（一）註明之主體：依本但書規定註明之主體，係指由有關政治、經濟或社會上時事問題之論述之著作財產權人本人或其所委託註明之人所為不許轉載、公開播送或公開傳輸之意思表示而言。非著作財產權人本人或其委託註明之人所為之表示，不發生該條但書禁止他人利用之效力。（二）註明之方法：依本但書「註明禁止轉載、公開播送或公開傳輸」者，本法未規定註明之方式、內容及位置，但應以客觀上已足以使利用人於利用某特定揭載於新聞紙、雜誌或網路上有關政治、經濟或社會上時事之問題論述時，能明確知悉該特定論述業經著作財產權人禁止轉載、公開播送或公開傳輸者，方符本條但書之立法意旨。（三）註明之出處：又利用人依本條但書規定利用他人之著作者，應依同法第64條規定明示其出處。

經濟部智慧財產局96年06月23日電子郵件960623號函釋

　　一、報紙上之報導如符合著作權法（下稱本法）第9條第1項第4款所稱之「單純為傳達事實之新聞報導所作成之語文著作」，則不受著作權法保護，從而並無取得授權或適用本法第61條之問題；而本法第61條所稱之「時事問題之論述」則屬於受著作權法保護的著作，當符合本法第61條之情形時，屬於合理使用不會構成侵權，合先敘明。

　　二、依本法第61條之規定，新聞紙、雜誌或網路上有關政治、經濟或社會上時事問題之論述，除已註明不許轉載、公開播送或公開傳輸者外，得由其他新聞紙、雜誌轉載或由廣播或電視公開播送，或於網路上公開傳輸。因此，有關您所詢將報紙上之政治、經濟或社會上時事問題之論述，加以掃描、重製於自己的資料庫並供網路查閱瀏覽之行為，涉及該等著作之重製及公開傳輸，公開傳輸之部分符合前述本法第61條之規定者，不會構成著作財產權之侵害；至為達成前揭公開傳輸目的所為之重製，雖不在第61條規範範圍內，但仍有本法第65條第2項規定之「其他合理使用」之

著作權法
逐條釋義

空間。

經濟部智慧財產局105年04月12日電子郵件1050412號函釋

著作權法第61條轉載他人文章之合理使用規定，限於「揭載於新聞紙、雜誌或網路上有關政治、經濟或社會上時事問題之論述」（不包含圖片或照片等），始得由其他新聞紙、雜誌轉載或由廣播或電視公開播送，或於網路上公開傳輸，符合前述規定者並得依著作權法第63條規定加以翻譯，惟若該等文章已經註明不許轉載、公開播送或公開傳輸者，即無法主張合理使用。

相關條文：第63條、第64條、第65條

第62條（公開演說之合理使用）
政治或宗教上之公開演說、裁判程序及中央或地方機關之公開陳述，任何人得利用之。但專就特定人之演說或陳述，編輯成編輯著作者，應經著作財產權人之同意。

解說

政治或宗教上的公開演說，是為了傳達理念，說服公眾，裁判程序中或在中央或地方機關之公開陳述，或屬於訴訟攻防，或屬於公共政策之表達，應允許任何人以任何方式利用，以達到其對公眾傳達的目的。為保障民眾知的權利，本條乃規定，這些創作成果，任何人得利用之。所以，政黨主席或宗教領袖的公開演說，原被告或其律師在法院審判程序中的攻擊或防禦言詞，人民在政府機關舉辦公聽會的表達，任何人都可以自由利用。對於上述創作的利用，如果是專就特定人之演說或陳述，編輯成編輯著作者，由於不是單純的對公眾傳達，也超過民眾知的權利之基本保障，乃規定不得自由利用，仍應經著作財產權人之同意。

相關條文：第63條、第64條、第65條

第63條（合理使用之翻譯、改作及散布）

依第44條、第45條、第48條第1款、第48條之1至第50條、第52條至第55條、第61條及第62條規定得利用他人著作者，得翻譯該著作。

依第46條及第51條規定得利用他人著作者，得改作該著作。

依第46條至第50條、第52條至第54條、第57條第2項、第58條、第61條及第62條規定利用他人著作者，得散布該著作。

解說

　　本條文在基於前述各條文之合理使用條件下，擴大其合理使用範圍，以利於利用人達到其合理使用之目的。

　　依第44條、第45條、第48條第1款、第48條之1至第50條、第52條至第55條、第61條及第62條規定得利用他人著作者，原本僅得為重製之行為，本條文更進一步允許在該條之利用目的限制內，得翻譯該著作。較有爭議的是，第49條原本規定：「以廣播、攝影、錄影、新聞紙、網路或其他方法為時事報導者，在報導之必要範圍內，得『利用』其報導過程中所接觸之著作。」並未限制其「利用」之形態，則應該包括第22條至第28條之1所定的各種利用方法，本條明定得「翻譯」，僅屬於第28條所定「改作」中之「翻譯」，使得第49條的「利用」受到大幅限制，並不洽當。同理，第52條的「引用」及第62條的「利用」，都未限制其「引用」或「利用」之形態，本條明定得「翻譯」，也會造成大幅限制「引用」或「利用」形態的效果，亦不洽當。

　　依第46條及第51條規定得利用他人著作者，得改作該著作，此一改作，依第3條第1項第11款規定，除了第1項的「翻譯」之外，還包括「編曲、改寫、拍攝影片或其他方法就原著作另為創作」。

　　依第46條至第50條、第52條至第54條、第57條第2項、第58條、第61條及第62條規定利用他人著作者，因非屬個人私下之利用，尚有對外散布之需求，在92年修法增訂著作財產權人享有散布權時，同時併規定上開合理使用，使得利用人在就該著作進行原本的合理使用之後，並得將合理使用之結果作進一步的散布。

相關條文：第63條、第64條、第65條

第64條（合理使用之明示出處）
依第44條至第47條、第48條之1至第50條、第52條、第53條、第55條、第57條、第58條、第60條至第63條規定利用他人著作者，應明示其出處。
前項明示出處，就著作人之姓名或名稱，除不具名著作或著作人不明者外，應以合理之方式為之。

解說

　　合理使用僅是對於著作財產權的限制，並不影響著作人的著作人格權。此外，對於利用人而言，關於合理使用後之結果，也必須讓外人知悉，哪一部分是利用人自己創作，哪一部分是利用他人的著作，一方面可以讓各方判斷利用人的利用是否合理，一方面也可以讓其他人想要再利用或想要確認利用來源是否正確的人，有跡可循。

　　依本條適用結果，第48條圖書館的重製、第51條個人或家庭非營利目的的重製、第54條政府或學校考試的重製、第56條廣播機構的暫時性錄製、第59條合法電腦程式著作重製物所有人的重製及第59條之1的合法著作重製物所有人的散布等，都不必註明出處。不過，第48條圖書館的重製、及第54條政府或學校考試的重製，都還有對外流通的後續行為，應該還是要註明出處；至於第1項所未規定的第60條出租權的限制，因為應沒有重製的利用，理應與第59條之1散布權的限制一般，沒有註明出處的問題。此外，依第65條第2項的「其他合理使用」，應也有明示出處之義務，本條卻漏未包括。以上這些都是未來應修法調整的地方。

　　合理使用明示出處的目的，既有在使想要再利用或想要確認利用來源是否正確的人，有跡可循，其明示內容應該包括原著作名稱、著作人之姓名或名稱，以及在原著作的頁次。至於明示出處的做法，只要「以合理方式為之」即可，並無任何強制規定，也就是只要可以讓他人找到原著作的來源就行了，不一定要鉅細靡遺。至於原著作原本就不具名或其著作人不明者，就可以免除明示出處的義務。此外，本條所未明白規定的情形，如

果原著作名稱不明，則利用人未標示著作名稱，應該也算是消極地「以合理方式為之」。

關於「著作人不明」與否，應如何認定，只要利用人能證明其所利用之版本，未顯示著作人姓名或名稱，經相當之努力，亦無法確認著作人為誰，就可被認為係「著作人不明」，不以絕對地無法確認著作人為誰為必要。

未依本條規定「明示出處」，是否會構成侵害著作財產權？這應是否定的。是否構成合理使用，是要依照本章各該條文所定的要件認定，一旦符合各該要件，就構成合理使用，不會因為後來沒有「明示出處」，又變成侵害著作財產權。不過，未依本條規定「明示出處」，可以依第96條規定科以5萬元以下罰金，這是因為違反本條規定義務的處罰，不是因為侵害著作財產權。

本條的「明示出處」與一般著作多會列出的「參考書目」或「參考著作」有何不同？「明示出處」是著作權法中，關於「合理使用」的要求；「參考書目」或「參考著作」，則是尊重學術倫理的慣例或傳統。從著作權法之角度，如果是「表達」之利用，就應精準地「明示出處」，使他人知悉、區別哪一段文字是「合理使用」而來的，違反者依第96條規定科以罰金，如果僅是「觀念」之引用或承續，沒有「表達」之利用，根本不涉及著作權之範圍，則列出「參考書目」或「參考著作」，只是學術倫理的尊重而已，沒有列出者，則交由學術界依學術倫理的有形規範或無形的道德規範處理，不會有違反著作權法的問題。

相關條文：第44條至第47條、第48條之1至第50條、第52條、第53條、第55條、第57條、第58條、第60條至第63條、第96條

第65條（合理使用之效果與認定基準）
著作之合理使用，不構成著作財產權之侵害。
著作之利用是否合於第44條至第63條所定之合理範圍或其他合理使用之情形，應審酌一切情狀，尤應注意下列事項，以為判斷之基準：
一、利用之目的及性質，包括係為商業目的或非營利教育目的。

二、著作之性質。

三、所利用之質量及其在整個著作所占之比例。

四、利用結果對著作潛在市場與現在價值之影響。

著作權人團體與利用人團體就著作之合理使用範圍達成協議者，得為前項判斷之參考。

前項協議過程中，得諮詢著作權專責機關之意見。

解說

　　合理使用是對於著作財產權之限制，所以對著作之合理使用，其法律效果，就是「不構成著作財產權之侵害」。合理使用是著作權法所賦予利用人得自由利用別人受著作財產權保護的著作的一種「特權」（privilege），這種特權與一般「專有權利」（exclusive rights）不同，不能轉讓，也不能以契約剝奪。基於契約自由原則，對於這種特權，以契約約定不得行使，雖仍有效，但違約而行使合理使用的特權者，仍不會構成著作財產權之侵害，僅是契約的違反而已，著作財產權人僅能以違反約定請求救濟，卻不能以要求司法機以刑罰處罰之。

　　關於合理使用，第44條至第63條之例示規定中，有明定「在合理範圍內」，包括第44條至第47條、第50條至第52條，至於是否「在合理範圍內」，第2項明定「應審酌一切情狀」，尤應注意四款判斷基準。此外，第2項另出現「其他合理使用」，係指雖不在前述第44條至第63條例示規定中，只要其能符合第2項所定的四項判斷基準，仍有可能屬於「其他合理使用」。

　　原本，第2項係規定「著作之利用是否合於第44條至第63條之規定」，而除第44條至第47條、第50條至第52條之外，其他條文並無明定「在合理範圍內」可為一定之利用，則各該條文是否仍須依第2項所定的四項基準來判斷是否合理使用？從文義解釋而言，各該條文既然沒有明定「在合理範圍內」，則合於各該條文之情形，就屬於合理使用，不應再考慮第2項所定的四項基準，不過，著作權專責機關仍認為，合於第44條至第63條例示規定的利用，不問該條文有明定「在合理範圍內」可為一定之利用，仍須依第2項所定的四項基準來判斷是否合理使用。嗣後，於103年

1月本項修正為「著作之利用是否合於第44條至第63條所定之合理範圍或其他合理使用之情形」，終使符合各該條文之行為，直接即屬合理使用，無須再依第2項所定的四項基準來進行第二次判斷。

在認定是否合理使用時，第2項所定的四項判斷基準，必須一一審視，沒有哪一項特別重要，或特別不重要，只要其中有一項無法通過，就應被認定不構成合理使用。

一、利用之目的及性質，包括係為商業目的或非營利教育目的。此係從利用人的利用目的與性質觀察，並不是說只要「商業目的」的利用，就一定不是合理使用，或是只要「非營利教育目的」，就一定是合理使用，而是「商業目的」的利用，比較會被認為不是合理使用，反之，「非營利教育目的」，比較容易被認定為是合理使用。此款之適用，還是可以回到是否符合第1條立法目的上判斷，亦即，如果使用者之使用目的及性質係有助於調和社會公共利益或國家文化發展，則即使其使用目的非屬於教育目的，亦應予以正面之評價；反之，若其使用目的及性質，對於社會公益或國家文化發展毫無助益，即使使用者並未以之作為營利之手段，亦因該重製行為並未有利於其他更重要之利益，以致於必須犧牲著作財產權人之利益去容許該使用行為，而應給予負面之評價。所以，市面上銷售的論文集，是「商業目的」的利用，但使用目的及性質係有助於調和社會公共利益或國家文化發展，所以，引用他人的著作，仍有合理使用的空間；反之，學校課堂上的教學利用，是「非營利教育目的」，但若大量影印書籍，給學生學習使用，導致創作人血本無歸，無力繼續創作，嚴重損害社會公益或國家文化發展，也仍會構成侵害著作財產權。

二、著作之性質。此主要係從被利用著作的性質觀察，也不排除在利用後產生新著作時，對於此一新著作性質的判斷。對於研究性的著作，合理使用的範圍可以較大，所以影印一篇文章供自己研讀，可以被認為是合理使用；但是拷貝一首歌供自己娛樂，可能就不能主張是合理使用。又影印他人的作業習題，給學生作為練習使用，利用目的與被利用著作的性質過於接近，也應該不能主張是合理使用。此外，若是利用結果，有產生新的創作，亦即是屬於「轉化性（transformative）利用」，也比較容易被認為是合理使用。

三、所利用之質量及其在整個著作所占之比例。此一基準是相對性之

201

比較。要考量對於被利用著作所利用之質量及其在整個著作所占之比例，也要考量利用結果產生新著作時，被利用著作在新著作所占的質量比重。利用某一件近百頁的著作，雖然僅是其中10頁但若是精華的10頁，也不能主張是合理使用。寫一篇1萬字的論文評論一首200字的新詩，全文引用下，仍能主張是合理使用，若是寫3,000字的短評，卻引用別人2,000字的全文，就不能主張是合理使用。

　　四、利用結果對著作潛在市場與現在價值之影響。此一基準就是在評估利用結果，是不是會對於被利用的著作，發生「市場替代」效果。這種「市場替代」效果的發生，不一定是在現在，也包括未來可能發生的情形。例如，錄音業者現在可能還沒有進入網路音樂經營市場，但未來可能會擴大經營層面，不能因為目前尚未進入網路音樂經營市場，就認為不會對錄音業者發生「市場替代」效果。

　　縱使有第2項的合理使用判斷基準，合理使用的困難仍在於無法以法律明定其合理的質與量。如果每一項是否合理使用的爭議，都由法院在具體個案中判斷，不僅充滿不確定，也是勞民傷財。著作權法在92年修正時，乃參考美國實務上由著作權人團體與利用人團體就著作之合理使用範圍所訂立的「君子協定」（gentleman agreement），於第3項明定，著作權人團體與利用人團體就著作之合理使用範圍達成協議者，得為第2項判斷之參考，並於第4項規定，在協議過程中，得諮詢著作權專責機關之意見。雖然如此，著作權專責機關自該項修正後，就積極主動出面協調著作權人團體與利用人團體就著作之合理使用範圍進行協議者，惟始終難有具體成果，最後終告失敗。主要原因，在於目前的著作權法下，任何侵害都會有刑罰處罰，對於著作財產權人而言，合理使用不明確，反正可以透過刑事訴訟，使利用人恐懼，不戰而勝，當然就不急著達成協議，至於利用人方面，主要是擔心原屬於合理用的範圍，會因為協議而縮小，造成不便。

 函釋

經濟部智慧財產局94年04月01日智著字第09416001350號函釋
主旨：有關本局協助圖書館界與權利人團體就「圖書館等文教機構以影印之方法重製著作之合理使用範圍協議」進行協商一案，請查照。
說明：本案經本局於94年3月15日召開第2次座談會，會中部分參與協商之

單位主張現階段不需要訂定協議，回歸著作權法合理使用規定「個案認定」即可。由於本案本局之角色僅在提供諮詢意見，現階段尊重雙方意見，爰暫不續處此項協商工作。

經濟部智慧財產局94年04月01日智著字第094160020960號函釋

主旨：有關本局協助學校與權利人團體就「依法設立之各級學校為授課需要影印書籍之合理使用範圍協議」進行協商一案，請查照。

說明：本案經本局於94年3月15日召開第二次座談會，會中部分參與協商之單位主張現階段不需要訂定協議，回歸著作權法合理使用規定「個案認定」即可。由於本案本局之角色僅在提供諮詢意見，現階段尊重雙方意見，爰暫不續處此項協商工作。

 判決

最高法院91年度台上字第837號刑事判決

舊法（指82年4月24日修正公布）有關著作財產權之限制（學理上所泛稱之合理使用）僅限於第44條至第63條規定之範圍，而第65條係為審酌著作之利用是否合於第44條至第63條規定所訂定之判斷標準。惟著作權利用之態樣日趨複雜，舊法第44條至第63條規定之合理使用範圍已顯僵化，無足肆應實際上之需要，為擴大合理使用之範圍，新法（指87年1月21日修正公布）將本條修正為概括性之規定，即使未符合第44條至第63條之規定，但如其利用之程度與第44條至第63條規定之情形相類似或甚至更低，而以本條所定標準審酌亦屬合理者，則仍屬合理使用。乃原判決依新法第65條第2項所列各款為判斷合理使用之標準，尚無違誤。

最高法院94年度台上字第7127號刑事判決

著作權法第65條第2項第1款所謂「利用之目的及性質，包括係為商業目的或非營利教育目的」，應以著作權法第1條所規定之立法精神解析其使用目的，而非單純二分為商業及非營利（或教育目的），以符合著作權之立法宗旨。申言之，如果使用者之使用目的及性質係有助於調和社會公共利益或國家文化發展，則即使其使用目的非屬於教育目的，亦應予以正面之評價；反之，若其使用目的及性質，對於社會公益或國家文化發展毫無助益，即使使用者並未以之作為營利之手段，亦因該重製行為並未有利

於其他更重要之利益，以致於必須犧牲著作財產權人之利益去容許該重製行為，而應給予負面之評價。

相關條文：第44條至第63條

第66條（合理使用與人格權）
第44條至第63條及第65條規定，對著作人之著作人格權不生影響。

解說

第44條至第63條及第65條規定，是對於著作財產權的限制，所以本條乃特別明定，這些規定對著作人之著作人格權不生影響。所以，合理使用仍應注意對於著作人格權之保護，例如不可以任意公開發表尚未公開發表的著作，著作人的姓名仍應標示，不可以做不當的內容刪改等。不過，依第44條、第45條、第48條、第49條及第65條規定之合理使用，仍有可能公開發表尚未公開發表的著作，本條規定僅能說是要強調合理使用是對著作財產權的限制，但某些情況下，合理使用還是會對著作人之著作人格權發生影響。

 釋

經濟部智慧財產局92年01月06日智著字第0910011462號函釋

著作之合理使用係屬著作財產權之限制，對著作人之著作人格權（在此包括著作人之姓名表示權）不生影響（參照本法第66條），故縱屬合理使用他人著作，仍應依本法第64條規定以合理方式明示其出處，如有違反者，經著作人提出告訴，即須負依本法第96條所定新台幣5萬元以下罰金之刑事責任。

相關條文：第44條至第63條及第65條

第五款　著作利用之強制授權

第67條（刪除）
第68條（刪除）

第69條（音樂著作強制授權之申請）
錄有音樂著作之銷售用錄音著作發行滿六個月，欲利用該音樂著作錄製其他銷售用錄音著作者，經申請著作權專責機關許可強制授權，並給付使用報酬後，得利用該音樂著作，另行錄製。
前項音樂著作強制授權許可、使用報酬之計算方式及其他應遵行事項之辦法，由主管機關定之。

解說

　　音樂著作的強制授權與國家經濟發展程度無關，純粹是針對音樂著作的特殊性而作規定。由於音樂著作具有高度經濟利益，而現實情形是，大部分音樂著作從一完成時，就被唱片工業所掌握，如果要以著作權法保護音樂著作，會使得大量音樂著作被唱片工業所壟斷，無法充分流通，供大眾欣賞。基於這一原因，先進國家的著作權法開始要保護音樂著作時，就配套建立音樂著作的強制授權制度，規定一旦音樂著作被錄製成商業用錄音著作在市面發行，其他人就可以向政府主管機關申請許可，先向著作財產權人支付主管機關所定的使用報酬後，另行灌製錄音著作。音樂著作必須廣泛使用，才更顯其經濟價值，既然著作權人已將其錄製成商業用錄音著作在市面發行，則由其他人再行灌錄成錄音著作，祇要支付適當的報酬，應該也不致於過度損害音樂著作權人的經濟利益，本條乃規定音樂著作的強制授權制度。

　　本條第1項規定，一旦音樂著作被錄製成商業性錄音著作，在發行滿六個月後，任何人想要利用該音樂著作，錄製其他商業性錄音著作者，都可以向經濟部智慧財產局申請許可強制授權，並給付使用報酬後，另行錄

製。得申請強制授權的對象，限於音樂著作，得作為的行為，則限於商業用的錄音著作，所以，不可以申請強制授權利用錄音著作，也不可以將音樂著作作成不是商業用的錄音著作，或其他類別的著作。又經濟部智慧財產局的許可與否，是一項行政處分，於許可時，著作財產權人可以提出訴願，於不許可時，申請人可以提出訴願，縱使是許可時，如申請人認為許可的費率不合理，也是可以提出訴願。應注意的是，未依經濟部智慧財產局核定的費率給付使用報酬，就先另行錄製者，會構成侵害重製權，這與第47條可以先使用再付費，有很大的不同。

對於音樂著作強制授權許可、使用報酬之計算方式及其他應遵行事項之辦法，主管機關定有「音樂著作強制授權申請許可及使用報酬辦法」，以供遵循。

經濟部智慧財產局91年03月25日智著字第0910002150號函釋

依本法第69條規定：「錄有音樂著作之銷售用錄音著作發行滿六個月，欲利用該音樂著作錄製其他銷售用錄音著作者，經申請主管機關許可強制授權，並給付使用報酬後，得利用該音樂著作，另行錄製。前項申請許可強制授權及使用報酬之辦法，由主管機關定之。」故能否申請音樂著作之強制授權，應依上開規定決定之，惟縱使電腦MIDI之成品屬錄音著作，如僅係電腦伴唱機之一部分而無法單獨使用，則不符上開規定之「銷售用錄音著作」，仍不得申請音樂著作之強制授權。

經濟部智慧財產局94年03月03日智著字第094000013620號函釋

依本法第69條規定：「錄有音樂著作之銷售用錄音著作發行滿六個月，欲利用該音樂著作錄製其他銷售用錄音著作者，經申請主管機關許可強制授權，並給付使用報酬後，得利用該音樂著作，另行錄製。前項申請許可強制授權及使用報酬之辦法，由主管機關定之。」來函所稱將音樂會實況錄影發行合輯一節，錄影物係屬視聽著作，並不符合前述錄製成錄音著作之規定。

智慧財產法院105年度行著訴字第1號行政裁定

現行著作權法第69條第1項之強制授權範圍，依法限於將曲譜、歌詞及其他之音樂著作強制授權他人錄製為銷售用之錄音著作，由於錄音著作係藉由機械或設備單純表現詞曲之聲音，如將歌詞之文字呈現於紙本或螢幕供人觀覽，均不符音樂著作強制授權之要件，自不得依上開規定，申請音樂著作之強制授權。

相關條文：第70條、第71條

第70條（強制授權重製物銷售之限制）

依前條規定利用音樂著作者，不得將其錄音著作之重製物銷售至中華民國管轄區域外。

解說

由於音樂著作的強制授權係向我國經濟部智慧財產局申請獲得許可，而各國著作權法對於音樂著作強制授權的規定不同，必須區別其法域而適用，為避免這些錄音著作重製物在外國造成侵害結果，本條乃限制這些錄音著作重製物不得銷售至中華民國管轄區域外。

相關條文：第69條

第71條（強制授權之撤銷與廢止）

依第69條規定，取得強制授權之許可後，發現其申請有虛偽情事者，著作權專責機關應撤銷其許可。

依第69條規定，取得強制授權之許可後，未依著作權專責機關許可之方式利用著作者，著作權專責機關應廢止其許可。

解說

　　音樂著作的強制授權，其申請與許可後之利用均必須依法為之，第1項乃規定，若取得強制授權之許可後，發現其先前的申請有虛偽情事者，經濟部智慧財產局應撤銷其許可，第2項則規定，取得強制授權之許可後，未依經濟部智慧財產局許可之方式利用著作者，經濟部智慧財產局應廢止其許可。經撤銷許可的案件，因為自始即不該許可，所以其效果是「自始無效」，經廢止許可的案件，是合法許可後未依規定為之，所以其效果是「嗣後無效」。

相關條文：第69條

第72條（刪除）

第73條（刪除）

第74條（刪除）

第75條（刪除）

第76條（刪除）

第77條（刪除）

第78條（刪除）

第四章

製版權

解說

「製版權」是各國著作權法所沒有，而屬於我國著作權法的特別規定，又由於一般人對於「著作權」通常以「版權」稱之，就更不易弄清楚「製版權」的真正內涵。

「製版權」與「著作權」最大的不同，在於「製版權」是以沒有著作財產權或著作財產權已經消滅的文字著述或美術著作為對象，經過整理印刷、影印、印刷或類似方式重製並經登記而取得，其目的在以法律設置一項特別的權利，鼓勵民眾將年代久遠，有流通價值的古籍字畫重新製版印行，與社會大眾分享，在性質上接近保障經濟投資利益的「鄰接權」。

「製版權」的保護情形如下：

一、「製版權」是以無著作財產權或著作財產權消滅之文字著述或美術著作為對象，亦即是針對古籍或真跡字畫為客體，並不包括在因沒有著

作權互惠關係而在我國不受著作權法保護的外國人著作。至於外國人的文字著述或美術著作，若是因為年代久遠而不受著作權法保護，還是可以作為製版權的客體，因為本條並未排除外國人的著作。

二、「製版權」在文字著述方面，要有整理印刷的行為，包括修補闕漏、重新印製，但其方法不以重新排版為必要，其對象亦不限於著作原件，重點在於是無著作財產權或著作財產權消滅者；但在美術著作方面，除了要無著作財產權或著作財產權消滅者外，尚須是就真跡字畫加以影印、印刷或類似方式重製，且該真跡字畫先前未曾被製版發行者。

三、「製版權」必須依經濟部智慧財產局所訂的「製版權登記辦法」辦理登記獲准，才能享有，此與「著作權」於著作完成就自動受保護，截然不同。

四、「製版權」之內涵乃指製版人就其製版的「版面」，專有以影印、印刷或類似方式重製之權利，但製版人就該古籍字畫並未享有專有權利。尤其在文字著述方面之「製版權」，他人固不得就製版人製版的「版面」以影印、印刷或類似方式重製，但如未利用該版面，而是就該無著作財產權或著作財產權消滅之文字著述另行製版，並不會侵害他人之製版權，例如，A就祖傳之宋版「李太白全集」製版登記後，取得製版權，B自博物館取得另一本相同宋版之「李太白全集」，加以利用，並未侵害A之製版權。

五、「製版權」自製版完成時起算存續十年，而其保護期間以該十年期間屆滿當年之末日，為期間之終止。

雖然「製版權」與「著作權」不同，不過關於著作財產權之消滅、限制等規定，於製版權有其準用。此外，隨著數位科技發展，許多古籍字畫被有創作性地選擇或編排，作成數位化資料庫，反而得以「編輯著作」受保護，不再以紙本重新製版印行方式申請「製版權」保護，這未嘗不是拜科技之賜所產生的新保護方式。

經濟部智慧財產局91年02月05日智著字第0910000635號函釋

二、按古人著作因年代久遠，自始不受著作權保護，屬公共所有，任何人均得自由利用，惟如經依著作權法（以下稱本法）第79條規定申請製

版權登記者，製版人就其版面，專有以影印、印刷或類似方式重製之權利，其期間自製版完成時起算存續十年。來函所述貴院景印之宋四大家書法冊，其中宋代名家之書法屬美術著作，自始不受著作權保護，除就其原件以影印、印刷或類似方式重製首次發行，並依法辦理製版權登記，由製版人就其版面專有以影印、印刷或類似方式重製之權利外，任何人均得自由利用，先予敘明。

三、又本法第7條規定：「就資料之選擇及編排具有創作性者為編輯著作，以獨立之著作保護之。編輯著作之保護，對其所收編著作之著作權不生影響。」貴院景印之宋四大家書法冊如係經選擇及編排具有創作性者，得以編輯著作而獨立受著作權法保護，惟所編選之各件宋四大家書法因已屬公共所有，並不因此重新受著作權保護，亦即他人未經授權，不得利用該編輯著作，惟得利用該編輯著作中已屬公共所有之各件宋四大家書法。所詢貴院出版書法冊屢遭大陸廠商盜印販售情事一案，請參酌上開規定及說明。

經濟部智慧財產局93年03月16日智著字第0931600177-0號函釋

三、經查本案所附製版過程詳細說明書之記載，係以財政部編製之「中華民國稅務行業標準分類（第五次修正）」之文字內容為藍本，並納入國稅局編製的「稅務行業標準代號及擴大書面審核適用純益率標準彙編表」及「營利事業各業所得額同業利潤標準」中各具關聯性的數據編製而成，該三項被製版物內容，或係法令或係稅務行業標準代號等數字及符號，均非屬本法第79條第1項所規定無著作財產權或著作財產權消滅之文字著述。

四、按製版權登記辦法第16條第3款規定「有下列情形之一者，主管機關應以書面敘明理由，駁回申請案……三、申請事項與本法第79條第1項規定不符者。……」本案申請事項與本法第79條第1項規定不符，應予處分駁回，台端如欲陳述意見，請於文到三十日內提出書面具體意見到局憑辦。

五、另查本法第7條第1項規定：「就資料之選擇及編排具有創作性者為編輯著作，以獨立之著作保護之。」台端將各項具關聯性稅務「資料」彙集整理為「營利事業各業所得額、同業利潤、擴大書審純益率標準」，

如就「資料」之選擇及編排具有創作性者，則以獨立之編輯著作保護，自著作完成時起享有著作權，無庸再踐行著作權登記程序（按著作權登記制度已於87年間廢止），併予敘明。

經濟部智慧財產局94年03月07日智著字第09416000940號函釋

二、按著作權法第79條第1項規定：「無著作財產權或著作財產權消滅之文字著述或美術著作，經製版人就文字著述整理印刷，或就美術著作原件以影印、印刷或類似方式重製首次發行，並依法登記者，製版人就其版面，專有以影印、印刷或類似方式重製之權利。」製版權制度旨在保護對古籍、古代文物加以整理之投資利益以鼓勵對古籍之整理重視，法律乃賦予凡對無著作財產權或著作財產權消滅之古籍、古代文物加以重新排版整理印刷之人專有以影印、印刷或類似方式重製之權利。

三、貴公司以前揭函檢送製版權登記申請書1份，並檢附被製版之著作著作財產權消滅切結書、被製版之文字著述原著作部分書頁、製版完成日切結書、製版過程說明各1份及製版物樣本（光碟1套）等相關附件申請製版權登記。惟由貴公司所附之製版物樣本（光碟）及原著作部分書頁得知，所申請製版權登記者係以電子資料處理方式存入電子資料庫，此與著作權法第79條第1項規定之「整理印刷」或類似方式重製版面之行為有別。

四、依製版權登記辦法第16條第3款之規定「有下列情形之一者，著作權專責機關應以書面敘明理由，駁回申請案：三、申請製版權登記者，其申請事項與本法第79條第1項規定不符者。」貴公司申請製版權登記一案，因有上述不符情事，爰予駁回申請案。

五、復按著作權法第7條之規定：「就資料之選擇及編排具有創作性者為編輯著作，以獨立之著作保護之。編輯著作之保護，對其所收編著作之著作權不生影響。」因之，作品如符合前述編輯著作之規定者，仍享有編輯著作之著作權而受到著作權法之保護，且依著作權法第10條前段規定，著作人於著作完成時享有著作權，併予敘明。

判決

臺北高等行政法院91年度訴字第3862號判決

　　本件原告已自承系爭「森林」美術著作原件之重製業經刊登於蘇富比公司之拍賣手冊，並寄發給客戶。按蘇富比公司係受古物所有權人委託出賣之人，自屬權利人，其製作拍賣手冊，並寄發客戶，係為滿足公眾（買家）之需求而加以散布，顯已符合「發行」之要件。從而，本件原告所為製版權登記之申請，並不符合「首次發行」之要件，被告所為駁回其製版權登記申請之處分，揆諸首揭規定及說明，洵無違誤，訴願決定予以維持，亦無不合。

相關條文：第80條

第80條 （製版權準用規定）
第42條及第43條有關著作財產權消滅之規定、第44條至第48條、第49條、第51條、第52條、第54條、第64條及第65條關於著作財產權限制之規定，於製版權準用之。

解說

　　本條係規定製版權準用著作財產權之規定，並不包括著作人格權之準用，也僅限於著作財產權消滅及著作財產權限制之規定。

相關條文：第42條、第43條、第44條至第48條、第49條、第51條、第52條、第54條、第64條、第65條及第79條

權利管理電子資訊
及防盜拷措施

第80條之1（權利管理電子資訊之保護）
著作權人所為之權利管理電子資訊，不得移除或變更。但有下列情形之一者，不在此限：
一、因行為時之技術限制，非移除或變更著作權利管理電子資訊即不能合法利用該著作。
二、錄製或傳輸系統轉換時，其轉換技術上必要之移除或變更。
明知著作權利管理電子資訊，業經非法移除或變更者，不得散布或意圖散布而輸入或持有該著作原件或其重製物，亦不得公開播送、公開演出或公開傳輸。

解說

　　本條是關於權利管理電子資訊之保護規定。權利管理電子資訊之保護，和第80條之2的「防盜拷措施之保護」一樣，是針對電子化著作權商品的特別保護，不屬於著作權的一種，而是在著作權以外，特別賦予著作權人對於其著作的保護方法。所謂「權利管理電子資訊」，依第3條第1項第17款定義，係「指於著作原件或其重製物，或於著作向公眾傳達時，所表示足以確認著作、著作名稱、著作人、著作財產權人或其授權之人及利用期間或條件之相關電子資訊；以數字、符號表示此類資訊者，亦屬之。」

　　在過去以有體的著作重製物作為著作散布利用的時期，刪除或竄改一

本書或一卷錄音帶的著作權記載事項，僅能在該特定著作重製物上發生單一的刪除或竄改效果，其他的書或錄音帶上的著作權記載事項並未因此而被刪除或竄改，故對於著作權人之權利並不會造成太大影響。然而，在網路數位化環境中，著作權人將著作放置在網路上，常在著作上標示「權利管理電子資訊」，使利用人在利用著作過程中，得以確認著作，知道著作名稱、著作人、著作財產權人或其授權之人及利用期間或條件，進而利用著作或接洽著作權之讓與或授權事宜，若此一資訊被刪除或竄改，將使後來接觸該著作之人無法獲得著作權人所作的正確「權利管理電子資訊」，產生全面性的損害效果，故有必要確保「權利管理電子資訊」之完整性，本條是參考WCT第12條、WPPT第19條、歐盟2001年著作權指令第7條、美國著作權法第1202條及日本著作權法第2條第1項第21款規定，禁止移除或變更著作權人所為之權利管理電子資訊；其明知著作權利管理電子資訊，業經非法移除或變更者，則不得散布或意圖散布而輸入或持有該著作原件或其重製物，亦不得再公開播送、公開演出或公開傳輸，違反者依第96條之1處一年以下有期徒刑及25萬元以下罰金，依第90條之3並應負民事上之損害賠償責任。

相關條文：第90條之3、第96條之1

第80條之2（防盜拷措施之保護）
著作權人所採取禁止或限制他人擅自進入著作之防盜拷措施，未經合法授權不得予以破解、破壞或以其他方法規避之。
破解、破壞或規避防盜拷措施之設備、器材、零件、技術或資訊，未經合法授權不得製造、輸入、提供公眾使用或為公眾提供服務。
前二項規定，於下列情形不適用之：
一、為維護國家安全者。
二、中央或地方機關所為者。
三、檔案保存機構、教育機構或供公眾使用之圖書館，為評估是否取得資料所為者。
四、為保護未成年人者。

五、為保護個人資料者。

六、為電腦或網路進行安全測試者。

七、為進行加密研究者。

八、為進行還原工程者。

九、為依第44條至第63條及第65條規定利用他人著作者。

十、其他經主管機關所定情形。

前項各款之內容，由主管機關定之，並定期檢討。

解說

　　本條是關於防盜拷措施之保護規定。防盜拷措施之保護，和第80條之1的「權利管理電子資訊之保護」一樣，是針對電子化著作權商品的特別保護，不屬於著作權的一種，而是在著作權以外，特別賦予著作權人對於其著作的保護方法。所謂「防盜拷措施」，依第3條第1項第18款定義，係「指著作權人所採取有效禁止或限制他人擅自進入或利用著作之設備、器材、零件、技術或其他科技方法。」所謂「進入」著作，是一種對於著作之「接觸控制」（access controls），其真意係指「使用、收聽、收看、閱覽」著作行為；所謂「利用」著作，其真意則係指著作權法第22條至第29條所定涉及著作財產權之行為，簡單以「複製控制」（copy controls）稱之。

　　關於防盜拷措施之保護可分為禁止破解、破壞或規避防盜拷措施的「實際行為」，以及實際行為以前，製造、輸入供破解、破壞或規避防盜拷措施之設備、器材、零件、技術或資訊，或將其提供公眾使用或為公眾提供破解、破壞或規避防盜拷措施之服務的「準備行為」。

　　第1項禁止對於著作權人所採取禁止或限制他人擅自進入著作之防盜拷措施，予以破解、破壞或以其他方法規避之「實際行為」。例如，某一商業網路資料庫或線上音樂或電影欣賞，必須付費取得密碼後，每次進入該資料庫「使用、收聽、收看、閱覽」著作，都須鍵入該組密碼，若未經付費取得密碼，而是以特殊程式或密碼，破解或使該密碼的限制「使用、收聽、收看、閱覽」著作的技術失效，則屬違反本項的行為，應負擔第90條之3的民事責任，但沒有刑事責任。

著作權法
逐條釋義

「防盜拷措施」包括著作權人所採取有效禁止或限制他人擅自「進入」或「利用」著作之設備、器材、零件、技術或其他科技方法，但本法在第1項關於禁止破解、破壞或規避的「實際行為」方面，僅限對於禁止或限制他人擅自「進入」著作之防盜拷措施，並不包括禁止或限制他人擅自「利用」著作之防盜拷措施，主要是破解、破壞或以其他方法規避著作權人所採取有效禁止或限制他人擅自「利用」著作之設備、器材、零件、技術或其他科技方法後，其結果可能是合理使用，也可能是構成著作財產權之侵害，只要依後來的利用結果處斷即可，不必處理前段的破解、破壞或規避行為。

第2項禁止製造、輸入供破解、破壞或規避防盜拷措施之設備、器材、零件、技術或資訊，亦禁止將其提供公眾使用或為公眾提供破解、破壞或規避防盜拷措施之服務。本項所稱「為公眾提供服務」，係指「代客破解、破壞或規避防盜拷措施」，「提供公眾使用」則係指「提供設備或資訊，讓公眾自行破解、破壞或規避防盜拷措施」。與第1項僅禁止破解、破壞或以其他方法規避著作權人所採取禁止或限制他人擅自「進入」著作之防盜拷措施不同，本項所禁止的「準備行為」，範圍包括著作權人所採取有效禁止或限制他人擅自「進入」或「利用」著作之設備、器材、零件、技術或其他科技方法。這種「準備行為」，由於具擴散破解、破壞或規避能力效果，打擊面大，甚於破解、破壞或規避的「實際行為」，所以必須全面禁止，違反者不僅應負擔第90條之3的民事責任，更會有第96條之1的刑事責任。

第3項規定關於防盜拷措施保護之例外，亦即只要是該項所訂的10款情形，就可以為前二項所禁止的破解、破壞或規避防盜拷措施的「實際行為」，以及實際行為以前，製造、輸入供破解、破壞或規避防盜拷措施之設備、器材、零件、技術或資訊，或將其提供公眾使用或為公眾提供破解、破壞或規避防盜拷措施之服務的「準備行為」。至於其各款之內容，依第4項規定，則由主管機關定之，並定期檢討。主管機關於95年3月23日發布有「著作權法第80條之2第3項各款內容認定要點」，就本條各款之內容作詳細規定，並明定該要點至少每三年檢討一次。

函 釋

經濟部智慧財產局94年05月16日電子郵件940516函釋

一、按著作權人依法享有著作權，但如其額外再採取防盜拷措施保護其著作者，則除既有著作權保護外，對其所採取之防盜拷措施亦應予保護，故著作權法第80條之2第1項明定，著作權人所採取禁止或限制他人擅自「進入著作」之防盜拷措施，未經合法授權不得予以破解、破壞或以其他方法規避。惟上述規定僅適用於對著作權人所採取禁止或限制他人擅自「進入著作」之防盜拷措施（access controls）所為之破解、破壞或以其他方法規避之行為。至於破解、破壞或以其他方法規避著作權人防止進入的盜拷措施而進入著作之後，更進一步對「利用著作」的防盜拷措施（copy controls），即重製或公開傳輸等所為之措施，亦加以破壞，而為之重製或公開傳輸等之行為，則不在上述規定之適用範圍，應視其有無合理使用或是否構成侵害著作權而定其法律效果。

二、公司生產製造的電腦伴唱機，已有防盜拷措施，他人未經授權擅自破解、破壞或以其他方法規避而進入貴公司之電腦伴唱機者，係屬違反著作權法第80條之2第1項之規定。

三、於破壞公司防盜拷措施而進入後，又在貴公司產製的硬碟內，灌裝其他未獲授權歌曲部分，係屬該破壞行為人之侵害歌曲著作重製權之行為。破壞貴公司之防盜拷措施後，將貴公司硬碟內之歌曲另行重製在破壞行為人所有之其他硬碟內，亦屬侵害歌曲著作重製權之行為。至於破壞貴公司的防盜拷措施後，將未經授權的新硬碟裝在貴公司的電腦伴唱機內，該項增加裝置的行為非著作權法規範的事項，並無著作權法的適用。

四、來函所詢破壞貴公司防盜拷措施進入後，灌裝（重製）未經授權的歌曲，再將該伴唱機提供市場銷售（散布），行為人的行為侵害詞曲音樂著作權人之重製權與散布權。至於有無違反第80條之2第2項規定，從而違反第96條之1，如行為人是對於販賣貴公司伴唱機之門市、販賣商或消費者提供此某破解進入行為服務後，再為上述違法重製與散布行為，則有可能屬於該80條之2第2項所規定：「為提供破解、破壞或規避防盜拷措施之技術服務」之情形，則如此某行為又符合(1)主要供破解、破壞或規避防盜拷措施之用者；(2)上述用途外，其商業用途有限者；(3)為供破解、破壞

或規避防盜拷措施之目的而而行銷者三種情形之一者，則行為人為違反該條項之規定，得依著作權法第96條之1進行訴追。

　　五、以上意見，係屬行政機關之見解，按著作權及防盜拷措施之保護均屬私權，如有爭議，應由司法機關依據事實認定。

經濟部智慧財產局94年05月20日電子郵件940520A函釋

　　一、按著作權人依法享有著作權，但如其額外再採取防盜拷措施保護其著作者，則除既有著作權保護外，對其所採取之防盜拷措施亦應予保護，故著作權法第80條之2第1項明定，著作權人所採取禁止或限制他人擅自「進入著作」之防盜拷措施，未經合法授權不得予以破解、破壞或以其他方法規避。惟上述規定僅適用於對著作權人所採取禁止或限制他人擅自「進入著作」之防盜拷措施（access controls）所為之破解、破壞或以其他方法規避之行為。至於破解、破壞或以其他方法規避著作權人防止進入的盜拷措施而進入著作之後，更進一步對「利用著作」的防盜拷措施（copy controls），即重製或公開傳輸等所為之措施，亦加以破壞，而為之重製或公開傳輸等之行為，則不在上述規定之適用範圍，應視其有無合理使用或是否構成侵害著作權而定其法律效果。

　　二、依上開之規定可徵，著作權法第80條之2第1項所保護者係著作權人所採取的防盜拷措施，避免被破解、破壞或以其他之方法規避，除非經過其合法之授權，至於該破解防盜拷措施之設備、零件、器材等等究竟是誰所製造？是否為合法製造？係國內製造或國外製造？應均非所問。本件您所購買的破解軟體，即使是國外合法軟體，不代表因購買行為即取得隨意破解他人防盜拷措施之權利，除非基於正當目的所為之破解、破壞、規避防盜拷措施之行為，符合著作權法第80條之2第3項之例外規定時，方得排除著作權法第80條之2第1項規定。本案依您來文所述，著作權人應已採取防盜拷措施保護其著作，而您又未得其合法授權，且為自身編纂新教材供上課使用，並不屬於著作權法第80條之2第3項各款規定情形，故雖係購買合法的破解軟體，仍不能去破解、破壞或以其他方法規避其防盜拷措施，否則即屬違反著作權法第80條之2第1項之規定，如權利人向您提出主張，您可能必須承擔民事賠償責任，但不至於有刑事處罰責任。

　　三、至於您破解該著作之防盜拷措施後，進而進入著作並破解「利用

著作」之防盜拷措施而將該著作參考後，並為重新編製新教材，此時是否有著作權法上所稱之合理使用？視該新教材是否符合著作權法第47條所稱「為編製依法令應經教育行政機關審定之教科用書，或教育行政機關編製教科用書者，在合理的範圍內，得重製、改作或編輯他人已公開之著作」之規定，抑或符合著作權法第65條審酌一切情狀後，是否有合理使用之該當。依您來文所述，僅得知您係為編寫新教材而破解他人防盜拷措施並為重製等行為，如果不是編製著作權法第47條所揭「經教育行政機關審定之教科用書」，則是否符合第65條合理使用情況，須視個案情形而定。

四、以上意見，係屬行政機關之見解，按著作權及防盜拷措施之保護均屬私權，如有爭議，應由司法機關依據事實認定。

經濟部智慧財產局95年01月23日智著字第0940011197-0號函釋

二、按著作權法（下稱本法）第3條第1項第18款規定：「防盜拷措施：指『著作權人』所採取有效禁止或限制他人擅自進入或利用著作之設備、器材、零件、技術或其他科技方法。」其所稱之防盜拷措施，必須是積極、有效之措施，始足當之，如該措施客觀上並無效果者，即非本款所稱之防盜拷措施。另本法第80條之2第1、2項規定：「著作權人所採取禁止或限制他人擅自進入著作之防盜拷措施，未經合法授權不得予以破解、破壞或以其他方法規避之。破解、破壞或規避防盜拷措施之設備、器材、零件、技術或資訊，未經合法授權不得製造、輸入、提供公眾使用或為公眾提供服務。」

三、又基於科技中立原則，並非所有可規避防盜拷措施之行為均受本法限制，有關本法第80條之2第2項之適用，尚須符合以下三款情形之一，始足當之：1.主要供破解、破壞或規避防盜拷措施之用者。2.除前款用途外，其商業用途有限者。3.為供破解、破壞或規避防盜拷措施目的之用而行銷者。

四、所詢問題（一）部分，將改機晶片置入電視遊樂器主機內之改裝行為，如此等改機晶片符合前述三款情形之一，且該改機晶片係置入電視遊樂器主機賣出予消費者，則此種改裝行為為將改機晶片提供予公眾之行為，似不屬本法第80條之2第2項「製造」、「輸入」或「為公眾提供服務」之行為，而是屬於同條項「提供公眾使用」之行為。

　　五、所詢問題（二）部分，將改機晶片置入電視遊樂器，使該電視遊樂器得以檢查、認證遊戲軟體光碟內之亂數訊息程式，而使該電視遊樂器主機得以讀取盜版遊戲光碟，則此改機晶片似屬本法第80條之2第2項所稱規避防盜拷措施之「器材」或「零件」，則販賣含有改機晶片之電視遊樂器之行為，同時亦當構成販賣改機晶片之行為，從而屬本法第80條之2第2項所稱「提供公眾使用」之行為。惟置入改機晶片之「電視遊樂器主機」之功能並非僅能讀取盜版遊戲光碟，其本亦可讀取正版遊戲光碟，該電視遊樂器主機本身非屬一規避防盜拷措施之器材，僅改機晶片本身始屬規避防盜拷措施之器材或零件。

　　六、上述說明僅係本局依　貴署來函內容所提供著作權法上之見解，至於防盜拷措施是否為權利人所採取（包括著作財產權人或專屬被授權人所採取，及在權利人認識或同意下，由產業所採取者）？其是否有效？案內置入、提供改機晶片是否符合說明三款情形之一，從而為規避防盜拷措施之行為？涉及犯罪事實之認定者，仍有待　貴署依具體事證調查認定之。

相關條文：第90條之3、第96條之1

第五章

著作權集體管理團體與著作權審議及調解委員會

第81條（著作權集體管理團體之設立）
著作財產權人為行使權利、收受及分配使用報酬，經著作權專責機關之許可，得組成著作權集體管理團體。
專屬授權之被授權人，亦得加入著作權集體管理團體。
第1項團體之許可設立、組織、職權及其監督、輔導，另以法律定之。

解說

　　本條為著作權集體管理團體成立之法律依據。著作權集體管理團體，於本法原稱為「著作權仲介團體」，但因為「仲介」一詞，常誤導國人以為該團體是媒介著作財產權人及利用人之中介人，其實該團體是由著作財產權人所組成，為著作財產權人利益計算之團體，故於99年修法時，改稱著作權集體管理團體，以符其實。

　　著作權集體管理團體是由著作財產權人所組成的公益性社團法人，至於專屬授權的被授權人，依第37條第4項規定，在被授權範圍內，得以著作財產權人之地位行使權利，所以亦得加入著作權集體管理團體，成為會員，但不得成為著作權集體管理團體之發起人。著作權集體管理團體之成立，雖以為著作財產權人行使權利、收受及分配使用報酬為主要目的，但對於利用人洽談著作之利用，也有助益，所以不僅是有利於著作財產權人。

　　著作權集體管理團體的成立，要經過著作權專責機關許可，86年11月5日制定公布施行的著作權仲介團體條例，在99年2月10日修正公布為著作

權集體管理團體條例，是著作權集體管理團體組織及職權之依據，也是著作權專責機關許可著作權集體管理團體設立，及對其監督、輔導之依據。

　　著作權集體管理團體之成立是保護著作權的重要指標，有了著作權集體管理團體，表示著作權充分受保護，著作充分受利用，利用人可以很方便使用著作，供公眾欣賞，三方有利，也是保障著作權的重要管道。目前著作權集體管理團體林立，社會資源浪費，利用人須一一與各團體簽約，著作權集體管理團體條例為期望能整合團體，乃於第30條明定關於設立單一窗口，訂定共同使用報酬率之規定，以改善著作利用環境，達到著作財產權人、利用人與公眾三贏局面。

相關條文：第82條

第82條（著作權審議及調解委員會之職權）
著作權專責機關應設置著作權審議及調解委員會，辦理下列事項：
一、第47條第4項規定使用報酬率之審議。
二、著作權集體管理團體與利用人間，對使用報酬爭議之調解。
三、著作權或製版權爭議之調解。
四、其他有關著作權審議及調解之諮詢。
前項第3款所定爭議之調解，其涉及刑事者，以告訴乃論罪之案件為限。

解說

　　本條規定著作權專責機關應設置著作權審議及調解委員會，進行相關審議、調解及諮詢，其職權包括：一、第47條第4項規定，教科書使用著作法定授權使用報酬率之審議；二、著作權集體管理團體與利用人間，對使用報酬爭議之調解；三、著作權或製版權爭議之調解；以及四、其他有關著作權審議及調解之諮詢。其中，關於著作權或製版權爭議之調解，其涉及刑事者，以告訴乃論罪之案件為限，蓋非告訴乃論之罪，縱使調解成功，亦無從因撤回告訴而免除刑責。

　　本條第1項第1款後段原本規定包括著作權仲介團體之使用報酬率之審議，該等文字於90年著作權法修正時被刪除，但因為著作權仲介團體條例

有關費率審議規定，並沒有同時予以修正刪除，而經濟部智慧財產局卻仍繼續依著作權仲介團體條例第4條第4項及第15條第7項規定，審議著作權仲介團體訂定之使用報酬率，引發著作權專責機關所設置之著作權審議及調解委員會應否審議著作權仲介團體之使用報酬率之爭議，直到98年11月19日最高行政法院98年度判字第1370號判決始確認其合法。

　　著作權審議及調解委員會之職權，除本條規定及經濟部智慧財產局著作權審議及調解委員會組織規程外，實際執行上，還應注意99年2月10日修正公布之著作權集體管理團體條例規定。

　　著作權集體管理團體條例第25條第4項、第26條第2項及第30條第5項規定，著作權專責機關因利用人對集管團體訂定之使用報酬率有異議而申請之審議，應諮詢著作權審議及調解委員會之意見；利用人以無原定之使用報酬率或原約定之使用報酬而向著作權專責機關申請核定暫付款，著作權專責機關於核定前，得諮詢著作權審議及調解委員會之意見；著作權專責機關對於共同使用報酬率之決定，應諮詢利用人及著作權審議及調解委員會之意見。該使用報酬率之審議、核定或決定權，已改隸或新增於經濟部智慧財產局，著作權審議及調解委員會於智慧局審議過程或核定、決定前，僅具諮詢之功能，無權對費率進行審議、核定或決定。在利用人依第26條向經濟部智慧財產局申請核定暫付款之情形，經濟部智慧財產局甚至得不諮詢著作權審議及調解委員會之意見，逕為核定。

　　著作權審議及調解委員會之任務依本條文、著作權集體管理團體條例第25條第4項、第26條第2項及第30條第5項規定，包括審議、調解與諮詢。關於審議方面，僅限於第47條第4項有關教科書利用著作之法定授權使用報酬率之審議；關於諮詢方面，指著作權集體管理團體條例第25條第4項、第26條第2項及第30條第5項規定，對經濟部智慧財產局就費率審議、核定或決定之諮詢，或依本條第1項第4款對智慧局就其他有關著作權審議及調解之諮詢，異於本條第1項第1款至第3款關於費率之審議或爭議之調解，諮詢結果僅屬提供經濟部智慧財產局之參考意見，對該局並無拘束力，任何審議、核定或決定結果，均屬經濟部智慧財產局參考著作權審議及調解委員會意見後之行政處分，而非著作權審議及調解委員會之決定。從而，諮詢意見必須且必然多元，實際上無以決議為之之必要，法律上亦無諮詢必須以決議為之之依據。經濟部智慧財產局徵詢著作權審議及

調解委員會諮詢意見之後，仍得不受諮詢意見之拘束，獨立作成行政處分，自負其責。

　　著作權集體管理團體條例第25條第13項明定第4項著作權審議及調解委員會之委員，應包括機關代表、學者、專家、權利人及利用人，係著作權仲介團體遊說無黨團結聯盟黨團所提出，並不恰當，蓋著作權審議及調解委員會係專業組織，提供經濟部智慧財產局專業諮詢，與一般公聽會或代表不同利益角力性質之組織不同，事實上，機關代表、學者及專家，本身即兼屬權利人及利用人，於提供諮詢意見時，必會兼顧權利人及利用人之均衡，該條項特別將權利人及利用人增列為委員，只有徒增紛擾，而其僅限於第25條第4項之著作權審議及調解委員會委員，排除了第26條第2項及第30條第5項規定之著作權審議及調解委員會委員，亦顯唐突。

　　關於著作權審議及調解委員會就各項爭議之調解，應依著作權爭議調解辦法辦理。

判決

最高行政法院98年度判字第1370號判決

　　依仲團條例第1條與著作權法第81條第2項規定，二者縱認其有母法與子法之關係，但仲團條例既係另以法律加以明文規定，其與著作權法之規範位階均屬立法機關所通過制定之法律，則於積極衝突即二者都有規定之事項時，自應先適用著作權法相關規定，但於著作權法無規定時，自應適用仲團條例之相關規定，並無著作權法相關規定廢止或修正，仲團條例當然失效之理。90年11月12日修正之著作權法第82條雖刪除著作權審議及調解委員會辦理有關著作權仲介團體所訂定使用報酬率之審議事項，惟依仲團條例第4條第1項第4款、第4條第4項、第15條第3項第3款及第15條第7項規定內容可知，仲團條例之規定並不限於上開著作權法第82條刪除之事項，尚有其他關於著作權仲介團體職權及其監督、輔導事項，基於仲團條例本身之法律制定規定所賦予之效力，自得予以適用，不應受著作權法修正之影響。上訴人以著作權法第81條第2項規定，有關著作權仲介團體之許可設立、組織、職權及其監督、輔導另以法律定之闡釋性規定認仲團條例係依著作權法第81條第2項之授權制定，著作權法為母法，且為新法及後法，仲團條例為子法、舊法、前法，依中央法規標準法第18條規定，及

母法優於子法、新法優於舊法、後法優於前法，被上訴人於著作權法第82條於90年11月12日之修正刪除著作權審議及調解委員會辦理有關著作權仲介團體所訂定使用報酬率之審議事項後，即不得依仲團條例第15條第7項審議上訴人92年第二次總會表決通過調增之增修使用報酬率收費標準，顯為誤解。

相關條文：第82條之1至第83條、第100條

第82條之1（調解書之審核）
著作權專責機關應於調解成立後七日內，將調解書送請管轄法院審核。
前項調解書，法院應儘速審核，除有違反法令、公序良俗或不能強制執行者外，應由法官簽名並蓋法院印信，除抽存一份外，發還著作權專責機關送達當事人。
法院未予核定之事件，應將其理由通知著作權專責機關。

解說

本條規定法院對於著作權專責機關所作爭議調解之審核。著作權專責機關作成爭議調解後，僅屬於爭議雙方的民法上和解契約，必須經過法院的審核，才能產生與確定判決同一的效果。

著作權相關爭議經著作權專責機關調解成立後，著作權專責機關應儘速於調解成立後七日內，將調解書送請管轄法院審核，而法院收到調解書後，應儘速審核，除了認為其調解內容有違反法令、公序良俗或不能強制執行者外，法官應簽名並蓋法院印信，以完成審核程序。經審核通過的調解書，法院應抽存一份，其餘發還著作權專責機關，送達當事人。對於未予核定之事件，法院應將其理由通知著作權專責機關。未予核定的調解書，雖不發生與確定判決同一的效果，但因爭議雙方已在書面上簽名同意調解內容，仍屬於雙方的民法上和解契約，如有不依調解書履行的，得依調解書向民事法院請求履行，於獲得勝訴判決後強制執行。

相關條文：第82條、第82條之2、第82條之3、第82條之4、第83條

第82條之2（調解之效果）
調解經法院核定後，當事人就該事件不得再行起訴、告訴或自訴。
前項經法院核定之民事調解，與民事確定判決有同一之效力；經法院核定之刑事調解，以給付金錢或其他代替物或有價證券之一定數量為標的者，其調解書具有執行名義。

解說

　　本條規定調解經法院核定後之效果。經過法院的核定後的調解，才能產生與確定判決同一的效果。從而，當事人就該事件不得再行提起民事訴訟、刑事告訴或自訴。該項經法院核定之民事調解，與民事確定判決有同一之效力，如有不履行，得逕行聲請強制執行，不必再行民事訴訟；其若是屬於經法院核定之刑事調解，且係以給付金錢或其他代替物或有價證券之一定數量為標的者，其調解書也具有執行名義，得逕行聲請強制執行，不必再行民事訴訟。這就是著作權爭議調解得以取代司法爭訟程序的好處。

相關條文：第82條、第82條之1、第82條之4、第83條

第82條之3（調解與民刑事訴訟之關係）
民事事件已繫屬於法院，在判決確定前，調解成立，並經法院核定者，視為於調解成立時撤回起訴。
刑事事件於偵查中或第一審法院辯論終結前，調解成立，經法院核定，並經當事人同意撤回者，視為於調解成立時撤回告訴或自訴。

解說

　　本條規定調解與民刑事訴訟之關係。經過法院的核定後的著作權爭議調解，與確定判決同一的效果。從而，若民事事件已繫屬於法院，在判決確定前，調解成立，並經法院核定者，該調解既發生確定判決之效果，原民事訴訟就應不得再進行，以減省司法資源，並避免發生二個不同結果的

判決，本條第1項乃明定「視為於調解成立時撤回起訴」，以終結其民事訴訟。

在刑事訴訟方面，依第82條第2項規定，著作權爭議之調解，若涉及刑事，以告訴乃論罪之案件為限，而依刑事訴訟法第283條及第325條規定，告訴乃論之罪，告訴人或自訴人於第一審辯論終結前，得撤回其告訴或自訴。撤回告訴或自訴之人，不得再行告訴或自訴。故第2項乃規定在刑事事件偵查中，或第一審法院辯論終結前，調解成立，經法院核定，並經當事人同意撤回者，視為於調解成立時撤回告訴或自訴，以使該刑事訴訟程序終結。

相關條文：第82條、第82條之1、第82條之2、第82條之4、第83條

第82條之4（民事調解之無效與撤銷）
民事調解經法院核定後，有無效或得撤銷之原因者，當事人得向原核定法院提起宣告調解無效或撤銷調解之訴。
前項訴訟，當事人應於法院核定之調解書送達後三十日內提起之。

解說

本條規定民事調解之無效與撤銷。民事調解經法院核定後，與確定判決有同一之效力，若其有無效或得撤銷之原因，只能透過訴訟解決，不宜由著作權專責機關逕行處理，或由當事人以意思表示為之，第1項乃規定，當事人得向原核定法院提起宣告調解無效或撤銷調解之訴，由原核定法院以判決宣告調解無效或撤銷調解之效力。又由於此一經核定之調解不宜長久處於不確定狀態，第2項乃限制提起宣告調解無效或撤銷調解之訴之期間，使當事人應於法院核定之調解書送達後三十日內提起之。

至於刑事訴訟方面，依刑事訴訟法第283條第2項及第325條規定，撤回告訴或自訴之人，不得再行告訴或自訴。經法院核定之調解，若經當事人已同意撤回告訴或自訴者，已依第82條之3第2項，視為於調解成立時撤回告訴或自訴，刑事訴訟程序已終結，為保護被告已免於被刑事追訴之利益，自不得再使當事人得向原核定法院提起宣告調解無效或撤銷調解之訴。

相關條文：第82條、第82條之1、第82條之2、第82條之3、第83條

第83條（調解相關行政規定之訂定）
前條著作權審議及調解委員會之組織規程及有關爭議之調解辦法，由主管機關擬訂，報請行政院核定後發布之。

解說

　　為辦理著作權審議及調解事務，目前著作權法主管機關定有「經濟部智慧財產局著作權審議及調解委員會組織規程」及「著作權爭議調解辦法」，以供遵循。

相關條文：第82條、第82條之1、第82條之2、第82條之3、第82條之4

第六章

權利侵害之救濟

第84條（侵害之救濟）
著作權人或製版權人對於侵害其權利者，得請求排除之，有侵害之虞者，得請求防止之。

解說

  本條規定著作權人或製版權人對於侵害其權利者之「侵害排除請求權」及「侵害防止請求權」。前者係侵害行為發生後的事後排除請求權，後者是侵害行為發生前的事前防止請求權。

  著作權人或製版權人，對於已經發生之侵害行為，得要求侵害行為人不得再為侵害行為，例如要求盜版者停止盜版，並回收盜版品；如侵害行為雖尚未發生，但可預期即將發生，則可於發生侵害前，請求防止，例如要求不得印製，或就未經授權但已印製完成之物，不得進行販售。

相關條文：第86條、第88條之1

第85條（侵害著作人格權之救濟）
侵害著作人格權者，負損害賠償責任。雖非財產上之損害，被害人亦得請求賠償相當之金額。
前項侵害，被害人並得請求表示著作人之姓名或名稱、更正內容或為其他回復名譽之適當處分。

解說

　　本條規範侵害著作人格權之救濟。關於侵害著作人格權之情形，侵害行為人應負損害賠償責任，包括前條所定排除侵害之繼續發生，以及防止侵害之實際發生等責任。又損害賠償，依民法第216條規定，除法律另有規定或契約另有訂定外，應以填補被害人所受損害及所失利益為限，然而，非財產上的損害，難以估計被害人所受損害及所失利益，法律乃有必要針對特定的狀況，明定非財產上損害也可以請求相當的損害賠償。本條第1項後段，即就著作人格權之侵害，特別明定被害人就非財產上之損害，亦得請求賠償相當之金額，以為請求權之基礎。至於何謂「相當之金額」，則由法院作最終決定。又依著作權法第3條第1項第2款，著作人指創作著作之人，此所謂「人」，包括自然人與法人，法人當然亦得享有著作人格權，惟其係依法成立之組織，其名譽遭受損害，並不致發生精神上之痛苦，應不得請求非財產上之損害賠償。

　　著作人格權被侵害，被害人除了請求賠償相當之金額，更重要的是回復侵害前的狀態，第2項乃明定，被害人並得視其侵害態樣，請求表示著作人之姓名或名稱、更正內容或為其他回復名譽之適當處分。

判決

臺灣臺北地方法院93年度訴字第749號民事判決

　　按侵害著作人格權者，負損害賠償責任。雖非財產上之損害，被害人亦得請求賠償相當之金額。前項侵害，被害人並得請求表示著作人之姓名或名稱、更正內容或為其他回復名譽之適當處分。著作權法第85條固定有明文。惟按公司係依法組織之法人，其名譽遭受損害，無精神上痛苦之可言，自無請求精神慰藉金之餘地（最高法院62年台上字第2806號判例、台灣高等法院84年度上字第314號判決參照）。是原告之著作人格權雖受有侵害，然尚不得請求非財產上之損害賠償。

相關條文：第15條至第17條、第87條第1款、第89條之1

第86條（著作人死亡後之著作人格權保護）

著作人死亡後，除其遺囑另有指定外，下列之人，依順序對於違反第18條或有違反之虞者，得依第84條及前條第2項規定，請求救濟：

一、配偶。

二、子女。

三、父母。

四、孫子女。

五、兄弟姐妹。

六、祖父母。

解說

依第18條規定，著作人為自然人而死亡，或著作人為法人而消滅後，關於其著作人格權之保護，仍視同生存或存續，任何人不得侵害。著作人為法人而消滅後，無人可為其主張著作人格權之保護，惟著作人為自然人而死亡後，其最親近之親屬應最能瞭解著作人之本意，本條乃依與著作人親屬關係之親疏順序，賦予各該親屬，對於違反第18條或有違反之虞者，享有民事上的救濟請求權。

此一請求權享有之主體，以著作人遺囑指定者為優先，再依本條各款定其順序。而著作人遺囑指定之人，並不以本條各款之人為限，亦得指定其他自然人或法人。必須是著作人未以遺囑指定特定人時，才依各款順序定其得主張權利之人，一旦前一順序之人得行使請求救濟之權，其他後順序之人就無從主張權利。又著作人格權依第21條規定，專屬於著作人本身，不得讓與或繼承，本條所定順序之人所取得的，並非著作人格權，而是本法所特別賦予相關之人的特定請求權，此等請求救濟之權利，並非繼承自著作人，而是依本法所特別規定的原始取得。

關於第4款所定之「孫子女」，是否僅限於三親等之「孫子女」，或尚及於三親等以外之「曾孫子女」或「玄孫子女」？基於本條之立法目的在使與著作人最親近且最瞭解著作人本意之親屬，於著作人死亡後，有機會對於侵害著作人格權者提出救濟，自不得過於擴大及於過遠關係之「孫子女」，故解釋上應僅限於於三親等之「孫子女」，不及於更遠關係之其

他親等之「孫子女」。

本條請求權之範圍，僅限於第84條規定的「侵害排除請求權」及「侵害防止請求權」，以及請求表示著作人之姓名、更正內容或為其他回復名譽之適當處分，並不包括第85條第1項的財產上或非財產上損害賠償請求權。蓋著作人死亡後，關於著作人格權的侵害救濟，重要的是回復著作人姓名、名譽或著作內容的完整，而不在金錢上的補償。

關於著作人格權中之公開發表權，在第15條第2項定有「推定著作人同意公開發表其著作」之情形，既是「推定」，著作人就得以意思表示推翻，但此僅限於著作人自己始得為之，蓋依據第21條規定，著作人格權不能繼承或讓與，在著作人死亡後，其繼承人自不得行使著作人格權而推翻這項「推定」，同理，本條所定相關之人，只得就本條所定，依第84條及第85條第2項規定，請求救濟，亦不得推翻第15條第2項之「推定」。

函釋

內政部著作權委員會81年08月08日台（81）內著字第8115249號函釋

著作權法第86條規定，「著作人死亡後，除其遺囑另有指定外，左列之人，依順序對於違反第18條或有違反之虞者，得依第84條及前條第2項規定，請求救濟：一、配偶。二、子女。三、父母。四、孫子女。五、兄弟姊妹。六、祖父母。」本條文乃法律特別賦予著作人有一定身分關係或其遺囑指定之人之獨立請求權，以貫徹著作權法第18條著作人死亡後，其著作人格權視同生存之保護規定，此與權利繼承之概念有別，自不生與民法第1138條所規定繼承權之順位相牴觸之問題。

相關條文：第18條、第84條及第85條第2項

第87條（視為侵害著作權或製版權之行為）

有下列情形之一者，除本法另有規定外，視為侵害著作權或製版權：
一、以侵害著作人名譽之方法利用其著作者。
二、明知為侵害製版權之物而散布或意圖散布而公開陳列或持有者。
三、輸入未經著作財產權人或製版權人授權重製之重製物或製版物者。

四、未經著作財產權人同意而輸入著作原件或其國外合法重製物者。

五、以侵害電腦程式著作財產權之重製物作為營業之使用者。

六、明知為侵害著作財產權之物而以移轉所有權或出租以外之方式散布者，或明知為侵害著作財產權之物，意圖散布而公開陳列或持有者。

七、未經著作財產權人同意或授權，意圖供公眾透過網路公開傳輸或重製他人著作，侵害著作財產權，對公眾提供可公開傳輸或重製著作之電腦程式或其他技術，而受有利益者。

八、明知他人公開播送或公開傳輸之著作侵害著作財產權，意圖供公眾透過網路接觸該等著作，有下列情形之一而受有利益者：

（一）提供公眾使用匯集該等著作網路位址之電腦程式。

（二）指導、協助或預設路徑供公眾使用前目之電腦程式。

（三）製造、輸入或銷售載有第一目之電腦程式之設備或器材。

前項第7款、第8款之行為人，採取廣告或其他積極措施，教唆、誘使、煽惑、說服公眾利用者，為具備該款之意圖。

解說

本條所定之行為，嚴格言之，並不是著作權或製版權之侵害，但基於某些立法政策之考量，必須加以禁止，乃以法律明文擬制為侵害，「視為侵害著作權或製版權」，使其負擔民刑事法律責任。至於其所稱「除本法另有規定外」，係指第87條之1有關本條第4款「禁止真品平行輸入」之例外規定。

本條第1項各款適用情形分述如下：

一、以侵害著作人名譽之方法利用其著作。此項行為沒有變動著作內容，沒有隱去著作人的姓名，也僅是將已發行的著作進行利用，不是著作人格權侵害，其也是一般人對於正版的利用，或是非創作者的著作財產權人，對於自己享有著作財產權的著作為不當使用，致著作人名譽受到損害，必須加以禁止。例如，色情行業經營者將名家的裸女藝術正版畫作，布置於供性交易之場所，以引發或促進消費者之情慾；名家宗教類雕塑品的著作財產權人，將該藝術品作成小便斗，造成對該名家及作品的褻瀆；

將反菸團體負責人的反菸文章，於合理使用情形下，原文片段引述於支持菸商的創作中，使公眾質疑其反菸立場。值得一提的是，過去在網路上非常知名的，將「無間道」電影片段，另行配上台語的CDPRO2系列，其係屬於戲謔之作，不但會被認為是合理使用，不構成著作財產權的侵害，也應被認為不違反本款規定，不應被視為侵害著作權。

二、明知為侵害製版權之物而散布或意圖散布而公開陳列或持有者。未經授權而就享有製版權之客體加以重製，固侵害製版權，但明知是侵害製版權之物，竟進而散布，或意圖散布而公開陳列或持有，雖不符合侵害製版權的構成要件，但對於侵害行為具有加強、促進與擴散的效果，應予禁止，故視為侵害製版權。此處的「散布」，依第3條第1項第12款規定，係指不問有償或無償，將侵害製版權的重製物，提供公眾交易或流通，包括買賣、贈送、租借，為以上目的的公開展示、運送、庫藏等。

三、輸入未經著作財產權人或製版權人授權重製之重製物或製版物者。本款是禁止對於盜版品的進口，與第4款的禁止進口正版品不同。未經著作財產權人或製版權人授權而重製之行為，是侵害著作財產權或製版權之行為，可以直接以侵害著作權或製版權加以處罰，但進口這些盜版的重製物或製版物，會發生跨國境侵害物全球流竄泛濫的侵害擴散效果，有害著作權人或製版權人的利益，應予禁止，故以法律明文視為侵害。本款所稱「未經著作財產權人授權重製之重製物」，不問該授權之人是否在我國享有著作財產權之人，亦即縱使該授權之人在外國可以享有著作財產權，但其在我國非著作財產權人，而是另有其人者，仍不適用本款，蓋本款要禁止的是絕對盜版品的輸入，其客體是未經任何合法授權的重製物。若授權重製之人在外國享有著作財產權，但在我國非著作財產權人者，則屬第4款所禁止之平行輸入議題。又本款並不處罰輸出行為，輸出盜版者的法律責任，應視所輸出國家本身是否有相關規定禁止該輸入行為而定。

四、未經著作財產權人同意而輸入著作原件或其國外合法重製物者。本款禁止的是進口正版品行為，學理上稱「禁止真品平行輸入」。著作權法之適用有其區域性的限制，亦即能否享有著作權，要依主張權利所在地國家的著作權法而定，事實上，著作人可以將其著作財產權，依不同國家的規定，分別讓與不同人享有。此外，由於每個國家的經濟、社會與市場結構不同，縱使同一著作由同一人在全世界各國均享有著作權，透過著作

權法的規定，必須讓著作財產權人就其著作重製物享有市場區隔的權利，乃有「禁止真品平行輸入」之法制設計。依據第59條之1規定，合法重製物的所有權人，可以將其重製物在以讓與所有權之方式，散布該重製物，即所謂「第一次銷售理論」或「權利耗盡」理論，但此僅限於本國境內的散布，至於在國外合法散布的正版重製物，若要輸入，則應予以限制，以保障著作財產權人市場區隔的權利。違反本款規定的重製物，就非屬「合法著作重製物」，不得適用第59條之1及第60條之規定，故未經著作財產權人同意，不得再加以轉售、出租或作其他散布。違反本款的輸入行為，依92年修正著作權法，僅有民事責任，沒有刑事責任。至於將這些不是「合法著作重製物」的客體再加以轉售、出租或作其他散布，則仍是侵害行為，可以直接依第91條之1、第92條及第93條，以侵害散布權、出租權或違反本條第6款規定，科以刑責。關於「國外合法重製物」，係本法於103年1月所修正，係指於國外重製且為合法者，包括經合法授權於國外重製及因合理使用而於國外重製者。

　　五、以侵害電腦程式著作財產權之重製物作為營業之使用者。本款規定在禁止使用盜版軟體作為營業使用，但不禁止一般個人非營業使用盜版軟體。本款適用情形，係指盜版軟體是由他人所灌入電腦之情形，若是使用者自己安裝盜版軟體，則直接以違反第91條侵害重製權處罰，並不必討論是否違反本款規定。至於使用該盜版軟體作為營業使用之人，雖未侵害重製權，但為遏止盜版泛濫，其使用盜版軟體之行為應予遏止，故特別以法律作「視為侵害著作權」之擬制規定，並依第93條規定處罰。本款原來規定為「明知係侵害電腦程式著作財產權之重製物而作一般之使用者」，因所定「明知」之要件，屢為軟體業者所反對，認為若一定要證明行為人「明知」係盜版軟體而作營利使用之內心意思，才能主張侵害，將徒增取締侵害之困難，93年修法時，乃修正為「以侵害電腦程式著作財產權之重製物作為營業之使用者」，即「視為侵害著作權」。此一修正結果，著作權人只要在營業場所發現業主使用盜版軟體，就可以認定是違反本款規定，請求損害賠償，並依第93條處罰。此一規定使企業主的責任加重，一定要使用合法軟體，並且應該保有軟體合法授權書，證明電腦中的軟體是合法授權，才能避免著作權人的取締侵害。

　　六、明知為侵害著作財產權之物而以移轉所有權或出租以外之方式散

布者，或明知為侵害著作財產權之物意圖散布而公開陳列或持有者。本款明定關於禁止出借盜版品以及為散布盜版品目的之公開陳列或持有，前者主要針對圖書館之出借行為，後者則包括所有為散布目的的公開陳列或持有。本法所稱的「散布」，依第3條第1項第12款規定，係「指不問有償或無償，將著作之原件或重製物提供公眾交易或流通」，包括買賣、贈送、租借，為以上目的的公開展示、運送、庫藏等。不過，著作財產權人所專有的散布權，依第28條之1，僅限於以移轉所有權之方式散布著作，至於以出租方式之散布著作，則明定於第29條的出租權，故關於明知為盜版而以移轉所有權或出租之方式散布者，可依第91條之1侵害散布權以及第92條侵害出租權處罰之，而以移轉所有權或出租以外之方式散布者，即指出借之行為。由於著作財產權人依現行法並無出借權，而盜版品的出借會造成侵害的擴散，擴大著作財產權人的損失，本款前段乃明文規定將此一行為視為侵害著作權。又本款後段係規定明知為盜版品，仍意圖進行各種散布而為公開陳列或持有者，視為侵害著作權。此一規定在條文文字上將出借以外的其他散布而公開陳列或持有，亦視為侵害著作權，實則在適用上僅限於意圖出借而為公開陳列或持有，其立法上有諸多待斟酌之處。此一誤失始自92年著作權法修正時，蓋第28條之1所定的散布權以及第29條所定的出租權，應不僅限於單純散布與出租的當下行為，而應尚及於散布與出租以前，準備供散布或出租的公開陳列、持有或運送行為，惟該二條文漏未將準備行為一併規範，僅於本款明文將其規定「視為侵害著作權」，而立法院審議該法期間，於黨團協商時，再於第91條之1第2項，將原本應亦屬侵害著作權的準備行為，即「非意圖營利而以移轉所有權之方法散布著作原件或其重製物，或『意圖散布而公開陳列或持有而侵害他人之著作財產權』者，散布份數超過五份，或其侵害總額按查獲時獲得合法著作重製物市價計算，超過新臺幣3萬元者」，獨立規定其刑罰，然而，若準備行為並非屬於著作財產權人的散布權及出租權範圍，如何能對於該準備行為特別處罰，而置本款補充為「視為侵害著作權」之規定於不顧，而第91條之1第2項的「散布」，並未明確限定是如同該條第1項「以移轉所有權之方法散布」，如前述本法第3條第1項第10款「散布」之定義廣範，不僅包括移轉所有權的買賣、贈與及互易，還包括不移轉所有權的出租，甚至包括出借，已與本款規範重疊。在法律解釋上，第87條「視為侵害著作

權」之規定，是侵害著作權規定的補充，若已有第91條之1侵害著作權規定的明文，則無第87條「視為侵害著作權」規定適用之餘地，則第87條第6款後段已形同具文，此為相關立法之第一次疏失。第二次疏失則發生在93年本法之修正。該次修正除了未修正第28條之1以及第29條，將準備行為列入散布權及出租權範圍，亦未修正第91條之1第2項，竟進一步在第93條第3款處罰違反第87條第6款規定中，以但書將第91條之1第2項及第3項排除，事實上是以法律條文確認第87條第6款之「明知為侵害著作財產權之物意圖散布而公開陳列或持有」，包括第91條之1第2項所定「明知係侵害著作財產權之重製物而意圖散布而公開陳列或持有」，其明知二規定重覆，卻不刪除第87條第6款，而是再次疊床架屋，立法技術上的缺失，已到匪夷所思的地步。由於智慧局嗣後解釋，認為第91條之1第2項僅限於以移轉所有權方式為散布之行為，不及於出租或出借，並為司法機關所接受，實務上，本款後段僅限於為出借目的之散布而公開陳列或持有盜版品之行為。

七、未經著作財產權人同意或授權，意圖供公眾透過網路公開傳輸或重製他人著作，侵害著作財產權，對公眾提供可公開傳輸或重製著作之電腦程式或其他技術，而受有利益者。本款是針對網路業者，以未經合法授權之音樂、影音或其他檔案為誘因，在網路上提供電腦程式或技術（例如P2P），供網友交換這些違法侵害著作權的檔案，並向網友收取費用或坐收利益的行為，明確規範是視為侵害著作權的行為。又依本條第2項規定，只要行為人採取廣告或其他積極措施，教唆、誘使、煽惑、說服公眾利用電腦程式或其他技術侵害著作財產權，就認定是具備該款的意圖。本款所處罰的是特定的「提供行為」，至於技術提供者對於使用者藉這項提供，實際進行侵害著作權的行為，在民事上是否成立「共同不法侵害」、「造意」或「幫助」，刑事上是否另成立「共犯」、「教唆犯」或「幫助犯」，則要再視各別情形進一步認定。至於沒有任何營利目的，而進行本款所述的「提供行為」，雖不屬於本款所定「視為侵害著作權」的行為，但仍可能會構成民事上的「共同不法侵害」、「造意」或「幫助」，或是刑事上的「共犯」、「教唆犯」或「幫助犯」。

八、明知他人公開播送或公開傳輸之著作侵害著作財產權，意圖供公眾透過網路接觸該等著作，有下列情形之一而受有利益，包括（一）提供

公眾使用匯集該等著作網路位址之電腦程式；（二）指導、協助或預設路徑供公眾使用前目之電腦程式；（三）製造、輸入或銷售載有（一）之電腦程式之設備或器材。本款又可簡稱為「安博盒子條款」，亦即市面上有「安博盒子」或「千尋盒子」之機上盒，提供民眾以便捷管道，連結侵權網站，觀看非法影音內容，造成影音產業之重大損失，乃遊說立法，將製造、輸入、提供設備、器材或APP軟體，以供公眾收看非法網站影音內容，而自己藉此獲有利益之行為「視為侵害著作權」，科以民刑事責任。不同於前款之「P2P條款」係對侵害者提供軟體或技術，本款之「安博盒子條款」係對一般不涉及侵害著作權之公眾，提供設備、器材或APP軟體，使侵害者之侵害效果得以達到或擴大。若可以確認提供者就是公開播送或公開傳輸著作而侵害著作財產權之人，或與其有共犯或幫助犯之關係，直接以侵害著作權論處即可，就不必再以本款「視為侵害著作權」論處。又本款既然限於「明知他人公開播送或公開傳輸之著作侵害著作財產權」，進而「意圖供公眾透過網路接觸該等著作」，就不包括「境外合法公開播送或公開傳輸」，但「境內不得接觸」之著作。亦即，對於在境外透過鎖碼技術，僅限於該領域內始得接觸之公開播送或公開傳輸著作，若以設備、器材或APP軟體，使得本地公眾亦得越過鎖碼技術而跨境接觸者，並不在本款「視為侵害著作權」之範圍，僅得依第80條之2關於「防盜拷措施」規定論處。又依本條第2項規定，只要行為人採取廣告或其他積極措施，教唆、誘使、煽惑、說服公眾利用電腦程式或其他技術接觸侵害著作財產權之著作，就認定是具備該款的意圖。

關於本條第1項第3款及第4款所稱之「輸入」，除自國外輸入台澎金馬之外，亦包括自大陸、港澳地區輸入台灣地區之情形，此係基於「台灣地區與大陸地區人民關係條例」、「台灣地區與港澳地區人民關係條例」、「懲治走私條例」或「台灣地區與大陸地區貿易許可辦法」等法令適用之結果，確認大陸、港澳地區與台灣地區為不同關稅領域，兩岸法律適用之效力亦有所不同所致。

內政部82年06月23日台（82）內著字第8215924號函釋

主旨：為有關大陸地區人民著作自大陸地區進入台灣地區是否屬於著作權

法第87條第4款所稱之「輸入」疑義已獲致結論及今後海關配合執行措施乙案，請查照。

說明：一、依據本部82年4月27日邀集各有關機關協調著作權法第87條及第87條之1修訂後海關如何執行問題會議結論、貴局82年6月3日（82）台普緝字第01440號函、行政院大陸委員會82年6月8日（82）陸文字第8207124號函暨法務部82年6月14日法82律11828號函辦理。

二、按本部召集之前項會議，與會機關就有關自第三地將著作物先輸入大陸地區，再由大陸地區將其輸入台灣地區之行為屬著作權法第87條第4款之「輸入」，已獲致結論並無疑義（附件一），惟對於大陸地區人民著作自大陸地區進入台灣地區是否屬同條款所稱之「輸入」並未論及。為期周延，本部爰於會後函請　貴局、行政院大陸委員會及法務部表示意見。

三、茲本部獲　貴局等三機關函復意見，均採肯定見解，認大陸地區人民著作自大陸地區進入台灣者，依照「台灣地區與大陸地區人民關係條例」、「懲治走私條例」或「台灣地區與大陸地區貿易許可辦法」等法令，應屬著作權法第87條第4款所稱「輸入」，本部同意此項見解。

四、本案經協調已獲致結論如前項，故經濟部及國際貿易局前82年5月14日及82年5月21日就有關著作物通關輸入問題召開會議之結論（附件二）對前二項自第三地將著作物先輸入大陸地區，再由大陸地區將其輸入台灣地區及大陸地區人民著作自大陸地區輸入台灣地區之情形，亦應一體適用，以利執行，爰函請　貴局自日起依該等會議結論執行上述著作物通關輸入事宜。

經濟部智慧財產局92年10月23日智著字第0920009480-0號函釋

所詢有關如何杜絕報紙刊登販售違反著作權商品廣告一案，復請　查照。

說明：一、復　貴局92年7月4日新版二字第0920420846號函及92年10月3日新版二字第0920421325號函。

二、按著作權法（下稱本法）第91條之1第1項、第2項分別規定：

「意圖營利而以移轉所有權之方法散布著作原件或其重製物而侵害他人之著作財產權者,處三年以下有期徒刑、拘役,或科或併科新臺幣75萬元以下罰金。」;「非意圖營利而以移轉所有權之方法散布著作原件或其重製物,或意圖散布而公開陳列或持有而侵害他人之著作財產權者,散布份數超過五份,或其侵害總額按查獲時獲得合法著作重製物市價計算,超過新臺幣3萬元者,處二年以下有期徒刑、拘役,或科或併科新臺幣50萬元以下罰金。」復按本法第3條第1項第12款規定:「散布:指不問有償或無償,將著作之原件或重製物提供公眾交易或流通。」因此,本法第91條之1「侵害散布權」之罪,不以實際發生或完成交付,或發生所有權移轉之結果為必要。例如,夜市公然陳列盜版品、於鄰近車輛中放置盜版品、夾報宣傳或於新聞紙、雜誌或其他媒體刊登銷售盜版品廣告,應買者之需要、訂貨,可隨時交貨等足以「使公眾可取得」之情況,即可構成本法第91條之1第1項之犯罪。若其盜版品為光碟者,依本法第91條之1第3項及第100條規定,並屬非告訴乃論之罪,警方可主動查察、取締;檢察官亦可主動起訴。

三、所詢「如何杜絕報紙刊登販售違反著作權商品廣告」一節,新聞紙、雜誌或其他媒體如對於委刊之人係販售違反著作權商品有所知情(故意),仍予刊登,司法機關得視其情節對共犯或幫助犯處以刑罰責任,並依本法第88條第1項,應與委刊之人連帶負民事上之損害賠償責任。又縱無故意,但有過失時,仍應負擔民事上損害賠償責任。為有效打擊盜版,遏止侵權行為,建議 貴局適時透過適當管道,呼籲相關媒體注意,拒絕刊登販售違反著作權法商品廣告,以免觸法,並有效遏止公然侵害著作權之行為。

四、隨文檢送本部92年9月5日經智字第09204611120號令及其附件影本各一份,併請 卓參。

經濟部智慧財產局93年09月24日電子郵件930924函釋

一、問題一之銷售或贈送盜版物(非光碟):(一)如果這種贈送或

販賣行為是送給、賣給朋友、同學極少數特定的人，而尚不屬於「對公眾提供」者，不會有侵害第91條之1散布權的問題，因為該條「以移轉所有權方法散布」是指「對公眾提供」，而所謂「公眾」，是指「特定多數人或不特定人」，（二）如果這種贈送或銷售已超出上述程度，的確構成違反第91條之1。至於究屬該條第1項還是第2項，基本上，第2項有「明知」之構成要件，嚴謹的法條解釋，如果出於「非明知的不確定故意」，似須適用同條第1項，此部分須再觀察司法實務的適用情形。

二、問題二之明知為盜版物而出借應適用著作權法第91條之1第2項或第87條第6款之疑義，按第87條第6款所定之「以移轉所有權或出租以外之方式散布」係指以「出借」之方式散布的情形，至第91條之1第2項則係指以「買賣」、「贈與」等移轉所有權之方式散布盜版品，即該條項所定之散布方式並不包括「出借」，因此，明知為盜版物而出借應適用著作權法第87條第6款之規定，至第93條第3款但書規定「第91條之1第2項及第3項規定情形，不包括在內」，是因為有關「明知係非法重製物，意圖以移轉所有權之方法散布而公開陳列或持有者」之情形，已規範於第91條之1第2項及第3項，所以於第87條第3款增設但書排除之。

三、新著作權法對違反第87條第4款規定之行為（指「輸入行為」），仍維持僅需負民事責任之規定，但在事實上，仍為侵害行為。依此規定，一個消費者為自己使用目的，卻輸入多份同一著作權商品者，不會有刑事責任，如果造成權利人損害者，會有民事責任。

四、由於第93條不罰者，僅為第87條第4款的輸入行為，因此，如果輸入以後，有進一步的散布（銷售、贈送）行為，由於此等不合法進口之真品，法律定位上仍屬「侵害著作財產權之重製物」，但在立法政策上希望在刑事罰責上與盜版品區別，因此，新著作權法第91條之1第3項但書與第100條交互適用的結果，此種行為為「告訴乃論」之侵害，將違反第87條第4款規定輸入光碟散布之銷售及贈送予以挪除，仍適用該條第2項之規定。

經濟部智慧財產局93年11月11日第931111號電子郵件函釋

一、電腦程式是著作的一種，受著作權法（下稱本法）的保護，其著作財產權人專有重製其著作之權利。除有合理使用之情形外，未經著作財

產權人的授權或同意而重製電腦程式，即屬盜版的行為，侵犯其著作財產權人的重製權。來函所述之盜版電腦程式如係買新電腦時，由商家灌入您新購買的電腦，則係該商家觸犯重製權，相關民、刑事責任由其負責，惟買家若以盜版電腦程式作營業使用，則視為侵害著作權。如買受人並未以該盜版電腦程式作營業上之使用，依著作權法第87條第5款之反面解釋，並無違反著作權法之民、刑事責任。

經濟部智慧財產局94年11月15日電子郵件941115C函釋

　　一、我國現行著作權法（下稱本法）僅賦予著作人以移轉所有權的方式散布著作物的權利及出租權，並未賦予著作人「出借權」。故將購買來之「正版書籍」放置於公共場所（圖書室）供民眾閱覽（或借閱），因該「出借」行為非屬著作權法所保護之著作財產權，因而不會構成侵害著作權的問題。

　　二、惟若「明知」買來之書籍係盜版品，而出借給民眾，或公開陳列（持有）藉以提供民眾借閱，則仍屬視為侵害著作權之行為。

　　三、著作權之侵害以故意或過失之行為為負擔法律責任之要件，購買書籍時，如無法確定該書是否為正版品，是否已取得重製或散布之合法授權，買方如果要求賣方切結保證所賣之書並無違反著作權法之情事，一旦發生侵害著作權之爭議，買方即可以該切結書證明自己並無故意或過失之行為，不失為一種保護自己，避免發生侵權糾紛的方法。但此項要求，並非法律賦予的權限，純屬交易雙方的私人行為，賣方是否願意出具該切結書，須由雙方自行協商（實務上一般較有制度之供應商，會提供此等切結書）。

　　四、以上說明請參考著作權法第3條第1項第12款、第22-29條、第87條第6款等規定。

判決

最高法院92年度台上字第4439號刑事判決

　　修正前著作權法第87條規定，有下列情形之一者，除本法另有規定外，視為侵害著作權或製版權，係補充規定之立法，如已有特別明文規定者，即應優先適用，而無再適用補充條款之餘地。原判決既認定楊基陸意

圖銷售，利用喬宏書局執照，出版發行「兒童安全手冊」一書銷售圖利，侵害自訴人之著作財產權，則其「明知為侵害著作權之物意圖營利而交付之方法侵害他人之著作權」之行為，已為同法第91條第2項「意圖銷售而擅自以重製之方法侵害他人之著作財產權」之行為所吸收，僅適用修正前著作權法第91條第2項之罪處斷即為已足，無再適用同法第93條第3款以第87條第2款方法侵害他人著作權之餘地。原判決以該二行為間有方法結果之牽連關係，從一重之第91條第2項之罪處斷，已有判決適用法則不當之違法。

智慧財產法院99年度刑智上更（四）字第21號刑事判決

　　1.臺灣地區與大陸地區人民關係條例第40條第1項明文規定「輸入或攜帶進入臺灣地區之大陸地區物品，以進口論；其檢驗、檢疫、管理、關稅等稅捐之徵收及處理等，依輸入物品『有關法令』之規定辦理。」。又臺灣地區與大陸地區人民關係條例施行細則第55條明文規定「本條例第40條所稱有關法令，指商品檢驗法、動物傳染病防治條例、野生動物保育法、藥事法、關稅法、海關緝私條例及其他相關法令。」，係指大陸地區輸入或攜帶進入臺灣地區物品之「檢驗、檢疫、管理、關稅等稅捐之徵收及處理等」通關程序，查其並未將商標法排除在臺灣地區與大陸地區人民關係條例第40條第1項規定之「相關法令」適用範圍。2.又臺灣地區與大陸地區人民關係條例是「國家統一前，為確保臺灣地區安全與民眾福祉，規範臺灣地區與大陸地區人民之往來，並處理衍生之法律事件」的基本法律。是自大陸地區未經核准擅自輸入非原藥廠生產製造之藥品，進入臺灣地區，即構成藥事法第82條「輸入」禁藥罪（最高法院94年度台上字第1290號刑事判決可資參照）。則本件盜版遊戲光碟由共犯蔡金郎自大陸地區輸入仿冒商標商品（光碟）、輸入未經著作權人授權重製之盜版光碟，即應認有商標法第82條意圖販賣而「輸入」仿冒商標商品罪，且違反著作權法第87條第3款之規定，應依同法第93條第3款之規定論處。

相關條文：第87條之1、第91條之1、第93條、第97條之1

第87條之1（禁止真品平行輸入之例外）

有下列情形之一者，前條第4款之規定，不適用之：

一、為供中央或地方機關之利用而輸入。但為供學校或其他教育機構之
　　利用而輸入或非以保存資料之目的而輸入視聽著作原件或其重製物
　　者，不在此限。

二、為供非營利之學術、教育或宗教機構保存資料之目的而輸入視聽著
　　作原件或一定數量重製物，或為其圖書館借閱或保存資料之目的而
　　輸入視聽著作以外之其他著作原件或一定數量重製物，並應依第48
　　條規定利用之。

三、為供輸入者個人非散布之利用或屬入境人員行李之一部分而輸入著
　　作原件或一定數量重製物者。

四、中央或地方政府機關、非營利機構或團體、依法立案之各級學校，
　　為專供視覺障礙者、學習障礙者、聽覺障礙者或其他感知著作有困
　　難之障礙者使用之目的，得輸入以翻譯、點字、錄音、數位轉換、
　　口述影像、附加手語或其他方式重製之著作重製物，並應依第53條
　　規定利用之。

五、附含於貨物、機器或設備之著作原件或其重製物，隨同貨物、機器
　　或設備之合法輸入而輸入者，該著作原件或其重製物於使用或操作
　　貨物、機器或設備時不得重製。

六、附屬於貨物、機器或設備之說明書或操作手冊隨同貨物、機器或設
　　備之合法輸入而輸入者。但以說明書或操作手冊為主要輸入者，不
　　在此限。

前項第2款及第3款之一定數量，由主管機關另定之。

解說

　　本條係第87條第1項第4款有關「禁止真品平行輸入」的例外規定，主
要是為了公益或個人使用目的，特別明文允許輸入，不予禁止，其各款規
定之適用，分述如下：

　　　一、為供中央或地方機關之利用而輸入。但為供學校或其他教育機構
之利用而輸入或非以保存資料之目的而輸入視聽著作原件或其重製物者，

不在此限。本款輸入之目的限於「供中央或地方機關之利用」，至於實際由何人輸入，或輸入之份數，則均未限制。但關於視聽著作，如係為供學校或其他教育機構之利用，或非供中央或地方機關保存資料之目的者，因其利用量大，利用性質特殊，市場具侷限性，會嚴重影響著作財產權人權益，則不得輸入，此係針對視聽著作之特性，於允許輸入之例外範圍，再作特別除外規定。

二、為供非營利之學術、教育或宗教機構保存資料之目的而輸入視聽著作原件或一定數量重製物，或為其圖書館借閱或保存資料之目的而輸入視聽著作以外之其他著作原件或一定數量重製物，並應依第48條規定利用之。本款係以為供非營利之學術、教育或宗教機構本身保存資料，或為其圖書館借閱或保存資料之目的，明文允許作真品平行輸入。其既係為圖書館借閱或保存資料之目的而輸入，自然僅得依第48條規定利用之，不得作其他利用。至於其所得輸入之一定數量，依著作權法主管機關依本條第2項之授權，以法規命令定有「著作權法第87條之1第1項第2款及第3款之一定數量」，為供非營利之學術、教育或宗教機構保存資料之目的而輸入視聽著作重製物者，以一份為限；為供非營利之學術、教育或宗教機構之圖書館借閱或保存資料之目的而輸入視聽著作以外之其他著作重製物者，以五份以下為限。

三、為供輸入者個人非散布之利用或屬入境人員行李之一部分而輸入著作原件或一定數量重製物者。本款係規定允許個人之輸入行為，亦即禁止真品平行輸入主要在禁止貿易商大量進口水貨，影響著作財產權人或其所授權代理商之市場利益，若是個人少量自用性輸入，仍以尊重個人權益，不予禁止為宜。其所得輸入之一定數量，依「著作權法第87條之1第1項第2款及第3款之一定數量」所定，以一份為限。關於後段規定，「屬入境人員行李之一部分而輸入著作原件或一定數量重製物」，並沒有如前段規定，限於必須是「為供輸入者個人非散布之利用」，故縱使是為散布之目的，亦非不可，只是該輸入重製物之人自己僅能出租，不能轉售，這是因為第59條之1的散布權限制標的限於「在中華民國管轄區域內取得著作原件或其合法重製物所有權之人」，而第60條則規定「著作原件或其合法著作重製物之所有人，得出租該原件或重製物」，沒有明定要「在中華民國管轄區域內取得著作原件或其合法重製物所有權」，至於在

國內買受該物之人，依前述原則，是可以出租或轉售該重製物。這些規定並不均衡，是因為立法倉促，未全盤衡量，導致疏漏，應於下次修法改正之。

四、中央或地方政府機關、非營利機構或團體、依法立案之各級學校，為專供視覺障礙者、學習障礙者、聽覺障礙者或其他感知著作有困難之障礙者使用之目的，得輸入以翻譯、點字、錄音、數位轉換、口述影像、附加手語或其他方式重製之著作重製物，並應依第53條規定利用之。本款是針對第53條的合理使用，賦予更進一步的輸入特權，其目的是為促使國外合理使用之著作重製物，能自由輸入專供障礙者使用，避免國內重複製作，浪費資源。此係103年依據世界智慧財產權組織於102年6月所通過之「促進盲人、視障者及其他對印刷品有閱讀障礙者接觸已公開發表著作之馬拉喀什公約」而修正增訂。

五、附含於貨物、機器或設備之著作原件或其重製物，隨同貨物、機器或設備之合法輸入而輸入者，該著作原件或其重製物於使用或操作貨物、機器或設備時不得重製。本款是針對附含於貨物、機器或設備之著作，允許它們被隨著貨物、機器或設備而進口，這係指進口的標的是以貨物、機器或設備為主，而不是著作，這些著作僅是貨物、機器或設備的附屬部分而言，不能是進口之主要部分，才能附隨於貨物、機器或設備一併進口，例如軟體程式遊戲機，是以電腦程式著作為主體，機器反而是附屬的設備，故不在本款適用範圍內，但汽車或一般電器是進口主體，不是以車上或電器所附隨的電腦程式為主，基於使用或操作之一體性，當然不能限制這些電腦程式進口而強予割裂，故特別允許附隨進口。惟其既係隨機使用或操作，自不得再加以重製，以免假借本款而輸入後，大量複製，侵害著作財產權人權益。

六、附屬於貨物、機器或設備之說明書或操作手冊隨同貨物、機器或設備之合法輸入而輸入者。但以說明書或操作手冊為主要輸入者，不在此限。說明書或操作手冊為使用或操作貨物、機器或設備所必須，當然不能限制其隨貨物、機器或設備進口而強予分離，故特別允許進口。惟其既係供使用或操作所用，自不得以說明書或操作手冊為主要輸入客體，故但書仍應予以禁止，不得輸入。

第2項係授權著作權法主管機關得就第1項第2款及第3款之一定數量，

訂定其數額。主管機關依本項規定於82年4月24日發布有「著作權法第87條之1第1項第2款及第3款之一定數量」，以供遵行。

 函釋

內政部84年09月13日台（84）內著會發字第8417389號函

主旨：有關著作權法第87條之1規定適用疑義乙案，敬請　惠示卓見憑處，請查照。

說明：一、按82年4月間，美方為防堵我方部分不肖業者將美國人享有著作財產權之合法著作重製物（主要為視聽著作重製物）輸入後，非法於有線電視台公開播送、於KTV等場所公開上映或進一步將之非法重製後於錄影帶出租店出租等違法侵害其權益之行為，爰與我方諮商，要求增訂賦與「輸入權」，僅於特定情形，其中包括為供輸入者個人非散布之個人利用之情形（且輸入件數須受一定限制），得例外不需徵得著作財產權人同意，逕予輸入。由於我方基於國家整體利益考慮，為避免美方以所謂「三〇一」貿易報復，爰參照雙方諮商達成之協議修正著作權法第87條，增訂第87條之1，其中規定「未經著作財產權人同意而輸入著作原件或其重製物者，視為侵害著作權（第87條第4款）」、「『為供輸入者個人非散布之利用』或『屬入境人員行李之一部分』而輸入著作原件或一定數量重製物者，前條第四款之規定，不適用之（第87條之1第1項第3款）」，合先敘明。

　　　二、按依前述條文前段，其由輸入者輸入之情形，須以為供輸入者個人非散布之利用為限，始得為之；至於屬入境人員行李一部分之情形，是否亦須以為供入境人員個人非散布之利用為限，始得為之，滋生疑義。經本部初步研究，認基於左列理由，似不須以為供入境人員個人非散布之利用為限，即得予輸入：（一）依前述著作權法第87條之1第1項第3款規定之文義解釋，應係指「為供輸入者個人非散布之利用而輸入著作原件或一定數量重製物」或「屬入境人員行李之一部分而輸入著作

原件或一定數量重製物」二種情形，不適用同法第87條第4款規定，易言之，得不經著作財產權人同意，得予輸入。（二）就原始立法背景而言，上述條文係82年4月間中美著作權諮商時，參照美方提出條文所增訂，而依該美方提出條文（附件一）之分析，係將「為供輸入者個人非散布之個人利用」及「屬入境人員行李之一部分」二種情形對應規定（與前述著作權法第87條之1第1項第3款規定相同）。另方面美方著作權法第602條規定（附件二），係將「為供個人非散布之個人利用」之文字列於「任何人輸入」及「屬入境人員行李之一部分」之前，為二者均需符合之要件，對照、比較二者間之差異，似可解為著作權法第87條之1第1項第3款屬入境人員行李之一部分之情形，不以由該入境人員個人非散布之個人利用為限，亦得輸入著作原件或一定數量重製物。前述意見似將使美方原來期待個人輸入（不論係一般個人輸入或屬入境人員行李一部分之情形）均以供個人非散布之個人利用為限，始得為之之目的無法完全達成，惟著作權法第87條之1第1項第3款規定文義及中美諮商達成協議所提出條文既已如此，似須為如上解釋。

三、前項初步研究意見是否妥適，敬請　惠示卓見，供本部著作權業務之參考。

經濟部智慧財產局93年01月14日930114a電子郵件函釋

一、依著作權法第87條第4款規定，未經著作財產權人同意而輸入著作原件或重製物者，視為侵害著作權，此即所謂「輸入權」，或一般人所稱之「禁止真品平行輸入」。著作權法有關輸入權之規定，與「散布權」同，係為加強著作財產權之保護所設之機制。

二、對於上述「輸入權」之規定，著作權法設有例外規定，以肆應消費者個人之需要。針對屬於「入境人員行李之一部分而輸入」軟體（電腦程式），每次每一著作以一份為限，則此種輸入行為是著作權法所容許的，此種合法輸入行為所輸入之物為合法重製物，其所有人得予以賣出，並不會發生侵害著作權之問題。如有後手購買此種電腦軟體重製物（二手買賣模式），亦應屬合法取得，亦應無侵害著作權之問題。實務上，輸入

者或後續購買者如能提出向海關報關相關文件，證明確為上述「入境人員行李之一部分而輸入」之情形，且每次每一著作以一份為限，似可認為合於著作權法規定。

　　三、至於利用網際網路上網購買軟體，因著作權法第87條之1第1項第3款規定，「以供輸入者個人非散布之利用」，且「每次每一著作以一份為限」，故個別消費者合於上述二項要件之購買行為，為合法之行為，不發生侵權之問題；貨運業者也不至於發生侵權之問題。

　　四、至於業者接受委託，代為「在國內訂購」或「自國外以旅客行李攜入」，就前者而言，因已與前述「供輸入者個人非散布之利用」要件不符，似應得到權利人之同意，否則即有侵害著作權之問題。就後者而言，如能提出向海關報關相關文件，證明確為上述「入境人員行李之一部分而輸入」之情形，且「每次每一著作以一份為限」，則應尚屬合法。

　　五、與其他著作財產權相同，得出面主張「輸入權」受侵害，要求民事賠償或行使刑事告訴權者，以著作財產權人或專屬被授權人為限。外國著作權商品之代理商，如非專屬被授權人，依台灣高等法院92年度上更（一）字第116號刑事判決，並未獨占利用著作財產權，故非犯罪之被害人，依法不得提起告訴或自訴。

　　六、以上說明，請參考著作權法第87條、第87條之1。

經濟部智慧財產局96年12月06日發布「有關著作權法第87條之1第1項第3款與散布權法律效果之說明」

　　法務部84年10月7日發文字號法84律決23584號函覆如下：

主旨：關於著作權法第87條之1規定適用疑義乙案，貴部來函說明二所敘之意見，本部敬表同意。請查照。

說明：復貴部84年9月13日台（84）內著字第8417389號函。

　　一、近年來，由於國際貿易興盛，國外旅行之盛行及網際網路之發達，由境外輸入物品至國內情況日漸增多。由於著作權法（下稱本法）第87條第4款明定「未經著作財產權人同意而輸入著作原件或其重製物者」視為侵害著作權，此即「禁止真品平行輸入」之規範，故違反本法第87條第4款輸入之著作物，即違反本法之規定而屬侵害著作權之物。又本法92年增訂「散布權」之規範，

著作權法
逐條釋義

如將前開違反本法之輸入物，再予以散布，則構成本法91條之1侵害散布權之犯罪行為。

二、本法固然規範「禁止真品平行輸入」之規定，然於本法第87條之1另設有排除之規定，其中第1項第3款規定符合「為供輸入者個人非散布之利用」或「屬入境人員行李之一部分」，而「輸入著作物且每種均為一份」時，此時，該輸入之著作物即被認為不違反本法第87條第4款規定，換言之，該輸入之原件或重製物係屬合法之著作物。

三、近日來，由於網路科技之盛行，網路拍賣成為物品交易、買賣的管道。將前開違反「輸入權」之著作物置於網路供不特定人買受時，固屬違反著作權法之散布權；惟針對前開輸入之合法重製物置於網路拍賣時，是否會違反著作權法規定？此時，因涉及(1)所輸入之著作物是否符合本法第87條之1第1項第3款規定及(2)如符合本法第87條之1規定，是否得予以散布、出租二個範疇，僅就其類型化之態樣及其法律效果分述如下：（一）「為供輸入者個人非散布之利用」且每種著作物為一份時：1.本法第87條之1第1項第3款規定，為供輸入者個人非散布之利用，得輸入著作重製物，每次每一著作以一份為限。所謂「為供輸入者個人非散布之利用」，只要進口人初始係基於「為供輸入者個人非散布之利用」之主觀意思而輸入即為已足，不以永遠以之做為「供輸入者個人非散布之利用」為必要，蓋本法禁止真品平行輸入之立法意旨僅在對權利人給予適當之保護，並無凌駕民法物權篇規定，永遠限制物的所有人對其所有物處分之意。易言之，此等標的物只要在輸入之時點係基於「為供輸入者個人非散布之利用」之主觀意思而輸入，其在法律上之評價即為「合法重製物」。例如：輸入者輸入行為當時係供個人學術研究之用、供個人純欣賞之用等，均屬之。2.如行為人係以變換進口人名義、化整為零、多次進口等，表面上雖符合本法第87條之1第1項第3款規定，但實質上已超越該條款容許輸入之範圍時，依主管機關之見解（93年6月4日智著字第0930004058-0號函釋），仍屬違反本法87條第4款規定。至於輸入當時，究竟是否供個人非散布之利用？亦或屬於

上述化整為零、多次進口之脫法行為，應由司法機關根據具體個案判斷之。3.為供輸入者個人非散布之利用而輸入此等合法重製物之所有人，如於事後變更意思，認為無保存價值而予以販售者，乃物權之行使，且著作權法規定之散布權是要以轉讓所有權之方式，在市場上提供能滿足公眾合理需要的重製物，供大眾流通。一般人將自己擁有的一份合法重製物轉讓給某一特定之人，尚不能認為是提供公眾交易或流通，不致發生散布給公眾之效果。參照主管機關93年6月11日智著字0930003678-0號函釋意旨認為，此等著作物雖非本法第59條之1所規定「在中華民國管轄區域內取得」，仍得於輸入後予以出租或出售，並無侵害他人著作財產權之問題。又該著作原件或合法重製物經出售予第三人者，則該第三人仍為合法重製物所有權之人，而得依本法第59條之1或第60條規定再行出售或出租，亦不會構成本法第91條之1及第92條侵害散布權或出租權之犯罪行為。（二）「屬入境人員行李之一部分」且每種著作物為一份時：1.本法第87條之1第1項第3款規定，屬入境人員行李之一部分，得輸入著作重製物，每次每一著作以一份為限。有關入境人員行李之情形，依本法主管機關84年9月13日台（84）內著會發字第8417389號解釋：「至於屬入境人員行李一部分之情形，……，似不須以為供入境人員個人非散布之利用為限，即得予輸入」說明在案。2.依該84年9月13日台（84）內著會發字第8417389號函釋，只要是屬於入境人員行李之一部分，且每次每一著作為1份「合法重製物」，輸入後行李之所有人基於該標的物所有權之行使，予以販售或出租，參照上述（一）4之說明，同樣也不會構成本法第91條之1或第92條侵害散布權或出租權之犯罪行為。

四、綜上所述，如果符合本法第87條之1第1項第3款合法進口之著作物，其販賣或出租之行為，應並不違反著作權法規定，至於是否符合本法第87條之1第1項第3款規定，則應就行為人輸入著作物時之具體個案事實由司法機關判斷之。

相關條文：第87條

第88條（侵害著作財產權或製版權之民事賠償責任）
因故意或過失不法侵害他人之著作財產權或製版權者，負損害賠償責任。數人共同不法侵害者，連帶負賠償責任。
前項損害賠償，被害人得依下列規定擇一請求：
一、依民法第216條之規定請求。但被害人不能證明其損害時，得以其行使權利依通常情形可得預期之利益，減除被侵害後行使同一權利所得利益之差額，為其所受損害。
二、請求侵害人因侵害行為所得之利益。但侵害人不能證明其成本或必要費用時，以其侵害行為所得之全部收入，為其所得利益。
依前項規定，如被害人不易證明其實際損害額，得請求法院依侵害情節，在新臺幣1萬元以上100萬元以下酌定賠償額。如損害行為屬故意且情節重大者，賠償額得增至新臺幣500萬元。

解說

　　本條規定侵害著作財產權或製版權之民事賠償責任。任何人因故意或過失，侵害他人的著作財產權或製版權，都應依本條負民事上的損害賠償責任。若是數人共同侵害的，則須連帶負賠償責任。至於其賠償的金額，則由被害人依民法第216條之規定，或是就侵害人因侵害行為所得之利益，擇一請求。也就是說，被害人得就侵害人所造成的損害，或是侵害人所獲得的利益，二者之間，選擇最有利的方式，請求賠償金額。

　　由於被害人通常不能證明其損害有多少，或是侵害人不能或不願證明其侵害成本或必要費用，本條第2項乃分別以法律明白規定，「被害人不能證明其損害時，得以其行使權利依通常情形可得預期之利益，減除被侵害後行使同一權利所得利益之差額，為其所受損害。」「侵害人不能證明其成本或必要費用時，以其侵害行為所得之全部收入，為其所得利益。」一方面降低被害人證明自己損失額度的舉證責任，一方面加重侵害人證明侵害成本及必要費用的舉證責任，以達到衡平。

　　即使如此，侵害行為對於被害人所造成的損害，仍可能無法證明或彌補，為達到真正的公平正義，第3項再進一步規定，如被害人不易證明其實際損害額，得請求法院依侵害情節，在新臺幣1萬元以上100萬元以下酌定

賠償額。如損害行為屬故意且情節重大者，賠償額得增至新臺幣500萬元。

　　由上分析可知，有損害才有賠償固然是民事賠償責任的基本原則，但在侵害著作財產權或製版權的民事賠償責任方面，要證明損害額度，以獲得有效賠償，並不容易，所以須要以法律特別處理。本條在第1項規定賠償請求權之依據，第2項嘗試建立一些計算賠償金額的原則，第3項則作補強規定，授權法院作個案衡酌。由於智慧財產權的侵害程度證明不易，實際損害通常也都比能證明的高出許多，而本法對於最高賠償額，也明定仍待法院酌定，充滿了不確定。若是能以法律固定一定的法定賠償額，不待被害人舉證，也不待法院酌定，或許是較好的處理方式。

經濟部智慧財產局92年10月23日智著字第0920009480-0號函釋

　　三、所詢「如何杜絕報紙刊登販售違反著作權商品廣告」一節，新聞紙、雜誌或其他媒體如對於委刊之人係販售違反著作權商品有所知情（故意），仍予刊登，司法機關得視其情節對共犯或幫助犯處以刑罰責任，並依本法第88條第1項，應與委刊之人連帶負民事上之損害賠償責任。又縱無故意，但有過失時，仍應負擔民事上損害賠償責任。為有效打擊盜版，遏止侵權行為，建議　貴局適時透過適當管道，呼籲相關媒體注意，拒絕刊登販售違反著作權法商品廣告，以免觸法，並有效遏止公然侵害著作權之行為。

經濟部智慧財產局93年02月13日930213電子郵件函釋

　　著作權法第88條之立法理由，本局說明如下：

　　一、依著作權法（下稱本法）規定，著作人於創作完成時，即享有著作權。著作人享有著作人格權及著作財產權。如果要利用他人的著作，除符合著作權法規定的合理使用（同法第44條至第65條）外，須徵得著作財產權人的同意或授權，始得為之，否則，將可能涉及侵害他人著作權而須負擔民事上的賠償責任及刑事責任。

　　二、本法第88條第1項規定侵害著作權行為之損害賠償之請求權。第2項規定損害賠償之計算方法，共有四種：1.依實際損害、2.依權利人所失利益、3.依侵害人所得利益、4.侵害行為所得之全部收入。此四種損害賠

償之方法，由著作權人自行選擇，以資填補著作權因被侵害所生之損害。第3.項規定係法定賠償額，於被害人無法依第2項規定證明損害數額時，由法院於法定賠償額之範圍內酌定賠償額。

三、第88條之立法理由，係針對侵害行為依民法損害賠償之規定，於著作權法內明定賦予著作權人損害賠償請求權，且為落實損害賠償請求權之行使，對損害賠償之計算方法，亦配合予以明文規定，期使著作權於遭受侵害時，能獲得法律之救濟，而維護著作人之權益。

四、本條立法當時，行政院修正草案之立法說明如下：「一、現行條文第33條第1項及第2項修正移列。二、本條第1項依現行條文，略作文字修正。三、第2項參考商標法及專利法之規定，設損害賠償之特別規定，另並於第3項前段規定得請求損害賠償之最低額，即被侵害著作實際零售價格之五百倍，俾加強對被害人之救濟。四、又按「有損害始有賠償」為損害賠償之原則，為免因前述五百倍最低額之規定，使損害與賠償二者間，失去平衡，爰於第3項後段，賦予法院斟酌賠償額之權。」，惟第3項後經立法院修正，復於92年7月9日修正施行本法時，對第88條第3項酌作修正如現行條文，係為確保對侵害智慧財產權之行為得有效防止及遏止更進一步之侵害，爰提高法院依侵害情節酌定賠償額之上限。

相關條文：第84條、第88條之1

第88條之1（侵害物之銷燬請求權）
依第84條或前條第1項請求時，對於侵害行為作成之物或主要供侵害所用之物，得請求銷燬或為其他必要之處置。

解說

本條規定被害人對於侵害行為作成之物，或主要供侵害所用之物，得為銷燬或為其他必要處置之請求。著作權人或製版權人對於侵害其權利之人，除了請求排除侵害，對於有侵害之虞，可以請求防止侵害發生，已發生的侵害，可以請求損害賠償外，為了防止侵害的繼續擴大，還可以依本條規定，請求法院對於侵害行為作成之物，或是主要供侵害所用之物，加

以銷燬，或為其他必要之處置。「侵害行為作成之物」，係指盜版品，「主要供侵害所用之物」，係指燒錄機、壓片機、印刷機等，主要供作為侵害著作權或製版權所用之物。「銷燬」，係指將該等物品破壞，使無法再被使用，「為其他必要之處置」，則亦必須達到無法再被使用於侵害之相同效果始可。

相關條文：第84條、第88條、第90條之3

> **第89條**（判決書登載請求權）
> 被害人得請求由侵害人負擔費用，將判決書內容全部或一部登載新聞紙、雜誌。

解說

　　為彌補侵害著作權或製版權對於權利人所造成的損害，並召告世人周知，以懲不法，本條特別明定將侵害判決內容登報周知的機制。被害人得於侵害著作權或製版權之訴訟中，請求由侵害人負擔費用，將判決書內容全部或一部登載新聞紙、雜誌。這項請求是否獲准，刊登內容為全部或部分，均由法院於判決時一併宣告，並得為強制執行。

相關條文：第84條、第88條

> **第89條之1**（損害賠償請求權時效）
> 第85條及第88條之損害賠償請求權，自請求權人知有損害及賠償義務人時起二年間不行使而消滅。自有侵權行為時起，逾十年者亦同。

解說

　　民法第197條第1項規定：「因侵權行為所生之損害賠償請求權，自請求權人知有損害及賠償義務人時起，二年間不行使而消滅。自有侵權行為時起，逾十年者亦同。」本法特比照該條文，於本條規定，第85條及第88

條之損害賠償請求權，自請求權人知有損害及賠償義務人時起二年間不行使而消滅。自有侵權行為時起，逾十年者亦同。又民法第197條第2項規定：「損害賠償之義務人，因侵權行為受利益，致被害人受損害者，於前項時效完成後，仍應依關於不當得利之規定，返還其所受之利益於被害人。」本法雖未作相同規定，惟民法是著作權法的普通法，著作權法既無相反規定，若本條所定損害賠償請求權之時效期間消滅，權利人仍是可以依民法第197條第2項規定，向損害賠償之義務人，就因侵權行為受利益，依關於不當得利之規定，請求返還其所受之利益。

相關條文：第85條、第88條、第90條之3

第90條（共有著作權人之請求權）
共同著作之各著作權人，對於侵害其著作權者，得各依本章之規定，請求救濟，並得按其應有部分，請求損害賠償。
前項規定，於因其他關係成立之共有著作財產權或製版權之共有人準用之。

解說

本條規定共有人對於侵害著作權或製版權之民事救濟請求權。

共同著作之所有著作權人，不問是著作財產權或著作人格權被侵害，對於侵害其著作權者，原本得共同依本章之規定，一起請求救濟及損害賠償。至於個別的著作權人，亦應允許其獨立請求，第1項乃規定共同著作之各著作權人，對於侵害其著作權者，得各自依本章之規定，獨立請求救濟，並得按其應有部分，請求損害賠償。第2項並準用於因其他關係成立之共有著作財產權或製版權之共有人，例如因讓與或繼承而共有著作財產權或製版權之情形。

相關條文：第84條至第89條之1

第90條之1（邊境查扣措施一）

著作權人或版權人對輸入或輸出侵害其著作權或製版權之物者，得申請海關先予查扣。

前項申請應以書面為之，並釋明侵害之事實，及提供相當於海關核估該進口貨物完稅價格或出口貨物離岸價格之保證金，作為被查扣人因查扣所受損害之賠償擔保。

海關受理查扣之申請，應即通知申請人。如認符合前項規定而實施查扣時，應以書面通知申請人及被查扣人。

申請人或被查扣人，得向海關申請檢視被查扣之物。

查扣之物，經申請人取得法院民事確定判決，屬侵害著作權或製版權者，由海關予以沒入。沒入物之貨櫃延滯費、倉租、裝卸費等有關費用暨處理銷毀費用應由被查扣人負擔。

前項處理銷燬所需費用，經海關限期通知繳納而不繳納者，依法移送強制執行。

有下列情形之一者，除由海關廢止查扣依有關進出口貨物通關規定辦理外，申請人並應賠償被查扣人因查扣所受損害：

一、查扣之物經法院確定判決，不屬侵害著作權或製版權之物者。

二、海關於通知申請人受理查扣之日起十二日內，未被告知就查扣物為侵害物之訴訟已提起者。

三、申請人申請廢止查扣者。

前項第2款規定之期限，海關得視需要延長十二日。

有下列情形之一者，海關應依申請人之申請返還保證金：

一、申請人取得勝訴之確定判決或與被查扣人達成和解，已無繼續提供保證金之必要者。

二、廢止查扣後，申請人證明已定二十日以上之期間，催告被查扣人行使權利而未行使者。

三、被查扣人同意返還者。

被查扣人就第2項之保證金與質權人有同一之權利。

海關於執行職務時，發現進出口貨物外觀顯有侵害著作權之嫌者，得於一個工作日內通知權利人並通知進出口人提供授權資料。權利人接獲通

知後對於空運出口貨物應於四小時內,空運進口及海運進出口貨物應於一個工作日內至海關協助認定。權利人不明或無法通知,或權利人未於通知期限內至海關協助認定,或經權利人認定系爭標的物未侵權者,若無違反其他通關規定,海關應即放行。

經認定疑似侵權之貨物,海關應採行暫不放行措施。

海關採行暫不放行措施後,權利人於三個工作日內,未依第1項至第10項向海關申請查扣,或未採行保護權利之民事、刑事訴訟程序,若無違反其他通關規定,海關應即放行。

解說

本條規定著作權人或版權人對輸入或輸出侵害其著作權或製版權之物者,所得採取之海關邊境查扣措施。此一規定係依世界貿易組織(WTO)下,「與貿易有關之智慧財產權協定」(TRIPs)第50條以下,關於邊境措施之規定,主要目的在防止盜版品於世界各的流竄,賦予著作權人於提供擔保後,有權要求海關阻止盜版品之輸入或輸出,以有效遏止盜版。

值得注意的是,TRIPs關於邊境管制措施,主要以管制輸入為主,且不及於真品平行輸入。惟我國因過去盜版工廠猖獗,成為世界主要盜版輸出國家,在國際貿易制裁之強大壓力下,本條關於邊境管制查扣措施,適用及於進口及出口之著作權商品,或者應該說是以遏止盜版品出口為主,同時亦適用於禁止真品平行輸入,更由於製版權為我國著作權法所特有,亦擴及適用製版權。

本條實際適用之情形絕少,主要是因為除非著作權人或版權人能事先掌握侵害物之輸入或輸出資訊,否則無由發動,而海關面對通關物品之龐雜與快速通關壓力,除非事前獲得檢舉,事實上絕少主動發現侵害物,或於發現侵害物後,主動通知著作權人或版權人依本條申請查扣侵害物。更由於著作權人或版權人依刑事訴訟程序,原本就可以更有效地,透過司法警察查扣侵害著作權或製版權之犯罪物,沒有必要自行提供鉅額擔保,依本條申請查扣侵害物。所以,雖然主管機關亦依本條之授權,定有「海關查扣著作權或製版權侵害物實施辦法」,事實上本條在實務上適用的機會

並不多見，純屬符合加入WTO之必要配合規定而已。

依本條規定，其相關程序如下：

一、著作權人或版權人對輸入或輸出侵害其著作權或製版權之物者，得以書面釋明侵害之事實，及提供相當於海關核估該進口貨物完稅價格或出口貨物離岸價格之保證金，作為被查扣人因查扣所受損害之賠償擔保，申請海關先予查扣。

二、海關受理申請後，應即通知申請人已受理。如認符合規定而進一步實施查扣時，應以書面通知申請人及被查扣人。在此同時，申請人或被查扣人，得向海關申請檢視被查扣之物，以確認是否有侵害事實，作為下一步動作之參考。

三、海關查扣之後，如嗣後查扣之物經法院民事確定判決，屬侵害著作權或製版權者，由海關予以沒入。沒入物之貨櫃延滯費、倉租、裝卸費等有關費用暨處理銷燬費用應由被查扣人負擔。至於如係依刑事判決確認屬侵害之物，則由法院依法沒收，相關費用亦得比照本條，由被查扣人負擔。至於處理銷燬所需費用，經海關限期通知繳納，被查扣人不繳納者，應依法移送強制執行。

四、對於已查扣之物，嗣後因（一）申請人申請廢止查扣；（二）申請人未於十二日內（得再延長十二日）提起訴訟並通知海關；或（三）法院確認非侵害物者，海關應廢止查扣，依進出口貨物通關規定辦理，申請人並應以保證金賠償被查扣人因查扣所受損害。被查扣人就前述的保證金，與質權人有同一之權利，亦即得於申請人其他債務中，優先受償，以保障被查扣人之利益。

五、相反地，若（一）申請人取得勝訴之確定判決或與被查扣人達成和解，已無繼續提供保證金之必要；（二）於海關廢止查扣後，申請人證明已定二十日以上之期間，催告被查扣人行使權利而未行使；或（三）被查扣人同意返還者，海關應依申請人之申請返還保證金。

六、除了前述申請人的申請查扣，海關於執行職務時，若發現進出口貨物外觀顯有侵害著作權之嫌者，得主動於一個工作日內通知權利人，並通知進出口人提供授權資料。權利人接獲通知後，在空運出口貨物方面，應於四小時內，在空運進口及海運進出口貨物方面，應於一個工作日內，至海關協助認定。若權利人誰屬不明，或無法通知，或權利人未於通知期

限內至海關協助認定,或經權利人認定系爭標的物未侵權者,海關原則上應即放行;若經認定疑似侵權之貨物,海關應暫不放行。但若權利人於三個工作日內,未依規定向海關申請查扣,或未採行保護權利之民事、刑事訴訟程序,既然權利人未主張權利,海關自應即放行。

相關條文:第84條至第89條之1、第90條之3

第90條之2(邊境查扣措施二)
前條之實施辦法,由主管機關會同財政部定之。

解說

　　關於侵害物輸出入邊境措施管制,主管機關依本條之授權,定有「海關查扣著作權或製版權侵害物實施辦法」,作為執行依據。

相關條文:第90條之1

第90條之3(違反電子化權利管理資訊保護條款及反盜拷條款之民事損害賠償責任)
違反第80條之1或第80條之2規定,致著作權人受損害者,負賠償責任。數人共同違反者,負連帶賠償責任。
第84條、第88條之1、第89條之1及第90條之1規定,於違反第80條之1或第80條之2規定者,準用之。

解說

　　第80條之1之電子化權利管理資訊保護條款,以及第80條之2之反盜拷條款,雖不是著作人之著作權範圍,但對於著作人權利之保護,扮演重要角色,違反者除了依第96條之1科以罰責之外,亦應負擔民事責任,本條乃特作明定及準用規定。

　　民事損害賠償,以「有損害,始有賠償責任」為原則,第1項乃規定,違反第80條之1之電子化權利管理資訊保護條款,以及第80條之2之反盜拷

條款，致著作權人受損害者，必須負賠償責任。如為數人共同違反者，負連帶賠償責任，著作權人得向任何一侵害者，請求全部或部分賠償。

　　違反第80條之1之電子化權利管理資訊保護條款，以及第80條之2之反盜拷條款，致著作權人受損害者，除了金錢上的損害賠償，也應使著作權人享有第84條的「侵害排除請求權」及「侵害防止請求權」、第88條之1的「侵害物之銷燬請求權」，這些請求權也應受第89條之1的請求權時效之限制，同時，也應得引用第90條之1的「邊境措施」規定，第2項乃作準用之規定。

相關條文：第80條之1、第80條之2、第84條、第88條之1、第89條之1及第
　　　　　　90條之1

|第六章之一|

網路服務提供者之
民事免責事由

第90條之4（網路服務提供者免責之共通條件）

符合下列規定之網路服務提供者，適用第90條之5至第90條之8之規定：

一、以契約、電子傳輸、自動偵測系統或其他方式，告知使用者其著作
　　權或製版權保護措施，並確實履行該保護措施。

二、以契約、電子傳輸、自動偵測系統或其他方式，告知使用者若有三
　　次涉有侵權情事，應終止全部或部分服務。

三、公告接收通知文件之聯繫窗口資訊。

四、執行第3項之通用辨識或保護技術措施。

連線服務提供者於接獲著作權人或製版權人就其使用者所為涉有侵權行
為之通知後，將該通知以電子郵件轉送該使用者，視為符合前項第1款
規定。

著作權人或製版權人已提供為保護著作權或製版權之通用辨識或保護技
術措施，經主管機關核可者，網路服務提供者應配合執行之。

解說

　　關於網路服務提供者（Internet Service Providers, ISP）對於使用人利
用其服務侵害著作權案件，是否應負法律責任，應於個案中認定，惟基於
一、實際侵害者係利用ISP提供之服務而侵害；二、網路使用具隱匿身分之
特性；三、ISP與使用者最具密切關係；四、自ISP處從源管制是遏止侵害
最有效之方式等因素，導致ISP屢屢因使用者之侵害著作權或製版權行為，

牽連於訴訟中。

　　為使ISP免於隨時被訴，並遏阻網路著作權或製版權侵害之滋生與泛濫，促進網路服務順暢，有利公眾網路活動，98年5月新修正著作權法乃增訂第六章之一，名為「網路服務提供者之民事免責事由」，建立「網路服務提供者責任避風港」，使ISP於符合本法所定共通及特別規定之要求後，對其使用者侵害他人著作權或製版權之行為，不負賠償責任；相對地，若ISP依本法所定程序執行一定行為後，對其使用者所生之損害，亦不負賠償責任。

　　本條係參考美國DMCA第512條(i)(1)之立法例，明定四種ISP進入「避風港」之共通條件，必須符合本條規定，始得進一步適用第90條之5至第90條之8所定不同類別網路服務提供者各別免責要件規定：

　　一、以契約、電子傳輸、自動偵測系統或其他方式，告知使用者其著作權或製版權保護措施，並確實履行該保護措施。此外，為鼓勵連線服務提供者積極協助防制網路侵權行為，特別於第2項規定如其於接獲著作權人或製版權人通知涉有侵權行為之情事後，將該通知以電子郵件轉送給該使用者，即視為已符合前述規定。惟連線服務提供者依本項規定並無「轉送」義務，縱其未配合轉送，如有其他確實履行著作權或製版權保護措施之情事者，仍得適用本款之規定。所謂「契約」，指將ISP業者之著作權或製版權保護措施納入約款，並須落實執行；所謂「電子傳輸」，例如使用者上傳或分享資訊時，系統自動跳出必須合法使用之視窗；所謂「自動偵測系統」，例如偵測或過濾侵害著作權或製版權內容之程式或系統；所謂「其他方式」，例如檢舉專線之設置。

　　二、以契約、電子傳輸、自動偵測系統或其他方式，告知使用者若有三次涉有侵權情事，應終止全部或部分服務，此即所謂「三振條款」（Three Strike Out）。惟本款僅規範「告知使用者」，似未及於終止全部或部分服務之執行，則是否只要有「告知」之行為即可，縱未落實執行，亦得進入「避風港」，非無疑義。

　　三、公告接收通知文件之聯繫窗口資訊，以便利著作權人或製版權人提出通知，或使用者提出回復通知，以加速處理時效。

　　四、執行著作權人或製版權人所提供，並經主管機關核可，為保護著作權或製版權之通用辨識或保護技術措施者。所稱「通用」，必須是該等

辨識或保護技術措施，係在著作權人、製版權人及ISP業者間廣泛共識下，所開發完成而被採行者。若無本款經主管機關核可之通用辨識或保護技術措施，則ISP業者無須配合執行，只要其符合前述三款要件，即得適用本章民事免責規定。

原本第90條之4第3項本文關於通用辨識或保護措施部分，行政院草案規定「著作權人或製版權人已提供為保護著作權或製版權之通用辨識或保護技術措施者，網路服務提供者應配合執行之。」惟考量目前內容辨識機制（CRT）在技術上及商業模式上尚不成熟，若要求ISP業者完全配合，未必合理，乃有但書規定「但對網路服務提供者造成不合理之負擔者，不在此限。」部分著作權人擔心此一但書規定，「可能架空辨識或保護技術措施之施行，同時法院在適用此種不確定法律概念上，也有相當的解釋空間，有可能形成法律漏洞」，因而透過立法委員丁守中之提案，修正為「著作權人或製版權人已提供為保護著作權或製版權之通用辨識或保護技術措施，『經主管機關核可者』，網路服務提供者應配合執行之。」由主管機關介入審核CRT機制，期待能發揮均衡作用。

相關條文：第90條之5至第90條之8、第90條之12

第90條之5（連線服務提供者之免責要件）
有下列情形者，連線服務提供者對其使用者侵害他人著作權或製版權之行為，不負賠償責任：
一、所傳輸資訊，係由使用者所發動或請求。
二、資訊傳輸、發送、連結或儲存，係經由自動化技術予以執行，且連線服務提供者未就傳輸之資訊為任何篩選或修改。

解說
本條規定「連線服務提供者」對其使用者侵害他人著作權或製版權之行為，不負賠償責任應具備之要件，其條件包括：
一、所傳輸資訊，係由使用者所發動或請求。
二、資訊傳輸、發送、連結或儲存，係經由自動化技術予以執行，且

連線服務提供者未就傳輸之資訊為任何篩選或修改。

　　「連線服務提供者」僅提供連線服務，如其所傳輸資訊，係由使用者所發動或請求，不是ISP本身放上網路或進一步傳輸，且資訊傳輸、發送、連結或儲存，都是經由自動化技術執行，ISP未再就傳輸之資訊為任何篩選或修改，自然不能要求ISP對其使用者侵害他人著作權或製版權之行為，負擔賠償責任。此外，由於連線服務提供者僅提供連線服務，無法執行「通知／取下」程序，故未有類似第90條之6第3款、第90條之7第3款及第90條之8第3款之「通知／取下」程序規定。

　　「連線服務提供者」仍應先合於第90條之4所定四項要件，始得適用本條之免責規定。

相關條文：第90條之4

第90條之6（快速存取服務提供者之免責要件）
有下列情形者，快速存取服務提供者對其使用者侵害他人著作權或製版權之行為，不負賠償責任：
一、未改變存取之資訊。
二、於資訊提供者就該自動存取之原始資訊為修改、刪除或阻斷時，透過自動化技術為相同之處理。
三、經著作權人或製版權人通知其使用者涉有侵權行為後，立即移除或使他人無法進入該涉有侵權之內容或相關資訊。

解說

　　本條規定「快速存取服務提供者」對其使用者侵害他人著作權或製版權之行為，不負賠償責任應具備之要件，其條件包括：

　　一、未改變存取之資訊。

　　二、於資訊提供者就該自動存取之原始資訊為修改、刪除或阻斷時，透過自動化技術為相同之處理。

　　三、經著作權人或製版權人通知其使用者涉有侵權行為後，立即移除或使他人無法進入該涉有侵權之內容或相關資訊。

　　快速存取服務提供者僅是就資訊為中介及暫時儲存，以供其後要求傳輸該資訊之使用者加速進入該資訊，只要沒有改變存取之資訊，配合資訊提供者就原始資訊之修改、刪除或阻斷，透過自動化技術為相同之處理，且經著作權人或製版權人通知其使用者涉有侵權行為後，也能配合立即移除或使他人無法進入該涉有侵權之內容或相關資訊，自然不應使其對於該資訊之侵害行為負責。又快速存取服務提供者接獲著作權人或製版權人之通知後，並無責任判斷該資訊是否侵權，只要通知文件內容形式上齊備，立即移除或使他人無法進入該涉嫌侵權內容，就可以免責。

　　「快速存取服務提供者」仍應先合於第90條之4所定四項要件，始得適用本條之免責規定。

相關條文：第90條之4、第90條之10至第90條之12

第90條之7（資訊儲存服務提供者之免責要件）

有下列情形者，資訊儲存服務提供者對其使用者侵害他人著作權或製版權之行為，不負賠償責任：

一、對使用者涉有侵權行為不知情。

二、未直接自使用者之侵權行為獲有財產上利益。

三、經著作權人或製版權人通知其使用者涉有侵權行為後，立即移除或使他人無法進入該涉有侵權之內容或相關資訊。

解說

　　本條規定「資訊儲存服務提供者」對其使用者侵害他人著作權或製版權之行為，不負賠償責任應具備之要件，其條件包括：

　　一、對使用者涉有侵權行為不知情。

　　二、未直接自使用者之侵權行為獲有財產上利益。

　　三、經著作權人或製版權人通知其使用者涉有侵權行為後，立即移除或使他人無法進入該涉有侵權之內容或相關資訊。

　　資訊儲存服務提供者僅是透過所控制或營運之系統或網路，應使用者之要求提供資訊儲存之服務，只要對使用者具體利用其設備、服務從事侵

權一事確不知情，或不瞭解侵權活動至為明顯之事實或情況，而其獲益與使用者之侵權行為間，不具有相當因果關係，例如，不論使用者所從事者係合法或非法，均一律收取相同之費用者，且經著作權人或製版權人通知其使用者涉有侵權行為後，也能配合立即移除或使他人無法進入該涉有侵權之內容或相關資訊，自然不應使其對於該資訊之侵害行為負責。關於「對使用者涉有侵權行為不知情」一節，若使用者所上載者係未具名之文章或攝影，「資訊儲存服務提供者」自不可能得知其是否違法，惟若使用者為個人，而所上載者係院線電影片或偶像表演團體新發行之專輯，實不得主張對侵權一事不知情。

「資訊儲存服務提供者」仍應先合於第90條之4所定四項要件，始得適用本條之免責規定。

相關條文：第90條之4、第90條之9至第90條之12

經濟部智慧財產局99年12月27日電子郵件991227a號函釋

一、依據新修正著作權法（下稱本法）第六章之一「網路服務提供者之民事免責事由」規定，資訊儲存提供者除符合本法第90條之4第1項各款規定外，並需同時符合本法第90條之7第1至3款規定（亦即於侵權案件實際發生時對使用者涉有侵權行為不知情、未直接自使用者之侵權行為獲有財產上利益及經著作權人通知其使用者涉有侵權行為後，立即移除或使他人無法進入該涉有侵權內容或相關資訊者），始可對使用者利用其提供之服務從事侵害著作權之結果主張免責。二、本法第90條之7第2款所稱「直接自使用者之侵權行為獲有財產上利益」，係指網路服務提供者（下稱ISP）所獲得之財產上利益，與使用者之侵權行為間具有相當因果關係。所詢網路小說閱讀網站讓使用者上傳文章，供其他付費之VIP會員於扣除儲值點數後點閱，並由網站與上傳文章者依約分成一節，該網站業者之行為應已屬「直接」自侵權行為獲有財產上利益，惟仍需依其實際個案情形認定之。至於網站業者如係以此誘使使用者從事侵權活動者，則非本法ISP民事免責事由所欲使其免責之型態，而應回歸一般著作權侵害責任來論斷。三、有關著作權人因蒐證需要，要求資訊儲存服務提供者暫時凍結涉及侵

權之專欄，ISP是否即無須立即移除或使他人無法進入該涉有侵權之內容或相關資訊一節，由於第90條之7第3款係要求ISP於接獲著作權人之通知後，立即「移除」或「使他人無法進入該涉有侵權之內容或相關資訊」，因此，即便係因故無法移除之資訊，ISP亦應得以「使他人無法進入該涉有侵權之內容或相關資訊」方式處理之。四、至於ISP未能符合第90條之7規定者，僅係不符民事免責之要件，亦即就使用者使用其提供服務遂行網路侵權之行為，無法獲得民事免責而已，而ISP對於該名使用者之侵權行為，究否負擔民法「共同侵權行為」責任，仍應由法院依民法第185條、第188條等規定認定之。惟若ISP本身即係侵權行為人時，著作權人自得依法向其主張權利，ISP亦無由依本法第六章之一規定主張民事免責，併予敘明。

第90條之8（搜尋服務提供者之免責要件）
有下列情形者，搜尋服務提供者對其使用者侵害他人著作權或製版權之行為，不負賠償責任：
一、對所搜尋或連結之資訊涉有侵權不知情。
二、未直接自使用者之侵權行為獲有財產上利益。
三、經著作權人或製版權人通知其使用者涉有侵權行為後，立即移除或使他人無法進入該涉有侵權之內容或相關資訊。

解說

本條規定「搜尋服務提供者」對其使用者侵害他人著作權或製版權之行為，不負賠償責任應具備之要件，其條件包括：
一、對所搜尋或連結之資訊涉有侵權不知情。
二、未直接自使用者之侵權行為獲有財產上利益。
三、經著作權人或製版權人通知其使用者涉有侵權行為後，立即移除或使他人無法進入該涉有侵權之內容或相關資訊。

搜尋服務提供者僅提供使用者有關網路資訊之索引、參考或連結之搜尋或連結之服務，只要對所搜尋或連結之資訊涉有侵權不知情，而其獲益與使用者之侵權行為間，不具有相當因果關係，例如，不論使用者所從事

者係合法或非法,均一律收取費用者,且經著作權人或製版權人通知其使用者涉有侵權行為後,也能配合立即移除或使他人無法進入該涉有侵權之內容或相關資訊,自然不應使其對於該資訊之侵害行為負責。

「搜尋服務提供者」仍應先合於第90條之4所定四項要件,始得適用本條之免責規定。

相關條文:第90條之4、第90條之9至第90條之12

第90條之9(資訊儲存服務提供者之「通知/取下」措施)

資訊儲存服務提供者應將第90條之7第3款處理情形,依其與使用者約定之聯絡方式或使用者留存之聯絡資訊,轉送該涉有侵權之使用者。但依其提供服務之性質無法通知者,不在此限。

前項之使用者認其無侵權情事者,得檢具回復通知文件,要求資訊儲存服務提供者回復其被移除或使他人無法進入之內容或相關資訊。

資訊儲存服務提供者於接獲前項之回復通知後,應立即將回復通知文件轉送著作權人或製版權人。

著作權人或製版權人於接獲資訊儲存服務提供者前項通知之次日起十個工作日內,向資訊儲存服務提供者提出已對該使用者訴訟之證明者,資訊儲存服務提供者不負回復之義務。

著作權人或製版權人未依前項規定提出訴訟之證明,資訊儲存服務提供者至遲應於轉送回復通知之次日起十四個工作日內,回復被移除或使他人無法進入之內容或相關資訊。但無法回復者,應事先告知使用者,或提供其他適當方式供使用者回復。

解說

本條規定「資訊儲存服務提供者」執行「通知/取下」措施時,應遵守之事項。此項規定僅適用於「資訊儲存服務提供者」,其他三類ISP業者因不具資訊久暫儲存之性質,並無本條之適用。

第1項雖規定資訊儲存服務提供者「應」將第90條之7第3款處理情形,轉送該涉有侵權之使用者,惟此並非課以「資訊儲存服務提供者」

必須執行「通知／取下」程序之義務，而係指資訊儲存服務提供者如欲獲得對其使用者侵害他人著作權或製版權之行為不負賠償責任之免責利益，除了必須符合第90條之4及第90條之7之規定外，尚須進一步執行本條所定「通知／取下」之程序，否則，仍回到一般原則，應依個案事實認定是否應負責任。

「資訊儲存服務提供者」依本條應執行之「通知／取下」程序如下：

一、「通知」（Notice）：著作權人或製版權人將使用者涉有侵權之行為通知「資訊儲存服務提供者」。

二、「取下」（Take Down）：「資訊儲存服務提供者」立即移除或使他人無法進入該涉有侵權之內容或相關資訊，並依其與使用者約定之聯絡方式，或使用者留存之聯絡資訊，轉送該涉有侵權之使用者。但依其提供服務之性質無法通知者，不在此限。

三、「回復通知」（Counter Notice）：使用者認其無侵權情事者，得檢具「回復通知」文件，要求資訊儲存服務提供者回復其被移除或使他人無法進入之內容或相關資訊。

四、「轉送」（Forward）：資訊儲存服務提供者於接獲使用者回復通知後，應立即將回復通知文件轉送著作權人或製版權人。

五、「提訴證明」：著作權人或製版權人於接獲資訊儲存服務提供者所轉送使用者回復通知之次日起10個工作日內，如向資訊儲存服務提供者提出已對該使用者訴訟之證明，包括依民事訴訟法之規定提起之排除侵害或損害賠償之證明，或依刑事訴訟法之規定提出告訴或自訴之證明，資訊儲存服務提供者就不負回復之義務。

六、「回復」（Restore）或「告知」（Notify）：著作權人或製版權人未依規定提出訴訟之證明，資訊儲存服務提供者至遲應於轉送回復通知之次日起14個工作日內，回復被移除或使他人無法進入之內容或相關資訊。但無法回復者，應事先告知使用者，或提供其他適當方式供使用者回復。

這項「通知」（Notice）、「取下」（Take Down）、「回復通知」（Counter Notice）及「回復」（Restore）的程序，一般簡稱為「通知／取下」（Notice & Take Down）機制，可以快速有效遏止著作權侵害繼續發生，是源自於美國1998年通過的「數位千禧年著作權法案」（The Digital

Millennium Copyright Act of 1998, DMCA）。美國在DMCA立法之後，就一直以各種方法遊說各國修正著作權法，引進這項機制，大部分與美國有密切貿易關係的國家，包括澳洲、紐西蘭、新加坡、南韓都無法抗拒，已先後完成立法。

相關條文：第90條之4、第90條之7、第90條之11及第90條之12

第90條之10（網路服務提供者對涉有侵權者之免責條件）
有下列情形之一者，網路服務提供者對涉有侵權之使用者，不負賠償責任：
一、依第90條之6至第90條之8之規定，移除或使他人無法進入該涉有侵權之內容或相關資訊。
二、知悉使用者所為涉有侵權情事後，善意移除或使他人無法進入該涉有侵權之內容或相關資訊。

解說

　　本條規定網路服務提供者對涉有侵權之使用者，不負賠償責任之條件。網路服務提供者依第90條之6至第90條之8規定，或是知悉使用者所為涉有侵權情事後，善意移除或使他人無法進入該涉有侵權之內容或相關資訊，對使用者不負賠償責任。

　　網路服務提供者依第90條之6至第90條之8規定，於接獲著作權人或製版權人之通知文件，確認其文件內容形式上齊備，即可執行「取下」程序，對於該資訊是否確有侵權情事，並不負判斷責任，而其一旦完成此一「取下」程序，即不負著作權或製版權侵害賠償責任。為確保網路服務提供者僅扮演法律所賦予承轉及中性處理資訊之角色，縱事後證明該被「取下」之內容並不構成侵權，本條仍明文使網路服務提供者亦無須對使用者負民事賠償責任。至於資訊儲存服務提供者，則尚須履行第90條之9所定之「通知／取下」程序，始得對使用者不負賠償責任。

　　關於第2款所定網路服務提供者知悉使用者涉有侵權情事而善意「取下」該涉有侵權之內容或相關資訊，係在著作權人或製版權人依法通知之

外，經由其他管道知悉侵權情事，為鼓勵網路服務提供者能主動發動「取下」程序，縱事後證明該被移除之內容並不構成侵權，乃明文使網路服務提供者對該被疑侵權之使用者，亦不負賠償責任，惟此並非課予網路服務提供者負有對使用者監督及判斷是否侵權之義務。

關於著作權人或製版權人依第90條之6至第90條之8規定所為之通知，如未符合第90條之12所定之形式要件，ISP仍得執行「取下」程序，縱事後證明該被移除之內容並不構成侵權，依第90條之10第2款對該被疑侵權之使用者，亦不負賠償責任。

相關條文：第90條之6至第90條之8

第90條之11（不實通知之損害賠償責任）
因故意或過失，向網路服務提供者提出不實通知或回復通知，致使用者、著作權人、製版權人或網路服務提供者受有損害者，負損害賠償責任。

解說

「通知／取下」機制是在既有的司法制度之外，提供快速排除侵害資訊或內容的特殊管道。網路服務提供者接獲取下或回復通知，僅作形式認定，即採取取下或回復動作，對於該等資訊實際上是否侵害，並不作實質認定。民法第184條第1項前段規定：「因故意或過失，不法侵害他人之權利者，負損害賠償責任。」為確保此一便宜制度不被濫用或誤用，造成相關方面之損害，或有礙網路服務提供者之配合意願，本條乃於民法第184條第1項之外，再予明文規定，因故意或過失，向網路服務提供者提出不實通知或回復通知，致使用者、著作權人或網路服務提供者受有損害者，應負損害賠償責任。

相關條文：第90條之6至第90條之10

第90條之12（授權命令規定）

第90條之4聯繫窗口之公告、第90條之6至第90條之9之通知、回復通知內容、應記載事項、補正及其他應遵行事項之辦法，由主管機關定之。

解說

　　第90條之4第1項第3款規定，網路服務提供者必須公告接收通知文件之聯繫窗口資訊；第90條之6至第90條之9明定著作權人或製版權人得向網路服務提供者提出其使用者所為涉有侵權行為之通知，或使用者認其無侵權情事，得檢具回復通知文件，要求資訊儲存服務提供者回復其被移除或使他人無法進入之內容或相關資訊。各該等應記載事項、補正及其他應遵行事項之辦法，其細節必須進一步明定，爰於本條授權主管機關定之。

相關條文：第90條之4、第90條之6至第90條之9

第七章

罰　則

解說

　　本條規定侵害重製權之刑責，即侵害第22條所規定的重製權，並區分為光碟及光碟以外之盜版品，而作不同處罰。

　　第1項規定一般的侵害重製權，刑罰較輕，處三年以下有期徒刑、拘役，或科或併科新臺幣75萬元以下罰金。第2項則特別針對具「銷售或出租」之意圖而侵害重製權者，處以較高之六月以上五年以下有期徒刑，得併科新臺幣20萬元以上200萬元以下罰金，例如為夜市販售盜版書籍或印有卡通圖案的襯衫等，或為了小說出租店而盜印小說漫畫等。

　　侵害重製權是最典型的著作權侵害案件，一般所稱「抄襲」，多指侵害重製權，偶亦有構侵害改作權之情形。重製他人仍享有著作財產權之著作，不管是全部或部分，除了合理使用，都會構成侵害重製權。關於侵害

重製權之標準，也就是重製多少比例才構成侵害的議題，著作權法並無明文規定，而應依重製行為的態樣，就重製的質與量，按社會客觀標準考量。雖然，對於一著作進行大範圍的重製，容易被認定為侵害，有時重製的部分雖不多，但因為是被重製著作的精華所在，也容易被認定是侵害，所以，到底重製多少才構成侵害重製權，宜依具體個案之情形考量認定。

　　第3項是特別針對盜版光碟而作加重處罰，蓋盜版光碟成本低、壓製速度快且容量大，對著作權人造成重大損害，若以「銷售或出租」為意圖，非法壓製光碟，應加重處罰始能遏止。此一盜版光碟可包括CD、VCD、DVD、CD-R等，其內容並不限於錄音著作、視聽著作、電腦程式著作，凡可被附著於光碟者，都屬之。又條文稱「以重製於光碟之方法侵害他人之著作財產權」，並未以被侵害之著作原本係被壓製於光碟上為限，尚應包括原本為紙本小說、卡匣錄音帶或VHS、Beta等錄影帶，未經授權而被轉換為光碟之情形。至於若僅是為單純散布之目的而非法重製，不是以「銷售或出租」為意圖，則仍應適用第1項，不適用第3項。【本項為配合推動加入CPTPP，於111.05.04修正刪除，尚未施行。】

　　第4項規定著作僅供個人參考或合理使用者，不構成著作權侵害。此係著作權法在立法院審查時，立法委員堅持下之錯誤立法。蓋「著作之合理使用，不構成著作財產權之侵害」早已明定於第65條第1項，現行規定於黨團協商時，在龐建國委員堅持下，作此重複規範，實為畫蛇添足，徒增法制混亂。蓋著作權包括「著作人格權」與「著作財產權」，合理使用僅是對於著作財產權之限制，並未限制「著作人格權」之行使，故即使是合理使用，也要依第64條註明出處，以示尊重「著作人格權」，而第66條亦已明文規定：「第44條至第63條及第65條規定，對著作人之著作人格權不生影響。」本項規定「著作合理使用者」，「不構成『著作權』之侵害」，就不知未來合理使用他人著作而未註明出處時，還是不是侵害「著作人格權」，要不要依第96條處罰？更不妥的是黨團協商時，蘇盈貴委員所堅持增訂的「著作僅供個人參考者」，「不構成著作權之侵害」這一段文字。此一增訂原意，固係在使校園學生利用他人著作免除侵權之責，惟不僅沒有道理，也過於浮濫。校園沒有治外法權，第65條第1項已規定：「著作之合理使用，不構成著作財產權之侵害」，校園在第44條至第65條間，已有許多合理使用空間，而第91條第4項將「僅供個人參考」

與「合理使用」併列，其意味著，不是「合理使用」的「僅供個人參考」之利用著作，將「不構成著作權之侵害」，這將會形成，只要是「僅供個人參考」，不管其數量多少，縱使超越「合理使用」範圍，都統統「不構成著作權之侵害」，不僅沒有刑事責任，連民事責任也免了。這個條文雖然在第91條第4項出現，既沒有明文限制，是僅適用於前三項關於重製權之侵害，解釋上就要適用於重製以外，所有公開口述、公開上映、公開播送……等等著作財產權範圍之行為，將使得著作權法原本僅允許非常嚴格條件下，才能依「合理使用」規定自由利用他人著作的重要原則，完全被突破，違反伯恩公約、WTO/TRIPs，乃至WCT及WPPT所確立的「合理使用」三步驟之檢驗（Three-step-test），即須一、「僅限於相關特定之情形下」；二、「未與著作之正常利用相衝突」；且三、「不致於不合理地損害著作人法定利益」。然而，此一條項文字，依著作權法專責機關智慧局之意見，認為：「一、第91條第4項所謂『僅供個人參考』僅在強調既有第44條至第65條合理使用條文中，與個人參考有關之事項，並未擴大既有合理使用條文之範圍，故並未在既有合理使用制度之外，另行創設一個刑事免責之範圍。二、第91條第4項所謂『不構成著作權侵害』，係指不構成著作財產權之侵害而言，並不包括著作人格權在內。三、第91條第4項『僅供個人參考』之規定，乃屬合理使用之例示規定，本身並未擴大或限縮第44條至第65條合理使用之範圍，於判斷有無違反第91條之1、第92條、第93條及第94條規定時，仍應判斷有無第44條至第65條規定，構成合理使用，以決定其是否違反各該條規定。」這些解釋對照前述分析，其實都是行政機關在立法院立法錯誤之後，不得已的收拾善後，其是否妥適，未來將由司法機關裁判認定，惟在刑事法律「罪刑法定主義」原則下，如何令被告信服，則須仰賴司法機關的智慧。【本第4項為配合推動加入CPTPP，於111.05.04修正移列為第3項，原第3項尚未刪除施行。】

 函釋

經濟部智慧財產局95年05月26日智著字第09500047560號函釋

　　所詢有關語文著作之抄襲（重製）比例計算標準為何之疑義一案，復如說明，請查照。

說明：一、復貴院95年5月15日院信刑寧字第0950007266號函。

二、著作權法（下稱本法）規定，著作人除本法另有規定外，專有重製其著作之權利。而所謂「重製」，指以印刷、複印、錄音、錄影、攝影、筆錄或其他方法直接、間接、永久或暫時之重複製作。不論「全部重製」或「部分重製」，都屬著作權法中之「重製」。重製他人語文著作，如符合本法第44條至第65條合理使用規定者，不構成著作財產權之侵害。至合理使用時，可能是著作全部的重製，例如第47條及第51條，也可能是部分的重製，例如第52條。至於不符合理使用之情形，不論是全部重製或部分重製，如未取得著作財產權人之授權而擅自重製者，均屬侵害著作權之行為。

三、來函所稱「語文著作之抄襲（重製）比例計算標準」，如係指針對侵害重製權之行為，其重製之份量達於被重製之著作之比例為何之意者，則本法並無任何規定，似宜依重製行為之態樣，就其利用之質量按社會客觀標準分別考量，例如抄襲之部分為被抄襲著作之精華所在，則縱其比例不高，似易被認定為抄襲，若抄襲之部分係被抄襲著作其無關重要者，或屬一般有限之表達形式之部分，則與上述精華部分相較其比例容或有略高之空間。亦即就著作權法之適用而言，語文著作之抄襲比例並無任何計算標準，宜依具體個案之情形考量認定。

判決

最高法院49年台非字第24號判例

翻印他人著作出版之書籍，如係翻印其著作物之內容，固係單純侵害他人著作權，若竟連同著作出版書籍之底頁，依出版法所載著作人、發作人、印刷者等等，一併加以翻印出售圖利者，則除觸犯著作權法第30條第1項侵害他人著作權之罪外，又已構成刑法第216條行使第210條偽造私文書之罪名，應依同法第55條，從一重之行使偽造私文書罪處斷。

臺灣臺北地方法院91年度自字第690號刑事判決

按被告翁正勇犯罪後，著作權法業於92年6月6日修正通過，同年7月9日以華總一義字第09200122700號總統令公布施行，同年月11日生效，被告

犯罪後著作權法已有變更，其中第91條第2項之意圖銷售而擅自以重製之方法侵害他人之著作財產權罪，修正為同條第1項之意圖營利而以重製之方法侵害他人之著作財產權罪，法定刑由6月以上5年以下有期徒刑修正為五年以下有期徒刑，比較新舊法之結果，以新法有利於被告翁正勇，而同法第93條第3款以明知為侵害著作權之物而意圖營利而交付之方法侵害他人之著作權罪，修正為同法第91條之1第1項之意圖營利而以移轉所有權之方法散布著作重製物而侵害他人之著作財產權罪，法定刑由2年以下有期徒刑修正為三年以下有期徒刑，比較新舊法之結果，以舊法有利於被告翁正勇；惟刑法第2條第1項比較裁判時法或行為時法何者有利於行為人，應就與罪刑有關之一切情形，全部加以比較，依綜合判斷之結果，為整體之適用，不得割裂事項而分別適用裁判時或行為時法中個別有利之條文，始能符合法律修正及上開條項所定原則從新例外從輕之旨，此有最高法院87年度臺上字第2467號判決可參；查被告翁正勇所犯上開二罪有方法結果之牽連關係，苟依刑法第55條從一重處斷，係從較重之重製罪處斷，是整體比較適用結果以新法有利於被告翁正勇，依刑法第2條第1項前段之規定，應適用有利於被告翁正勇之新法，即裁判時之著作權法處斷。核被告翁正勇所為，係犯著作權法第91條第1項之意圖營利而以重製之方法侵害他人之著作財產權罪及同法第91條之1第1項之意圖營利而以移轉所有權之方法散布著作重製物而侵害他人之著作財產權罪。

臺灣雲林地方法院92年度訴字第236號刑事判決

　　查本件告訴人方聯科技股份有限公司告訴被告丁怡菁違反著作權法案件，聲請簡易判決處刑書認係違反民國92年7月9日修正公布前之著作權法第91條第2項之罪，依同法第100條前段之規定，須告訴乃論，而依修正後之著作權法第91條第3項規定，則為非告訴乃論之罪。惟告訴權之行使、撤回與否，並非單純之程序問題，亦牽涉到國家刑罰權內容及範圍之劃定，仍應有刑法第2條第1項規定之適用。是修正前之著作權法第91條第2項之罪，原規定屬告訴乃論之罪，嗣後修正為非告訴乃論之罪，自以修正前對國家刑罰之發動所做一定限制之規定，較有利於行為人，而應適用修正前之規定。茲據告訴人撤回告訴，有告訴人出具之刑事撤回告訴狀在卷可證，依照首開說明，本件爰不經言詞辯論，逕為諭知不受理之判決。

智慧財產法院97年度刑智上訴字第35號刑事判決

　　（一）按著作權法第91條第3項所謂以重製於光碟之方法犯「前項」之罪者，其所謂之「前項」，應僅指同條第2項而言，不及於同條第1項；又該條第1項「以重製之方法侵害他人之著作財產權者」之規定，對於附著有侵害他人著作重製物之「載體」或「媒介物」種類並未限定，是以，以影印於紙本之方式重製他人著作，固屬於重製之方法侵害他人著作財產權行為，即將他人著作重製於光碟之行為，亦屬於本條第1項所指之「以重製之方法侵害他人之著作財產權」範疇，僅在將他人著作非法重製於光碟片，且其目的係為意圖銷售或出租時，始特別單獨列出而適用同條第3項之規定。至倘以重製於光碟片之方式侵害他人著作財產權，而其目的係為單純散布，而非意圖「銷售」或「出租」時，則無該條第3項之適用。再者，著作權法第91條之1第2項「明知係侵害著作財產權之重製物而散布或意圖散布而公開陳列或持有」之規定，該侵害著作財產權之重製物並未限定由何人所重製，僅須該散布者明知其所散布者係侵害他人著作財產權之重製物，即足當之，且在其所散布之侵害他人著作財產權重製物為光碟片時，始適用該條第3項之規定。是以，倘散布侵害他人著作財產權之重製物為光碟片，且該光碟片亦為該散布者自行非法重製時，則因該行為人並未有意圖販賣或出租之行為，並無著作權法第91條第2項、第3項之適用，應僅論以同法第91條第1項及第91條之1第3項、第2項之罪，並應從一重之散布侵害著作財產權之光碟重製物罪處斷。

相關條文：第22條

第91條之1（散布權之侵害及散布盜版品之刑責）
擅自以移轉所有權之方法散布著作原件或其重製物而侵害他人之著作財產權者，處三年以下有期徒刑、拘役，或科或併科新臺幣50萬元以下罰金。
明知係侵害著作財產權之重製物而散布或意圖散布而公開陳列或持有者，處三年以下有期徒刑，得併科新臺幣7萬元以上75萬元以下罰金。
犯前項之罪，其重製物為光碟者，處六月以上三年以下有期徒刑，得併

科新臺幣20萬元以上200萬元以下罰金。但違反第87條第4款規定輸入之光碟，不在此限。【本項為配合推動加入CPTPP，於111.05.04修正刪除，尚未施行。】

犯前二項之罪，經供出其物品來源，因而破獲者，得減輕其刑。【本第4項為配合推動加入CPTPP，於111.05.04修正移列為第3項，原第3項尚未刪除施行。】

解說

　　本條規定侵害散布權及散布盜版品之刑責，並區分為光碟及光碟以外之盜版品，而作不同處罰。

　　第1項規定一般的侵害散布權，即侵害第28條之1所規定的散布權，刑罰較輕，處三年以下有期徒刑、拘役，或科或併科新臺幣50萬元以下罰金。此一規定適用範圍，限於「以移轉所有權之方法散布著作原件或其重製物者」，而該等重製物，必須係經著作財產權人同意重製者，不包括盜版品，但包括違反第87條第1項第4款之真品平行輸入之物。如其係在國內移轉所有權之正版品，其後之移轉所有權，依第59條之1，屬正版所有人之物權行使，散布權人之散布權應受限制，不得依本項主張被侵害。

　　第2項規定，明知係侵害著作財產權之重製物而散布或意圖散布而公開陳列或持有者，處三年以下有期徒刑，得併科新臺幣7萬元以上75萬元以下罰金。此一條項所涉及之物，為未經著作財產權人授權重製之盜版品，並不限於是他人所盜版，尚及於散布者本身所盜版者，而行為人必須明知是盜版品。至於本條項所要處罰之行為有三，包括：一、散布；二、意圖散布而公開陳列；三、意圖散布而持有。

　　由於第2項之「散布」，並未如前項所稱「以移轉所有權之方法散布」，故應適用第3條第1項第12款關於「散布」之定義，「指不問有償或無償，將著作之原件或重製物提供公眾交易或流通。」故應包括出售、互易，以及「未以移轉所有權之方法散布」之出租或出借。從而，若未經授權，明知是盜版品竟予出租，應適用本項，而非第92條規定。又由於第87條第1項各款係屬第91條之1之補充條款，若未經授權，明知是盜版品竟予出借，亦應適用本項，而非第93條第3款規定。此外，明知是盜版品，

竟意圖散布而公開陳列或持有者，雖違反第87條第1項第6款，但因第93條第3款但書已有明文排除適用規定，故仍應適用本條項。

前述第2項之法律適用解說，是因為立法疏漏所導致。但依據智慧局解釋，第2項仍係指以移轉所有權之方式散布，不包括出租或出借等非以移轉所有權之方式散布。依這項解釋，明知是盜版品竟予出租，就應適用第92條規定，而明知是盜版品竟予出借、或為出借目的而公開陳列或持有盜版品，就應適用第87條第1項第6款，視為侵害著作權，得依第93條第3款處罰。司法實務上，也接受智慧局這項解釋。

如同第91條第3項針對盜版光碟之加重處罰，本條第3項乃規定，明知係侵害著作財產權之重製光碟，進而散布或意圖散布而公開陳列或持有者，處六月以上三年以下有期徒刑，得併科新臺幣20萬元以上200萬元以下罰金。至於違反第87條第1項第4款規定輸入之光碟，因已納入第1項處罰，故以但書排除之。【本項為配合推動加入CPTPP，於111.05.04修正刪除，尚未施行。】

現行規定雖不禁止或處罰購買盜版品之消費者，但若消費者明知所購買之商品係盜版品，竟進一步銷售，將構成違反本條規定，如該商品為盜版光碟，無論其數量多寡，均屬非告訴乃論之罪，有不少行為人因此刑責壓力，付出不合理高額賠償金，引發各界關切。智慧局多次建議執法或司法人員，於處理此類案件時，對於初犯或犯罪情節輕微者，儘量以微罪不舉（罰）、緩起訴或緩刑處理。

又為鼓勵犯罪者自新，藉以掃蕩盜版大本營，第4項特別明定，犯前二項之罪，經供出其物品來源，因而破獲者，得減輕其刑。【本第4項為配合推動加入CPTPP，於111.05.04修正移列為第3項，原第3項尚未刪除施行。】

經濟部智慧財產局93年09月24日電子郵件930924號函釋

一、問題一之銷售或贈送盜版物（非光碟）：（一）如果這種贈送或販賣行為是送給、賣給朋友、同學極少數特定的人，而尚不屬於「對公眾提供」者，不會有侵害第91條之1散布權的問題，因為該條「以移轉所有權方法散布」是指「對公眾提供」，而所謂「公眾」，是指「特定多數人

或不特定人」；（二）如果這種贈送或銷售已超出上述程度，的確構成違反第91條之1。至於究屬該條第1項還是第2項，基本上，第2項有「明知」之構成要件，嚴謹的法條解釋，如果出於「非明知的不確定故意」，似須適用同條第1項，此部分須再觀察司法實務的適用情形。

二、問題二之明知為盜版物而出借應適用著作權法第91條之1第2項或第87條第6款之疑義，按第87條第6款所定之「以移轉所有權或出租以外之方式散布」係指以「出借」之方式散布的情形，至91條之1第2項則係指以「買賣」、「贈與」等移轉所有權之方式散布盜版品，即該條項所定之散布方式並不包括「出借」，因此，明知為盜版物而出借應適用著作權法第87條第6款之規定，至第93條第3款但書規定「第91條之1第2項及第3項規定情形，不包括在內」，是因為有關「明知係非法重製物，意圖以移轉所有權之方法散布而公開陳列或持有者」之情形，已規範於第91條之1第2項及第3項，所以於第87條第3款（筆者註：應係第93條第3款之誤）增設但書排除之。

三、新著作權法對違反第87條第4款規定之行為（指「輸入行為」），仍維持僅需負民事責任之規定，但在事實上，仍為侵害行為。依此規定，一個消費者為自己使用目的，卻輸入多份同一著作權商品者，不會有刑事責任，如果造成權利人損害者，會有民事責任。

四、由於第93條不罰者，僅為第87條第4款的輸入行為，因此，如果輸入以後，有進一步的散布（銷售、贈送）行為，由於此等不合法進口之真品，法律定位上仍屬「侵害著作財產權之重製物」，但在立法政策上希望在刑事罰責上與盜版品區別，因此，新著作權法第91條之1第3項但書與第100條交互適用的結果，此種行為為「告訴乃論」之侵害，將違反第87條第4款規定輸入光碟散布之銷售及贈送予以挪除，仍適用該條第2項之規定。

經濟部智慧財產局94年10月12日電子郵件941012號函釋

（一）有關所詢「出租版」DVD，如已賣斷與出租店，則其上如有「禁止轉售」之字樣是否合法？持有人是否可轉售乙事：經查如上所述「出租版」，並未移轉所有權，故記載「禁止轉售」之文字，應不可能發生轉售「出租版」DVD之情形，依台端所述，如確係「出租版」而予以買

賣，並不能發生所有權移轉的效果。至於非「出租版」的DVD已賣斷與出租店，則因該出租店已合法取得DVD重製物之所有權，此時該DVD因本非「出租版」，且依著作權法（下稱本法）第59條之1及第60條規定，在中華民國管轄區域內取得著作原件或其合法重製物所有權之人，得以移轉所有權之方式散布及出租該光碟。（二）有關所詢現行「出租版」DVD標示「未簽約而擁有者視為侵權，並違反著作權法」是否具正當性及違反著作權法哪些規範？經查著作財產權人專有「出租權」，此為本法第29條所明定，故未得著作財產權人之授權或同意，該DVD自不能再出租，否則即侵害出租權而有違反本法第92條規定之虞。故有關出租版的DVD上記載「未簽約而擁有者視為侵權，並違反著作權法」應係指未簽約之出租店並不能出租該「出租版」DVD光碟，否則即屬違反本法第92條規定（即上述所稱出租版之流片），故該記載於此範圍內係屬有效。（三）有關所詢拍賣網站關於出租版之販售是否合法？經查依本法第28條之1規定，著作人專有以移轉所有權方式，散布其著作之權利，此為「散布權」之規範。故如未得著作權人同意或授權，或另有前開本法59條之1「耗盡原則」之適用，以移轉所有權方式散布他人享有著作財產權之著作，將違反本法91條之1規定。故網站上關於出租版之販售，如該出租版係指「著作財產權人保留著作物之所有權僅移轉占有」之一般實務上所稱「出租版」，則如逕於拍賣網站上販售，自屬違反本法第91條之1第1項規定，擅自以移轉所有權之方法散布著作原件或其重製物而侵害他人著作財產權人。故如該DVD確屬「出租版」時（網路拍賣者並未取得所有權），自不得於網站上拍賣，否則即屬違反著作權法規定。

經濟部智慧財產局94年11月03日電子郵件941103號函釋

二、盜錄、盜版物之大量重製與散布，為破壞我國著作權市場最嚴重的問題，不僅破壞知識經濟產業之發展，亦形成文化進步發展之障礙，故應予以禁止，且為遏止盜版光碟之散布，就盜錄、盜版物為光碟者，亦有加重處罰之必要，故本法第91條之1第2、3項特予以明訂禁止及加重處罰之規定。但雖同為散布著作物，惟如所散布者係盜版物而非原件或合法重製物，因不符合本法第59條之1「耗盡原則」之規定，致侵害著作人之權利時，仍應予以處罰。本法第91條第1項，係針對散布正版物包含光碟形

式之重製物在內所為之規定，第91條之1第2項係針對散布盜版光碟以外的盜版物所為之規定，第91條之1第3項則係針對散布盜版光碟所為之規定。三、故在網路上所購買之盜版韓劇，通常均係屬盜版光碟，其散布行為應適用第91條之1第3項之規定。至於散布正版光碟而侵害散布權之行為，則屬違反第91條之1第1項之罪，並無第91條之1第3項之適用。

經濟部智慧財產局96年10月24日電子郵件961024號函釋

　　一、依著作權法第91條之1第3項規定，明知為侵害著作財產權之重製物（光碟）而散布或意圖散布而公開陳列或持有者，處六月以上三年以下有期徒刑。故不論有無營利，不論拍賣光碟數量多寡，即使是少量，甚至是一片，都是違反著作權法之行為。二、對於目前坊間有不肖代理商，針對網路拍賣少量盜版光碟索取高額和解金所引發之社會問題，本局亦已注意到，因此，除加強網路拍賣商品著作權觀念之教育宣導，使網友不輕易觸法外，並已建議執法或司法人員，於處理此類案件時，多考量刑法及刑事訴訟法相關規定，對於初犯或犯罪情節輕微者，儘量以微罪不舉（罰）、緩起訴或緩刑處之，俾利自新。

經濟部智慧財產局101年12月18日電子郵件1011218號函釋

　　一、依著作權法第28條之1第1項規定：「著作人除本法另有規定外，專有以移轉所有權之方式，散布其著作之權利。」此即著作人「散布權」之規範。因此，著作權法第91條之1第2項規定，明知為侵害著作財產權之重製物而散布或意圖散布而公開陳列或持有者，係指以移轉所有權之方式散布，不包括出租或出借等非以移轉所有權之方式散布者。

 判 決

智慧財產法院97年度刑智上訴字第35號刑事判決

　　（一）按著作權法第91條第3項所謂以重製於光碟之方法犯「前項」之罪者，其所謂之「前項」，應僅指同條第2項而言，不及於同條第1項；又該條第1項「以重製之方法侵害他人之著作財產權者」之規定，對於附著有侵害他人著作重製物之「載體」或「媒介物」種類並未限定，是以，以影印於紙本之方式重製他人著作，固屬於重製之方法侵害他人著作財產權行為，即將他人著作重製於光碟之行為，亦屬於本條第1項所指之「以

重製之方法侵害他人之著作財產權」範疇，僅在將他人著作非法重製於光碟片，且其目的係為意圖銷售或出租時，始特別單獨列出而適用同條第3項之規定。至倘以重製於光碟片之方式侵害他人著作財產權，而其目的係為單純散布，而非意圖「銷售」或「出租」時，則無該條第3項之適用。再者，著作權法第91條之1第2項「明知係侵害著作財產權之重製物而散布或意圖散布而公開陳列或持有」之規定，該侵害著作財產權之重製物並未限定由何人所重製，僅須該散布者明知其所散布者係侵害他人著作財產權之重製物，即足當之，且在其所散布之侵害他人著作財產權重製物為光碟片時，始適用該條第3項之規定。是以，倘散布侵害他人著作財產權之重製物為光碟片，且該光碟片亦為該散布者自行非法重製時，則因該行為人並未有意圖販賣或出租之行為，並無著作權法第91條第2項、第3項之適用，應僅論以同法第91條第1項及第91條之1第3項、第2項之罪，並應從一重之散布侵害著作財產權之光碟重製物罪處斷。

最高法院98年度台上字第5238號刑事判決

　　著作權法第3條第1項第12款規定之「散布」，可區分為「以移轉所有權之方法」、「出租之方法」及「以移轉所有權及出租以外之方法」（如出借）等三種情形，對於侵害者，則分別依第91條之1、第92條及第93條第3款加以處罰。易言之，第91條之1各項之規定，均係指以移轉所有權方法之散布，不因該條第2、3項法條文字未明載「以移轉所有權之方法散布」等字樣，即認該條第2、3項所規範之散布方法並非以移轉所有權之方法為之。又依法條文義觀之，第91條之1第1項規定散布之標的為「著作原件或其重製物」；第2項規定散布之標的則為「侵害著作財產權之重製物」，則本於同上之立法本旨、法條文義及系統解釋，第91條之1第1項所稱之「重製物」，應僅限於「合法重製物」；同條第2項所稱之「重製物」，則限於「非法重製物」。從而如契約已明訂重製發行之期限，竟違反約定而於期滿後繼續銷售庫存之著作重製物，始應依第91條之1第1項規定處罰；至於在夜市或商店販賣盜版光碟，或販賣違反第87條第1項第4款（即違反平行輸入）之商品者，即應依第91條之1第2、3項規定處罰。

最高法院104年度台上字第3390號刑事判決

　　依著作權法法條文義觀之，第91條之1第1項規定散布之標的為著作原

件或其重製物；第2項規定散布之標的則為侵害著作財產權之重製物。則本於立法本旨、法條文義及系統解釋，第1條之1第1項所稱之重製物，應僅限於合法重製物；同條第2項所稱之重製物，則限於非法重製物。從而如契約已明訂重製發行之期限，竟違反約定而於期滿後繼續銷售庫存之著作重製物，始應依第91條之1第1項規定處罰。

相關條文：第28條之1、第59條之1、第87條、第87條之1

第92條（其他著作財產權之侵害處罰）
擅自以公開口述、公開播送、公開上映、公開演出、公開傳輸、公開展示、改作、編輯、出租之方法侵害他人之著作財產權者，處三年以下有期徒刑、拘役、或科或併科新臺幣75萬元以下罰金。

解說

　　本條規定對於重製權以及散布權以外其他著作財產權侵害之刑責，包括擅自以公開口述、公開播送、公開上映、公開演出、公開傳輸、公開展示、改作、編輯、出租之方法，侵害他人之著作財產權之行為，違反者，處三年以下有期徒刑、拘役、或科或併科新臺幣75萬元以下罰金。

函釋

經濟部智慧財產局95年02月16日電子郵件950216號函釋

　　二、您來函所稱，欲將公司網站平台，以超連結方式，另開視窗連結其他公司網站，供會員利用一節，此種「在網站上設置超連結連上其他網站內頁」的情況，如僅係將他人網站之網址轉貼於貴公司網頁上，藉由網站連結之方式，使其他人可透過貴公司網站進入其他公司網站之行為，因未涉及重製利用他人著作，原則上不致於造成對他人重製權之侵害。不過仍請注意篩選連結的網站，如果明知他人網站內的著作是盜版作品或有侵害著作權之情事，而仍然透過連結的方式，提供予公眾，則有可能成為侵害公開傳輸權之共犯或幫助犯，將會有侵害著作權之危險，請特別注意。

相關條文：第23條、第24條、第25條、第26條、第26條之1、第27條、第
28條及第29條

第93條（其他侵害著作權之處罰）

有下列情形之一者，處二年以下有期徒刑、拘役，或科或併科新臺幣50
萬元以下罰金：

一、侵害第15條至第17條規定之著作人格權者。

二、違反第70條規定者。

三、以第87條第1項第1款、第3款、第5款或第6款方法之一侵害他人之
著作權者。但第91條之1第2項及第3項規定情形，不在此限。

四、違反第87條第1項第7款或第8款規定者。

解說

本條規定其他侵害著作權之處罰。

第1款係處罰侵害第15條至第17條規定之著作人格權者；第2款係處罰
違反第70條規定，將依獲准音樂著作強制授權而錄製之重製物，銷售至中
華民國管轄區域外者；第3款係處罰違反第87條第1項第1款、第3款、第5
款或第6款而視為侵害著作權者，包括：以侵害著作人名譽之方法利用其
著作者、輸入未經著作財產權人或製版權人授權重製之重製物或製版物
者、以侵害電腦程式著作財產權之重製物作為營業之使用者，以及明知為
侵害著作財產權之物而以移轉所有權或出租以外之方式散布者，惟因違反
第87條第1項第6款部分，第91條之1第2項及第3項規定已有處罰，乃於但
書中特予排除；第4款係處罰在網路上提供電腦程式或技術（例如P2P）供
網友交換該等違法侵害著作權之檔案，並向網友收取費用或坐收利益的網
路業者，或係製造、輸入、提供設備、器材或APP軟體，以供公眾收看非
法網站影音內容，而自己藉此獲有利益者。

經濟部智慧財產局93年09月24日電子郵件930924號函釋

　　二、問題二之明知為盜版物而出借應適用著作權法第91條之1第2項或第87條第6款之疑義，按第87條第6款所定之「以移轉所有權或出租以外之方式散布」係指以「出借」之方式散布的情形，至第91條之1第2項則係指以「買賣」、「贈與」等移轉所有權之方式散布盜版品，即該條項所定之散布方式並不包括「出借」，因此，明知為盜版物而出借應適用著作權法第87條第6款之規定，至第93條第3款但書規定「第91條之1第2項及第3項規定情形，不包括在內」，是因為有關「明知係非法重製物，意圖以移轉所有權之方法散布而公開陳列或持有者」之情形，已規範於第91條之1第2項及第3項，所以於第87條第3款（筆者註：應係第93條第3款之誤）增設但書排除之。

判決

智慧財產法院105年度刑智上訴字第41號刑事判決

　　著作人於著作之原件或其重製物上或於著作公開發表時，有表示其本名、別名或不具名之權，著作權法第16條第1項前段定有明文。而著作人格權係指著作人對於其著作所享有之人格的、精神的利益，且得以受保護之權利。自訴人僅為○○、○○及○○圖案之著作財產權人，並非著作人，業如前述，是自訴人以被告丙○○侵害姓名表示權為由，而認被告丙○○涉犯著作權法第93條第1款之罪嫌，亦屬無據。

相關條文：第15條、第16條、第17條、第70條、第87條

第94條（刪除）

第95條（違反禁止銷售翻譯物規定之侵害）
違反第112條規定者，處一年以下有期徒刑、拘役或科或併科新臺幣2萬元以上25萬元以下罰金。

解說

　　本條係規定違反第112條規定之處罰，亦即處罰那些在「六一二大限」之後，仍繼續銷售未經授權翻譯之翻譯物之行為。

　　所謂「六一二大限」，乃是指在81年6月10日以前，未經著作財產權人同意而就外國人著作所為之翻譯，於83年6月12日以後不得再行販售，故只能販售至83年6月12日為止。

　　此事起源於81年6月10日修正公布之著作權法以前，外國人之著作未在我國獲准註冊者，不受我國著作權法保護，但美國人之著作，因民國35年11月4日簽訂之「中華民國與美利堅合眾國間友好通商航海條約」之約定，在我國享有國民待遇，所以不必註冊即受著作權法保護。不過，不管是不是受著作權法保護之外國人著作，其翻譯權都不受保護，亦即國人可不經授權，自由翻譯外國人著作而不違法，因此，國內有許多出版社以大量發行外國名著之中譯書販售而聞名。

　　81年6月10日修正公布之著作權法不再作此限制，凡是合於著作權法規定受保護之外國人著作，不必再辦理著作權註冊即受保護，而受我國著作權法保護之外國人著作，其翻譯權亦受保護，亦即要翻譯在我國受保護之外國人著作，應經同意或授權，但對於先前信賴法律規定而已翻譯完成，並在市面上銷售的翻譯本，著作權法為保障其信賴利益，乃於第112條規定，自81年6月12日新法施行生效日起不得再印製，已印製完成的，二年後不得再銷售，所以只能販售至83年6月12日為止，所有原先未經授權的翻譯書，出版社在83年6月12日以前都盡量販售，這就是所謂「六一二大限」。

　　對於違反「六一二大限」繼續銷售之行為，在81年6月10日修正公布之著作權法中，僅能請求民事上之損害賠償，並無刑責。87年1月21日修正公布之著作權法，則於第95條第4款增訂「一年以下有期徒刑，得併科新臺幣5萬元以下罰金」之刑罰規定。該條於92年7月9日再修正為「違反第112條規定者，處一年以下有期徒刑、拘役或科或併科新臺幣2萬元以上25萬元以下罰金。」

　　74年7月10日修正公布之著作權法第17條第1項及第2項：「外國人之著作合於左列各款之一者，得依本法申請著作權註冊：一、於中華民國境內首次發行者。二、依條約或其本國法令、慣例，中華民國人之著作得

在該國享受同等權利者。前項註冊之著作權，著作權人享有本法所定之權利。但不包括專創性之音樂、科技或工程設計圖形或美術著作專集以外之翻譯。」

　　81年6月10日修正公布施行之著作權法第112條：「本法修正施行前，翻譯受修正施行前本法保護之外國人著作，如未經其著作權人同意者，於本法修正施行後，除合於第44條至第65條規定者外，不得再重製。前項翻譯之重製物，本法修正施行滿二年後，不得再行銷售。」

　　87年1月21日修正公布之著作權法第95條：「有下列情形之一者，處一年以下有期徒刑，得併科新臺幣5萬元以下罰金：一、違反第18條規定者。二、侵害第79條規定之製版權者。三、以第87條各款方法之一侵害他人製版權者。四、違反第112條規定者。」第112條：「中華民國81年6月10日本法修正施行前，翻譯受中華民國81年6月10日修正施行前本法保護之外國人著作，如未經其著作權人同意者，於中華民國81年6月10日本法修正施行後，除合於第44條至第65條規定者外，不得再重製。前項翻譯之重製物，於中華民國81年6月10日本法修正施行滿二年後，不得再行銷售。」

函釋
內政部83年05月09日台（83）內著字第8309240號函釋
　　二、查依據著作權法第112條之規定，凡在81年6月11日以前翻譯受修正施行前著作權法保護之外國人著作，此種翻譯書籍在81年6月12日以後即不得再行重製，且在本（83）年6月12日之後，此種書籍即不得再行銷售，此即出版業及圖書業界所稱之「六一二大限問題」。又與上述問題相關者係指翻譯書籍而言，並非泛指所有的書籍。

相關條文：第112條

第96條（未銷燬備檔電腦程式及未註明出處之處罰）
違反第59條第2項或第64條規定者，科新臺幣5萬元以下罰金。

解說

依第59條第2項規定，合法電腦程式著作重製物之所有人，為自行使用而備用存檔之程式，於因滅失以外之事由，喪失原重製物之所有權者，除經著作財產權人同意外，應將其修改或重製之程式銷燬之。若該所有人未為銷燬之動作，則依本條處罰之。

著作之合理使用，係對於著作財產權之限制，對著作人之著作人格權不生影響，故依第64條規定，合理使用他人著作，應明示其出處，就著作人之姓名或名稱，除不具名著作或著作人不明者外，應以合理之方式為之。若利用人未為該項明示之動作，則依本條處罰之。

經濟部智慧財產局92年01月06日智著字第0910011462號函釋

著作之合理使用係屬著作財產權之限制，對著作人之著作人格權（在此包括著作人之姓名表示權）不生影響（參照本法第66條），故縱屬合理使用他人著作，仍應依本法第64條規定以合理方式明示其出處，如有違反者，經著作人提出告訴，即須負依本法第96條所定新台幣五萬元以下罰金之刑事責任。

相關條文：第59條第2項、第64條

第96條之1（違反權利管理電子資訊或防盜拷措施保護條款之處罰）
有下列情形之一者，處一年以下有期徒刑、拘役，或科或併科新臺幣2萬元以上25萬元以下罰金：
一、違反第80條之1規定者。
二、違反第80條之2第2項規定者。

解說

本條係規定違反權利管理電子資訊或防盜拷措施保護條款之處罰。依第80條之1規定，對於著作權人所為之權利管理電子資訊，任何人不得移除或變更；明知著作權利管理電子資訊，業經非法移除或變更者，任何

人亦不得散布或意圖散布而輸入或持有該著作原件或其重製物，或公開播送、公開演出或公開傳輸，此即「權利管理電子資訊之保護條款」。此外，依第80條之2第2項規定，任何人未經授權，對於破解、破壞或規避防盜拷措施之設備、器材、零件、技術或資訊，不得製造、輸入、提供公眾使用或為公眾提供服務，此即「防盜拷措施之保護」。違反以上權利管理電子資訊或防盜拷措施保護條款者，依本條處罰之。

相關條文：第80條之1、第80條之2第2項

第96條之2（罰金之加重）

依本章科罰金時，應審酌犯人之資力及犯罪所得之利益。如所得之利益超過罰金最多額時，得於所得利益之範圍內酌量加重。

解說

　　本條規定違反著作權法而受罰金刑時之加重處罰規定。

　　違反著作權法之行為，多屬經濟性之犯罪，除犯罪行為人增加所得，或免支出原應支出之費用外，對於著作權人亦多造成重大損害，為達社會公平正義，本條乃規定於受罰金刑時，應審酌犯人之資力及犯罪所得之利益。更進一步地，如所得之利益超過各該條文所定罰金之最多額時，並得於所得利益之範圍內酌量加重。

　　本條之規定其實是多餘，蓋刑法第58條原已規定：「科罰金時，除依前條規定外，並應審酌犯罪行為人之資力及犯罪所得之利益。如所得之利益超過罰金最多額時，得於所得利益之範圍內酌量加重。」本條只能說是在本法中，重複宣示刑法第58條，以示保護著作權之決心。

　　違反著作權法而加重罰金刑之處罰規定，是否妥適，非無研究餘地。蓋侵害著作權之行為，未必全屬侵害著作財產權之經濟性犯罪，還包括侵害著作人格權之情形，而刑事處罰與民事上之損害賠償是兩回事，前者在非難行為人之惡行，警惕他人勿重蹈覆轍；後者在彌補權利人的經濟上或精神上損失。關於損害賠償，第88條第2項已明定，被害人得就侵害人所造成的損害，或是侵害人所獲得的利益，二者之間，選擇最有利的方式，

請求賠償金額，第3項並有賦予法院依侵害情節，在500萬元以下酌定賠償額之權。若認為罰金刑過低，在各條提高就可以，不必以本條規定加重罰金刑，才能避免可能因為繳納高額罰金，而降低犯罪行為人賠償被害人之能力。

相關條文：第91條至第96條之1

第97條（刪除）

第97條之1（停業歇業命令）
事業以公開傳輸之方法，犯第91條、第92條及第93條第4款之罪，經法院判決有罪者，應即停止其行為；如不停止，且經主管機關邀集專家學者及相關業者認定侵害情節重大，嚴重影響著作財產權人權益者，主管機關應限期一個月內改正，屆期不改正者，得命令停業或勒令歇業。

解說

　　本條特別針對網路事業的侵害著作權，於法院判決有罪後，不待確定，即可由行政機關以行政權介入，防止侵害的繼續或擴大。行為是否違反刑罰規定，原本應經法院判決確定，始為有罪之行為。惟網路侵害行為範圍廣泛，若一定要等待法院判決確定，才予以停止，將對著作權人造成無法彌補的損失，民國94年9月，台北地方法院刑事庭於Kuro案判定被告提供Kuro軟體及平台服務供網友違法下載MP3音樂檔案，係侵害重製權的共同正犯，但判決後被告仍繼續經營該項網路服務，並未立即停止。本條乃針對此一案例，特別明定任何事業以公開傳輸的方法，觸犯第91條、第92條及第93條第4款之罪，經法院判決有罪者，不待確定，應即主動停止侵害行為；如不主動停止，主管機關可以積極介入，限期事業在一個月內改正，屆期再不改正，並得命令停業或勒令歇業。為確保主管機關不會濫權，本條特別要求主管機關在發動行政介入權以前，應邀集專家學者及相關業者共同研商，經認定侵害情節重大，嚴重影響著作財產權人權益者，

才能限期改善、命令停業或勒令歇業。

　　又本條雖明定是以公開傳輸之方法，犯第91條、第92條及第93條第4款之罪，惟判決有罪之罪名不以侵害公開傳輸權為限，任何屬於第91條、第92條及第93條第4款所規範的侵害行為，都包括之。

　　本條既明定犯第91條、第92條及第93條第4款之罪，經法院判決有罪而不停止侵害行為，主管機關才能發動行政介入權，則若係經民事法院判決屬於侵害著作權之行為，在判決確定前，就只能依民事保全程序，提供擔保聲請假處分，要求行為人停止繼續侵害，無從依本條申請主管機關介入。

相關條文：第87條、第91條、第92條及第93條第4款

第98條（沒收）
【本條為配合推動加入CPTPP，於111.05.04刪除，尚未施行。】
犯第91條第3項及第91條之1第3項之罪，其供犯罪所用、犯罪預備之物或犯罪所生之物，不問屬於犯罪行為人與否，得沒收之。

解說

　　本條為侵害著作權之特別沒收規定。

　　105年11月30日修正公布前之本條規定，犯第91條至第93條、第95條至第96條之1之罪，供犯罪所用或因犯罪所得之物，得沒收之。但犯第91條第3項及第91條之1第3項之罪者，其得沒收之物，不以屬於犯人者為限。

　　104年12月30日修正公布並自105年7月1日生效之刑法部分條文，增訂第五章之一，名為「沒收」之專章，將沒收修正為具獨立性之法律效果，不再為從刑，法院可單獨宣告沒收。關於違反本法第七章罰則之罪，法院得直接適用刑法第五章之一之規定，就供犯罪所用、犯罪預備之物或犯罪所生之物，逕為沒收，不待引用本條規定。為配合上開修正，105年11月30日修正公布之本法，保留「犯第91條第3項及第91條之1第3項之罪，其供犯罪所用、犯罪預備之物或犯罪所生之物，不問屬於犯罪行為人與否，得沒收之。」以使其成為刑法第五章之一之特別規定，得以優先適用。

又刑法第五章之一之沒收規定，可對第三人進行沒收，其犯罪所得採總額原則與估算制，並得對不法所得加以沒收，縱然犯罪所得移轉或滅失，尚可對其他資產進行追徵。

相關條文：第84條、第88條

第98條之1（沒入）
【本條為配合推動加入CPTPP，於111.05.04刪除，尚未施行。】
犯第91條第3項或第91條之1第3項之罪，其行為人逃逸而無從確認者，供犯罪所用或因犯罪所得之物，司法警察機關得逕為沒入。
前項沒入之物，除沒入款項繳交國庫外，銷燬之。其銷燬或沒入款項之處理程序，準用社會秩序維護法相關規定辦理。

解說

本條可以稱為「良心桶」條款，在解決警察機關取締夜市盜版攤之困境。

前條關於沒收之規定，係刑罰中的「從刑」，由法院於對行為人作有罪之「主刑」判決時，處以沒收之從刑，是屬於司法機關的權限。至於「沒入」，係屬於行政罰，是由行政機關對於「物」，所作的行政處罰。

一般於夜市販售盜版光碟時，為避免被警察查獲，多將盜版光碟置於攤上，現場僅放置一「良心桶」，由消費者依選購盜版光碟之價格，自行將金錢投入桶中，販售者在附近遠遠監看，只在消費者未依價值投幣或最後收攤時，才出現在盜版攤位上。即使警察現場查扣得盜版物，因找不到所有人，無從移送法辦科以刑罰，並沒收這些盜版光碟，只能以遺失物或無主物程序處理，曠日費時，浪費行政資源。本條乃明定，對於盜版光碟或販售盜版光碟，其行為人逃逸而無從確認者，供犯罪所用或因犯罪所得之物，司法警察機關得逕為沒入，除沒入款項繳交國庫外，其沒入之物並銷燬之，以解決夜市賣盜版者以擺設「良心桶」，由消費者自行投幣取貨，規避警察取締之脫法行為。

相關條文：第91條第3項、第91條之1第3項

第99條（刑事判決之登報）
犯第91條至第93條、第95條之罪者，因被害人或其他有告訴權人之聲請，得令將判決書全部或一部登報，其費用由被告負擔。

解說

　　本條係有關將侵害著作權刑事判決登報之規定。為了昭告世人，並警示社會大眾，同時補償著作權人精神上之損失，對於犯第91條至第93條、第95條之罪之情形，法院可以依被害人或其他有告訴權人的聲請，於判決之同時，宣告將判決書全部或一部登報，並由被告負擔其費用。其究應如何刊登，例如在哪一些報章刊登，第幾版，多大的版面，幾號字體，部分刊登時的內容如何等，都應由法院於判決中指示，被告拒絕刊登時，聲請人可以自行依判決指示方式刊登，若被告拒不負擔費用，可以依刑事判決為執行名義，對被告之財產進行民事強制執行清償。

相關條文：第91條、第91條之1、第92條、第93條、第95條

第100條（侵害著作權之訴追條件）
【本條為配合推動加入CPTPP，於111.05.04修正如下，尚未施行。】
本章之罪，須告訴乃論。但有下列情形之一，就有償提供著作全部原樣利用，致著作財產權人受有新臺幣100萬元以上之損害者，不在此限：
一、犯第91條第2項之罪，其重製物為數位格式。
二、意圖營利犯第91條之1第2項明知係侵害著作財產權之重製物而散布之罪，其散布之重製物為數位格式。
三、犯第92條擅自以公開傳輸之方法侵害他人之著作財產權之罪。

解說

　　本條在規範就本章之罪之刑事告訴。原則上，本章之罰則，須告訴乃論。但符合「侵害他人有償提供的著作」、「原樣重製」、而「造成權利人100萬元以上之損害」三要件之「侵權情節重大」之非法數位盜版、散

布及公開傳輸行為，因對於著作權人權利損害至鉅，本法乃特別予以排除在告訴乃論之外，不待著作權人提出告訴，檢察官即得將其提起公訴。

關於告訴乃論，其「告訴」乃是對於犯罪者的「訴追要件」，並不是犯罪的「偵查要件」，所以，並不是說，本條本文的告訴乃論之罪就不必偵查，只有非告訴乃論之罪才須主動偵查。對於侵害著作權案件，無論行為人所犯之罪係屬於本條本文或係但書所定之罪，檢察官都可以主動進行偵查。只是，在實際的情形下，檢警機關基於人力配置精簡與有效運用，對於非告訴乃論之罪，才會主動偵查，至於告訴乃論之罪，多不會主動偵查，此為著作權人向來要求應將所有侵害著作權之行為，均列為非告訴乃論之罪（俗稱「公訴罪」）之主要原因。

又告訴權係為保護被害人之利益，必須有犯罪行為發生，始有被害人，此時被害人始依法取得告訴權。從而，在犯罪行為發生前，並無被害人，亦無從產生告訴權，故告訴權之委託，不得於犯罪行為發生前為之，若犯罪事實已發生，被害人法益已受侵害，依法取得告訴權，就此項特定案件業已發生之告訴權，即得委託他人代為行使。

國際公約關於侵害著作權罰則之要求，較早規定在1994年世界貿易組織（World Trade Organization, WTO）協議之下的「與貿易有關之智慧財產權協定」（Trade Related Aspect of Intellectual Property Rights, including Trade in Counterfeit Goods, WTO/TRIPs）。依據該協議第61條規定：「會員至少應對具有商業規模而故意仿冒商標或侵害著作權之案件，訂定刑事程序及罰則。救濟措施應包括足可產生嚇阻作用之徒刑及（或）罰金，並應和同等程度之其他刑事案件之量刑一致。必要時，救濟措施亦應包括對侵權物品以及主要用於侵害行為之材料及器具予以扣押、沒收或銷燬。會員亦得對其他侵害智慧財產權之案件，特別是故意違法並具商業規模者，訂定刑事程序及罰則。」依據上開規定，並非任何侵害著作權之行為，都應該科以刑責，而是對於「具有商業規模」（commercial scale）之故意侵害著作權之行為，才有科以刑罰之必要。

本次著作權法之修正，係為針對CPTPP第18.77條關於刑事程序與刑罰之要求而為。CPTPP第18.77條規定與本次修正有關者如下：

1.各締約方應至少就具有商業規模之故意商標仿冒、盜版著作權或相關權利案件，訂定刑事程序及刑罰。就故意盜版著作權或相關權利，具有商

業規模應至少包括：

(a) 為商業利益或財務利得所為之行為；及

(b) 雖非為商業利益或財務利得所為，但對著作權人或相關權利人與市場相關之利益造成實質不利影響之重大行為。

2. 各締約方應將故意進口或出口商標仿冒品或著作權盜版物且具有商業規模之行為視為違法並應科以刑事責任。

…

6. (g)其主管機關得依職權發動相關法律程序，無須經第三人或權利人正式提起告訴。

7. 關於第1項至第5項所規定之違法行為，締約一方得規定其司法機關有權命令扣押或沒收資產，或相當於直接或間接由侵權行為所獲得之資產價值之罰金。

上開規定可謂係WTO/TRIPs第61條之進階版，進一步對於非為商業利益或財務利得所為，但對著作權人或相關權利人與市場相關之利益造成實質不利影響之重大行為，亦要求應科以罰則，並應列為非告訴乃論之罪。

根據前述CPTPP第18.77條第1項規定及第128則註釋，認為締約各國得以對具商業規模之散布盜版物行為科以刑責之方式，作為履行本項規定。而CPTPP第18.77條第6項第g款則要求締約各國應使執行主管機關有權依職權採取法律行動（legal action），無待權利人提出要求。又依CPTPP第135則註釋，各締約國在著作權人於市場利用著作、表演或錄音物之能力受到衝擊性影響時，得對侵權之人以非告訴乃論之罪加以罰則，111年5月之修正乃參考上開規定及日本著作權法，將數位及網路侵權行為，納入非告訴乃論之適用範圍，包括「有償提供之著作」、「全部原樣利用」、「造成著作財產權人100萬元以上損害」，作為侵權情節重大之三要件。從而，因數位格式盜版具有易於重製且散布快速之特性，第100條乃將犯第91條第2項意圖銷售或出租而重製數位格式之罪、意圖營利犯第91條之1第2項明知係侵害著作財產權之數位格式重製物而以移轉所有權之方式散布，於第1款及第2款列為非告訴乃論罪。第3款並參考日本立法例，增訂第92條侵害公開傳輸權之罪，亦列為非告訴乃論罪。

由於111年5月著作權法之修正，僅係為推動加入CPTPP做準備，尚無立即施行之必要，所以，新著作權法第117條乃規定，本次修正之條文，

「其施行日期由行政院定之」。

【本條於111.05.04修正前而目前仍有效施行之條文如下。】
本章之罪，須告訴乃論。但犯第91條第3項及第91條之1第3項之罪，不
在此限。

解說

　　本條在規範就本章之罪之刑事告訴。原則上，本章之罰則，須告訴乃
論。但下列之罪，即一、意圖銷售或出租而擅自以重製於光碟之方法侵害
他人之著作財產權者（§91Ⅲ）；二、明知係侵害著作財產權之光碟（不
包括違反§87Ⅰ④規定輸入之光碟）而散布或意圖散布而公開陳列或持有
者（§91-1Ⅲ），因這些侵害行為對於著作權人權利損害至鉅，本法乃特
別予以排除在告訴乃論之外，不待著作權人提出告訴，檢察官即得將其提
起公訴。

　　關於告訴乃論，其「告訴」乃是對於犯罪者的「訴追要件」，並不是
犯罪的「偵查要件」，所以，並不是說，本條本文的告訴乃論之罪就不必
偵查，只有非告訴乃論之罪才須主動偵查。對於侵害著作權案件，無論行
為人所犯之罪，是本條本文還是但書所定之罪，檢察官都可以主動進行偵
查。只是，在實際的情形下，檢警機關基於人力配置精簡與有效運用，對
於非告訴乃論之罪，才會主動偵查，至於告訴乃論之罪，多不會主動偵
查，此為著作權人向來要求應將所有侵害著作權之行為，均列為非告訴乃
論之罪（俗稱「公訴罪」）之主要原因。

　　又告訴權係為保護被害人之利益，必須有犯罪行為發生，始有被害
人，此時被害人始依法取得告訴權。從而，在犯罪行為發生前，並無被害
人，亦無從產生告訴權，故告訴權之委託，不得於犯罪行為發生前為之，
若犯罪事實已發生，被害人法益已受侵害，依法取得告訴權，就此項特定
案件業已發生之告訴權，即得委託他人代為行使。

法務部80年12月13日法（80）參18666號函釋

　　關於著作權法修正草案第100條有關告訴乃論及非告訴乃論規定如何執行之疑義，本部意見如說明二。請查照參考。

說明：一、復貴部80年11月15日台（80）內著字第079377號函。

　　　　二、依貴部著作權法修正草案第100條規定，一般著作權侵害案件採告訴乃論，常業犯改採非告訴乃論，將來若完成立法程序，則如被告係以侵害著作權為常業，檢察官即得主動檢舉偵辦，否則仍須告訴權人已依法提出告訴始能追訴。惟告訴乃訴追之要件而非偵查之要件，是以，於侵害著作權之案件，無論是否為常業犯，檢察官均得主動進行偵查。再者，依刑事訴訟法第232條之規定，侵害著作權之常業犯，其犯罪被害人仍得提出告訴。於實務上，有關違反著作權法之案件，多由被害人提出告訴，始開始偵查程序；如非由被害人提出告訴者，檢察官依其調查結果認屬告訴乃論之罪時，必將通知被害人到庭詢問是否提出告訴，苟檢察官未為此項詢問，且被害人亦不知此項犯罪事實，則告訴權之時效期間並不進行，對被害人之權益應無影響。此外，類似著作權法修正草案第100條規定之一部分為告訴乃論之罪，一部分為非告訴乃論之罪之情形，於刑法第324條第2項、第338條、第343條等規定亦有之。此等規定，在實務運作上並無困難。綜上所述，前開著作權法修正草案第100條之規定，於實務上運作，似不生問題。

最高法院79年度台非字第98號刑事判決

　　本院查刑事訴訟法上所稱之告訴，凡犯罪之被害人，或法律規定其他有告訴權之人，以被害之事實，報告偵查機關，請求追訴之行為，均屬之；而法律關於告訴之規定，旨在保護被害人之利益，為達此目的，自應許告訴人委託他人以書狀或言詞代為告訴。至於有謂告訴權不能概括委託他人行使云云，係指因犯罪之得為告訴，以犯罪之行為，法益受有侵

害為前提，於法益未受侵害前，本人尚無告訴權之發生，自亦無從委託他人行之，質言之，乃告訴性質使然；反之，倘若犯罪事實已發生，被害人法益已受侵害而發生告訴權後，其就此項特定案件業已發生之告訴權委託他人代為行使，應無再為限制之理，否則，無由達保護被害人權益之目的。……縱委任狀所列授權範圍較廣，但仍不影響其就已發生之侵害著作權法益進行追訴之本意，尚不能遽指其係事前概括委任，非屬合法告訴。

臺灣雲林地方法院92年度訴字第236號刑事判決

本件告訴人○○科技股份有限公司告訴被告丁○○違反著作權法案件，聲請簡易判決處刑書認係違反民國92年7月9日修正公布前之著作權法第91條第2項之罪，依同法第100條前段之規定，須告訴乃論，而依修正後之著作權法第91條第3項規定，則為非告訴乃論之罪。惟告訴權之行使、撤回與否，並非單純之程序問題，亦牽涉到國家刑罰權內容及範圍之劃定，仍應有刑法第2條第1項規定之適用。是修正前之著作權法第91條第2項之罪，原規定屬告訴乃論之罪，嗣後修正為非告訴乃論之罪，自以修正前對國家刑罰之發動所做一定限制之規定，較有利於行為人，而應適用修正前之規定。茲據告訴人撤回告訴，有告訴人出具之刑事撤回告訴狀在卷可證，依照首開說明，本件爰不經言詞辯論，逕為諭知不受理之判決。

相關條文：第91條第3項、第91條之1第3項

第101條（兩罰規定）
法人之代表人、法人或自然人之代理人、受雇人或其他從業人員，因執行業務，犯第91條至第93條、第95條至第96條之1之罪者，除依各該條規定處罰其行為人外，對該法人或自然人亦科各該條之罰金。
對前項行為人、法人或自然人之一方告訴或撤回告訴者，其效力及於他方。

解說

本條係侵害著作權之兩罰規定。蓋法人對於其代表人、法人或自然人對於其代理人、受雇人或其他從業人員所執行的業務的結果，獲有好處，

對於這些人也負有監督及注意的義務,如這些實際執行業務的代表人等,因為執行業務而侵害別人的著作權,法人等不能說沒有違反監督及注意義務,所以應使其負擔一些法律責任,而由於其畢竟不是實際為侵害之人,不宜科以過高的責任,尤其不宜因此產生對其人身自由之限制,更何況事實上也不可能對法人處以限制人身自由的自由刑,故本條第1項僅對各該法人或自然人等,科以各該條之罰金,以提高其監督及注意責任,確保著作人的權益。

著作權法之兩罰規定,就同一犯罪,既處罰行為人,又處罰業務主,並非責任之轉嫁,而係一方面使實際侵害著作權之從業人員就其自己之違法行為承擔第91條至第96條之刑罰責任,另方面使業務主就其所屬從業人員關於業務上之違法行為,依本條第1項負業務主監督不周之責任。

本條所稱之「法人」並無分「公法人」或「私法人」,亦未明文排除「公法人」之適用,其規範重點在於使行為人之雇主承擔督導不周之罰金刑,故可包括政府機關之公務員因執行業務侵害著作權時,對其所屬機關科以罰金刑。

又法人之代表人、法人或自然人之代理人、受雇人或其他從業人員,與該法人或自然人本身,關係密切,且責任相連,應同受法律處罰待遇,不宜有所歧異,第2項爰規定,若著作權人對於其中一方為告訴或撤回告訴者,其效力及於他方。

函 釋

經濟部智慧財產局95年02月27日電子郵件950227a號函釋

一、按本法第101條第1項規定,「法人之代表人、法人或自然人之代理人、受雇人或其他從業人員,因執行業務,犯第91條至第96條之1之罪者,除依各該條規定處罰其行為人外,對該法人或自然人亦科各該條之罰金。」,該項兩罰規定之立法理由在認為法人就其代表人、法人或自然人就其代理人、受雇人或其他從業人員之執行業務負有監督及注意之義務,如其代表人等因執行業務致侵害他人著作權時,難謂其無違反監督及注意之義務,應就該法人或自然人加以處罰,以提高其監督及注意之責任,確保著作人之權益。

二、承上述,補習班或出版社如具法人資格,則應本於本法第101條

第1項規定，於其代表人、代理人、受雇人或其他從業人員，因執行業務犯本法之罪時，併科其罰金；如其並未具法人資格，依本項規定，當行為人本於代理人、受雇人或其他從業人員之地位犯本法之罪時，則對實際請其代理或僱用該行為人之自然人仍可處以併科罰金之罪。

判決

最高法院92年度台上字第2720號刑事判決

　　著作權法第101條第1項規定：「法人之代表人、法人或自然人之代理人、受雇人或其他從業人員，因執行業務，犯第91條至第96條之罪者，除依各該條規定處罰其行為人外，對該法人或自然人亦科各該條之罰金」，係為保障著作權，就從業人員因執行業務而為違反著作權法第91條至第96條之行為時，併處罰其業務主（或稱事業主）之兩罰規定，對於從業人員因執行業務之違法行為，既處罰實際行為之從業人員，並罰其業務主；按業務主為事業之主體者，應負擔其所屬從業人員於執行業務時，不為違法行為之注意義務，是處罰其業務主乃罰其怠於使從業人員不為此種犯罪行為之監督義務，故兩罰規定，就同一犯罪，既處罰行為人，又處罰業務主，無關責任轉嫁問題，從業人員係就其自己之違法行為負責，而業務主則係就其所屬從業人員關於業務上之違法行為，負業務主監督不周之責任，從業人員及業務主就其各自犯罪構成要件負其責任。著作權法第101條第1項之規定，係以業務主為處罰對象；從業人員因執行業務犯該法第91條至第96條之罪者，仍依各該條規定處罰之，並無著作權法第101條第1項之適用。

相關條文：第91條至第96條之1

第102條（未經認許之外國法人之刑事訴訟權）
未經認許之外國法人，對於第91條至第93條、第95條至第96條之1之罪，得為告訴或提起自訴。

解說

　　本條在規定未經認許之外國法人之刑事訴訟權。外國法人若合於本法規定，就可以成為著作權人，而受著作權法保護，但依民法總則施行法第11條規定：「外國法人，除依法律規定外，不認許其成立。」而第12條規定：「經認許之外國法人，於法令限制內，與同種類之我國法人有同一之權利能力。前項外國法人，其服從我國法律之義務，與我國法人同。」未經認許的外國法人，在我國並無權利能力，不能為訴訟行為，對於第91條至第93條、第95條至第96條之1之罪，原本不得為告訴或提起自訴，惟因侵害著作權之行為，不僅是對著作權人的權利造成損害，也有損社會之經濟正常活動，本條文乃特別明定，縱使是未經認許的外國法人，對於侵害著作權之行為，仍得為告訴或提起自訴。

　　本條對於未經認許的外國法人，既僅明定得為告訴或提起自訴，限於進行刑事訴訟，自不得依本條提起民事訴訟，也不得提起刑事附帶民事訴訟。則未經認許的外國法人，如欲提起民事訴訟，只有透過認許一途，否則只能將著作財產權讓與得提起民事訴訟之人，或專屬授權給得提起民事訴訟之人，由承受著作財產權之人或專屬被授權人行使權利。

 函 釋

內政部著作權委員會87年09月04日台（87）內著會發字第8705363號函釋

　　台端函詢未經認許之外國法人是否受我國著作權法保護疑義乙案，復請查照。

說明：一、復台端87年8月17日函。

　　　　二、按一國對於外國人著作之保護係以互惠為原則，故外國人著作之本國如與我國有著作權互惠關係，即受我國著作權法保護。此外，外國人著作之本國如與我國無互惠關係，惟合於著作權法第4條第1款首次發行相關規定或「北美事務協調委員會與美國在台協會著作權保護協定」者，亦受我國著作權法之保護（著作權法第4條參照）。外國法人合於上述情形之一者，即受我國著作權法之保護，不以「業經認許」為要件。

　　　　三、又「未經認許之外國法人，對於第91條至第96條之罪，得為告訴或提起自訴。」著作權法第102條著有明文，至具體個案

中，關於外國法人於訴訟上之訴訟能力及代表權限等事項，屬公司法、民法、民、刑事訴訟法等法規之適用，非本部職掌，請洽詢相關主管機關。

相關條文：第91條至第93條、第95條至第96條之1

第103條（司法警察對侵害案件之偵辦權）
司法警察官或司法警察對侵害他人之著作權或製版權，經告訴、告發者，得依法扣押其侵害物，並移送偵辦。

解說

　　本條規定司法警察官及司法警察對侵害著作權或製版權案件之主動偵辦權。依刑事訴訟法第228條第1項及第2項規定，檢察官因告訴、告發、自首或其他情事知有犯罪嫌疑者，應即開始偵查，並得限期命檢察事務官、司法警察官或司法警察，調查犯罪情形及蒐集證據，並提出報告。而司法警察官及司法警察知有犯罪嫌疑者，應即開始調查，並將調查之情形報告檢察官。關於扣押，該法第133條第1項規定：「可為證據或得沒收之物，得扣押之。」又依第136條規定：「扣押，除由法官或檢察官親自實施外，得命檢察事務官、司法警察官或司法警察執行。命檢察事務官、司法警察官或司法警察執行扣押者，應於交與之搜索票或扣押裁定內，記載其事由。」

　　由以上規定可知，本條規定，其實並未特別賦予司法警察官或司法警察對侵害著作權或製版權案件，有何特別主動偵辦權，蓋其「扣押侵害物」仍必須依刑事訴訟法規定辦理，而在移送偵辦後，仍須依刑事訴訟法規定，續行相關偵查程序。故本條在本法中，其實僅具宣示性意義，縱無本條規定，由於依刑事訴訟法相關規定，告訴係訴追之要件，而非偵查之要件，司法警察官及司法警察知有侵害他人之著作權或製版權嫌疑者，不待告訴、告發，即應開始調查，依法扣押其侵害物，並移送偵辦。只是在實務上，由於人力有限，司法警察官及司法警察都是等到權利人提出告訴，才會開始偵查，絕少主動偵辦。

法務部80年12月13日法（80）參18666號函釋

　　關於著作權法修正草案第100條有關告訴乃論及非告訴乃論規定如何執行之疑義，本部意見如說明二。請查照參考。

說明：一、復貴部80年11月15日台（80）內著字第079377號函。

　　　　二、依貴部著作權法修正草案第100條規定，一般著作權侵害案件採告訴乃論，常業犯改採非告訴乃論，將來若完成立法程序，則如被告係以侵害著作權為常業，檢察官即得主動檢舉偵辦，否則仍須告訴權人已依法提出告訴始能追訴。惟告訴乃訴追之要件而非偵查之要件，是以，於侵害著作權之案件，無論是否為常業犯，檢察官均得主動進行偵查。再者，依刑事訴訟法第232條之規定，侵害著作權之常業犯，其犯罪被害人仍得提出告訴。於實務上，有關違反著作權法之案件，多由被害人提出告訴，始開始偵查程序；如非由被害人提出告訴者，檢察官依其調查結果認屬告訴乃論之罪時，必將通知被害人到庭詢問是否提出告訴，苟檢察官未為此項詢問，且被害人亦不知此項犯罪事實，則告訴權之時效期間並不進行，對被害人之權益應無影響。此外，類似著作權法修正草案第100條規定之一部分為告訴乃論之罪，一部分為非告訴乃論之罪之情形，於刑法第324條第2項、第338條、第343條等規定亦有之。此等規定，在實務運作上並無困難。綜上所述，前開著作權法修正草案第100條之規定，於實務上運作，似不生問題。

相關條文：第91條至第93條、第95條至第96條之1

第104條（刪除）

|第八章|
附　則

第105條（著作權相關案件申請規費）
依本法申請強制授權、製版權登記、製版權讓與登記、製版權信託登記、調解、查閱製版權登記或請求發給謄本者，應繳納規費。
前項收費基準，由主管機關定之。

解說

　　本條規定人民依法申請強制授權、製版權登記、製版權讓與登記、製版權信託登記、調解、查閱製版權登記或請求發給謄本者，應本於使用者付費之原則，繳納相關規費。目前主管機關經濟部訂有「著作權相關案件規費收費標準」，作為收費之依據，主要內容如下：

　　一、申請音樂著作強制授權：每首新臺幣3,000元。

　　二、申請製版權登記：每件申請費新臺幣3,600元、登記費新臺幣100元及公告費新臺幣100元。

　　三、申請製版權讓與登記：每件新臺幣1,200元。

　　四、申請製版權信託登記：每件新臺幣1,200元。

　　五、申請查閱製版權登記：申請查閱製版物樣本或證明文件，每案新臺幣100元。申請影印證明文件，每案新臺幣100元。

　　六、申請製版權登記簿謄本，每案新臺幣50元，申請人查詢資料，須提供檢索服務者，每張另收新臺幣20元。但准予登記隨通知發給申請人謄本者，不另收費用。

　　七、申請調解：每件新臺幣4,000元。

相關條文：第69條、第79條、第82條、第115條之1

著作權法
逐條釋義

第106條（適用本法之不同時期完成之著作）
著作完成於中華民國81年6月10月本法修正施行前，且合於中華民國87年1月21日修正施行前本法第106條至第109條規定之一者，除本章另有規定外，適用本法。
著作完成於中華民國81年6月10月本法修正施行後者，適用本法。

解說

　　本條規定適用本法的不同時期完成的著作。我國著作權法自民國17年制定以來，歷經民國33年、38年、53年、74年、79年、81年6月、81年7月、82年、87年、90年、92年、93年、95年及第96年14次修正，在著作權取得之制度上，由74年以前之註冊保護主義，即未經獲准著作權註冊不得享有著作權，至74年以後改採的創作保護主義，即著作人自著作完成起即自動享有著作權，不待作任何著作權註冊。此外，關於著作財產權之保護期間，歷年著作權法之規定，亦由自著作最初發行之日起算，著作人終身加三十年或三十年或特定著作十年、二十年不等，延長至現行著作權法之著作人終身加五十年，或著作公開發表日加五十年。對於歷次著作權法所定由短而長之不同著作財產權保護期間，以及有無辦理著作權註冊之差異，在歷次著作權法中均必須處理，層層轉折適用之下，甚為複雜，可以依本條細分如下：

　　一、依歷次舊法規定受保護之著作，如於歷次新法修正施行前，依舊法規定其著作財產權保護期間已屆滿者，不會因為後來歷次的修法，延長著作財產權保護期間，以致「死而復生」，重新受保護。例如，74年以前的著作權法第9條第4項規定：「電影片得由著作人享有著作權十年。但以依法令准演者為限。」雖然74年修正施行之著作權法第11條規定：「編輯、電影、錄音、錄影、攝影及電腦程式著作，其著作權期間為三十年。」對於64年7月以前發行，並在當時辦理著作權註冊，享有十年著作權之電影片，其著作財產權在74年著作權法修正施行前已經屆滿而消滅，即不得在74年以後「死而復生」，主張享有三十年之著作財產權保護期間；反之，如前述電影片雖在64年7月以前，54年7月11日之後發行，但未在當時辦理著作權註冊者，則得於74年以後依創作保護原則，不待註冊即

312

享有三十年之著作財產權保護期間，更由於81年著作權法第34條第1項修正為：「攝影、視聽、錄音及電腦程式著作之著作財產權存續至著作公開發表後五十年。」該電影片事實上得自其公開發表後享有五十年之著作財產權期間。

二、依歷次舊法規定受保護之著作，如於歷次新法修正施行當日，依舊法規定其著作財產權保護期間尚未屆滿者，可依後來歷次新法延長之期間計算其著作財產權保護期間。例如，對於在64年7月12日以後發行之電影片，不論在74年著作權法修正公布前，有無辦理著作權註冊，其依53年著作權法享有之十年著作權期間，在74年著作權法修正施行當日既仍未屆滿，即可依74年之著作權法，延長其著作財產權保護期間為自其公開發表後起算三十年，更可於81年後，依81年著作權法享有自其公開發表後起算五十年之著作財產權期間。事實上，依本條規定，在54年7月12日當日或之後發行之電影片，縱未作任何著作權註冊，仍得享有自其公開發表後起算五十年之著作財產權期間。

三、對於在民國74年7月10月修正施行前之著作權法採註冊保護主義時期完成之著作，由於54年5月11日修正公布同日施行之著作權法施行細則第4條規定：「凡著作物未經註冊，而已通行二十年以上者，不得依本法聲請註冊享有著作權，其經原著作人為闡發新理而修訂發行者，其通行期間，自修訂發行之日起算。」其在民國74年7月10月修正施行之著作權法採創作保護主義後，如欲依74年修正後之舊法受保護，必須先符合前開施行細則第4條規定受保護始可，因此，自74年7月10月修正施行之著作權法，於74年7月12日之生效施行日，向前推算二十年，任何在54年7月11日當日或之前所完成、通行，且未辦理著作權註冊之著作，於74年7月10月著作權法修正施行後，依本條規定，原本無從適用採創作保護主義之74年著作權法而受保護，惟依第106條之1規定，在91年1月1日我國加入世界貿易組織之後，就可以回溯受到本法的保護。

四、本條所適用之對象，除我國人之著作外，尚包括合於著作權法第4條規定之外國人著作。

相關條文：第106條之1、第106條之2、第106條之3

第106條之1（加入世界貿易組織後之回溯保護）
著作完成於世界貿易組織協定在中華民國管轄區域內生效日之前，未依歷次本法規定取得著作權而依本法所定著作財產權期間計算仍在存續中者，除本章另有規定外，適用本法。但外國人著作在其源流國保護期間已屆滿者，不適用之。
前項但書所稱源流國依西元1971年保護文學與藝術著作之伯恩公約第5條規定決定之。

解說

本條規定在我國加入世界貿易組織（WTO）以前所完成但不受保護的著作，在我國加入世界貿易組織後如何保護，也就是我國加入WTO後的回溯保護條款。

我國加入WTO之後，必須簽署WTO相關條約及協定，包括在智慧財產權方面的「與貿易有關之智慧財產權協定」（Trade Related Aspect of Intellectual Property Rights, including Trade in Counterfeit Goods，簡稱TRIPs）。TRIPs屬於著作權法第4條第2款所定的「條約、協定」，所有WTO會員體國民之著作，依此得在我國享有著作權法之保護。此外，除了屬於WTO會員體國民之外國人著作會因此受保護外，由於TRIPs第9條第1項要求會員體必須遵守伯恩公約之規定，而伯恩公約第7條關於著作財產權保護期間規定，為著作人終身加五十年或著作公開發表後五十年，且依該公約第18條規定有回溯保護之適用，部分先前未受保護的著作，包括我國人之著作，原屬公共所有，也將因TRIPs要求回溯保護之結果，開始受保護。第106條之1至第106條之3，就在規範回溯保護原則及兼顧善意利用人利益之過渡條款。

得適用本條受保護的，是我國加入WTO之前所完成的所有WTO會員體國民的著作，此所謂「所有WTO會員體國民的著作」，也包括我國人之著作，惟須符合以下情形：

一、在我國加入WTO之前未曾依我國歷次修正施行之著作權法受保護者。如先前已受保護而著作財產權期間尚未屆滿者，應屬第106條之範圍；那些先前已受保護而著作權期間已屆滿者，也不能「死而復生」，重

新受保護。

　　二、依現行著作權法規定著作財產權期間尚未屆滿者。此一期間應自我國加入WTO之日起，依現行法第30條至第35條規定回溯著作人終身加五十年，或公開發表後五十年計算，從而，將及於在54年7月11日當日或之前所完成、通行，且未辦理著作權註冊之所有WTO會員體國民之著作。

　　三、如為外國人之著作，應屬依其源流國著作財產權保護期間計算尚未屆滿之外國人著作，蓋如該著作於其源流國已不受著作權法保護，依伯恩公約第7條第8項，其他會員國並無必要再給予著作權保護。

　　適用本條的著作，絕對不包括先前已受我國著作權保護，但其著作財產權期間依歷次修正施行著作權法已屆滿的本國人或外國人著作，亦即曾依歷次著作權法受著作權保護，但其保護期間在舊法時期已屆滿的著作，絕不致因此回溯保護條文「死而復生」，重新受保護。

 函釋

經濟部智慧財產局93年06月07日智著字第0930004354-0號函釋

　　（一）我國於91年1月1日起加入「世界貿易組織」（WTO），依著作權法（下稱本法）第106條之1規定，對於我國加入WTO之前未保護之所有WTO會員國及本國的著作，只要在源流國著作財產權期間尚未屆滿，且依我國著作權法所定著作財產權期間尚未屆滿者，均會依現行著作權法受到保護，此即一般所稱的「著作權回溯保護」，先予敘明。

相關條文：第106條、第106條之2、第106條之3

第106條之2（改作以外利用之過渡條款）

依前條規定受保護之著作，其利用人於世界貿易組織協定在中華民國管轄區域內生效日之前，已著手利用該著作或為利用該著作已進行重大投資者，除本章另有規定外，自該生效日起二年內，得繼續利用，不適用第六章及第七章規定。

自中華民國92年6月6日本法修正施行起，利用人依前項規定利用著作者，除出租或出借之情形外，應對被利用著作之著作財產權人支付該著

作一般經自由磋商所應支付合理之使用報酬。

依前條規定受保護之著作，利用人未經授權所完成之重製物，自本法修正公布一年後，不得再行銷售。但仍得出租或出借。

利用依前條規定受保護之著作另行創作之著作重製物，不適用前項規定，但除合於第44條至第65條規定外，應對被利用著作之著作財產權人支付該著作一般經自由磋商所應支付合理之使用報酬。

解說

　　本條規定在我國加入WTO前，利用那些依第106條之1受回溯保護的著作，在我國加入WTO之後，可否繼續利用及如何補償著作財產權人的過渡條款。至於「改作」的利用，則特別在第106條之3另外明定。

　　對於適用第106條之1回溯保護條文規定之著作，在我國加入WTO前，原本既不受我國著作權法保護，任何人均得自由利用，如因我國加入WTO後，致其回溯受我國著作權法之保護，則對於回溯保護前已利用該著作之人，原先信賴其係屬於得自由利用之公共所有之著作而行利用，忽而變成侵害著作權之結果，顯亦應作公平之處理，此即為第106條之2及第106條之3過渡條款規定之原由。

　　第1項規定，在我國加入WTO之前，對於適用第106條之1回溯保護條文規定之著作，已著手為改作以外之利用行為，或為該利用該著作而已進行重大投資之人，自我國加入WTO後，該協定在我國管轄區域內生效日起二年內，得繼續利用，對著作財產權人不必負擔民、刑事責任。

　　此所謂「利用」，除「改作」之行為屬於第106條之3之適用範圍外，應係指著作人就個別著作依其不同之著作類別，於我國加入WTO之前所享有本法第22條至第29條重製、公開口述、公開播送、公開上映、公開演出、公開展示、編輯及出租等之利用行為。至於本法92年7月9日修正始新賦予之公開傳輸及散布等著作財產權，則與一般著作一樣，自92年7月11日新法生效日起，適用本法規定。但本條第3項及第4項對於散布權部分，另有特別規定。

　　本條文僅適用於世界貿易組織協定在我國管轄區域內生效日之前已著手利用該著作或為利用該著作已進行重大投資者，至於在世界貿易組織協

定在我國管轄區域內生效後，欲利用該著作之人，除有第44條至第65條所定合理使用情形外，原則上應依本法第37條規定，獲得著作財產權人之同意或授權始可。

本條所定二年期間係為供「已著手利用」或「為利用已進行重大投資」之利用人了結現務之用，並非謂回溯保護條文尚有二年過渡期間，始生效力。

本條文既稱「該著作」，故必有「特定著作」之存在，例如，已著手印製某受回溯保護著作至半途，尚未完成，始得援用本過渡條文，如無「特定著作」之存在，例如僅購置廠房、設備，不得遽予援用之。

在本條文所定之二年過渡期間內，利用人固得繼續其利用行為，至於二年期滿後，欲繼續利用該著作者，則必須依本法第37條規定，獲得著作財產權人之同意或授權始可，故利用人應盱衡商機及未來獲得授權之可能性等情形，於回溯保護之始，即決定是否繼續利用該著作。

本條第1項所允許的繼續利用，是在保護善意利用人，但其利用在這些著作開始受保護之後，如果都不給著作財產權人經濟上的補償，並不合理。本法在87年修正時，原本並沒有給予著作財產權人補償的規定，91年7月在世界貿易組織TRIPs理事會檢視我國智慧財產權法規時，美國、日本與歐盟均表示嚴重關切，經考量依TRIPs第70條第4項規定，給予補償應為合理，乃在92年7月修正第2項，使利用人自修正生效日起，即自92年7月11日起至92年12月31日間，應對著作財產權人支付該著作一般經自由磋商所應支付的合理使用報酬。92年12月31日以後，回歸一般原則，必須獲得授權始得繼續利用。關於本項所定利用人應支付的合理使用報酬，僅使著作財產權人取得債權請求權，使用人未支付時，著作財產權人固得請求，惟利用人尚不致構成著作權侵害。

本條文所稱的「利用」，原本並不包括銷售，因為本法第29條之1的散布權係在加入世界貿易組織後的民國92年7月9日所增訂，所以本條第3項乃配合規定，自該次修正公布一年後，即自93年7月11日起，這些原本未經授權而利用的重製物，不得再行銷售。第3項所稱之重製物，係指在92年12月31日以前重製者，92年12月31日以後之重製，必須依一般原則獲得授權，始得進一步散布。

又由於TRIPs第70條第5項規定，此等著作的出租權可以不予保護，而

317

因該等重製物並非侵害物,其出借亦非違法,故第3項有除外條款,允許仍可以未經授權繼續出租或出借,使其不必支付使用報酬,且於本法修正公布一年後,仍得出租,當然亦得出借。

第4項在明定利用受回溯保護之著作另行創作之著作重製物,例如視聽著作中利用原不受保護之日本人歌曲填詞、或直接將其詞曲作為片頭主題曲之情形,因非單純之重製,不適用第3項僅能銷售一年之限制規定,也不屬衍生著作,不適用第106條之3規定,乃於本項明定准其繼續銷售,於是規定除合於第44條至第65條規定外,應對被利用著作之著作財產權人支付該著作一般經自由磋商所應支付合理之使用報酬。須特別注意的是,本項明定利用受回溯保護之著作另行創作之著作重製物不適用第3項僅能銷售一年之限制規定,係針對在92年12月31日以前重製者,至於92年12月31日以後之重製,必須依一般原則獲得授權,始得進一步散布。

第2項及第4項所稱的「使用報酬數額」,條文既稱「一般經自由磋商所應支付合理之使用報酬」,即應由雙方依市場一般行情自由磋商,如無法獲致結果,僅能透過調解、仲裁或訴訟程序為之。

函釋

經濟部智慧財產局92年09月05日智著字第0920007163-0號函釋

主旨:承詢著作權法修正條文之若干疑義,復如說明,請查照。

說明:一、復台端92年7月24日函。

二、所詢問題1部分,按著作權法(下稱本法)部分條文修正案,立法院於92年6月6日完成三讀,復於同年7月9日經總統公布施行,依本法第117條及中央法規標準法第13條規定,應自92年7月11日生效。而本法第106條之2第2項所稱之「92年6月6日」,乃指立法院完成本法修正案第三讀會程序之日,與本法之修正公布及生效日有別,即本條項之生效日仍為92年7月11日。故其所定利用人應支付合理使用報酬之時點,亦應自92年7月11日起算。

三、承前述說明一,所詢問題2部分,本法修正之生效日既為92年7月11日,則本法第106條之2第3項所稱「自本法修正公布一年後」,應指自92年7月11日起算一年後而言,亦即自93年7月1

日起，該條項所稱之重製物不得再行銷售。

四、所詢問題3部分，本次修法增訂第106條之2第3項規定，乃基於本法已於第28條之1增訂散布權，為避免對於市面流通之著作重製物究是否屬於依本條重製之客體，是否受散布權之規範，造成認定上之困難而發生爭議，故使依前條規定受保護之著作，利用人未經授權所完成之重製物不得再行銷售。故如違反本項規定而繼續銷售者，即構成對散布權之侵害，應依本法第六、七章規定負民、刑事責任。至於贈送或互易行為，是否違反本項規定，則應於個案中視其是否為實質上之銷售行為定之。

五、所詢問題4部分，本法第106條之2第4項規定「依前條規定受保護之著作另行創作之著作重製物」係指就前條規定受保護之著作改作完成之衍生著作重製物，以及就依前條規定受保護之著作於另行創作之著作中加以重製之情形（例如於視聽著作中利用受回溯保護之音樂著作），所生之著作重製物，故其範圍較本法第106條之3所規定之「衍生著作」為廣。

六、所詢問題5部分，本法第106條之2第4項所謂「不適用前項規定」，即指本項之著作重製物並無前項銷售期間規定之限制，而得不限期間銷售之，惟仍應依但書規定支付合理之使用報酬。

七、所詢問題6部分，因本法第106條之2第4項之規定，係依同條第2項規定之意旨所增訂，故其起算時點亦應比照同條第2項「92年6月6日」之規定，承前述說明一，即應自本條項之生效日92年7月11日起算。

經濟部智慧財產局92年09月19日智著字第0921600753-1號函釋

主旨：有關　貴公司於報紙刊載販售視聽著作之影音光碟，因涉著作權法相關規範，本局特函予說明，請　查照。

說明：一、按　貴公司92年8月19日於聯合報第十六版及92年9月15於中國時報第五版刊載販售「金像獎經典名片」視聽著作產品，註明為1965年前經典名片，並分為公播版、家用版，且為DVD9、

DVD10超高品質等,因涉及是否合於92年7月9日總統公布施行著作權法(以下簡稱本法)規定,逐項說明如下,以供遵循:(一)我國於91年1月1日起加入「世界貿易組織」(WTO),依本法第106條之1規定,對於我國加入WTO之前所有WTO會員國及本國之著作,只要在源流國著作財產權期間尚未屆滿,且依我國87年1月21日修正公布之本法所定著作財產權期間(即著作人終身加五十年,或公開發表後五十年;又電影片屬後者)尚未屆滿者,均依本法受保護,此即一般所稱「著作權回溯保護」。貴公司所販售之影音光碟如合於上述本法第106條之1規定者,應受我國著作權法保護。(二)本法針對前述受回溯保護之著作,對於我國加入WTO前,已著手利用,或為利用特定著作已進行重大投資等基於「了結現務」之目的下,設計有過渡措施規定。如非屬「了結現務」之情形,而屬於我國加入WTO之後新的利用行為者,即應回歸授權利用原則,無該第106條之2規定之適用。又新法第28條之1已增訂散布權,故以銷售之方法散布著作物之行為,屬本法第106條之2各項所稱之「利用」行為。另雖本法第59條之1之規定,「在中華民國管轄區域內取得合法重製物之所有人,得以移轉所有權之方式散布之」(此即一般所稱「散布權耗盡原則」),但我國加入WTO之前或二年過渡期間未經權利人授權所完成之重製物,並無該條之適用。(三)貴公司所販售「金像獎經典名片」視聽著作產品究屬我國加入WTO之前已製造(或取得),或二年過渡期間基於了結現務所製造(或取得)之重製物(例如我國加入WTO之前已壓製完成、取得之庫存,或壓製、取得行為跨越91年1月1日前後期間之庫存)?抑為我國加入WTO以後新的利用行為(例如二年期間依消費者之訂購,隨時壓製、進貨者)?請予切實掌握,如屬後者,應獲著作財產權人之授權,否則將構成侵權,且因屬光碟媒介物,依本法第100條規定,為非告訴乃論之罪(即一般所稱之公訴罪)。又上述行為究否構成侵害,由司法機關調查、認定事實後,適用相關法律。(四)又依92年7月9日總統公布施行之本法第106條之2第2項

規定，自本法施行後，欲利用（含買賣之行為）著作者，應對受回溯保護之著作財產權人支付該著作一般經自由磋商所應支付合理之使用報酬。所謂「一般經自由磋商」，係指雙方依據市場商業機制之合意，在契約自由原則下，進行使用報酬之協商；至於「合理使用之報酬」，亦須與市場商業機制運作之結果相合，達到均衡雙方之利益。貴公司廣告所販售之「金像獎經典名片」縱使合於本法第106條之2第1項之規定，仍應依同條第2項規定，對著作財產權人支付該著作一般經自由磋商所應支付合理之使用報酬。此外，「公開播送權」、「公開上映權」等俱為著作財產權人之專有權利，貴公司廣告中稱尚提供「公播版」（並做價格區隔），並無法令根據，消費者購入此等光碟片後，如未經授權，予以公開播送、上映等，將構成侵害著作權。請貴公司勿做錯誤廣告，誤導消費者觸法。（五）又新法第106條之2第3項規定，利用人就未經授權所完成之重製物，自本法修正公布滿一年（指93年7月11日）起，均不得再行銷售。其立法意旨在清楚劃分我國加入WTO之過渡期，使此一過渡期明確告段落。因此，不論係我國加入WTO之前所完成之重製物或我國加入WTO以後二年過渡期間所完成之重製物，只要是未獲得著作財產權人授權者，自93年7月11日起均不得再行銷售。（六）承前，利用人就前述未經授權所完成之重製物，不得僅因其已依本法第106條之2第2項規定支付使用報酬，即主張其於93年7月11日起得繼續銷售，其應另行獲得著作財產權人之授權，始得為之。業者如考量自己之庫存狀況，有必要向著作財產權人爭取於93年7月11日後繼續銷售時，可考量於依本法第106條之2第2項規定向著作財產權人支付使用報酬時，就此部分，一併洽談授權。

二、又我國自91年1月1日加入WTO，實務上若干利用人，以二年過渡期間之名義，實質上為新的利用行為，如未經著作財產權人之授權，原則上已構成侵權，特將本法相關規定釋明如前，請參考遵循，避免觸法。

經濟部智慧財產局93年03月16日智著字第0931600139-0號函釋

主旨：所詢著作權法第106條之2規定相關疑義，復如說明，請查照。

說明：一、依據立法院龐委員建國辦公室93年2月2日傳真台端電子郵件辦理。

　　　二、針對　台端來函，茲就著作權法（以下簡稱本法）相關規定及其適用，敘明如下：（一）散布權：1.按本法於92年7月9日修正增訂散布權規定（第28條之1），此項權利並非我國所獨有，美、日、韓、歐盟、德國及國際公約等，均賦予散布權。我國在散布權之保護上，原與國際保護標準有差距，國際早有詬病，且造成盜版品流通猖獗，故此次修法增訂散布權，俾與國際接軌。所謂「散布」，係指不問有償或無償，將著作之原件或重製物提供公眾交易或流通。「銷售」即為主要之散布型態之一。2.本法此次增訂散布權，著作財產權人自本法修正施行生效（即92年7月11日）後，即享有此項權利，販賣著作權商品之商家在本法修正施行生效之前已批發買入之著作權商品，如為非法重製物，自本法修正施行生效起，即不得販賣。商家不能以該施行生效日前已取得該等非法重製物、已支出成本為理由，於新法施行生效後，繼續販賣。（二）回溯保護條款：1.回溯保護條款為我國加入世界貿易組織（WTO）所承擔之國際義務，在87年間修法時，考量國人在74年以前本法採取註冊主義時期亦有若干著作因未註冊致未受保護，有一併回溯保護之必要，故將本法回溯保護條文採內、外國人平等保護之原則予以規定，是為現行法第106條之1規定。2.按54年7月11日以前完成之著作，並非一律適用上述106條之1規定，因此利用人亦非一律得主張第106條之2過渡措施規定。凡著作曾向主管機關註冊或未曾發行，自74年法以後，仍受本法之保護，並依本法79年第50條之1、81年、87年及現行法第106條規定，決定其過渡。易言之，此等著作早已受到保護，自無回溯保護之問題，利用人亦無任何過渡措施條款可資援用。台端對於54年7月11日前著作之註冊情形，如有了解必要，歡迎洽本局著作權組查詢。3.承前（一）所述，本法此次（92年）修正始規定全

面散布權，在此之前，並無全面之散布權，故87年間修法規定回溯保護過渡措施時，針對未經授權完成之重製物，才會敘明「WTO協定在我國生效日之前已完成之重製物，均可銷售至售罄為止」。此次配合著作權法修正增訂散布權，承前說明，本應自新法施行生效日（92年7月11日）起，即不得銷售此等未經授權完成之重製物，惟立法委員於立法院審查階段，經考量：「一般企業庫存量至多為半年，將過渡條款訂為一年，應已寬裕、足夠」，決定給予一年過渡期間（至93年7月10日屆至），自93年7月11日起，不得繼續銷售。4.按我國自91年1月1日起加入世界貿易組織（WTO），針對受回溯保護著作，為使國內利用人能順利過渡，本法第106條之2特別規定在「了結現務」之精神下，於符合「已著手利用著作」或「為利用該著作已進行重大投資」條件時，得於二年期間內繼續利用著作，但新的利用行為，除合於合理使用之情形外，一律應回歸授權利用原則。依上述過渡條款之規定，對於54年7月11日以前不受保護從而應受回溯保護著作之單純重製行為（例如將54年7月11日以前未經註冊且已發行之武俠小說，加以重製），自91年1月1日起，不能為新的利用行為（即不能為新的印製行為），所有之存貨應屬91年1月1日前已印製完成，故出版社自行印製後批發或販賣，或書店批入此等書籍予以販賣者，至93年7月10月止，銷售期間至少長達二年半以上，故新法雖增訂散布權，對於利用人之衝擊應屬有限。5.對於出版（印製與銷售）54年7月11日以前不受本法保護從而應受回溯保護著作之出版商，就先前已完成未經授權之重製物，在現階段（92年7月11日至93年7月10月期間）欲繼續銷售者，依本法第106條之2第3項規定，應支付報酬，故本局建議，業者如考量自己之庫存狀況，有必要於93年7月11日後繼續銷售者，可考量就此部分一併向著作財產權人洽談授權事宜，並非須將重製物全數銷燬（本局92年9月19日智著字第09216007530函如附件，請參考）。6.至於所稱「二手書店」經營型態，首先宜就「二手書店」予以定義。據一般對二手商品之定義，係指商品經由製造、批發、零

售之流程，已販賣予消費者，消費者基於自己物權之行使，再將之販賣之型態；以經營此種商業型態為主之書店即為一般所稱之「二手書店」。按二手書店所售出之書籍，仍應為合法重製物，如為「非合法重製物」，仍予出售者，構成散布權之侵害，並無疑義。至於銷售54年7月11日以前不受本法保護從而應受回溯保護著作之二手書店業者，究否「受本法第106條之2第3項規定限制，自93年7月11日起不得再行銷售」一節，經研究伯恩公約相關文獻，公約所期望處理者，主要係出版、發行、演出、改作等利用行為，似尚不及於二手書店，似不受該條項之限制。

三、按回溯保護條款之目的，係欲將我國加入世界貿組織（WTO）以前因缺乏多邊互惠機制及早年採註冊保護主義致未受保護之著作予以回復保護，另為兼顧利用人之利益，並設過渡條款，將衝擊降至最低。對於過渡期間屆滿之著作，並非一律銷燬，而係應透過授權機制，由利用人與權利人積極洽談授權，以獲得雙贏之結果。

四、又得主張著作財產權（包括散布權）受侵害，提起民、刑事救濟者，僅限於著作財產權人及其專屬被授權人，故自93年7月11日起，對於不得繼續銷售而繼續銷售應受回溯保護著作之出版商或書店，得主張權利者，以著作財產權人及其專屬被授權人為限，其他之人，例如未取得專屬授權之代理商或出版商，並無法對此等銷售行為依據著作權法有所主張。此外，縱使是著作財產權人及其專屬被授權人循民事、刑事程序主張權利，由於著作權為私權，其侵害原則上為告訴乃論，雙方仍有充分協商空間，併予敘明。

五、前述意見為行政部門之意見，僅供參考，於具體著作權爭議個案中，仍應由司法機關就本法相關條文予以解釋與適用，始能為終局裁決。

經濟部智慧財產局94年02月04日電子郵件940204號函釋

二、另本法第106條之2第3項規定，針對受回溯保護的著作，利用人

就未經授權所完成的著作重製物，自本法修正公布滿一年（即93年7月11日）起，均不得再行「銷售」。此不論是我國加入WTO之前所完成的重製物或是我國加入WTO以後在了結現務的情形下，依同法條第1項規定，於二年過渡期間內「所完成」的重製物，只要是未獲得著作財產權人授權者，自93年7月11日起均不得再行銷售。此乃基於本法已於第28條之1增訂散布權，故對於受回溯保護著作「銷售型態」之散布，給予一年的過渡期，期限屆至後，不得再行銷售，故您所稱之卡通CD如屬此等受回溯保護之著作重製物者，則於93年7月11日起即不得再行銷售，惟您仍可於市面上選擇購買已合法取得著作權授權之卡通CD（換言之，法律僅禁止銷售此等CD之行為，但並未禁止消費者之購買行為）。

相關條文：第106條、第106條之1、第106條之3

第106條之3（改作利用之過渡條款）
於世界貿易組織協定在中華民國管轄區域內生效日之前，就第106條之1著作改作完成之衍生著作，且受歷次本法保護者，於該生效日以後，得繼續利用，不適用第六章及第七章規定。
自中華民國92年6月6日本法修正施行起，利用人依前項規定利用著作者，應對原著作之著作財產權人支付該著作一般經自由磋商所應支付合理之使用報酬。
前二項規定，對衍生著作之保護，不生影響。

解說

本條規定在我國加入WTO前，以「改作」方式利用那些依第106條之1受回溯保護的著作，在我國加入WTO之後，可否繼續利用及如何補償著作財產權人的過渡條款。

對於適用第106條之1受回溯保護條文規定之著作，在我國加入WTO前，原本既不受我國著作權法保護，任何人均得自由改作，如因我國加入WTO後，致其回溯受我國著作權法之保護，則對於回溯保護前已改作該著作之人，原先信賴其係屬於得自由利用之公共所有之著作而行改作，忽而

變成侵害著作權之結果，顯亦應作公平之處理。

第1項規定，在我國加入WTO之前，對於適用第106條之1受回溯保護條文規定之著作，已完成改作之著作，而仍受我國著作權法保護者，基於其有自行創作之部分，原就得依第6條規定獨立受著作權法之保護，則其過渡之待遇應與其他利用行為不同，爰規定其於世界貿易組織協定在我國管轄區域內生效日以後，得繼續利用，對著作財產權人不必負擔民、刑事責任。

得適用本條第1項規定享有過渡期間利益者須屬已完成改作，產生新衍生著作之情形，如僅係「已著手利用」或「為利用已進行重大投資」而尚未或無產生新衍生著作之情形，僅得適用第106條之2之規定。

本條第1項所允許的繼續利用，是在保護善意利用人，本法在87年修正時，第2項原本規定在加入世界貿易組織後二年才給予著作財產權人補償的規定，但在這些著作開始受保護之後，如果還要再等二年，才給著作財產權人經濟上的補償，並不合理，91年7月在世界貿易組織TRIPs理事會檢視我國智慧財產權法規時，美國、日本與歐盟均表示嚴重關切，經考量依TRIPs第70條第4項規定，應立即給予補償，乃在92年7月修正第2項，提前使利用人自修正生效日起，即92年7月11日起，應對著作財產權人支付該著作一般經自由磋商所應支付的合理使用報酬。此一規定僅使著作財產權人取得債權請求權，使用人未支付時，著作財產權人固得請求，惟利用人尚不致構成著作權侵害。

第2項所要求應對原著作著作財產權人支付使用報酬的「利用人」，應指利用原著作改作成衍生著作之人，其未必是著作財產權人，故或將造成利用的著作人已將其衍生著作之著作財產權轉讓予他人，卻仍須支付原著作之著作財產權人使用報酬之特殊情況，惟此乃為應然之理，蓋其所利用者原屬公共所有之著作，現立法政策上既回溯保護原著作，原利用人就應於法律所定條件下補償原著作之著作財產權人，至於其對於受讓取得衍生著作之著作財產權人，原本就須負擔完全給付之擔保責任，如未對原著作之著作財產權人支付適當之使用報酬，致衍生著作之著作財產權人行使著作財產權受有阻礙或損失，衍生著作之著作人應負不完全給付之責。

由於本法第6條規定：「就原著作改作之創作為衍生著作，以獨立之著作保護之。衍生著作之保護，對原著作之著作權不生影響。」得適用第

1項的衍生著作既屬就原著作改作之創作，即應依第6條第1項規定受著作權法之保護，至於原著作是否受著作財產權之回溯保護，或者衍生著作之著作人是否給付原著作之著作財產權人適當之使用報酬，均應對於該衍生著作之保護不生影響，故第3項特別明規定「前二項規定，對衍生著作之保護，不生影響」。

 函 釋

經濟部智慧財產局92年09月05日智著字第0920007163-0號函釋

主旨：承詢著作權法修正條文之若干疑義，復如說明，請查照。

說明：一、復台端92年7月24日函。

二、所詢問題1部分，按著作權法（下稱本法）部分條文修正案，立法院於92年6月6日完成三讀，復於同年7月9日經總統公布施行，依本法第117條及中央法規標準法第13條規定，應自92年7月11日生效。而本法第106條之2第2項所稱之「92年6月6日」，乃指立法院完成本法修正案第三讀會程序之日，與本法之修正公布及生效日有別，即本條項之生效日仍為92年7月11日。故其所定利用人應支付合理使用報酬之時點，亦應自92年7月11日起算。

三、承前述說明一，所詢問題2部分，本法修正之生效日既為92年7月11日，則本法第106條之2第3項所稱「自本法修正公布一年後」，應指自92年7月11日起算一年後而言，亦即自93年7月11日起，該條項所稱之重製物不得再行銷售。

四、所詢問題3部分，本次修法增訂第106條之2第3項規定，乃基於本法已於第28條之1增訂散布權，為避免對於市面流通之著作重製物究是否屬於依本條重製之客體，是否受散布權之規範，造成認定上之困難而發生爭議，故使依前條規定受保護之著作，利用人未經授權所完成之重製物不得再行銷售。故如違反本項規定而繼續銷售者，即構成對散布權之侵害，應依本法第六、七章規定負民、刑事責任。至於贈送或互易行為，是否違反本項規定，則應於個案中視其是否為實質上之銷售行為定之。

五、所詢問題4部分，本法第106條之2第4項規定「依前條規定受保

護之著作另行創作之著作重製物」係指就前條規定受保護之著
作改作完成之衍生著作重製物，以及就依前條規定受保護之著
作於另行創作之著作中加以重製之情形（例如於視聽著作中利
用受回溯保護之音樂著作），所生之著作重製物，故其範圍較
本法第106條之3所規定之「衍生著作」為廣。

六、所詢問題5部分，本法第106條之2第4項所謂「不適用前項規
定」，即指本項之著作重製物並無前項銷售期間規定之限制，
而得不限期間銷售之，惟仍應依但書規定支付合理之使用報
酬。

七、所詢問題6部分，因本法第106條之2第4項之規定，係依同條第
2項規定之意旨所增訂，故其起算時點亦應比照同條第2項「92
年6月6日」之規定，承前述說明一，即應自本條項之生效日92
年7月11日起算。

相關條文：第6條、第106條、第106條之1、第106條之2

第107條（刪除）
第108條（刪除）
第109條（刪除）

第110條（著作權標示推定為真正之限制）
第13條規定，於中華民國81年6月10月本法修正施行前已完成註冊之著
作，不適用之。

解說

本法第13條是關於著作權標示內容以法律推定為真正的規定，該條文
是在81年6月10月本法修正時所增訂，故本條乃規定，在此之前已完成註
冊之著作，不適用之。

　　我國自74年修正本法後，已採創作保護主義，74年以後的著作權註冊制度，只是著作權資訊的存證制度，而不是取得著作權的必要條件。本法81年6月10月增訂第13條以前，若已依當時規定完成註冊之著作，應該尊重該項註冊制度，不應因為後來第13條有關著作權標示內容推定為真正的規定，推翻了既有的著作權資訊註冊的存證效果，故特別以本條明文加以排除。

相關條文：第13條

> **第111條**（受雇人著作與出資聘人著作規定之限制適用）
> 有下列情形之一者，第11條及第12條規定，不適用之：
> 一、依中華民國81年6月10月修正施行前本法第10條及第11條規定取得
> 　　著作權者。
> 二、依中華民國87年1月21日修正施行前本法第11條及第12條規定取得
> 　　著作權者。

解說

　　本條在限制第11條受雇人職務上完成著作與第12條出資聘人完成著作等二條文之適用範圍。主要原因是81年以前的舊法規定，沒有著作人格權概念，受雇人職務上完成著作多為法人著作，直接以法人為著作人，完全沒有受雇人為著作人的觀念；而出資聘人完成著作，是直接以出資人為著作人。而81年舊法是以實際完成著作之著作人為著作財產權人，除非契約另有約定。這些著作的法律關係，在著作完成當時已經確定，不宜因為後來的新法變動，改變既有的法律關係，造成混亂，乃於本條排除其適用第11條及第12條規定之適用。

內政部著作權委員會86年07月07日台（86）內著會發字第8609038號函釋

　　按舊法第10條規定「出資聘人完成之著作，其著作權歸出資人享有之。但當事人間另有約定者，從其約定。」，是關於出資聘人完成於81年

6月10月本法修正施行前之著作,依上述條文及本法第111條規定,原則上其著作權應歸出資人享有。

相關條文:第11條、第12條

第112條(翻譯權保護前未經授權翻譯著作之重製限制)
中華民國81年6月10日本法修正施行前,翻譯受中華民國81年6月10日修正施行前本法保護之外國人著作,如未經其著作權人同意者,於中華民國81年6月10日本法修正施行後,除合於第44條至第65條規定者外,不得再重製。
前項翻譯之重製物,於中華民國81年6月10日本法修正施行滿二年後,不得再行銷售。

解說

　　本條是一般所謂的「六一二大限」,乃是指在81年6月10日以前,未經著作財產權人同意,就外國人著作所為之翻譯,於83年6月12日以後,不得再行販售,故只能販售至83年6月12日為止。

　　此事起源於81年6月10日修正公布之著作權法以前,外國人之著作未在我國獲准註冊者,不受我國著作權法保護,但美國人之著作,因民國35年11月4日簽訂之「中華民國與美利堅合眾國間友好通商航海條約」之約定,在我國享有國民待遇,所以不必註冊即受著作權法保護。不過,不管是不是受著作權法保護之外國人著作,其翻譯權都不受保護,亦即國人可不經授權,自由翻譯外國人著作而不違法,因此,國內有許多出版社以大量發行外國名著之中譯書販售而聞名。

　　81年6月10日修正公布之著作權法不再作此限制,合於著作權法規定受保護之外國人著作不必再辦理著作權註冊即受保護,而受我國著作權法保護之外國人著作,其翻譯權亦受保護,亦即要翻譯在我國受保護之外國人著作,應經同意或授權,但對於先前信賴法律規定而已翻譯完成,並在市面上銷售的翻譯本,著作權法為保障其信賴利益,於第112條規定自81年6月12日新法施行生效日起不得再印製,已印製完成的,二年後不得再銷

售，所以只能販售至83年6月12日為止，所有原先未經授權的翻譯書，出版社在83年6月12日以前都儘量販售，這就是所謂「六一二大限」。

　　對於違反「六一二大限」繼續銷售之行為，在81年6月10日修正公布之著作權法中僅能請求民事上之損害賠償，並無刑責，87年1月21日修正公布之著作權法則於第95條第4款增訂「一年以下有期徒刑，得併科新臺幣5萬元以下罰金」之刑罰規定。該條於92年7月9日再修正為「違反第112條規定者，處一年以下有期徒刑、拘役或科或併科新臺幣2萬元以上25萬元以下罰金。」

經濟部智慧財產局89年12月14日（89）智著字第89011680函釋

　　按依本法第112條規定：「中華民國81年6月10月本法修正施行前，翻譯受中華民國81年6月10日修正施行前本法保護之外國人著作，如未經其著作權人同意者，於中華民國81年6月10日本法修正施行後，除合於第44條至第65條規定者外，不得再重製。前項翻譯之重製物，於中華民國81年6月10日本法修正施行滿二年後，不得再行銷售。」即言之，於81年6月10月本法修正施行前，翻譯受81年6月10月修正施行前本法保護之外國人著作而未經其著作權人同意者，除有合理使用之情形外，於83年6月12日以後，不得再行銷售，違反者將依本法第95條第4款規定處罰。

相關條文：第95條

第113條（製版權之適用新法規定）
自中華民國92年6月6日本法修正施行前取得之製版權，依本法所定權利期間計算仍在存續中者，適用本法規定。

解說

　　本條規定舊法時期取得的製版權在新法時期應適用新法。由於本法第79條於92年修正時，增訂第3項及第4項，規定製版權之讓與或信託，非經登記，不得對抗第三人，相關事項之辦法，由主管機關定之。為使在該項

修正前取得的製版權,在修法後權利保護期間仍在存續中的,可以適用新法的修正效果,乃在本條作明文規定。

相關條文:第79條

第114條(刪除)

第115條(協定之補充規定)
本國與外國之團體或機構互訂保護著作權之協議,經行政院核准者,視為第4條所稱協定。

解說

本條在就第4條所稱的「協定」,作補充規定。第4條關於外國人著作權之保護,明定「依條約、協定或其本國法令、慣例,中華民國人之著作得在該國享有著作權者」,該外國國民的著作,可以「依本法享有著作權。但條約或協定另有約定,經立法院議決通過者,從其約定」。理論上,只有政府與政府之間的機關或代表,才有權限簽署發生政府間權利義務承諾的法律效果的「協定」,非政府機關或代表所簽署的文件,僅具私人之間的協議,在簽署的私人間產生法律效果,不會發生政府間權利義務承諾的法律效果,不屬於本法定四條所稱的「協定」。但由於政治上的原因,中華民國不是聯合國所承認的「國家」,世界上大多數國家在外交上並不承認中華民國是「國家」,雙方沒有國與國的外交關係,無從簽署國於國之間的「條約」或「協定」,而是技巧性地,由非官方性質的團體或機構,簽署相關協議文件,取代國於國之間的「條約」或「協定」。

為使這些「協議」,發生第4條所稱「協定」的效果,本條乃明定,若其經行政院核准者,視為第4條所稱協定。目前,「北美事務協調委員會與美國在台協會著作權保護協定」(AGREEMENT FOR THE PROTECTION OF COPYRIGHT BETWEEN THE COORDINATION COUNCIL FOR NORTH AMERICAN AFFAIRS AND THE AMERICAN

INSTITUTE IN TAIWAN）、「紐西蘭商工辦事處與駐紐西蘭台北經濟文化辦事處間關於著作權保護暨執行互惠辦法」（Arrangement between the New Zealand Commerce and Industry Office and the Taipei Economic & Cultural Office, New Zealand on the Reciprocal Protection and Enforcement of Copyright）等，都是最典型的案例。這兩個在我國屬於民間組織，但其實具有官方色彩的機構，與外國所簽署相互保護著作權的協議，都經過行政院核准，視為第4條所稱協定。

經濟部智慧財產局92年06月25日智著字第0921600431-0號函釋
　　1.國際間對於外國人著作之保護係以互惠為原則，在我國加入世界貿易組織（WTO）前，我國與日本並未依著作權法第4條第2款規定建立著作權互惠關係，惟日本人著作如符合著作權法第4條第1款規定，於中華民國管轄區域內首次發行，或於中華民國管轄區域外首次發行後30月內在中華民國管轄區域內發行或符合「北美事務協調委員會與美國在台協會著作權保護協定」之規定者，在我國加入WTO前，原本即得受我國著作權法之保護，並不因我國於91年1月1日加入WTO後而受影響，亦即其並不適用該法第106條之1至第106條之3之規定。2.至於在我國加入WTO以後始受保護之日本人著作，始有第106條之1至第106條之3規定之適用。又依新法第106條之2第2項及第3項規定，自修正施行起，利用人應對被利用著作之著作財產權人支付該著作一般經自由磋商所應支付合理之使用報酬，其未經授權所完成之重製物，自本法修正公布一年後，雖仍得出租或出借，但不得再行銷售，違反者得依第91條之1處罰。

相關條文：第4條

第115條之1（製版權及著作權相關註冊、登記資料之公開）
製版權登記簿、註冊簿或製版物樣本，應提供民眾閱覽抄錄。
中華民國87年1月21日本法修正施行前之著作權註冊簿、登記簿或著作樣本，得提供民眾閱覽抄錄。

解說

　　本條規定製版權及著作權相關註冊、登記資料的提供民間閱覽依據。

　　第79條定有製版權之取得、讓與或信託登記規定，為使這些登記資料以及製版物樣本得以被民眾閱覽抄錄，第1項乃定其申請辦理依據。

　　在87年1月21日本法修正施行前，原有著作權註冊及登記制度，為使這些著作權註冊及登記簿或著作樣本，得以被民眾閱覽抄錄，第2項亦定其申請辦理依據。

　　自本法有製版權或著作權註冊或登記制度時，即已經有本條內容的相關規定，事實上，依據88年2月3日制定公布的行政程序法第46條以及94年12月28日制定公布的政府資訊公開法第8條及第13條規定，製版權或著作權相關登記資料，原本就應主動公開提供民間閱覽、查閱或影印，本條在該二法制定公布後，已無再作規定之必要。

相關條文：第79條

第115條之2（著作權訴訟專業法庭與判決公開）
法院為處理著作權訴訟案件，得設立專業法庭或指定專人辦理。
著作權訴訟案件，法院應以判決書正本一份送著作權專責機關。

解說

　　本條規定著作權訴訟專業法庭之設置與相關判決送著作權專責機關之依據。

　　著作權訴訟案件極具專業性，為使司法機關有專業的法官可以負責審理這些案件，第1項乃規定法院應設置專業法庭或指定專人辦理著作權訴訟案件。過去在第一審及第二審法院中，已設置有智慧財產權法庭或專股，專門負責審理包括著作權在內的智慧財產權訴訟案件。97年1月完成立法的「智慧財產法院組織條例」以及「智慧財產權案件審理法」，已於97年7月正式施行，司法院已更進一步正式成立智慧財產法院，審理包括著作權在內的智慧財產權相關案件。

　　第2項係要求司法機關對於著作權訴訟案件作成判決之後，應將判決

書正本一份送著作權專責機關。在過去，雖然審判係公開為之，但判決書除對相關當事人送達外，並未對各界公開，一般人只有透過司法院內非正式管道，或由機關以公文正式向原判決機關取得判決內容，資訊並不是很公開，外界亦不易取得。87年1月修正著作權法，乃增訂本條第2項，使著作權專責機關得以掌握司法機關對於著作權案件的判決情形，作為執行著作權行政事務或研提相關政策與法案之參考。然而，司法院自88年起，已要求所屬各級法院，除有依法不得公開的情形外，均應將所有判決透過該院網站（www.judicial.gov.tw）對外公開並供檢索，本項規定已不太具實質意義。

第116條（刪除）

第117條（本法施行日期）

【本條為配合推動加入CPTPP，於111.05.04修正如下，尚未施行。】
本法除中華民國87年1月21日修正公布之第106條之1至第106條之3規定，自世界貿易組織協定在中華民國管轄區域內生效日起施行，95年5月30日修正公布條文，自95年7月1日施行，及111年4月15日修正之條文，其施行日期由行政院定之外，自公布日施行。

解說

　　本條規定著作權法的施行日期。依中央法規標準法第12條規定：「法規應規定施行日期，或授權以命令規定施行日期。」一般法律原則上都是自公布日施行，該法第13條及第14條又分別規定：「法規明定自公布或發布日施行者，自公布或發布之日起算至第三日起發生效力。」「法規特定有施行日期，或以命令特定施行日期者，自該特定日起發生效力。」本法原則上是自制定或各次的修正公布日期施行，但87年1月21日修正公布的第106條之1至第106條之3規定，是針對我國加入世界貿易組織而定，在加入該組織以前，並無義務提供該組織協定所要求的著作權保護標準，故本條乃明定，這三個條文自世界貿易組織協定在中華民國管轄區域內生效

日起施行。世界貿易組織協定在中華民國管轄區域內於91年1月1日生效，故87年1月21日修正公布的第106條之1至第106條之3之三個條文，依本條規定，已於91年1月1日生效施行；又立法院95年5月5日刪除第94條並修正第98條、第99條至第102條條文，係為配合94年2月2日修正公布的刑法刪除常業犯規定將自95年7月1日開始施行，本條文乃明定本法這些修正的條文，也自95年7月1日開始施行。又立法院111年4月15日修正之第91條、第91條之1、第100條、第117條條文、刪除第98條、第98條之1條文，於111年5月4日經總統公布，由於其僅係為推動加入CPTPP做準備，尚無立即施行之必要，所以，本條乃規定，本次修正之條文，「其施行日期由行政院定之」。

【本條於111.05.04修正前而目前仍有效施行之條文如下。】
本法除中華民國87年1月21日修正公布之第106條之1至第106條之3規定，自世界貿易組織協定在中華民國管轄區域內生效日起施行，及中華民國95年5月5日修正之條文，自中華民國95年7月1日施行外，自公布日施行。

解說

　　本條規定著作權法的施行日期。依中央法規標準法第12條規定：「法規應規定施行日期，或授權以命令規定施行日期。」一般法律原則上都是自公布日施行，該法第13條及第14條又分別規定：「法規明定自公布或發布日施行者，自公布或發布之日起算至第三日起發生效力。」「法規特定有施行日期，或以命令特定施行日期者，自該特定日起發生效力。」本法原則上是自制定或各次的修正公布日期施行，但87年1月21日修正公布的第106條之1至第106條之3規定，是針對我國加入世界貿易組織而定，在加入該組織以前，並無義務提供該組織協定所要求的著作權保護標準，故本條乃明定，這三個條文自世界貿易組織協定在中華民國管轄區域內生效日起施行。世界貿易組織協定在中華民國管轄區域內於91年1月1日生效，故87年1月21日修正公布的第106條之1至第106條之3之三個條文，依本條規定，已於91年1月1日生效施行；又立法院95年5月5日刪除第94條並修正

第98條、第99條至第102條條文，係為配合94年2月2日修正公布的刑法刪除常業犯規定將自95年7月1日開始施行，本條文乃明定本法這些修正的條文，也自95年7月1日開始施行。

經濟部智慧財產局90年12月19日（90）智著字第0900011600號函釋

　　三、復按我國加入世界貿易組織（WTO）後，依著作權法第106條之1規定，著作權法保護範圍擴大及於WTO所有會員體國民之著作，並對於中外國人著作回溯著作財產權保護期間及於著作人終身加五十年或公開發表後五十年，又上述規定，依著作權法第117條規定，應自世界貿易組織協定在我國管轄區域內生效日起施行。

相關條文：第91條、第91條之1、第94條、第98條、第98條之1、第99條至　　　　　　第102條、第106條之1至第106條之3

國家圖書館出版品預行編目資料

著作權法逐條釋義／章忠信著.--六版.--臺北
市：五南圖書出版股份有限公司, 2023.02
　　面；　公分
　ISBN 978-626-343-465-3（平裝）

1.CST：著作權法 2.CST：判例解釋例

588.34　　　　　　　　　　111016589

1Q22

著作權法逐條釋義

作　　者 ― 章忠信(240.2)

企劃主編 ― 劉靜芬

責任編輯 ― 黃郁婷

封面設計 ― 姚孝慈

出 版 者 ― 五南圖書出版股份有限公司

發 行 人 ― 楊榮川

總 經 理 ― 楊士清

總 編 輯 ― 楊秀麗

地　　址：106台北市大安區和平東路二段339號4樓

電　　話：(02)2705-5066　　傳　真：(02)2706-610

網　　址：https://www.wunan.com.tw

電子郵件：wunan@wunan.com.tw

劃撥帳號：01068953

戶　　名：五南圖書出版股份有限公司

法律顧問　林勝安律師

出版日期　2007年 3 月初版一刷
　　　　　2009年 8 月二版一刷
　　　　　2010年 9 月三版一刷（共二刷）
　　　　　2014年 3 月四版一刷（共三刷）
　　　　　2019年 9 月五版一刷（共二刷）
　　　　　2023年 2 月六版一刷
　　　　　2024年 8 月六版二刷

定　　價　新臺幣450元

經典永恆・名著常在

五十週年的獻禮 —— 經典名著文庫

五南，五十年了，半個世紀，人生旅程的一大半，走過來了。

思索著，邁向百年的未來歷程，能為知識界、文化學術界作些什麼？

在速食文化的生態下，有什麼值得讓人雋永品味的？

歷代經典・當今名著，經過時間的洗禮，千錘百鍊，流傳至今，光芒耀人；

不僅使我們能領悟前人的智慧，同時也增深加廣我們思考的深度與視野。

我們決心投入巨資，有計畫的系統梳選，成立「經典名著文庫」，

希望收入古今中外思想性的、充滿睿智與獨見的經典、名著。

這是一項理想性的、永續性的巨大出版工程。

不在意讀者的眾寡，只考慮它的學術價值，力求完整展現先哲思想的軌跡；

為知識界開啟一片智慧之窗，營造一座百花綻放的世界文明公園，

任君遨遊、取菁吸蜜、嘉惠學子！